Der geeignete GmbH-Geschäftsführer

Europäische Hochschulschriften
Publications Universitaires Européennes
European University Studies

Reihe II
Rechtswissenschaft

Série II Series II
Droit
Law

Bd./Vol. 4405

PETER LANG
Frankfurt am Main · Berlin · Bern · Bruxelles · New York · Oxford · Wien

Bettina Schmitz

Der geeignete GmbH-Geschäftsführer

PETER LANG
Europäischer Verlag der Wissenschaften

Bibliografische Information Der Deutschen Bibliothek
Die Deutsche Bibliothek verzeichnet diese Publikation in der Deutschen Nationalbibliografie; detaillierte bibliografische Daten sind im Internet über <http://dnb.ddb.de> abrufbar.

Zugl.: Köln, Univ., Diss., 2006

D 38
ISSN 0531-7312
ISBN 3-631-55308-0

www.peterlang.de

Meinem Vater

Vorwort

Die vorliegende Arbeit wurde im Wintersemester 2005/2006 von der Rechtswissenschaftlichen Fakultät der Universität zu Köln als Dissertation angenommen und ist auf dem Stand von November 2005.

Mein Dank gebührt an erster Stelle der Betreuerin der Arbeit, meiner „Doktormutter" Frau Professor Dr. Barbara Grunewald. Ihre Verbindlichkeit und ihre Flexibilität, auf meine persönlichen Hürden während des Promotionsverfahrens einzugehen, haben mich sehr beeindruckt. Dafür danke ich ebenso sehr wie für die ihresgleichen suchende Schnelligkeit der Korrektur und Begutachtung.

Frau Professor Dr. Anja Steinbeck danke ich für die zügige Erstellung des Zweitgutachtens und für ihren Beitrag an der angenehmen Atmosphäre während der Disputation.

Auch den Mitarbeiterinnen und Mitarbeitern des Dekanats sei Dank, die mir nicht nur im langen Vorfeld der Abgabe der Arbeit mit Rat und Tat zur Seite standen. Meine Zeit im Dekanat als studentische Hilfskraft und später als wissenschaftliche Mitarbeiterin hat mich sehr geprägt.

Mein ganz besonderer Dank gilt natürlich meinen Eltern Karin und Hans-Willy Schmitz und meinen beiden Omas, Anneliese Schmitz und Elisabeth Schmitz, deren uneingeschränkte Unterstützung mir weitaus mehr als nur das Studium der Rechtswissenschaften und die Erstellung und Veröffentlichung dieser Arbeit ermöglicht hat. Meinem Vater, der mit großem Interesse zwar ihren Beginn, aber nicht mehr ihre Fertigstellung erleben durfte, widme ich diese Arbeit.

Von ganzem Herzen danke schließlich meinem Lebensgefährten Carsten Beck für seinen uneingeschränkten Rückhalt und für jede erdenkliche Unterstützung während ihrer Fertigstellung. Ohne ihn wäre diese Arbeit sicherlich unvollendet geblieben.

Berlin, im Mai 2006 *Bettina Schmitz*

Inhaltsverzeichnis

mögen wir noch so viele
gute eigenschaften haben,
die welt achtet vor allem
auf unsere schlechten.

jean baptiste molière (1622 - 1673)

Einleitung

Angesichts der Position des Geschäftsführers einer GmbH mag es auf den ersten Blick erfreulich erscheinen, wenn die geringe Zahl gerichtlicher Entscheidungen und die eher stiefmütterliche Behandlung der Frage nach der Geeignetheit des Geschäftsführers in der rechtswissenschaftlichen Literatur bislang den Eindruck vermittelt, bei Personalentscheidungen zwar vor einer praktisch überaus wichtigen, zugleich aber rechtlich weitgehend problemfreien Materie zu stehen. Dabei stellt sich die Frage der Geeignetheit sogar auf mehreren Ebenen: Zum einen auf gesellschaftsrechtlicher Ebene mit Blick auf seine Position und Funktion in der Gesellschaft. Zum anderen aber auch auf öffentlich-rechtlicher Ebene, wenn die von der GmbH betriebene Gewerbeart oder der in dieser Rechtsform ausgeübte freie Beruf spezielle Anforderungen für das Handlungsorgan der Gesellschaft bereithält. Soweit sich diese Arbeit zum Ziel gesetzt hat, das Persönlichkeitsprofil eines GmbH-Geschäftsführers zu zeichnen, so kann dies nur unter Betrachtung beider Ebenen erfolgen. Dabei darf allerdings nicht vergessen werden, daß grundsätzlich nur die gesellschaftsrechtlichen Eignungsvoraussetzungen Allgemeingültigkeit für alle GmbH-Geschäftsführer beanspruchen können; die sich aus dem jeweils anwendbaren Berufs- und Gewerberecht ergebenden Voraussetzungen betreffen naturgemäß den Einzelfall.

Dementsprechend rückt die gesellschaftsrechtliche Eignung des GmbH-Geschäftsführers und mit ihr § 6 Abs. 2 GmbHG in das Zentrum des Interesses. Da auch der Gesetzgeber die an die Person des GmbH-Geschäftsführers zu stellenden Eignungsvoraussetzungen als weitgehend anerkannt ansah, entschloß er sich erst Anfang der 80er Jahre weniger aus gesellschaftsrechtlichen, sondern mehr aus kriminalpräventiven Gründen, sie in nachstehender Vorschrift festzuschreiben:

> (2) Geschäftsführer kann nur eine natürliche, unbeschränkt geschäftsfähige Person sein. Ein Betreuter, der bei der Besorgung seiner Vermögensangelegenheiten ganz oder teilweise einem Einwilligungsvorbehalt (§ 1903 des Bürgerlichen Gesetzbuchs) unterliegt, kann nicht Geschäftsführer sein. Wer wegen einer Straftat nach den §§ 283 bis 283d des Strafgesetzbuchs verurteilt worden ist, kann auf die Dauer von fünf Jahren seit der Rechtskraft des Urteils nicht Ge-

> schäftsführer sein; in die Frist wird die Zeit nicht eingerechnet, in welcher der Täter auf behördliche Anordnung in einer Anstalt verwahrt worden ist. Wem durch gerichtliches Urteil oder durch vollziehbare Entscheidung einer Verwaltungsbehörde die Ausübung eines Berufs, Berufszweiges, Gewerbes oder Gewerbezweiges untersagt worden ist, kann für die Zeit, für welche das Verbot wirksam ist, bei einer Gesellschaft, deren Unternehmensgegenstand ganz oder teilweise mit dem Gegenstand des Verbots übereinstimmt, nicht Geschäftsführer sein.

Diese Norm enthält durch ihren Inhalt mehr Zündstoff als auf den ersten Blick ersichtlich. Bereits die erste Voraussetzung ist im Hinblick darauf, daß sie juristischen Personen das Amt verwehrt, insbesondere mit Blick auf liberalere europäische Entwicklungen besonders diskussionswürdig. Das gleiche gilt im Hinblick auf Satz 3, den aktuelle Gesetzesbestrebungen in ihrem Anwendungsbereich zur Eindämmung wirtschaftskriminellen Verhaltens noch erweitern wollen, ohne aber die bereits ohnehin bestehende verfassungsrechtliche Bedenklichkeit zu würdigen. Und schließlich sorgt § 6 Abs. 2 GmbHG auch im Hinblick auf die Bestellung ausländischer Staatsangehöriger zu Geschäftsführern deutscher GmbHs für Konfliktstoff, obwohl sie zumindest auf den ersten Blick keine diesbezüglichen Voraussetzungen bereithält und, wie später zu zeigen sein wird, auf den zweiten Blick auch nicht. Praktische Relevanz hat diese Frage insbesondere vor dem Hintergrund, daß Schätzungen davon ausgehen, daß der Anteil ausländischer Geschäftsführer in großen deutschen Wirtschaftsstandorten bei 10 bis 20% liegt. Im Hinblick auf die fortschreitende Internationalisierung und auf die immer noch wachsende Beliebtheit der GmbH mit derzeit etwa 900.000 in Deutschland[1] ist dieser Prozentsatz keine zu vernachlässigende Größe.

Gang der Darstellung

In Kapitel 1 sollen zunächst allgemein die Dimensionen der Geeignetheit des Geschäftsführers - gesellschaftsrechtlich einerseits und gewerbe- bzw. berufsrechtlich andererseits - vorgestellt werden. Daran schließt sich sogleich die Vorstellung des verfassungs- und europarechtlichen Spannungsfelds an, in dem sich gesetzliche, aber auch gesellschaftsvertragliche Vorgaben bewegen und von dem sie geprägt werden. Kapitel 2 widmet sich danach allein den gesellschaftsrechtlichen Eignungsvoraussetzungen und Ausschlußgründen und greift ebenso die in § 6 Abs. 2 GmbHG enthaltenen Merkmale auf wie individuelle gesellschaftsvertragliche Regelungsmöglichkeiten. Dabei sollen diese kritisch auf ihren Sinn, Zweck und Inhalt

1 Diese Anzahl beruht auf einer Schätzung von *Hansen*, Der gestiegene wirtschaftliche Stellenwert der GmbH, GmbHR 2004, 39 und bezieht sich auf das Jahresende 2001; ebenso *Grunewald*, Gesellschaftsrecht, 2.F. Rn. 5.

sowie daraufhin untersucht werden, ob sie der Änderung, Beschränkung oder Erweiterung bedürfen. Das 3. Kapitel sucht die Gemeinsamkeiten gewerbe- und berufsrechtlicher Eignungsvoraussetzungen und stellt zur Abrundung einige Vorgaben spezieller Gewerbe- und Berufsarten vor. Wenngleich Inkompatibilitätsausschlüsse mit anderen Ämtern und Positionen keine Eignungsvoraussetzungen im engeren Sinne darstellen, so soll im Kapitel 4 der Vollständigkeit halber auch auf diese eingegangen werden. Die Konsequenzen bei Fehlen oder Wegfall der gesetzlichen und statutarischen Eignungsvoraussetzungen und Ausschlußgründe sind Gegenstand des sich anschließenden 5. Kapitels, welches dann schließlich in Kapitel 6 zur Frage überleitet, ob und inwieweit das Registergericht bei der Eintragung eines Geschäftsführers in das Handelsregister diese Voraussetzungen überprüfen darf und welche Konsequenzen es daraus ziehen kann bzw. muß.

1. Kapitel Die unterschiedlichen Dimensionen der Eignung des Geschäftsführers und deren Konfliktpotential

Definiert die *Brockhaus Enzyklopädie* den Begriff der Eignung als „Bezeichnung für den Grad der Möglichkeit eines Individuums, in einem bestimmten Bereich aufgrund schon ausgebildeter Fertigkeiten oder noch auszubildender Fähigkeiten ein bestimmtes Leistungsniveau zu erreichen“[2], so zeigt dies zum einen, daß die Bestimmung der Geeignetheit eines Bezugspunktes bedarf, der das Leistungsniveau bestimmt, und zum anderen, daß sich die Geeignetheit aus einer Summe von Kriterien bestimmt, die eben dieses vorgegebene Leistungsniveau ergibt. Dementsprechend soll der Untersuchung einzelner Eignungskriterien,[3] die den geeigneten GmbH-Geschäftsführer prägen, zunächst ein Überblick vorangestellt sein, der die innere Verbindung und die Bezugspunkte der Eignungsvorgaben für einen GmbH-Geschäftsführer ebenso vorstellen will, wie deren Konfliktpotential mit dem Verfassungs- und Europarecht.

A. Die gesellschaftsrechtliche Eignung

Bezugspunkt bei der Suche nach den Kriterien, die den „geeigneten“ Geschäftsführer einer GmbH prägen, muß grundsätzlich seine Position und Funktion als Geschäftsführer sein:

I. Die Position des Geschäftsführers

Der Geschäftsführer ist Handlungsorgan der GmbH, denn diese ist zwar eine gemäß § 13 GmbHG mit eigenen Rechten und Pflichten ausgestattete juristische Person, aber als Sondervermögen per se willens- und handlungsunfähig, so daß sie zur Willensbildung und zur Vornahme von rechtserheblichen Handlungen auf ihre Organe angewiesen ist.[4] Erstere Aufgabe wird von der Gesellschafterversammlung wahrgenommen (§§ 45 ff. GmbHG), während den Geschäftsführern letztere Aufgabe obliegt (§§ 6, 35 ff. GmbHG).[5] Dabei ist es grundsätzlich ausreichend, nur eine Person als Geschäftsführer zu bestellen, vgl. § 6 Abs. 1 GmbHG. Unterliegt die GmbH jedoch dem MitbestG (§ 33 MitbestG) oder dem Montan-MitbestG[6] (§ 13 Montan-MitbestG, § 13 MitbestErgG), so obliegt die Geschäftsführung min-

---

2 *Brockhaus*, Enzyklopädie, Band DS-EW, Seite 160.

3 Siehe dazu die Kapitel 2 bis 4.

4 *K. Schmidt*, Gesellschaftsrecht, § 36 I 1 und II 1; *Wiedemann*, Gesellschaftsrecht, § 4 II 3 a.

5 Neben diesen beiden zwingend erforderlichen Organen kann der Gesellschaftsvertrag der GmbH einen Aufsichtsrat vorsehen, § 52 GmbHG. Vorgeschrieben ist dieser in den Mitbestimmungsgesetzen unterliegenden GmbHs, vgl. auch Seite 38 ff.

6 Derzeit unterfallen allerdings nur ganz wenige GmbHs dem Montan-MitbestG, vgl. *Grunewald*, Gesellschaftsrecht, 2.F. Rn. 71.

destens zwei Personen, da aus dem dann zwingend vorhandenen Aufsichtsrat mindestens ein Arbeitsdirektor zum gleichberechtigten Geschäftsführer bestellt wird.[7]

Wie seine gesetzliche Amtsbezeichnung es hinlänglich vermuten läßt, ist Grundaufgabe des Geschäftsführers die Geschäftsführung, ohne daß dies selber ausdrücklich im GmbHG normiert ist.[8] Sie umfaßt alle Maßnahmen und unternehmerischen Entscheidungen zur Verwirklichung des Gesellschaftszwecks.[9] Dabei ist der Geschäftsführer bei dieser Aufgabe anders als im Recht der Aktiengesellschaft an die Weisungen der Gesellschafterversammlung gebunden, § 37 Abs. 1 GmbHG.[10] Innerhalb des ihm insoweit zugestandenen Spielraumes hat er mit entsprechendemd Verantwortungsbewußtsein unternehmerische Entscheidungen zu treffen und muß dabei Gesetze, Satzungs- und Geschäftsordnungsvorgaben einhalten und insbesondere am Unternehmenswohl orientiert sein. Im angewiesenen Rahmen obliegen ihm die interne Organisation der Mitarbeiter der Gesellschaft und deren Überwachung ebenso wie die Finanz- und Liquiditätskontrolle der Gesellschaft. Von diesen Geschäftsführungsaufgaben im Inneren der Gesellschaft ist die Aufgabe der Vertretung der Gesellschaft nach außen abzugrenzen.[11] Nach außen vertritt der Geschäftsführer die GmbH gerichtlich und außergerichtlich, § 35 Abs. 1 GmbHG. Typische Handlungen als Vertretungsorgan nehmen die Geschäftsführer z.B. durch Abschluß von Verträgen mit Kunden oder Lieferanten wahr. Sie sind in dieser Funktion „Ansprechpartner“ gegenüber Behörden, insbesondere natürlich auch gegenüber dem Finanzamt. Schließlich übt er als gesetzliches Vertretungsorgan gegenüber den Arbeitnehmern der Gesellschaft die Arbeitgeberfunktion aus.[12]

Hinsichtlich seiner Stellung zur Gesellschaft sind zwei Verhältnisse zu unterscheiden: das organschaftliche Verhältnis einerseits und das davon zu trennende Anstellungsverhältnis andererseits.[13] Während der Geschäftsführer durch die Bestellung

---

7 Dies gilt nicht, soweit „nur“ das BetrVG 1952 einschlägig ist, vgl. *Grunewald*, Gesellschaftsrecht, 2.F. Rn. 71.

8 Vgl. Rowedder/Schmidt-Leithoff-*Koppensteiner*, GmbHG, § 35 Rn. 5; *Grunewald*, Gesellschaftsrecht, 2.F. Rn. 43. Vgl. zur - wohl theoretischen - Diskussion, ob die Geschäftsführungsbefugnis im Innenverhältnis (nicht die Vertretung!) vollständig den Geschäftsführern entzogen und bspw. einem Beirat übertragen werden kann *Müller/Wolff*, Verlagerung von Zuständigkeiten auf den Beirat der GmbH, GmbHR 2003, 810, 813 f. mwN.

9 Baumbach/Hueck-*Zöllner*, GmbHG, § 35 Rn. 17.

10 Das *OLG Frankfurt a. M.*, Urt. v. 7.2.1997, ZIP 1997, 450, 451 betont, daß der Geschäftsführer Weisungen der Gesellschafter bis zur Grenze der Gesetzwidrigkeit zu befolgen hat, mag ihm ihr Inhalt sachlich auch noch so verfehlt erscheinen. Vgl. auch *Grunewald*, Gesellschaftsrecht, 2.F Rn. 44; Baumbach/Hueck-*Zöllner*, GmbHG, § 35 Rn. 17.

11 *BGH*, Urt. v. 12.10.1992, BGHZ 119, 379, 381; Rowedder-*Koppensteiner*, GmbHG, § 35 Rn. 8.

12 Scholz/*Schneider*, GmbHG, § 35 Rn. 148.

13 *BGH*, Urt. v. 28.10.2002, NJW 2003, 351; *Seibt*, Geschäftsführerbestellung und Anstel-

seine gesellschaftsrechtliche Organstellung und die oben genannten Geschäftsführungs- und Vertretungsaufgaben erhält, regelt das Anstellungsverhältnis die persönlichen Beziehungen des Geschäftsführers zur Gesellschaft, insbesondere seinen Vergütungs- und Urlaubsanspruch. Beide Rechtsverhältnisse sind grundsätzlich - auch in ihrem Bestand - rechtlich unabhängig voneinander und werden nach den jeweils geltenden Vorschriften behandelt: die Bestellung richtet sich nach Gesellschaftsrecht, die Anstellung nach den Vorschriften des BGB.[14] Dies bringt es mit sich, daß persönliche Eignungsvoraussetzungen lediglich für die Wirksamkeit der gesellschaftsrechtlichen Bestellung von Bedeutung sind.

Dieser im Rahmen der vorliegenden Arbeit also allein interessierende Bestellungsakt wird grundsätzlich von der Gesellschafterversammlung vorgenommen, soweit der Gesellschaftsvertrag keine abweichende Regelung bereithält[15] und die Gesellschaft nicht den Gesetzen der Mitbestimmung unterliegt. In letzteren Fällen der Mitbestimmung fällt die Bestellungskompetenz für die Geschäftsführer gesetzlich

---

lungsvertrag, NJW-Spezial 2004, 123; *Reuter*, Bestellung und Anstellung von Organmitgliedern im Körperschaftsrecht, FS Zöllner, Band I, Seite 487; *Goette*, Das Organverhältnis des GmbH-Geschäftsführers in der Rechtsprechung des Bundesgerichtshofs, DStR 1998, 938.

14 Aufgrund seiner besonderen Stellung für die Gesellschaft, in der ihm insbesondere gegenüber Mitarbeitern faktisch eine Arbeitgeberfunktion zukommt, ist die rechtliche Qualifizierung dieses Anstellungsvertrages problematisch und umstritten. In der Regel wird er als Dienstvertrag über eine Geschäftsbesorgung (§§ 611, 675 BGB) eingestuft. Als „klassischer" Arbeitnehmer wird er nie eingestuft (vgl. *BGH*, Urt. v. 26.3.1984, NJW 1984, 2528), allenfalls - unter bestimmten Voraussetzungen, die seine Abhängigkeit dokumentieren - als arbeitnehmerähnliche Person (so *BAG*, Urt. v. 26.5.1999, NJW 1999, 3731, 3732; anderer Ansicht ist aber *BGH*, Urt. v. 9.2.1978, NJW 1978, 1435, 1437) mit entsprechender Anwendung einzelner arbeitsrechtlicher Vorschriften, vgl. insoweit *Seibt*, Geschäftsführerbestellung und Anstellungsvertrag, NJW-Spezial 2004, 123.

15 Abweichend sind folgende gesellschaftsvertraglichen Regelungen möglich: Zum einen kann bereits der Gesellschaftsvertrag eine namentliche Nennung des Geschäftsführers (§ 6 Abs. 3 Satz 2, 1. Hs. GmbHG) enthalten. Zwingend erforderlich ist gem. § 3 Abs. 2 GmbHG eine gesellschaftsvertragliche Bestellung dann, wenn einem Gesellschafter die Pflicht zur Geschäftsführung auferlegt werden soll. Regelmäßig erfolgt die Bestellung jedoch in den Gründungsbestimmungen und nicht in der Satzung selbst, um nicht den besonderen Bestimmungen der Satzungsänderung zu unterliegen (*BGH*, Urt. v. 19.9.1955, BGHZ 18, 205, 208; *BGH*, Urt. v. 19.1.1965, GmbHR 1961, 48; Rowedder/Schmidt-Leithoff-*Schmidt-Leithoff*, GmbHG, § 6 Rn. 25) Ferner kann eine Bestellung durch Mehrheitsbeschluß der Gesellschafterversammlung (§ 6 Abs. 3 Satz 2, 2. Hs. in Verbindung mit § 46 Nr. 5 GmbHG) erfolgen. Darüber hinaus kann die Bestellungskompetenz auch einem oder mehreren Gesellschaftern übertragen werden, soweit der Gesellschaftsvertrag diese besonderen Modalitäten enthält (z. B. § 45 Abs. 2 GmbHG). Auch dem Aufsichtsrat oder einem Beirat kann die Wahl auferlegt werden, soweit ersterem im Falle der Mitbestimmung diese Aufgabe nicht schon zwingend zukommt. Bei „Familien-GmbHs" ist eine Klausel nicht untypisch, nach der einer bestimmten Gesellschaftergruppe ein Bestellungsrecht zustehen kann.

zwingend in die Hand des Aufsichtsrats.[16] Aber unabhängig davon, welches Gremium für die Bestellung zuständig ist, vollzieht sie sich immer in zwei Teilakten: zum einen durch die gesellschaftsinterne Beschlußfassung des Bestellungsorgans[17] und die nachfolgende Erklärung dieses Beschlusses gegenüber dem zu bestellenden Geschäftsführer (§ 130 Abs. 1 BGB) und zum anderen durch die Annahme desselben durch ihn.[18] In formeller Hinsicht ist dabei zu beachten, daß die Bestellung beim Handelsregister anzumelden ist, § 8 Abs. 1 Nr. 1, 2 und § 39 GmbHG.[19]

II. Die fünf gesellschaftsrechtlichen Eignungskriterien des § 6 Abs. 2 GmbHG

Interessanterweise enthält das GmbHG hinsichtlich dieser Geschäftsführerbestellung nur fünf persönliche Vorgaben: Nach § 6 Abs. 2 GmbHG muß der Geschäftsführer eine natürliche Person sein,[20] muß unbeschränkt geschäftsfähig sein,[21] darf nicht der Betreuung mit Einwilligungsvorbehalt unterliegen,[22] darf nicht wegen bestimmter Insolvenzstraftaten verurteilt worden sein[23] und darf schließlich auch nicht Adressat eines Berufs- oder Gewerbeverbot sein. [24] Dabei handelt es sich bei

---

16 § 31 MitbestG, § 12 Montan-MitbestG, § 13 MitbestErgG. Schließlich ist zu erwähnen, daß im Falle der Bestellung eines Notgeschäftsführers analog § 29 BGB dem Gericht die Geschäftsführerbestellung obliegt. (*Hohlfeld*, Der Notgeschäftsführer der GmbH, GmbHR 1986, 181; *BayObLG*, Beschl. v. 12.8.1998, GmbHR 1998, 1123, 1124). Die Bestellung eines Notgeschäftsführers ist jedoch vielfach nicht praktikabel, weil keine geeignete Person zur Amtsübernahme bereit ist, vgl. im einzelnen *Kutzer*, Prozeßpfleger statt Notgeschäftsführer - ein praktikabler Ausweg im Verfahren gegen organlose Kapitalgesellschaften ZIP 2000, 654.

17 Ein solcher Bestellungsbeschluß kann auch konkludent durch die Registeranmeldung (§§ 7, 78 GmbHG) zum Ausdruck kommen, vgl. Lutter/Hommelhoff-*Lutter/Hommelhoff*, GmbHG, § 6 Rn. 22.

18 Aufgrund der Vielzahl der mit dem Amt verbundenen Pflichten kann dem Geschäftsführer das Amt nicht aufgedrängt werden, so daß eine Annahme erforderlich ist, vgl. Lutter/Hommelhoff-*Lutter/Hommelhoff*, GmbHG, § 6 Rn. 26 f.; Baumbach/Hueck-*Hueck/Fastrich*, GmbHG, § 6 Rn. 13; Hachenburg-*Mertens*, GmbHG, § 35 Rn. 22; Scholz-*Schneider*, GmbHG, § 6 Rn. 36; Rowedder/Schmidt-Leithoff-*Koppensteiner*, GmbHG, § 35 Rn. 68.

19 Allerdings ist dieser Akt nicht konstitutiver, sondern rein deklaratorischer Natur. Schon bei Annahme des Amtes gegenüber dem Beschlußorgan ist die Bestellung wirksam, vgl. *Tillmann/Mohr*, GmbH-Geschäftsführer-Praktikum, Rn. 21; *Hoffmann/Liebs*, Der GmbH-Geschäftsführer, Rn. 206; *Spörlein/Tausend/Schuhmann/Handzik*, GmbH-Geschäftsführer, Rn. H120.

20 Ausführlich hierzu siehe unten Seite 43 ff.

21 Ausführlich hierzu siehe unten Seite 60 ff.

22 Ausführlich hierzu siehe unten Seite 71 ff.

23 Ausführlich hierzu siehe unten Seite 133 ff.

24 Ausführlich hierzu siehe unten Seite 159 ff.

den ersten drei Kriterien um solche Charakteristika, die der zu bestellenden Person unmittelbar persönlich anhaften, deren Vorliegen jedoch grundsätzlich ihrem persönlichem Einfluß entzogen ist. Man kann insoweit von „personenbezogenen" Eignungskriterien sprechen, deren Sinn und Zweck unmittelbar in der Absicherung der Funktion und Position des Geschäftsführers und damit der Handlungsfähigkeit der Gesellschaft liegt. [25] Demgegenüber handelt es sich bei den beiden letzten gesetzlichen Eignungskriterien in § 6 Abs. 2 GmbHG um „verhaltensbezogene" Kriterien, die im Gegensatz zu den grundsätzlich unabänderlichen personenbezogenen Eigenschaften auf solche des beeinflußbaren persönlichen Verhaltens abstellen, aus denen der Schluß auf die Ungeeignetheit zur Geschäftsführung gezogen wird. Ihr Zweck liegt dabei weniger in der Absicherung des rechtlichen Funktionierens der Gesellschaft, denn die betroffenen Personen weisen insoweit kein Defizit auf, das die Fähigkeit, die Rechte und Pflichten der GmbH wahrzunehmen und auszufüllen, unmittelbar beeinträchtigt. Vielmehr liegt ihr Zweck hauptsächlich darin, wirtschaftskriminelles Verhalten durch Personen zu unterbinden, die bereits einschlägig in Erscheinung getreten sind, und somit ordnungsgemäßes Handeln des Geschäftsführers sicherzustellen.[26]

Rechtstechnisch fällt dabei auf, daß insbesondere die Eignungskriterien, die sich auf das Verhalten des Geschäftsführers beziehen, negativ als sog. „Ausschlußgründe" formuliert sind. Dies erlaubt es dem Registergericht, sich bei Eintragung des Geschäftsführers ins Handelsregister hinsichtlich des Verhaltens des Geschäftsführers auf die Überprüfung des Vorliegens von Ausschlußkriterien zu beschränken, wobei diese Prüfung entscheidend durch die Versicherung des Geschäftsführers nach § 8 Abs. 3 GmbHG erleichtert wird.[27] Andere verhaltensbezogene Kriterien als die in § 6 Abs. 2 Satz 3 und 4 GmbHG genannten kennt das GmbHG nicht und beeinflussen damit auch nicht die Wirksamkeit der Geschäftsführerbestellung. Demgegenüber sind die Voraussetzungen in § 6 Abs. 2 Satz 1 GmbHG positiv formuliert und damit als „Eignungsvoraussetzungen" im positiven Sinne ausgestaltet. Diese Gestaltung erfordert dementsprechend eine umfassende Prüfung des (positiven) Vorliegens der Kriterien, was jedoch schon durch Prüfung der Personalien des Geschäftsführers erledigt werden kann.

---

25 Daneben ist umstritten, ob und inwieweit die Staatsangehörigkeit als personenbezogenes Eignungskriterium und damit verbunden ausländerrechtliche Genehmigungen Einfluß auf die Wirksamkeit der Bestellung nehmen können, vgl. unten Seite 87 ff. Darüber hinaus gehören die Kriterien „Geschlecht" und „Familienzugehörigkeit" ebenfalls in die Gruppe der persönlichen Eignungsvorgaben. Dabei handelt es sich jedoch nicht um gesetzliche, sondern typischerweise um statutarische Eignungsvoraussetzungen, vgl. unten Seite 84 ff.

26 Ausführlich hierzu siehe unten Seite 132 ff.

27 Zur handelsregisterlichen Überprüfung der Eignungsvorgaben siehe unten Seite 231 ff.

Weitere, insbesondere für die fachliche Erfüllung seiner Aufgaben und entsprechend in der Praxis für Personalentscheidungen besonders bedeutsamen und ausschlaggebenden Merkmale, die dem Geschäftsführer die Erfüllung seiner Aufgaben und Pflichten ermöglichen, sind im GmbHG nicht normiert.[28] Das hat zur Konsequenz, daß die Bestellung eines Geschäftsführers grundsätzlich bspw. unabhängig davon wirksam ist, ob er fachlich geeignet ist, seine Rechte und Pflichten als Geschäftsführer wahren zu können. Gesellschaftsrechtlich ist eine Person vielmehr schon dann geeignet, Geschäftsführer einer GmbH zu sein, wenn er die Anforderungen des § 6 Abs. 2 GmbHG erfüllt.

III. Die Entwicklung der gesellschaftsrechtlichen Eignungsvoraussetzungen in § 6 Abs. 2 GmbHG

Diese Eignungsvoraussetzungen und Ausschlußgründe aus § 6 Abs. 2 GmbHG sah der Gesetzgeber mehr als 80 Jahre lang seit Inkrafttreten des GmbHG als anerkannt und nicht näher regelungsbedürftig an. Erst im Jahre 1980 entschloß er sich weniger aus gesellschaftsrechtlichen, sondern vielmehr aus kriminalpräventiven Gründen, diese in § 6 Abs. 2 GmbHG gesetzlich festzuschreiben:

1. Keine Regelung im GmbHG von 1892 bzw. 1898

Mit dem Ziel eine Gesellschaftsform zu schaffen, die den Vorzug einer Haftungsbeschränkung auf das Gesellschaftsvermögen aufwies und dabei zwar wie die Aktiengesellschaft eine Kapitalgesellschaft sein sollte, deren Mitglieder in Anlehnung an die Personengesellschaften jedoch stärker an die Gesellschaft gebunden sein sollten,[29] trat am 20.04.1892 das „Gesetz betreffend die Gesellschaften mit beschränkter Haftung“ (GmbHG) in Kraft.[30] Damit war eine modifizierte Kapitalgesellschaft geschaffen.[31] Angetrieben von dem Bestreben, die Flexibilität der neuen Gesellschaftsform durch nur wenige indisponible Vorschriften zu fördern, enthielt das Regelungswerk in seiner Urfassung nur 82 Vorschriften.[32] Innerhalb dieser normativen Grenzen sollten die Gesellschafter die Möglichkeit erhalten, die Gesellschaft den individuellen Zwecken entsprechend gesellschaftsvertraglich weiter auszugestalten. Vor diesem Hintergrund verwundert es nicht, daß der Gesetzgeber auf die Normierung der persönlichen Anforderungen an einen Geschäftsführer verzichtet

---

28 Ausführlich hierzu siehe unten Seite 120 ff.

29 *K. Schmidt*, Gesellschaftsrecht, § 33 II 1a.

30 RGBl. 1892 Seite 477.

31 *K. Schmidt*, Gesellschaftsrecht, § 33 II 1a.

32 Die erste kleine Überarbeitung erfuhr das Gesetz schon am 10.5.1897 durch das Einführungsgesetz zum HGB (RGBl. 1897 Seite 437). Am 20.5.1898 wurde die Paragraphenzählung aufgrund Einführung des Bürgerlichen Gesetzbuchs rein redaktionell geändert und das Gesetz neu verkündet (RGBl. 1898 Seite 846).

hat. Dabei lag dies - vorbehaltlich des intendierten Gestaltungsspielraums - nicht unbedingt daran, daß eine Reglementierung der Charakteristika für nebensächlich gehalten wurde.[33] Es herrschte wohl eher allgemeiner Konsens darüber, daß nur natürliche und unbeschränkt geschäftsfähige Personen als Geschäftsführer in Betracht kommen.[34]

2. Regelungsvorschläge gescheiterter Reformvorhaben

Bis zur ersten Normierung persönlicher gesellschaftsrechtlicher Eignungsvoraussetzungen im Jahre 1980 wurden verschiedene Versionen anläßlich weitreichender GmbH-Reformvorhaben vorgeschlagen, die im wesentlichen wenig voneinander abwichen und auch der heutigen Vorschrift im Grundsatz gleichen: Im Zuge des großen Reformvorhabens[35] des Reichsjustizministeriums von 1939[36], das zum Zwecke der Beseitigung „unlauterer Vermögensverschiebungen" und des Mißbrauchs der Gläubigerbenachteiligung einerseits und andererseits formell zum Zwecke der besseren Verständlichkeit[37] eine weitaus größere Regelungsdichte verfolgte,[38] sollte innerhalb eines eigenen Abschnitts über den Geschäftsführer auch eine Norm hinsichtlich seiner Person aufgenommen werden. Dabei beschränkte sich diese jedoch auf § 59 Abs. 2 GmbHG-E_{1939}[39], der lediglich eine Negativregelung in Form der Klarstellung des Ausschlusses juristischer Personen vom Geschäftsführeramt vorsah. Bezüglich dieses neuen Absatzes blieb der Entwurf einer amtlichen Begründung[40] eine Erläuterung schuldig.[41] Es wurde lediglich darauf hin-

---

33 Obwohl die Tatsache, daß diesem Punkt in der amtlichen Begründung kein Wort gewidmet ist, darauf schließen lassen könnte.

34 Dies ergibt sich z. B. in späterer Zeit aus *OLG Hamburg*, Beschl. v. 3.11.1916, OLGE 33, 388, welches in einem Satz die persönlichen Anforderungen als physische und unbeschränkt geschäftsfähige Person für allgemein anerkannt erklärt.

35 Vgl. zur Geschichte im Vorfeld dieses Reformversuchs *Schubert*, Entwurf des Reichsjustizministeriums, 1985, Seite 25 ff.

36 Abgedruckt in *Schubert*, Entwurf des Reichsjustizministeriums Seite 94 ff. Ausführlich dazu *Stupp*, GmbH-Recht im Nationalsozialismus, Seite 302 ff.

37 Entwurf einer amtlichen Begründung, abgedruckt bei *Schubert*, Entwurf des Reichsjustizministeriums, Seite 148.

38 Trotz der grundsätzlichen Abneigung der Nationalsozialisten gegenüber körperschaftlich strukturierten Gesellschaftsformen, sah man ein, daß die Vielgestaltigkeit der deutschen Wirtschaft nicht allein durch Personenhandelsgesellschaften, die in besonderem Maße der Forderung nach Verantwortung und persönlichem Einsatz nachkommen, erhalten bleiben konnte (Württembergische Wirtschaftszeitung Nr. 44/137 Seite 803 ff., abgedruckt bei *Schubert*, Entwurf des Reichsjustizministeriums, Seite 147).

39 Die Vorschrift war wie folgt formuliert:

> Eine juristische Person kann nicht Geschäftsführer sein.

40 Abgedruckt in *Schubert*, Entwurf des Reichsjustizministeriums Seite 147 ff.

gewiesen, daß die neue Vorschrift insgesamt im wesentlichen dem bisherigen § 6 GmbHG aus dem Jahre 1892 entspreche.[42] Wegen des Krieges wurde dieser GmbHG-Reformansatz nicht weiter verfolgt und die Reformbestrebungen wurden erst Ende der sechziger Jahre wieder aufgegriffen:[43] Inhaltlich enthielt der Referentenentwurf vom 01.04.1969[44] im Vergleich zu 1939 wenig neue Ansätze, indes eiferte er mit 80 weiteren Vorschriften dem formalen Perfektionismus des Aktiengesetzes nach.[45] Er beinhaltete unter Einfügung eines neuen Abschnitts über den Geschäftsführer auch eine Regelung in § 58 Abs. 3 GmbHG-E_{1969}[46] hinsichtlich seiner Person, die in Anlehnung an § 76 Abs. 3 AktG gefaßt war. Nunmehr war die Forderung nach der Natürlichkeit der Person des Geschäftsführers und nach seiner unbeschränkten Geschäftsfähigkeit positiv formuliert. Trotz veränderten Wortlauts begnügte sich die Begründung jedoch wiederum mit dem Hinweis auf den allgemeinen Konsens in dieser Frage.[47]

Der sodann in den Jahren 1971 und 1973 vorgelegte Entwurf der Bundesregierung[48] widmete dem Geschäftsführer der GmbH keinen eigenen Abschnitt mehr. Ungeachtet dessen sah er einen § 60 Abs. 2 GmbHG-$E_{1971/73}$ vor, der den gleichen Wortlaut wie § 58 Abs. 3 GmbHG-E_{1969} hatte. Auch die „Begründung" der Vorschrift war wortgleich. Daß diese Reformvorschläge letztlich nicht in Gesetzeskraft erwuchsen, lag nach Auffassung der damaligen Bundesregierung wohl an den in dieser Zeit vordringlicheren Vorhaben. Kritischen Stimmen der Literatur zufolge

---

41 Die Vorschrift beruht auf § 75 Abs. 3 Satz 1 des Aktiengesetzes von 1937 (heute § 76 Abs. 3 Satz 1 AktG), in dessen amtlicher Begründung es wie folgt heißt: „Juristische Personen können keine Vorstandsmitglieder sein, da die Tätigkeit eines Vorstandsmitglieds eine persönliche Tätigkeit voraussetzt."; vgl. auch *Crecelius/Crüger*, GmbHG, Seite 114.

42 Abgedruckt in *Schubert*, Entwurf des Reichsjustizministeriums Seite 172.

43 Vergleicht man den Referentenentwurf aus dem Jahre 1969 mit dem des Jahres 1939, so kann man feststellen, daß es sich dabei im wesentlichen um eine überarbeitete und erweiterte Fassung des Entwurfs von 1939 darstellt, vgl. dazu *Schubert*, Entwurf des Reichsjustizministeriums, Seite 90 mwN.

44 Abgedruckt in *Bundesministerium der Justiz*, GmbH-Referentenentwurf von 1969, Seite 1 ff.

45 *Schubert*, Entwurf des Reichsjustizministeriums, Seite 91; Hachenburg-*Schilling*, GmbHG, AllgEinl vor Rn. 75.

46 Die Vorschrift war wie folgt formuliert:

> Geschäftsführer kann nur eine natürliche, unbeschränkt geschäftsfähige Person sein.

47 Erläuternde Bemerkungen zum Referentenentwurf, abgedruckt bei *Schubert*, Entwurf des Reichsjustizministeriums, Seite 201.

48 BT-Drucks. 6/3088 und 7/253. Dieser Entwurf der Bundesregierung wurde aufgrund der verkürzten Legislaturperiode des 6. Bundestages erneut im 7. Bundestag eingebracht.

krankte der Gesetzesentwurf aber daran, daß er den Charakter der GmbH grundlegend verändern würde.[49]

3. Normierung durch GmbH-Novelle im Jahr 1980

Um zumindest einige dringliche Änderungen durch eine Novelle vornehmen zu können, legte die Bundesregierung schließlich am 15.12.1977 einen „Entwurf eines Gesetzes zur Änderung des Gesetzes betreffend die Gesellschaften mit beschränkter Haftung und anderer handelsrechtlicher Vorschriften" vor.[50] Dieser enthielt in Art. 1 Nr. 5 GmbHG-E_{1977} eine Erweiterung des geltenden § 6 GmbHG unter Einfügung eines neuen Absatzes 2.[51] Zur Begründung von Satz 1 dieser Vorschrift berief man sich wie bisher ohne Argumente auf die ganz überwiegende Meinung.[52] Ferner wurde auf die im Jahre 1966 geschaffene aktienrechtliche Regelung in § 76 Abs. 3 AktG[53] verwiesen. Die im Entwurf von 1977 neu zur Beschlußfassung gestellten Sätze 2 und 3 gingen auf eine Empfehlung der Sachverständigenkommission zur Bekämpfung der Wirtschaftskriminalität zurück. Diese Kommission wurde im Jahre 1972 vom Bundesministerium der Justiz eingesetzt, um Lösungsvorschläge für den Konflikt zwischen wachsender Wirtschaftskriminalitätsrate und wirtschaftlicher Betätigungsfreiheit zu erarbeiten.[54] In Ausübung dieser Aufgabe entwi-

---

49 Lutter/Hommelhoff-*Lutter/Hommelhoff*, GmbHG, Einl. Rn. 7; *Zöllner*, 100 Jahre GmbH, JZ 1992, 381, 382.

50 BT-Drucks. 8/1347.

51 Dieser neue Absatz 2 sollte wie folgt lauten:

> Geschäftsführer kann nur eine natürliche, unbeschränkt geschäftsfähige Person sein. Wer wegen einer Straftat nach den §§ 283 bis 283d des Strafgesetzbuchs verurteilt worden ist, kann auf die Dauer von fünf Jahren seit der Rechtskraft des Urteils nicht Geschäftsführer sein; ist der Täter zu einer Freiheitsstrafe verurteilt worden, so verlängert sich die Frist um die Zeit, in welcher der Täter auf behördliche Anordnung in einer Anstalt verwahrt worden ist. Wem durch gerichtliches Urteil oder durch vollziehbare Entscheidung einer Verwaltungsbehörde die Ausübung eines Berufs, Berufszweiges, Gewerbes oder Gewerbezweiges untersagt worden ist, kann für die Zeit, für welche das Verbot wirksam ist, bei einer Gesellschaft, deren Unternehmensgegenstand ganz oder teilweise mit dem Gegenstand des Verbots übereinstimmt, nicht Geschäftsführer sein.

52 BT-Drucks. 8/1347 Seite 31.

53 Aktiengesetz vom 6.9.1965 (BGBl. I Seite 1089), in Kraft getreten am 1.1.1966. Zu diesem Zeitpunkt befanden sich die Regelungen über die persönliche Eignung allerdings noch in § 75 AktG a.F.

54 So *Bundesjustizminister Vogel* im Vorwort zum Schlußbericht der Sachverständigenkommission zur Bekämpfung der Wirtschaftskriminalität - Reform des Wirtschaftsstrafrechts -, 1980.

ckelte sie auch Regelungen für den Ausschluß bestimmter Personen vom Amt des gesetzlichen Vertreters von Kapitalgesellschaften, die bereits im Jahre 1973 als Empfehlung vorlagen.[55] Die von der Bundesregierung aufgegriffenen Regelungen[56] sollten dem Zweck dienen, gesellschaftsfremde Dritte dadurch vor Forderungsausfall zu schützen, daß Geschäftsführer, die wegen bestimmter Konkursstraftaten[57] bestraft worden sind oder gegen die ein Berufsverbot verhängt worden ist, nicht mehr unter dem Deckmantel einer anonymen Kapitalgesellschaft ihre Geschäfte aufnehmen können.[58] Diese gerichtlichen oder verwaltungsbehördlichen Entscheidungen prägten die Persönlichkeit derart bedeutungsvoll und eindeutig, daß damit schon die Nichteignung zum Geschäftsführer indiziert sei.[59] Hintergrund war, daß bereits damals einem relativ beschränkten Täterkreis jährlich mindestens ein Schaden in dreistelliger Millionenhöhe gegenüberstand: So beschränkte sich bspw. im Jahre 1977 bei insgesamt 3.287.642 bekannt gewordenen Straftaten insgesamt die Gruppe der nach §§ 283 bis 283d StGB Verurteilten auf 1.041 vollendete Fälle;

---

55 Tagungsbericht der *Sachverständigenkommission* zur Bekämpfung der Wirtschaftskriminalität - Reform des Wirtschaftsstrafrechts - III. Band, 1973, Seite 27. Die darin enthaltene Empfehlung 8 lautete im Wortlaut:

> Es soll eine gesetzliche Regelung getroffen werden, nach der zum gesetzlichen Vertreter einer Kapitalgesellschaft für die Dauer von fünf Jahren nicht bestellt werden kann
>
> a) wer wegen bestimmter Konkursstraftaten verurteilt worden ist,
> b) wem für den Bereich, auf dem die Kapitalgesellschaft tätig ist oder werden soll, ein Berufsverbot (§ 42 Abs. 1 StGB; jetzt § 70 StGB i. d. F. des 2. StrRG) auferlegt oder durch eine vollziehbare Entscheidung der Verwaltungsbehörde eine Betätigung untersagt ist (§ 35 GewO),
> c) wer in das Schuldnerverzeichnis (§ 107 Abs. 2 KO, § 915 ZPO) eingetragen ist, es sei denn, daß nach der Feststel lung des Registergerichts aus den Umständen, welche zur Ein tragung geführt haben, keine Bedenken gegen seine Bestellung zum gesetzlichen Vertreter herzuleiten sind.

56 Der Empfehlung 8 c) wurde nicht von der Bundesregierung im Gesetzentwurf aufgegriffen. Zur Begründung siehe unten Fn 66.

57 Das Konkursverfahren wurde im Jahre 1999 durch das Insolvenzverfahren ersetzt, vgl. unten Seite 17 f.

58 Begründung des Entwurfs BT-Drucks. 8/1347 Seite 31.

59 Diese Begründung geht zurück auf den Vorsitzenden der Unterkommission II/2, abgedr. in: Tagungsbericht der *Sachverständigenkommission* zur Bekämpfung der Wirtschaftskriminalität - Reform des Wirtschaftsstrafrechts - III. Band, 1973, Seite 29.

dem stand aber ein durch diese Delikte angerichteter Schaden in Höhe von mindestens 450 Mio. DM gegenüber.[60]

Mit dem Zweck der Vorschrift grundsätzlich einverstanden, die inhaltliche Ausgestaltung jedoch ablehnend, bewirkte der Bundesrat[61] eine Änderung des Satzes 2, letzter Halbsatz, aus Gründen der Eindeutigkeit und Widerspruchsfreiheit mit den im Strafrecht vergleichbaren Regelungen.[62] In seinen Augen war es widersprüchlich, den Vollzug von Maßregeln der Besserung und Sicherung anders als den Vollzug von Freiheitsstrafe zu behandeln.[63] Ferner sei die Regelung dann unpraktikabel, wenn die Fristbestimmung aufgrund einer Gesamtstrafenbildung nicht genau bestimmbar sei.[64] Dieser Erweiterungsvorschlag des Bundesrates, zur Verbesserung des Schutzes gesellschaftsfremder Dritter dem früheren Absatz 2 neue Sätze 3, 4 und 5 hinzuzufügen,[65] wurde indessen nicht umgesetzt. Die Bundesregierung hielt den Ausschluß ungeeigneter Personen vom Geschäftsführeramt schon hinreichend durch ihren Vorschlag gewährleistet. Die vorgeschlagene Erweiterung würde trotz der Ermessensregelung in Satz 4 zudem den faktischen Ausschluß der genannten Personen bedeuten, da in der Praxis wohl keine Gesellschaft in der Lage sei, ein gerichtliches Verfahren zur Klärung der Eignungsvoraussetzung abzuwarten, um erst dann die Bestellung wirksam vornehmen zu können.[66] Ferner liefere die vorgeschlagene Vorschrift keine Kriterien zur Beurteilung, wann schwerwiegende Be-

---

60 Polizeiliche Kriminalstatistik 1977, Seite 9 und Anhang Tabelle 7 Blatt 7. Heute ist das Bild noch dramatischer: Der erfaßte Täterkreis hat sich mittlerweile vervierfacht und der durch sie verursachte Schaden bewegt sich am oberen Ende des dreistelligen EUR-Millionenbereichs, vgl. dazu Seite 142.

61 Stellungnahme des Bundesrates BT-Drucks. 8/1347 Seite 64 f.

62 BT-Drucks. 8/1347 Seite 65.

63 BT-Drucks. 8/1347 Seite 65.

64 BT-Drucks. 8/1347 Seite 65.

65 Der frühere Absatz 2 sollte zu Absatz 3 werden und in den Sätzen 3 bis 5 folgenden Inhalt haben:

> Personen, die als Schuldner in einem Verzeichnis nach § 915 der Zivilprozessordnung oder § 107 Abs. 2 der Konkursordnung eingetragen sind oder über deren Vermögen in den letzten fünf Jahren das Konkursverfahren eröffnet worden ist, können nicht zu Geschäftsführern bestellt werden. Dies gilt nicht, wenn das Gericht des Sitzes der Gesellschaft auf Antrag eines Betroffenen vor seiner Bestellung festgestellt hat, daß aus den Umständen, welche zur Eintragung oder zur Eröffnung des Konkursverfahrens geführt haben, schwerwiegende Bedenken gegen die Bestellung zum Geschäftsführer nicht herzuleiten sind. Der Antragsteller hat die Entlastungsgründe im Antrag darzulegen und sie dem Gericht glaubhaft zu machen.

66 Gegenäußerung der Bundesregierung, BT-Drucks. 8/1347 Seite 72.

denken gegen die Bestellung vorliegen.[67] Darüber hinaus sei keine Begründung ersichtlich, warum die Bedenken nur die Nichtbestellung, nicht aber auch die Abberufung eines bereits berufenen Geschäftsführers zur Folge haben.[68] Diese Auffassung teilte auch der Gesetzgeber, der lediglich unter Korrektur des Satzes 2 entsprechend den Änderungsvorschlägen des Bundesrates[69] schließlich das GmbHG am 4.7.1980[70] beschlossen hat.

4. Erweiterung durch Neuordnung des Betreuungsrechts

Die vorletzte Erweiterung erfuhr § 6 Abs. 2 GmbHG im Zuge der Neuordnung des Betreuungsrechts[71] im Jahre 1990, in Kraft getreten 1992.[72] Das BtG reformierte das Recht der Vormundschaft und Pflegschaft für Volljährige grundlegend. Die Vormundschaftsbestellung für Volljährige wurde abgeschafft; nunmehr sieht das Gesetz an deren Stelle die Betreuerbestellung vor.[73] Die beiden Hauptunterschiede zur alten Rechtslage liegen zum einen darin, daß der Betreuer grundsätzlich nur noch für einen begrenzten Aufgabenkreis bestellt werden kann, und zum anderen in der Erhaltung der Geschäftsfähigkeit des Betreuten.[74] Diese bleibt ihm sogar dann erhalten, wenn er einem Einwilligungsvorbehalt für bestimmte Rechtshandlungen unterliegt, § 1903 BGB. Da nunmehr der Volljährige, der aufgrund einer

---

67 Gegenäußerung der Bundesregierung, BT-Drucks. 8/1347 Seite 73.

68 Gegenäußerung der Bundesregierung, BT-Drucks. 8/1347 Seite 73.

69 § 6 Absatz 2 trat danach mit Wirkung zum 1.1.1981 wie folgt in Kraft:

> Geschäftsführer kann nur eine natürliche, unbeschränkt geschäftsfähige Person sein. Wer wegen einer Straftat nach den §§ 283 bis 283d des Strafgesetzbuchs verurteilt worden ist, kann auf die Dauer von fünf Jahren seit der Rechtskraft des Urteils nicht Geschäftsführer sein; *in die Frist wird die Zeit nicht eingerechnet, in welcher der Täter auf behördliche Anordnung in einer Anstalt verwahrt worden ist.* Wem durch gerichtliches Urteil oder durch vollziehbare Entscheidung einer Verwaltungsbehörde die Ausübung eines Berufs, Berufszweiges, Gewerbes oder Gewerbezweiges untersagt worden ist, kann für die Zeit, für welche das Verbot wirksam ist, bei einer Gesellschaft, deren Unternehmensgegenstand ganz oder teilweise mit dem Gegenstand des Verbots übereinstimmt, nicht Geschäftsführer sein.

70 BGBl. 1980 I Seite 836.

71 Zur geschichtlichen Entwicklung dieser Reform, die seit Beginn der siebziger Jahre mal mehr und mal weniger intensiv diskutiert worden ist, vgl. *Jürgens/Kröger/Marschner/Winterstein* Betreuungsrecht kompakt, Rn. 10 ff.

72 Gesetz zur Reform des Rechts der Vormundschaft und Pflegschaft für Volljährige (Betreuungsgesetz - BtG) vom 12.09.1990 BGBl. 1990 I 2002, in Kraft getreten am 1.1.1992.

73 Vgl. dazu MüKo-*Schwab*, BGB, Vor § 1773 Rn. 1 f.

74 MüKo-*Schwab*, BGB, Vor § 1773 Rn. 1 f.

psychischen Krankheit oder einer körperlichen oder geistigen oder seelischen Behinderung seine Angelegenheiten ganz oder teilweise nicht besorgen kann, aufgrund der Erhaltung seiner Geschäftsfähigkeit nicht mehr durch § 6 Abs. 2 Satz 1 GmbHG von der Geschäftsführerbestellung ausgeschlossen ist, sah sich der Gesetzgeber veranlaßt, einen neuen Satz 2 einzufügen.[75] Zwar sollte die neue Wertung des Erhalts der Geschäftsfähigkeit nicht durch einen generellen Ausschluß vom Geschäftsführeramt unterlaufen werden. Nach Ansicht des Gesetzgebers gebiete die weitreichende Verantwortung eines Geschäftsführers aber, eine Einschränkung für den Fall zu machen, daß der Betreute einem Einwilligungsvorbehalt gem. § 1903 BGB unterliege.[76] Entsprechend lautete dann der neue Satz 2, der die früheren Sätze 2 und 3 zu den Sätzen 3 und 4 werden ließ.

5. Inhaltliche Änderung durch Reform des Konkursrechts

Durch die Reform des Konkursrechts[77] erfolgte im Jahre 1999 schließlich eine inhaltliche Anpassung der Strafvorschriften §§ 283 bis 283d StGB, die sich aber nicht auf den Wortlaut des § 6 Abs. 2 Satz 3 GmbHG niederschlug. Auch der Wortlaut der §§ 283 bis 283d StGB wurde nur durch die Ersetzung der Begriffe „Konkurs" durch „Insolvenz", „Konkursmasse" durch „Insolvenzmasse" und „Konkursverfahren" durch „Insolvenzverfahren" verändert.[78] Da das Insolvenzverfahren aber schneller und leichter als das bisherige Konkursverfahren zu eröffnen ist,[79] kann die objektive Strafbarkeitsbedingung aus § 283 Abs. 6 StGB früher eintreten als bisher,[80] so daß damit bei rechtskräftiger Verurteilung auch der Ausschlußgrund des § 6 Abs. 2 Satz 3 GmbHG früher gegeben sein kann.

6. Ausblick: geplante Änderungen durch das FoSiG

In jüngster Zeit gibt es Bestrebungen, § 6 Abs. 2 Satz 3 GmbHG in seinem Anwendungsbereich zu erweitern. Da in den letzten Jahren viele Unternehmen, insbe-

---

75 Dieser neu eingefügte Satz 2 lautet:

> Ein Betreuter, der bei der Besorgung seiner Vermögensangelegenheiten ganz oder teilweise einem Einwilligungsvorbehalt (§ 1903 des Bürgerlichen Gesetzbuchs) unterliegt, kann nicht Geschäftsführer sein.

76 BT-Drucks. 11/4528 Seite 195.

77 Die Konkurs- und Vergleichsordnung sowie die Gesamtvollstreckungsordnung wurden aufgehoben. An deren Stelle trat die InsO vom 5.10.1994, BGBl I 2866.

78 Grundlage der Änderung war Art. 60 EGInsO.

79 Dies liegt insbesondere daran, daß der Begriff der Zahlungsunfähigkeit als Grund für die Eröffnung ausgeweitet worden ist, vgl. § 18 Abs. 1 InsO.

80 Schönke/Schröder-*Stree/Heine*, StGB, Vorbem §§ 283 ff. Rn. 1a.

sondere im Baugewerbe in den neuen Ländern, mehrere Milliarden DM bzw. EUR durch uneinbringliche Forderungen verloren haben, stellten die Länder Thüringen, Sachsen und Sachsen-Anhalt im Dezember 2002 im Bundesrat einen Gesetzantrag für ein „Gesetz zur verbesserten Durchsetzung von Forderungen" (FoSiG), der neben Änderungen des Zivil- und Zivilverfahrensrechts aufgrund wachsender Anzahl von GmbHs auch eine Verschärfung des § 6 Abs. 2 Satz 3 GmbHG vorsah.[81] Danach sollen auch Verurteilungen wegen Betruges, Untreue, Vorenthalten und Veruntreuen von Arbeitsentgelt sowie wegen Verwirklichung der Straftatbestände der §§ 82 und 84 Abs. 1 Nr. 2 GmbHG und §§ 399 bis 401 Abs. 1 AktG einen fünfjährigen Amtsausschluß nach sich ziehen, um die Zuverlässigkeit und Integrität der Geschäftsführer zum Wohle der Gesellschaft selbst als auch zu dem ihrer Gläubiger stärker abzusichern.[82] Die vorgeschlagene Ausdehnung schließe nach Ansicht der Länder zugleich bestehende gesetzliche Regelungslücken.[83] Nach Ansicht der Antragsteller erfaßt das im Zusammenhang mit einer strafrechtlichen Verurteilung ausgesprochene Berufsverbot und eine Gewerbeuntersagung nach der Gewerbeordnung jeweils nur die von dem Verurteilten oder dem Betroffenen ausgeübten spezifischen Tätigkeitsbereiche. Ein solcher Ausschluß wirke nur relativ

---

81 BR-Drucks. 902/02. Dieser Gesetzentwurf entspricht dem bereits in der 14. Wahlperiode vorgelegten letzten Entwurf eines FoSiG in der Fassung BT-Drucks. 14/9848 (vgl. noch ein wenig anders die Vorversion in BR Drucks. 141/02 Seite 11), der aber bis zum Ablauf dieser Legislaturperiode nicht mehr zur Beratung gelangte. Vgl. zu den Motiven der Gesetzgebungsinitiative *Kolbe*, Verbesserte Durchsetzung von Forderungen ZRP 2002, 145, 148.

82 Im Wortlaut sollte § 6 Abs. 2 Satz 3 GmbHG folgende Änderungen erhalten:

> In Satz 3 wird die Angabe „§ 283d" durch die Wörter „283e des Strafgesetzbuches, den §§ 399 bis 401 Abs. 1 des Aktiengesetzes oder den §§ 82, 84 Abs. 1 Nr. 2 dieses Gesetzes oder zu einer Freiheitsstrafe von mindestens einem Jahr wegen einer Straftat nach den §§ 263 bis 264a, 265b bis 266a Abs. 1 und 2 des Strafgesetzbuchs oder nach § 2 des Gesetzes über die Sicherungen der Bauforderungen eingefügt.

Darüber hinaus plant er die Erweiterung des § 6 Abs. 2 GmbHG um einen Satz 5, der folgenden Wortlaut haben soll:

> Gesellschafter, die vorsätzlich oder fahrlässig eine Person, die nicht Geschäftsführer sein kann, zum Geschäftsführer bestellen oder nicht abberufen oder ihr tatsächlich die Führung der Geschäfte überlassen, haften der Gesellschaft solidarisch für den Schaden, der dadurch entsteht, daß diese Person die ihr gegenüber der Gesellschaft bestehenden Obliegenheiten verletzt.

Zur Begründung dieser Änderungsvorschläge vgl. BT-Drucks. 14/9848 Seite 31.

83 BT-Drucks. 14/9848 Seite 18, entspricht der Begründung des aktuellen Vorschlags, vgl. BT-Drucks. 15/3594 Seite 14.

und erstrecke sich damit nur auf den Unternehmensgegenstand der Gesellschaft, in der der Verurteilte vorher tätig gewesen sei. Im Gegensatz hierzu wirke der neue gesetzliche Ausschluß nach dem GmbHG für alle Unternehmensgegenstände.[84] Gegenstand der Erweiterung der Ausschlußgründe seien jedoch nur entsprechend gewichtige Straftatbestände, deren Begehung ein Tätigwerden als GmbH-Geschäftsführer „von vornherein ausschließe“.[85] Bei derartigen Vorverurteilungen bestehe regelmäßig keine Vertrauensbasis für eine ordnungsgemäße und entsprechend den Regeln des Wirtschaftslebens ausgerichtete Geschäftsführung.[86] Die Ausschlußtatbestände seien speziell auf das Anforderungsprofil als GmbH-Geschäftsführer zugeschnitten.[87] Nunmehr würden Betrug und Untreue in allen Formen erfaßt, um sowohl der Gesellschaft als auch ihren Vertragspartnern integere Geschäftsführer zu garantieren.[88] Nach *Melchior* betrifft der insoweit erweiterte Katalog des § 6 Abs. 2 Satz 3 GmbHG dann ca. 180 mal mehr Personen als nach der geltenden Regelung, nämlich ca. 800.000 Fälle pro Jahr.[89]

Bevor der Bundesrat den Gesetzentwurf im Juni 2004 mit derselben Begründung beschloß und dem Bundestag zuleitete,[90] wurden basierend auf den Anregungen des Rechtsausschusses zwar noch weitreichende Modifikationen am Gesetzentwurf insgesamt, im Hinblick auf § 6 Abs. 2 GmbHG aber nur kleine Änderungen vorgenommen.[91] Nach erster Lesung im Bundestag wurde der Vorschlag ab Oktober

---

84 BT-Drucks. 17/9848 Seite 18, entspricht der Begründung des aktuellen Vorschlags, vgl. BT-Drucks. 15/3594 Seite 14.

85 BT-Drucks. 14/9848 Seite 18 entspricht der Begründung des aktuellen Vorschlags, vgl. BT-Drucks. 15/3594 Seite 23 f.

86 So auch *Melchior*, Ausschließungsgründe für Geschäftsführer werden novelliert. Schwarze Schafe - Weiße Weste: Reloaded!, GmbHR 2005 R29.

87 BT-Drucks. 14/9848 Seite 18 entspricht der Begründung des aktuellen Vorschlags, vgl. BT- Drucks. 15/3594 Seite 23 f.

88 BR-Drucks. 141/02 Begründung des Gesetzentwurfes Seite 70, entspricht der Begründung des aktuellen Vorschlages, vgl. BT-Drucks. 15/3594 Seite 12.

89 *Melchior*, Ausschließungsgründe für Geschäftsführer werden novelliert. Schwarze Schafe - Weiße Weste: Reloaded!, GmbHR 2005 R29. Eine ganz andere Prognose macht *Drygala*, nach dem sich die Anzahl der vom Katalog des § 6 Abs. 2 Satz 3 GmbHG betroffenen Personen durch die Erweiterung „lediglich“ bei etwa dem Dreifachen, und damit etwa bei über 3.500 Personen liegen wird, vgl. *Drygala*, Zur Neuregelung der Tätigkeitsverbote für Geschäftsleiter, ZIP 2005, 423, 425.

90 BR-Drucks. 458/04 = BT-Drucks. 15/3594 (mit Stellungnahme der Bundesregierung).

91 § 6 Abs. 2 Satz 3 GmbHG soll nunmehr folgende Änderungen erhalten:

> In Satz 3 wird nach der Angabe „§ 283d des Strafgesetzbuchs“ die Angabe „den §§ 399 bis 401 Abs. 1 des Aktiengesetzes oder den §§ 82, 84 Abs. 1 Nr. 2 dieses Gesetzes oder zu einer Freiheitsstrafe von mindestens einem Jahr wegen einer Straftat nach den §§ 263 bis

2004 im Rechtsausschuß, im Ausschuß für Wirtschaft und Arbeit sowie im Ausschuß für Verkehr, Bau- und Wohnungswesen beraten.[92] Obwohl der Bundesrat noch am 27. Mai 2005 zum unverzüglichen Abschluß gedrängt hat, um trotz der vorgezogenen Neuwahlen im September 2005 noch in dieser Legislaturperiode einen Gesetzesbeschluß herbeizuführen,[93] fanden die Arbeiten keinen Abschluß mehr. Die für die vorletzte ordentliche Sitzung vor der Sommerpause am 30. Juni 2005 vorgesehene Beratung wurde von der Tagesordnung gestrichen, so daß das Gesetzesvorhaben in dieser Legislaturperiode als gescheitert angesehen werden kann.

7. Zwischenergebnis

Anders als Gesetze, die bisweilen auch Spielball politischer Machtverhältnisse sind, nahm die Entwicklung der gesetzlichen Normierung der persönlichen Eignungsvoraussetzungen des GmbH-Geschäftsführers bislang einen eher geradlinigen Verlauf. Ohne gewichtige Änderungen und Diskussionen existieren die Regelungen des § 6 Abs. 2 GmbHG seit ihrer Normierung im Jahre 1980 bis heute fort. Die Erweiterungsbestrebungen hinsichtlich des § 6 Abs. 2 Satz 3 GmbHG durch ein neues „Forderungssicherungsgesetz" wurden bislang nicht verwirklicht.

IV. Statutarische Regelungsmöglichkeiten

Will sich eine Gesellschaft bei der Wahl eines Geschäftsführers nicht allein an die Kriterien des § 6 Abs. 2 GmbHG binden, so bleibt es ihr unbenommen, im Gesellschaftsvertrag weitere persönliche Merkmale des Geschäftsführers verbindlich festzuschreiben.[94] So können dort den abstrakt-generellen und allgemeinverbindlichen gesetzlichen Eignungsvorgaben solche gegenübergestellt werden, die individuell auf die einzelne GmbH zugeschnitten sind. Man spricht insoweit von sog. „gesellschaftsvertraglichen Eignungsvoraussetzungen und Ausschlußgründen". Soweit sie nicht unverbindlich als Soll-Vorschriften formuliert sind, entfalten sie ebenso wie gesetzliche Vorgaben Bindungswirkung für die Gesellschaft und machen gegen sie verstoßende Bestellungen grundsätzlich nichtig.[95]

264a, 265b bis 266a Abs. 1 und 2 des Strafgesetzbuchs oder nach § 2 des Gesetzes über die Sicherung der Bauforderungen" eingefügt.

Bei der Fassung des geplanten neuen § 6 Abs. 2 Satz 5 GmbHG will man darüber hinaus vor dem Wort „fahrlässig" das Wort „grob" einfügen. Vgl. insoweit BT-Drucks. 15/3594 Seite 9 mit Begründung auf Seite 25 f.

92 Beschluß vom 22.10.2004, BT-Plenarprot. 15/133 Seite 12200 B.

93 Beschluß vom 27.5.2005, BR-Drucks. 365/05.

94 Dabei ist sie allerdings an die Grenzen der §§ 134, 138 BGB und ggf. an die der Mitbestimmungsgesetze gebunden, vgl. unten Seite 31 ff.

95 Näher dazu siehe unten Seite 207 ff. Will die Gesellschaft dies vermeiden, ist sie gezwun-

V. Zwischenergebnis

Nach dem GmbHG ist eine Person grundsätzlich schon dann geeignet, Geschäftsführer einer GmbH zu sein, wenn sie die gesetzlichen Anforderungen des § 6 Abs. 2 GmbHG erfüllt. Sie muß dementsprechend eine natürliche, unbeschränkt geschäftsfähige Person sein und darf nicht der Betreuung unter Einwilligungsvorbehalt unterliegen. Nach den Sätzen 3 und 4 sind darüber hinaus solche Personen vom Geschäftsführeramt ausgeschlossen, die nach §§ 283 bis 293d StGB verurteilt wurden oder denen gegenüber ein Berufs- oder Gewerbeverbot ausgesprochen wurde. Weitere Kriterien enthält das GmbHG nicht, insbesondere nehmen bspw. fachliche Fähigkeiten keinen Einfluß auf die Wirksamkeit des Geschäftsführers. Es liegt vielmehr in die Hand der Gesellschafterversammlung, über § 6 Abs. 2 GmbHG hinausgehende Kriterien in ihrem Gesellschaftsvertrag verbindlich festzulegen.

B. Die gewerbe- bzw. berufsrechtliche Eignung

Die gesellschaftsrechtlichen Eignungsvoraussetzungen des § 6 Abs. 2 GmbHG sowie statutarisch festgelegte Kriterien sind aber nicht die einzigen, die bei der Wahl und Bestellung eines Geschäftsführers von Bedeutung sind. Abgerundet wird sein Profil vielmehr durch gewerbe- bzw. berufsrechtliche Eignungsvoraussetzungen und Ausschlußgründe, die ebenfalls Einfluß auf die Wirksamkeit der Geschäftsführerbestellung nehmen können.[96] Durch diese jeweils in Abhängigkeit vom jeweiligen Unternehmensgegenstand der Gesellschaft einschlägigen Eignungskriterien hat die Geeignetheit des Geschäftsführers neben der gesellschaftsrechtlichen eine zweite, am Unternehmensgegenstand orientierte öffentlich-rechtliche, genauer: eine gewerbe- bzw. berufsrechtliche Komponente, die der Abwehr von solchen Gefahren für die öffentliche Sicherheit und Ordnung dient, die der jeweilige Unternehmensgegenstand der Gesellschaft mit sich bringt.

I. Überblick über gewerbe- und berufsrechtliche Vorgaben

So ist bspw. insbesondere das verhaltensbezogene Kriterium der „Unzuverlässigkeit" prägend für Ausschlußgründe des Gewerberechts. Es durchzieht das gesamte Gewerberecht und seine Spezialgesetze und stellt sich so als das zentrale persönliche Ausschlußkriterium des Gewerberechts dar.[97] Dabei trifft es grundsätzlich den Gewerbetreibenden selber; ist dieser jedoch eine juristische Person wie die GmbH,

---

gen, vor der Bestellung die entsprechende Satzungsbestimmung gemäß den strengen Vorschriften über die Satzungsänderung zu streichen oder abzuändern.

96 Ausführlich hierzu siehe unten Kapitel 3, Seite 181 ff.

97 Dies ergibt sich aus der generellen Anwendbarkeit des § 35 GewO, soweit nicht bereits Sondervorschriften einschlägig sind. Vgl. im einzelnen unten Seite 182.

so darf deren Geschäftsführer nicht unzuverlässig sein.[98] Diese verhaltensbezogene Forderung persönlicher Eignung stellt das notwendige Gegenstück zu § 1 Abs. 1 GewO und dem dort niedergelegten Grundsatz der Gewerbefreiheit dar und kann bei Fehlen zur Gewerbeuntersagung bzw. bei genehmigungspflichtigem Gewerbe zu Versagung bzw. Rücknahme oder Widerruf führen, um den Mißbrauch der Gewerbefreiheit zu verhindern.[99]

Demgegenüber kennt das Gewerberecht zwar auch vielfach positive Eignungsvoraussetzungen - insbesondere fachlicher Art[100] -, doch müssen diese zumeist nicht zwingend vom Geschäftsführer erfüllt werden, sondern es reicht vielfach aus, wenn ein angestellter Betriebsleiter die Anforderungen erfüllt.[101] Etwas anderes gilt jedoch im Bereich der freien Berufe. Dort sind positive Eignungsvoraussetzungen, die zwingend vom Geschäftsführer einer solchen Freiberufler-GmbH erfüllt werden müssen, prägend, wobei die Ausübung der freien Berufe in der Rechtsform der GmbH allerdings noch nicht in jedem Bereich anerkannt ist. Insbesondere in den Bereichen, in denen die freien Berufe die Erbringung von persönlichen Dienstleistungen „höherer Art" zum Gegenstand haben und eine „höhere" Bildung erfordern[102] ist die Gründung einer GmbH von der Anerkennung bzw. Zulassung durch die jeweilige Kammer abhängig, die ihrerseits besondere Eignungsvoraussetzungen für den Geschäftsführer erfordert. So enthalten viele Berufsordnungen speziell auf GmbH-Geschäftsführer zugeschnittene Eignungsvoraussetzungen und verlangen insbesondere von ihm die Zugehörigkeit zur Berufsgruppe, selbst wenn sein Ressort lediglich auf verwaltende Tätigkeiten zugeschnitten ist.[103] So können bspw.

---

98 Dies beruht auf dem Umstand, daß an die GmbH als Gewerbetreibende selber keine persönlichen Anforderungen zur Absicherung öffentlich-rechtlicher Belange gestellt werden können, da sie lediglich eine juristische Konstruktion ist, so daß insoweit notwendiger Weise auf den Geschäftsführer als ihr Handlungsorgan zurückgegriffen werden muß.

99 BT-Drucks. 7/111, S. 4; *Stober*, Besonderes Wirtschaftsverwaltungsrecht, S. 37 f. Näher dazu unten Seite 181 ff.

100 Demgegenüber stellt das GmbH-Recht keine fachlichen Eignungsvoraussetzungen für GmbH-Geschäftsführer auf, vgl. oben Seite 10.

101 So bspw. im Gaststättengewerbe (siehe unten Seite 185), im Bewachungsgewerbe (siehe unten Seite 185), im Güterkraftverkehrsgewerbe (siehe unten Seite 187), im Handwerk (siehe unten Seite 188) oder auch im Sprengstoff- und Waffenhandelsgewerbe (siehe unten Seite 189).

102 Landmann/Rohmer-*Kahl*, GewO (I), Einl. Rn. 68.

103 Demgegenüber existieren in den Bereichen, in denen die freiberufliche Tätigkeit nicht zwingend eine höhere fachliche Ausbildung erfordert (etwa weil die Tätigkeit insbesondere auch von nicht erlernbaren Faktoren wie Begabung, künstlerischer Neigung und Kreativität abhängig ist) bzw. unter besonderem verfassungsrechtlichen Schutz der Kunst- und Meinungsfreiheit steht (z. B. bei Berufen wie die des Musikers, Künstlers, Schriftstellers und Journalisten), weder berufsregelnde Vorschriften, die den Zugang und die Ausübung des Berufs selbst regeln, noch solche, die Einfluß auf die Berufsausübung in Form einer GmbH nehmen und so Anforderungen an die Person des Geschäftsführers stellen. Eine

nach §§ 28 Abs. 2 Satz 1 WPO, 50 Abs. 2 und Abs. 3 StBerG, und 59f BRAO nur sozietätsfähige Berufsträger Geschäftsführer von Wirtschaftsprüfungs-, Steuerberatungs- und Rechtsanwaltsgesellschaften sein.

II. Bedeutung der Unterscheidung von gesellschaftsrechtlicher Eignung einerseits und gewerbe- bzw. berufsrechtlicher Eignung andererseits

Die Unterscheidung der gesellschaftsrechtlichen auf der einen und der berufs- bzw. gewerberechtlichen Eignung greift nicht allein die Unterscheidung von Gesellschaftsrecht als Zivilrecht einerseits und Gewerbe- und Berufsrecht als Öffentliches Recht andererseits auf. Ohne einer ausführlichen Beschäftigung mit den Rechtsfolgen bei Fehlen und Wegfall persönlicher Eignungsvoraussetzungen vorgreifen zu wollen,[104] hat die Unterscheidung insbesondere im Hinblick auf die Rechtsfolgen bei Nichtvorliegen der jeweiligen Eignungskomponente Bedeutung:

Soweit dem Geschäftsführer die *gesellschaftsrechtlichen* Eignungsvoraussetzungen fehlen bzw. ein Ausschlußgrund nach § 6 Abs. 2 GmbHG vorliegt, so hat dies unmittelbaren Einfluß auf seine Position als Geschäftsführer. Seine Bestellung ist bei Nichtvorliegen der Eignungsvoraussetzungen bzw. ab dem Zeitpunkt des Eintretens des Ausschlußgrundes nichtig und er verliert automatisch sein Amt, bzw. erlangt es gar nicht erst.[105]

Fehlen dem Geschäftsführer bei seiner Bestellung hingegen *gewerbe- bzw. berufsrechtliche* Eignungsvoraussetzungen, so hat dies nur dann Einfluß auf die Wirksamkeit seiner Bestellung, wenn ihr Fehlen zu einer verwaltungsbehördlichen oder gerichtlichen Gewerbe- oder Berufsuntersagung geführt hat oder wenn den Eignungsvoraussetzungen bzw. Ausschlußgründen die Qualität eines gesetzlichen Verbots zukommt. Im ersteren Fall ist § 6 Abs. 2 Satz 4 GmbHG einschlägig, der die Bestellung nichtig werden läßt. Dabei hebt diese Vorschrift den das deutsche Rechtssystem prägenden Dualismus von Zivilrecht einerseits und Öffentlichem Recht andererseits zugunsten einer einheitlichen Rechtsfolge auf. § 6 Abs. 2 Satz 4 GmbHG setzt dabei die einem verwaltungsbehördlichen oder gerichtlichen Verfahren vorbehaltene Entscheidung über die öffentlich-rechtliche Eignung des Geschäftsführers gesellschaftsrechtlich um. Führt demgegenüber das öffentlich-rechtliche Prüfungsverfahren nicht zum Erlaß eines solchen Gewerbe- oder Berufsverbots, insbesondere weil etwa die Person zwar ungeeignet, die Verhängung eines Gewerbe-

---

im künstlerischen und publizistischen Bereich tätige Freiberufler-GmbH stellt also keine besonderen Eignungsvoraussetzungen an ihren GmbH-Geschäftsführer. Es ist nur § 6 Abs. 2 GmbHG zu beachten.

104 Siehe unten Kapitel 5, Seite 205 ff.

105 Ausführlich zu den Konsequenzen bei Fehlen und Wegfall der gesellschaftsrechtlichen Eignungsvoraussetzungen siehe unten Seite 205 ff.

oder Berufsverbots aber außer Verhältnis steht, so bleibt die Bestellung wirksam. § 6 Abs. 2 Satz 4 GmbHG ist dann nicht einschlägig.

Gleiches gilt, wenn die Beurteilung der gewerbe- bzw. berufsrechtlichen Eignung nicht in ein Verwaltungsverfahren eingebettet ist, sondern wenn gewerbe- oder berufsrechtliche Eignungsvoraussetzungen vorliegen, denen die Qualität eines gesetzlichen Verbots im Sinne des § 134 BGB zukommt. Ist es bspw. einer Rechtsanwaltsgesellschaft nach § 59f BRAO verboten, andere Personen als Angehörige sozietätsfähiger Berufe als Geschäftsführer zu bestellen, so ergibt sich die Nichtigkeit einer entgegenstehenden Bestellung zwar nicht aus § 6 Abs. 2 Satz 4 GmbHG, da dieser nur für verwaltungsbehördliche oder gerichtliche Verbote einschlägig ist. Allerdings hilft in diesen Fällen § 134 BGB weiter, der in Verbindung mit der Verbotsvorschrift Einfluß auf die Wirksamkeit der Geschäftsführerbestellung nehmen kann. Insoweit stellt also § 6 Abs. 2 Satz 4 GmbHG nicht die alleinige Schnittstelle zwischen gewerbe- bzw. berufsrechtlicher Eignung einerseits und gesellschaftsrechtlicher Eignung andererseits dar, da seine Rechtsfolge nur bei verwaltungsbehördlichen und gerichtlichen Berufs- und Gewerbeverboten, nicht aber bei gesetzlichen greift.[106]

C. Amtsausschlüsse wegen Inkompatibilität

Neben den gesellschaftsrechtlichen und gewerbe- bzw. berufsrechtlichen Eignungsvoraussetzungen muß schließlich noch eine letzte Kriteriengruppe Erwähnung finden, die eine Person als Geschäftsführer ungeeignet erscheinen läßt: die Gruppe der Amtsausschlüsse wegen Inkompatibilität. Darunter sind solche Ausschlußgründe zu verstehen, die ihren Grund nicht in der Person, sondern in einem nicht mit der Geschäftsführerposition kompatiblen Amt oder einer inkompatiblen Position haben. Sie ergeben sich anders als die oben genannten persönlichen Ausschlüsse - seien es die gesellschaftsrechtlichen, seien es die gewerbe- oder berufsrechtlichen - nicht aus dem Geschäftsführeramt selber und den damit verbundenen Aufgaben bzw. aus dem beruflichen oder gewerblichen Tätigkeitsfeld der Gesellschaft heraus, sondern durch äußere Umstände, weil andere, bereits innegehaltene Ämter und Positionen zumeist aus Gründen der Wahrung ihrer Unabhängigkeit keine (weiteren) gesellschaftlichen Verflechtungen oder keine erwerbswirtschaftlichen Tätigkeiten erlauben. So darf bspw. ein Bundespräsident während seiner Amtszeit nicht Geschäftsführer einer auf Erwerb ausgerichteten GmbH sein, vgl. Art. 55 Abs. 2 GG, oder ein Aufsichtsratsmitglied der GmbH darf grundsätzlich nicht gleichzeitig auch Geschäftsführer derselben sein, vgl. § 52 Abs. 1 GmbHG in Verbindung mit § 105 Abs. 1 AktG.[107]

---

106 Ausführlich zu den Konsequenzen bei Fehlen und Wegfall der gewerbe- und berufsrechtlichen Eignungsvoraussetzungen siehe unten Seite 215 ff.

107 Ausführlich dazu unten Kapitel 4, Seite 201 ff.

D. Konfliktpotential gesetzlicher Regelungen durch die Grenzen des Verfassungs- und Europarechts

Ohne der Untersuchung der einzelnen Eignungsvoraussetzungen und Ausschlußgründe vorgreifen zu wollen, soll dieses Kapitel nicht mit Einführung in die unterschiedlichen Dimensionen der Eignung enden, sondern auch einen Überblick darüber gewähren, in welchem verfassungs- und europarechtlichen Spannungsfeld sich diese gesetzlichen Eignungskriterien bewegen.[108] Denn obgleich die Verfassungs- und Europarechtskonformität gewerbe- und berufsrechtlicher Eignungsvoraussetzungen insoweit vielfach kontrovers diskutiert werden, gilt dies nicht für die gesellschaftsrechtlichen Eignungsvorgaben des § 6 Abs. 2 GmbHG. Diese Dimensionen der Vorschrift waren nie im Focus des gesellschaftsrechtlichen Interesses.[109] Dennoch existiert bei den gesetzlichen Eignungsvorgaben der Verfassungsbezug gleich mehrfach:

Kehrseite der Normierung persönlicher Eignungsvoraussetzungen - gleich ob gesellschaftsrechtlicher oder berufsrechtlicher Art - ist der Ausschluß ungeeigneter Personen, so daß die Regelungen, egal ob sie positiv oder negativ formuliert sind, Personen vom Amt des Geschäftsführers ausschließen. Verfassungsrechtlich ist dies zum einen bedeutsam im Hinblick auf die Berufsfreiheit des Betroffenen, zum anderen müssen sich diese Regelungen aber auch an den unterschiedlichsten Diskriminierungsverboten messen lassen. Darüber hinaus beschneiden Eignungsvoraussetzungen und Ausschlußgründe auch die Wahlfreiheit der Gesellschaft bei der Bestellung ihres Handlungsorgans, so daß auch insoweit ein Verfassungsbezug besteht.

I. Berufsfreiheit des (potentiellen) Amtsträgers

Ausschlüsse vom Geschäftsführeramt stellen sich auf Seiten der betroffenen Personen grundsätzlich[110] als Eingriff in ihre durch Art. 12 Abs. 1 GG geschützte sub-

---

108 Zum Spannungsfeld gesellschaftsvertraglicher Regelungen siehe unten Seite 31 ff.

109 *Stein*, § 6 Abs. 2 Satz 2 GmbHG, § 76 Abs. 3 Satz 2AktG: Verfassungswidrige Berufsverbote?, AG 1987, 165 ff., machte im Jahr 1987 im Hinblick auf § 6 Abs. 2 Satz 3 GmbHG einen Vorstoß in diese Richtung, konnte jedoch eine kontroverse Diskussion nicht entfachen, vgl. ausführlich dazu unten Seite 136 ff.

110 Allerdings schützt Art. 12 GG als sog. „Deutschengrundrecht" nur deutsche Staatsangehörige - natürliche Personen sowie über Art. 19 GG grundsätzlich auch juristische Personen -, im Anwendungsbereich des EGV auch EG-Ausländer. Andere Ausländer erfahren im Hinblick auf ihre Berufsfreiheit grundsätzlich nur Schutz über Art. 2 GG, vgl. Jarass/Pieroth-*Jarass*, Art. 12 Rn. 10, Art. 2 Rn. 10. Damit wird diesen Ausländern im Bereich der Berufswahl und -ausübung von der Verfassung ein geringerer Schutz als Deutschen gewährt, da ein Eingriff insoweit schon durch die verfassungsmäßige Ordnung im Sinne aller formell und materiell verfassungsmäßiger Gesetze gerechtfertigt werden kann, vgl. Jarass/Pieroth-*Jarass*, Art. 2 Rn. 10 und 17.

jektive Berufswahlfreiheit[111] dar, wobei es unerheblich ist, ob dieser Ausschluß aus gesellschaftsrechtlichen oder aus gewerbe- oder berufsrechtlichen Gründen erfolgt. Art. 12 GG ist betroffen, da die Tätigkeit als GmbH-Geschäftsführers grundsätzlich auf Dauer angelegt und im allgemeinen der Schaffung und Erhaltung der Lebensgrundlage dient,[112] so daß der sachliche Schutzbereich des Grundrechts eröffnet ist.[113] Soweit der Gesetzgeber Ausschlußgründe normiert, versagt er hierdurch die Zulassung zum Amt bzw. entzieht das Amt in der Sekunde des Vorliegens eines Ausschlußgrundes.[114] Erfaßt sind alle Regelungen, die das Amt vom Nichtvorliegen persönlicher Eigenschaften und Fähigkeiten, wie z.B. in gesellschaftsrechtlicher Hinsicht die Volljährigkeit, das Fehlen von bestimmten Verurteilungen, Berufs- oder Gewerbeverboten bzw. bestimmte berufliche Eignungsvoraussetzungen wie die Zulassung als Rechtsanwalt etc. abhängig machen, so daß sie die subjektive Berufswahl des Betroffenen betreffen. Dabei ist aus verfassungsrechtlicher Sicht von besonderem Interesse, daß diese nicht lediglich geringfügigen Beeinträchtigungen der Berufsfreiheit insbesondere nur dann gerechtfertigt sind, wenn der Verhältnismäßigkeitsgrundsatz gewahrt bleibt. Da Amtsausschlüsse die subjektive Berufswahl betreffen, erfordert die Rechtfertigung von Eingriffen auf diesem Niveau, daß sie dem Schutz eines wichtigen wirtschafts-, sozial- oder gesellschaftspolitischen Gemeinschaftsgutes oder -interesses dienen.[115]

Die Bekämpfung der Wirtschaftskriminalität, die der Gesetzgeber bspw. bei der Normierung der Ausschlußregelungen des § 6 Abs. 2 Satz 3 und 4 GmbHG vordringlich im Kopf hatte, hat bspw. grundsätzlich die Qualität eines solchen den Eingriff in die Berufswahlfreiheit rechtfertigenden wirtschafts- und gesellschaftspo-

---

111 Unter subjektiven Berufswahlregelungen sind diejenigen zu verstehen, die eine Berufsaufnahme an das Vorliegen persönlicher Eigenschaften, Fähigkeiten oder Leistungsnachweisen knüpfen, *BVerfG*, Beschl. v. 16.6.1959, BVerfGE 9, 338, 345. Ohne nähere Begründung für § 6 Abs. 2 Satz 3 GmbHG: *Stein*, § 6 Abs. 2 Satz 2 GmbHG, § 76 Abs. 3 Satz 2 AktG: Verfassungswidrige Berufsverbote?, AG 1987, 165, 171. Für die Qualifizierung lediglich als leichter zu rechtfertigende Berufsausübungsregelung ohne nähere Begründung: *Mankowski*, Kurzkommentar zu LG Köln, Beschl. v. 6.1.1995, EWiR § 6 GmbHG 1/95, 673, 674, so auch *Melchior*, Ausschließungsgründe für Geschäftsführer werden novelliert. Schwarze Schafe - Weiße Weste: Reloaded!, GmbHR 2005, R 29.

112 Ist die Geschäftsführertätigkeit nur eine Nebentätigkeit, so ist nach der Rechtsprechung nicht Art. 12 Abs. 1 GG, sondern nur Art. 2 Abs. 1 GG einschlägig, vgl. *BVerwG*, Urt. v. 26.6.1980, BVerwGE 60, 254, 255 f.; *BVerwG*, Urt. v. 30.6.1983, BVerwGE 67, 287, 294 f.; Jarass/Pieroth-*Jarass*, GG, Art. 12 Rn. 4.

113 Unerheblich ist es, ob sich die Tätigkeit eher als selbständig oder als unselbständig darstellt, *BVerfG*, Urt. v. 11.6.1958, BVerfGE 7, 377, 398 f.; Beschl. v. 18.6.1980, BVerfGE 54, 301, 322.

114 Näher zu den Rechtsfolgen bei Fehlen und Wegfall gesetzlicher Eignungsvoraussetzungen siehe unten Seite 205 ff.

115 Statt aller Jarass/Pieroth-*Jarass*, GG, Art. 12 Rn. 37.

litischen Gemeinschaftsgutes, wenngleich der pauschale Tatbestand und die starre Dauer insbesondere des § 6 Abs. 2 Satz 3 GmbHG Bedenken hinsichtlich der Verhältnismäßigkeit im engeren Sinne hervorrufen.[116] An den gleichen Maßstäben des Art. 12 Abs. 1 GG muß sich die Ausschlußregelung des § 6 Abs. 1 Satz 1, 1. Hs. GmbHG insoweit messen lassen, als durch sie juristische Personen und Personenvereinigungen vom Amt des Geschäftsführers ausgenommen werden. Denn auch deren berufliche Betätigung steht unter dem Schutz des Art. 12 Abs. 1 GG.[117] Ferner müssen besonders wichtige Gemeinschaftsgüter die berufsrechtlichen Restriktionen bspw. in § 28 WPO, § 50 StBerG und § 59f BRAO rechtfertigen, die den Kreis der amtsfähigen Geschäftsführer jeweils auf Berufsangehörige beschränken.

II. Berufs- und Gewerbefreiheit der Gesellschaft

Im Hinblick auf Art. 12 Abs. 1 GG darf neben dem betroffenen Geschäftsführer nicht die GmbH selber als Schutzobjekt der Berufs- und Gewerbefreiheit[118] vergessen werden. Denn auch ihr wird als juristische Person über Art. 19 GG Schutz zuteil, da eine Erwerbszwecken dienende und von Art. 12 GG geschützte Tätigkeit nicht nur im Geschäftsführeramt, sondern auch in der Tätigkeit der Gesellschaft zu sehen ist.[119] Soweit die Bestellung eines von der Gesellschaft ausgewählten Geschäftsführers nunmehr an gesetzlich normierten Eignungsvoraussetzungen scheitert, ist die Gesellschaft als Grundrechtsträgerin daher durch die Nichtdurchführbarkeit ihrer im Rahmen der Berufsfreiheit getroffenen unternehmerischen Entscheidung in ihrem Recht aus Art. 12 GG berührt. Jedoch hat ein solcher Eingriff gegenüber der GmbH bei weitem nicht die Intensität, die er gegenüber dem betroffenen Geschäftsführer aufweist. Er stellt lediglich eine Berufsausübungsregelung dar, die es der Gesellschaft nicht untersagt, mit einem anderen Geschäftsführer ihrem Beruf bzw. Gewerbe nachzugehen. Insoweit bedarf eine solche Ausschlußregelung der Gesellschaft gegenüber zwar der Rechtfertigung, allerdings ist es insoweit schon ausreichend, wenn sie durch vernünftige Erwägungen des Gemeinwohls getragen sind.[120]

---

116 Näher dazu siehe unten Seite 145 ff.

117 Jarass/Pieroth-*Jarass*, GG, Art. 12 Rn. 10a.

118 Seit Bestehen des Grundgesetzes wird der Grundsatz der Gewerbefreiheit maßgeblich durch Art. 12 Abs. 1 GG bestimmt. Seit der grundlegenden Entscheidung des *BVerfG*, BVerfG 7, 337 ff. (sog. „Apothekenurteil") entspricht es allgemeiner Auffassung, daß die Gewerbefreiheit von der Schutzgarantie der Berufsfreiheit mitumfaßt ist, vgl. dazu Landmann/Rohmer-*Kahl*, GewO (I), § 1 Rn. 8.

119 Vgl. zur Grundrechtsfähigkeit juristischer Personen bzgl. Art. 12 GG *BVerfG*, Urt. v. 4.6.1967, BVerfGE 21, 261, 266; Beschl. v. 16.3.1971, BVerfGE 30, 292, 312; Beschl. v. 14.1.1987, BVerfGE 74, 129, 148.

120 Statt aller Jarass/Pieroth-*Jarass*, GG, Art. 12 Rn. 32.

III. Selbstregelungsfreiheit der Gesellschaft

Bei der Ausgestaltung persönlicher Eignungsvoraussetzungen hat der Gesetzgeber aber zugunsten der Gesellschaft nicht nur Art. 12 Abs. 1 GG, sondern insbesondere auch die über Art. 9 Abs. 1 GG geschützte Selbstregelungsfreiheit der Gesellschaft zu respektieren. Denn die Vereinigungsfreiheit aus Art. 9 Abs. 1 GG gewährt nicht nur dem Einzelnen die Möglichkeit, mit anderen Deutschen Vereinigungen und Gesellschaften zu bilden, sondern dieses Grundrecht gewährleistet darüber hinaus auch kollektive Rechtsausübung,[121] so daß auch Zusammenschlüsse als solche, also auch Gesellschaften mit beschränkter Haftung, grundsätzlich durch Art. 9 Abs. 1 GG verfassungsrechtlich geschützt sind.

Der Schutz dieses Grundrechts umfaßt in dieser Hinsicht insbesondere auch die Selbstbestimmungsfreiheit der Gesellschaft über die eigene Organisation, das Verfahren der Willensbildung und die Führung der Geschäfte,[122] da ohne dies nicht von Vereinigungsfreiheit gesprochen werden kann; Fremdbestimmung würde mithin dem Schutzzweck dieses Grundrechts zuwiderlaufen.[123] Dabei kann das Grundrecht der Vereinigungsfreiheit des Art. 9 Abs. 1 GG jedoch nur dann praktische Wirksamkeit erlangen, wenn der Gesetzgeber diese Freiheit gesetzlich ausgestaltet, da eine optimale Entfaltung nur möglich ist, wenn ihr vielgestaltige Rechtsformen mit funktionsfähiger innerer Organisation als Rahmen zur Verfügung gestellt werden.[124] Alle gesetzlichen Bestimmungen bezüglich der Person des Geschäftsführers, die die Handlungsfähigkeit der Gesellschaft sicherstellen und damit zur Sicherung und Erhaltung der Funktionsfähigkeit der Gesellschaft erforderlich sind,[125] gehören damit zum notwendigen Inhalt des Art. 9 Abs. 1 GG und geben ihm Raum. Von einer Verletzung der Selbstregelungsfreiheit kann insoweit nicht die Rede sein. Vielmehr muß sogar von der gesetzgeberischen Verpflichtung gesprochen werden, die Funktions- und Handlungsfähigkeit der Gesellschaft durch ihre Organe sicherzustellen.[126]

Die darüber hinausgehende weitere Ausgestaltung der Selbstregelungsfreiheit ist jedoch nicht in das gesetzgeberische Belieben gestellt, da sie sich als Einschränkung derselben darstellt, wenngleich dem Gesetzgeber auch im Bereich des Art. 9 Abs. 1 GG ein gewisser Gestaltungsspielraum zuzugestehen ist. Gesetzliche Regelungen,

---

[121] *BVerfG*, Beschl. v. 18.10.1961, BVerfGE 13, 174, 175; Beschl. v. 24.2.1971, BVerfGE 30, 227, 241; Urt. v. 1.3.1979, BVerfGE 50, 290, 354.

[122] *BVerfG*, Urt. v. 1.3.1979, BVerfGE 50, 290, 354.

[123] *BVerfG*, Urt. v. 1.3.1979, BVerfGE 50, 290, 354.

[124] *BVerfG*, Urt. v. 1.3.1979, BVerfGE 50, 290, 355.

[125] Dabei kann es sich nur um gesellschaftsrechtliche, nicht um berufsrechtliche Maßnahmen handeln.

[126] Maunz/Düring-*Scholz*, GG, Art. 9 Rn. 31.

die über das zur Verwirklichung der Selbstregelungsfreiheit der Gesellschaft unbedingt Notwendige hinausgehen, dürfen nicht willkürlich sein und müssen auf einen Ausgleich mit der allgemeinen Rechtsordnung, der Sicherheit des Rechtsverkehrs, schutzwürdigen Belangen Dritter oder auch öffentlicher Interessen gerichtet sein.[127] Der Gesetzgeber ist damit also zwar einerseits durch Art. 9 Abs. 1 GG verpflichtet, durch die Normierung persönlicher Eignungsvoraussetzungen und Ausschlußgründe die Funktionsfähigkeit der Gesellschaft sicherzustellen. Andererseits ist er aber durch dieses Grundrecht auch gehalten, weitergehende Regelungen - seien es gesellschaftsrechtliche, seien es berufsrechtliche - nur soweit notwendig und im angemessenen Verhältnis zu der Beschränkung der Selbstregelungsfreiheit der Gesellschaft stehend zu erlassen.

IV. Diskriminierungsverbote

Schließlich müssen sich gesetzliche Eignungsvoraussetzungen und Ausschlußgründe an den verschiedensten Diskriminierungsverboten messen lassen. Über den zu beachtenden allgemeinen verfassungsrechtlichen Gleichheitssatz aus Art. 3 Abs. 1 GG hinaus ist es dem Gesetzgeber zur Verwirklichung des Grundsatzes der Menschenwürde nach Art. 3 Abs. 2 und 3 GG insbesondere verboten, Differenzierungen hinsichtlich der Amtsfähigkeit wegen des Geschlechts, der Abstammung, der Rasse, der Sprache, der Heimat und Herkunft, des Glaubens, der religiösen oder politischen Anschauungen oder wegen Behinderungen[128] vorzunehmen.[129] Dem-

---

127 *BVerfG*, Urt. v. 1.3.1979, BVerfGE 50, 290, 354; *Massen*, Privatrechtsgestaltung durch Hoheitsakt, Seite 217.

128 Behinderung meint „die Auswirkung einer nicht nur vorübergehenden Funktionsbeeinträchtigung, die auf einem regelwidrigen körperlichen, geistigen oder seelischen Zustand beruht, vgl. *BVerfG*, Beschl. v. 8.10.1997, BVerfGE 96, 288, 301; Beschl. v. 19.1.1999, BVerfGE 99, 341, 356 f. Zur Rechtfertigung dieser Regelung vgl. unten Seite 62.

129 Über die im Grundgesetz normierten Diskriminierungsverbote hinaus untersteht der deutsche Gesetzgeber natürlich auch solchen des Europarechts. So ist die Bundesrepublik Deutschland zunächst unmittelbar aus der EMRK verpflichtet, so daß insbesondere auch das in Zusatzprotokoll Nr. 12 enthaltene eigenständige Diskriminierungsverbot Diskriminierungen aus Gründen der Rasse und Religion usw. verbietet (vgl. *Herdegen*, Europarecht, Rn. 18, 26 und 37). Hinzu kommt, daß auch der EUV/EGV Diskriminierungen mehrfach für unzulässig erklärt. Über Art. 6 Abs. 1 und 2 EUV, der als Adressat an sich primär die Union, in Abs. 1 Halbsatz 2 aber auch die Mitgliedsstaaten nennt und sie so auch in ihren eigenen Angelegenheiten verpflichtet, sind dem deutschen Gesetzgeber ebenfalls Diskriminierungen untersagt (vgl. *Geiger*, EUV/EGV, Art. 6 EUV Rn. 2). Darüber hinaus verbietet der EGV in seinem Anwendungsbereich sowohl über Art. 12 als allgemeines Diskriminierungsverbot als auch über die zahlreichen besonderen Regelungsbereiche des Vertrages (Art. 39, 43 EGV) Diskriminierungen aufgrund der Staatsangehörigkeit; dieses Kriterium gilt europarechtlich ohne weiteres als sachwidrig (vgl. *Geiger*, EUV/EGV, Art. 12 EGV Rn. 7; Art. 39 EGV Rn. 17 ; *Herdegen*, Europarecht, Rn. 308). Dies gilt grundsätzlich auch für versteckte Diskriminierungen, die vorliegen, wenn eine Differenzierung nicht unmittelbar auf die Staatsangehörigkeit, wohl aber auf Kriterien abstellt, die typischerweise nur Auslän-

entsprechend fehlen aus diesen Bereichen schon aus verfassungsrechtlichen Gründen gesetzliche persönliche Eignungsvorgaben für GmbH-Geschäftsführer. Allein § 6 Abs. 2 Satz 2 GmbHG bildet hier eine Ausnahme, der Art. 3 Abs. 3 GG dadurch tangiert, daß er einen Amtsausschluß gegenüber betreuten Personen, die einem Einwilligungsvorbehalt unterliegen, anordnet. Seine Rechtfertigung kann dieser Ausschlußgrund jedoch im eigenen Schutzinteresse der betroffenen ausgeschlossenen Personen finden.

V. Europäische Niederlassungsfreiheit und Recht auf Freizügigkeit

Schließlich stehen gesetzliche Eignungsvoraussetzungen stets auch in einem möglichen Spannungsfeld mit der Niederlassungsfreiheit nach Art. 43 EGV und bzw. oder mit dem Recht auf Freizügigkeit der Arbeitnehmer nach Art. 39 EGV. Beide Artikel verbieten nämlich jedwede Diskriminierung aufgrund der Staatsangehörigkeit und gewährleisten somit, daß Arbeitnehmer oder selbständig Erwerbstätige, die Staatsangehörige eines anderen Mitgliedstaates sind, in bezug auf die Möglichkeit einer Beschäftigung oder einer selbständigen Tätigkeit und deren Bedingungen gleichbehandelt werden.[130] Ausnahmen von diesem Grundsatz sind insoweit nur gemäß den ordre public-Vorbehalten der Art. 39 Abs. 3 EGV bzw. Art. 46 EGV zulässig, so daß bei der Überprüfung nationaler Regelungen, die die Zugangsmöglichkeit eines EU-Ausländers zum Amt des Geschäftsführers einer deutschen GmbH betreffen, stets zu überprüfen ist, ob die Grenzen derselben eingehalten werden. Allerdings entsteht im Hinblick auf die insoweit offene Fassung des § 6 Abs. 2 GmbHG durch ihn selbst kein Konfliktpotential. Da das Gesetz nicht auf die Staatsangehörigkeit abstellt, steht der Amtsfähigkeit von EU-Ausländern schon der Gesetzeswortlaut nicht entgegen. Gemäß den Grundfreiheiten können sie unter den Voraussetzungen für Inländer ohne weiteres zum Geschäftsführer bestellt werden.[131]

VI. Zwischenergebnis

Schon die kurze Skizzierung der verfassungs- und europarechtlichen Dimensionen hat gezeigt, daß sich die gesetzlichen Eignungsvoraussetzungen sowohl gesellschaftsrechtlicher als auch berufsrechtlicher Art in einem Spannungsfeld zwischen gesetzlicher Reglementierung geeigneter Maßnahmen zum Schutz insbesondere von Gesellschaftsgläubigern und der Allgemeinheit einerseits und den Verfassungsrechten der betroffenen ausgeschlossenen Personen, aber auch der Gesellschaft

der oder Inländer erfüllen. Nur dann, wenn diese Kriterien im Gesamtzusammenhang der Regelung auf einem sachlichen Grund beruhen, können sie ausnahmsweise gerechtfertigt sein (*Geiger* EUV/EGV, Art. 12 EGV Rn. 8 mit Nachweisen; Art. 39 EGV Rn. 43; *Herdegen*, Europarecht, Rn. 308).

130 Vgl. *Geiger*, EUV/EGV, Art. 39 Rn. 12 und Art. 43 Rn. 5, 8.

131 Lutter/Hommelhoff-*Kleindiek*, GmbHG, § 6 Rn. 14; Scholz-*Schneider*, GmbHG, § 6 Rn. 16.

andererseits bewegen. Ob dem Gesetzgeber mit und in seinen Regelungen ein angemessener Ausgleich der widerstreitenden Interessen gelungen ist, wird jeweils zu prüfen sein.

E. Konfliktpotential gesellschaftsvertraglicher Regelungsmöglichkeiten

Aber nicht nur die gesetzlichen Eignungsvoraussetzungen und Ausschlußgründe bewegen sich im Spannungsfeld verfassungs- und europarechtlicher Grenzen, auch gesellschaftsvertragliche Eignungsvorgaben sind nicht so frei gestaltbar, wie auf den ersten Blick ersichtlich:

Da im Recht der GmbH die Satzungsgewalt und die Bestellungskompetenz hinsichtlich der Geschäftsführer im allgemeinen in der Hand der Gesellschafterversammlung[132] und in privater Hand liegt, scheint die Festlegung gesellschaftsvertraglicher Eignungsvoraussetzungen im Gesellschaftsvertrag zunächst keinen grundsätzlichen Bedenken zu unterliegen.[133] Im Hinblick auf die Festlegung persönlicher Eignungsvoraussetzungen und Ausschlußgründe findet sich dementsprechend vielfach lediglich der Hinweis, daß die Privatautonomie insoweit „nur" an die Grenzen der gesetzlichen Verbote und der Sittenwidrigkeit aus §§ 134, 138 BGB gebunden sei.[134] Doch bedeutet dies zum einen, daß die gesellschaftsrechtliche Verbote des § 6 Abs. 2 GmbHG zu beachten sind, die aufgrund ihres zwingenden Charakters zwar durch gesellschaftsvertragliche Regelungen noch ausgeweitet, nicht aber untergraben werden dürfen. Das gleiche gilt zum anderen natürlich ebenfalls für indisponible gewerbe- und berufsrechtlichen Vorgaben. Nicht unerheblich ist schließlich aber auch der Einfluß der sich aus den „guten Sitten" im Sinne des § 138 BGB ergebenden Grenzen auf die statutarische Regelungsfreiheit. Denn durch diese Vorschrift nimmt sowohl das Verfassungsrecht als auch das immer mehr an Bedeutung gewinnende Europarecht Einfluß auch auf gesellschaftsrechtliche Akte:

---

132 Siehe oben Seite 7.

133 Im Aktienrecht ergeben sie sich daraus, daß die Satzungsgewalt bei der Hauptversammlung, die Bestellungskompetenz für den Vorstand aber beim zwingend vorhandenen Aufsichtsrat liegt. Insofern wird dort bereits allgemein und unabhängig von Sonderfragen der Mitbestimmung, die Frage diskutiert, ob und inwieweit gesellschaftsvertragliche Eignungsvorgaben die Kompetenz des Aufsichtsrates unterlaufen und daher unwirksam sind. Zum Meinungsstand vgl. MüKo-*Hefermehl/Spindler*, AktG, § 76 Rn. 89; *Hüffer*, AktG, § 77 Rn. 26.

134 Nach Beck'sches HdbGmbH-*Axhausen*, § 5 Rn. 12 können die Gesellschafter „bis zur Grenze der Sittenwidrigkeit und der Schikane" im Gesellschaftsvertrag persönliche Eignungsvoraussetzungen festlegen. Siehe auch MünchAnwHdb GmbH-Recht-*Lenz*, § 7 Rn. 13; anderer Ansicht ist nur *Reuter*, Privatrechtliche Schranken der Perpetuierung von Unternehmen, Seite 171- vgl. insoweit aber die Kritik von Hachenburg-*Mertens*, GmbHG, § 35 Rn. 18.

I. Verfassungsrechtliche und Europäische Grenzen und Zwänge

Die unserer Rechtsordnung zugrundeliegende Freiheit der rechtlichen Gestaltung der Lebensverhältnisse, die sog. Privatautonomie, die grundsätzlich auch im Bereich statutarischer Vorgaben gilt, findet ihre Grenze dort, wo sie in Widerspruch zu den Grundprinzipien unserer Rechts- und Wertordnung tritt,[135] die maßgeblich durch das Verfassungsrecht, aber auch durch das Europarecht geprägt wird.

1. Einfluß verfassungsrechtlicher Diskriminierungsverbote

So unterliegt die Gesellschafterversammlung als Satzungsgeberin zwar nicht wie der Gesetzgeber unmittelbar den Bindungen des Verfassungsrechts,[136] da nur der Staat in all seinen Funktionen und Erscheinungsformen, nicht aber die Gesellschafter als Privatsubjekte unmittelbar Verpflichtete der Grundrechte sind.[137] Das bedeutet aber nicht, daß die im Grundgesetz verankerten Prinzipien vor der Regelungsautonomie der Gesellschafter halt machen. Vielmehr weist der Rechtsgehalt der Grundrechte vor allem durch die Tore der zivilrechtlichen Generalklauseln diese Regelungsfreiheit in Schranken.[138] Besondere Bedeutung für die gesellschaftsvertragliche Festlegung von Eignungsvoraussetzungen erlangen insoweit die bereits oben erwähnten verfassungsrechtlichen Diskriminierungsverbote.[139] So sind solche Vorgaben, die Differenzierungen wegen des Geschlechts, der Abstammung, der Rasse, der Sprache, der Heimat und Herkunft, des Glaubens, der religiösen oder politischen Anschauungen oder wegen Behinderungen vornehmen, bei Fehlen eines sachlichen Grundes wegen Verstoßes gegen die guten Sitten gemäß § 138 BGB nichtig. Denn die Diskriminierungsverbote des Art. 3 Abs. 3 GG und das Gebot der Toleranz sind prägend für das Gemeinwesen der Bundesrepublik und grundlegend für deren Rechts- und Wertordnung.[140] Ein rechtsgeschäftliches Handeln, das sich ohne sachlichen Grund in Widerspruch dazu stellt, kann von dieser Rechts- und Wertordnung nicht gebilligt werden.[141] Auch wenn über § 138 BGB nicht eine umfassende und uneingeschränkte Kontrolle privatautonomer Rechtsgeschäfte erfolgt,[142] sind dementsprechend statutarische Differenzierungen bspw. wegen des Geschlechts nur dann zulässig, wenn sie entweder unverzichtbar für die Geschäfts-

---

135 Palandt-*Heinrichs*, BGB, § 138 Rn. 1; MüKo-*Mayer-Maly/Armbrüster*, BGB, § 138 Rn. 1.

136 Siehe dazu oben Seite 25 ff.

137 Dreier-*Dreier*, GG, Vorb. Rn. 118.

138 MüKo-*Mayer-Maly/Armbrüster*, BGB § 138 Rn. 21; *LG Frankfurt a.M.*, Urt. v. 7.3.2001, NZA-RR 2001, 298, 299.

139 Siehe oben Seite 29.

140 *LG Frankfurt a. M.*, Urt. v. 7.3.2001, NZA-RR 2001, 298, 299.

141 *LG Frankfurt a. M.*, Urt. v. 7.3.2001, NZA-RR 2001, 298, 299.

142 Ausführlich zur Beschränkung des Anwendungsbereichs des § 138 BGB auf Extremfälle siehe unten Seite 104.

führertätigkeit sind, oder wenn das Geschlecht eine für die Gesellschaft wesentliche oder entscheidende Anforderung darstellt, deren Zweck rechtmäßig ist und die Vorgabe angemessen erscheinen läßt. Die Voraussetzungen der ersten Alternative wird nie vorliegen können, da die Geschäftsführerposition keine geschlechtsspezifische Tätigkeit ist. Dies ist sie auch dann nicht, wenn es sich bei der GmbH bspw. um einen für die Gleichstellung von Frauen eintretenden Interessenverband handelt, wenngleich in diesem Fall die Voraussetzungen der zweiten Alternative einschlägig und somit geschlechtsspezifische Vorgaben in der Satzung hier ausnahmsweise zulässig sein können.

2. Einfluß europarechtlicher Diskriminierungsverbote

Gegenüber den Diskriminierungsverboten des Grundgesetzes sind die des Europarechts teilweise weitgreifender. So existieren europäische Richtlinien, die sich nicht nur die Vermeidung von Diskriminierungen hinsichtlich Geschlecht, Rasse oder ethnischer Herkunft, Religion oder Weltanschauung und Behinderung, sondern auch hinsichtlich des Alters oder sexueller Ausrichtung zum Ziel gesetzt haben. Allerdings ist der Einfluß dieser europarechtlichen Diskriminierungsverbote auf die Wirksamkeit der Festlegung statutarischer Eignungsvorgaben weitaus schwieriger festzumachen:

a. Erfassen Antidiskriminierungsrichtlinien auch Organmitglieder?

Zwar will die Richtlinie 76/207/EWG[143], geändert durch Richtlinie 2002/73/EG[144], eine Gleichstellung von Mann und Frau im Arbeitsrecht[145] und nunmehr die Richtlinie 2004/113/EG[146] auch deren Gleichstellung auf den Gebieten des Zugangs zu und der Versorgung mit Gütern und Dienstleistungen erreichen. Auf Grundlage des neu eingefügten Art. 13 EGV hat der Rat darüber hinaus

---

143 Richtlinie v. 9.2.1976 zur Verwirklichung des Grundsatzes der Gleichbehandlung von Männern und Frauen hinsichtlich des Zugangs zur Beschäftigung, zur Berufsbildung und zum beruflichen Aufstieg sowie in Bezug auf die Arbeitsbedingungen (sog. „Gleichbehandlungsrichtlinie"), ABL. EG Nr. L 39 Seite 40; vgl. dazu *EuGH*, Urt. v. 17.10.1995, EuGHE 1995, 3051 ff. („Kalanke").

144 Richtlinie des Europäischen Parlaments und des Rates vom 23.9.2002 zur Änderung der Richtlinie 76/207/EWG des Rates zur Verwirklichung des Grundsatzes der Gleichbehandlung von Männern und Frauen hinsichtlich des Zugangs zur Beschäftigung, zur Berufsbildung und zum beruflichen Aufstieg sowie in Bezug auf die Arbeitsbedingungen (ABl. EG Nr. L 269 Seite 15). Diese Richtlinie soll durch eine am 7.12.2004 im Rat diskutierte neue Richtlinie des Europäischen Parlaments und des Rates zur Verwirklichung des Grundsatzes der Chancengleichheit und Gleichbehandlung von Männern und Frauen in Arbeits- und Beschäftigungsfragen abgelöst werden.

145 *EuGH*, Urteil v. 15.10.1985, EuGHE 1986, 1607, 1627 (Bilka ./. Weber von Hartz).

146 ABl. EG Nr. L 373 Seite 37.

zum einen die Richtlinie 2000/43/EG[147] zur Anwendung des Gleichbehandlungsgrundsatzes ohne Unterschied der Rasse oder ethnischen Herkunft, und zum anderen die Richtlinie 2000/78/EG[148] zur Festlegung eines allgemeinen Rahmens für die Verwirklichung der Gleichbehandlung in Beschäftigung und Beruf erlassen, die Diskriminierungen wegen der Religion oder Weltanschauung, Behinderung, wegen des Alters oder wegen sexueller Ausrichtung sanktioniert.

Im Hinblick auf diese Anwendungsbereiche der Richtlinien ist aber fraglich, ob und inwieweit Organmitglieder wie der GmbH-Geschäftsführer überhaupt erfaßt sind. Dies ist zum einen im Hinblick auf den Anstellungsvertrag des Geschäftsführers und zum anderen im Hinblick auf den davon zu trennenden, und im Rahmen dieser Arbeit im Mittelpunkt stehenden organschaftlichen Akt der Bestellung bzw. Abberufung des Geschäftsführers nicht unproblematisch.

aa. Anwendbarkeit auf Anstellungsverträge

Dabei bereitet die Anwendung der Richtlinien auf den Anstellungsvertrag jedoch nur dann Probleme, wenn man den Streit um die Qualifizierung des Anstellungsvertrages und die Geltung arbeitsrechtlicher Regelungen in diesem Verhältnis von deutscher auf die europäische Ebene hebt. Dies ist jedoch nicht die richtige Auslegungsmethode, denn eine Richtlinie ist nicht nach den Maßstäben der Mitgliedstaaten, sondern nach europäischen Maßstäben auszulegen. Da Organmitglieder zumindest dann, wenn es sich um weisungsgebundene GmbH-Geschäftsführer handelt, unter den Arbeitnehmerbegriff des Art. 48 EG fallen, gelten Geschäftsführer einer deutschen GmbH nach europäischen Maßstäben als Arbeitnehmer.[149] Dies zugrundegelegt, können die Richtlinien nur so verstanden werden, daß sie sich auch auf den Anstellungsvertrag von GmbH-Geschäftsführern beziehen.

bb. Anwendbarkeit auf gesellschaftsrechtliche Bestellungsakte

Wiederum an deutschen Maßstäben gemessen müßte das Gegenteil für das organschaftliche Bestellungsverhältnis des Geschäftsführers gelten, das allein durch das Gesellschaftsrecht bestimmt wird, so daß insoweit eine Anknüpfung an den Anwendungsbereich der Richtlinien nicht greifbar erscheint. Aber auch hier ist der

---

147 Richtlinie des Rates vom 29.6.2000 (ABl. EG Nr. L 180 Seite 22, sog. „Antirassismus-Richtlinie"); vgl. dazu *Nickel*, Handlungsaufträge zur Bekämpfung von ethnischen Diskriminierungen in der neuen Gleichbehandlungsrichtlinie 2000/43/EG, NJW 2001, 2668 ff.

148 Richtlinie des Rates vom 27.11.2000 (ABl. EG Nr. L 303 Seite 16; sog. „Rahmenrichtlinie Beschäftigung"); vgl. dazu *Bauer*, Europäische Antidiskriminierungsrichtlinien und ihr Einfluß auf das deutsche Arbeitsrecht, NJW 2001, 2672 ff.

149 *Thüsing*, Das Arbeitsrecht der Zukunft? - Die deutsche Umsetzung der Anti-Diskriminierungsrichtlinien im internationalen Vergleich, NZA Sonderbeilage zu Heft 22/2004, 3 f.

Blick europäisch zu weiten und nach einer europäischen Auslegung der Richtlinien zu suchen. Dabei muß beachtet werden, daß anderen europäischen Ländern die Trennung zwischen Bestellung und Anstellung fremd ist bzw. - wie in Frankreich - der Bestellung alleinige Bedeutung zukommt und Anstellungsverträge per Nichtigkeitssanktion untersagt sind.[150] Dies bringt es mit sich, daß Richtlinien gerade losgelöst von nationalen Besonderheiten ausgelegt werden müssen und abstrakter Auslegung bedürfen.[151] Es muß die Funktion und das Regelungsziel der Richtlinien betrachtet werden. Dies zugrundegelegt, können die Richtlinien, soweit sie den Bereich der Beschäftigung und des Berufs einheitlich unter das Gleichbehandlungsgebot stellen wollen, auch nur eine einheitliche Behandlung von Bestellung und Anstellung vor Augen haben. Demzufolge wird durch die Richtlinien also auch der organschaftliche Akt der Bestellung bzw. der der Abberufung eines GmbH-Geschäftsführers dem Gleichbehandlungsgebot unterstellt.

cc. Zwischenergebnis

Kommt man demgemäß also zu einer einheitlichen Anwendbarkeit der Richtlinien auf das Anstellungsverhältnis einerseits und das Organverhältnis andererseits, so bedeutet dies jedoch nicht, daß sich daraus ein unmittelbarer Einfluß auf die jeweiligen Rechtsverhältnisse ergibt, da es grundsätzlich der Umsetzung des Regelungsgehalts der Richtlinie in nationales Recht bedarf.[152] Der Notwendigkeit einer solchen Umsetzung steht auch nicht entgegen, daß die Umsetzungsfrist der Richtlinien teilweise bereits abgelaufen ist,[153] denn auch daraus ergibt sich keine unmittelbare Wirkung der Diskriminierungsverbote in den Mitgliedstaaten. Dies zum einen schon insofern nicht, als der Regelungsgehalt der Richtlinien in bezug auf ihr konkretes Anwendungsgebiet wohl schon nicht als hinreichend konkret bezeichnet werden kann[154], zum anderen aber auch deswegen nicht, als daß eine unmittelbare Geltung zwischen Privatrechtssubjekten nicht in Betracht kommt.[155] Um letztere würde es sich jedoch bei der Frage der Diskriminierung eines Geschäftsführers aufgrund einer statutarischen Eignungsvorgabe durch die Gesellschafterversamm-

---

150 Vgl. dazu *Mankowski*, Organpersonen und Internationales Arbeitsrecht, RIW 2004, 167, 171.

151 *Mankowski*, Organpersonen und Internationales Arbeitsrecht, RIW 2004, 167, 171.

152 Vgl. *Geiger*, EGV, Art. 249 Rn. 8 ff.

153 Für die Richtlinie 2000/43/EG lief die Umsetzungsfrist bereits am 19.7.2003, für die Richtlinie 2000/78/EG lief die Umsetzungsfrist am 2.12.2003 ab. Für die Umsetzung der Richtlinie 2002/78/EG hat der Gesetzgeber demgegenüber noch bis 5.10.2005 Zeit.

154 Zum Erfordernis der hinreichenden Bestimmtheit vgl. *Geiger*, EUV/EGV, Art. 249 Rn. 15.

155 Vgl. *EuGH*, Urt. v. 5.10.2004, NZA 2004, 23, 31 Rn. 108 f.; *Herdegen*, Europarecht, Rn. 185; *Geiger*, EUV/EGV, Art. 249 Rn. 15; Lenz/Borchardt-*Hetmeier*, EU- und EG-Vertrag, Art. 249 Rn. 12.

lung handeln, da sich potentieller Geschäftsführer und Gesellschafter allein als Privatrechtssubjekte gegenüberstehen.

b. Umsetzung durch das geplante ADG?

Für einen spürbaren rechtlichen Einfluß europäischer Diskriminierungsvorschriften auf Bestellungsvorgaben der Satzung für Organmitglieder und auf Anstellungsverträge kommt es demnach entscheidend auf die deutsche Umsetzung der Richtlinien an. Diese läßt auf sich warten und wird aufgrund der vorgezogenen Bundestagswahl im September 2005 auch nicht mehr in dieser Legislaturperiode erfolgen. Denn der von den Bundestagsfraktionen SPD und Bündnis 90/Die Grünen am 15.12.2004 vorgelegte Entwurf eines Gesetzes zur Umsetzung der europäischen Antidiskriminierungsrichtlinien (ADG-E),[156] der insbesondere im Hinblick auf die Reichweite der Diskriminierungsverbote[157] und die insoweit bei Verstößen vorgesehenen Sanktionen stark umstritten war,[158] ist vom Bundesrat am 8. Juli 2005 in den Vermittlungsausschuß geschickt worden.[159] Durch die Neuwahlen bedeutete dies das Ende dieses Gesetzgebungsverfahrens, da das Vermittlungsverfahren bis September 2005 nicht mehr rechtzeitig durchgeführt werden konnte.[160]

Im Hinblick auf die hier interessierende Frage der Behandlung von Organmitgliedern stellt allerdings das Scheitern des ADG-E keinen Verlust dar. Denn nicht nur, daß der Entwurf schon hinsichtlich der Anwendung auf den Anstellungsvertrag Probleme bereitet.[161] Gar unmöglich ist es, aus dem ADG-E eine Anwendung auf

---

156 BT-Drucks. 15/4538.

157 Europarechtlich geboten ist ein Diskriminierungsschutz im zivilrechtlichen Bereich im Hinblick auf die Rasse und die ethnische Herkunft. Zu den Merkmalen Religion und Weltanschauung, Alter, Behinderung und sexuelle Identität bestehen keine gemeinschaftsrechtlichen Vorgaben, vgl. dazu die Begründung des ADG-E, BT-Drucks. 15/4538 Seite 23.

158 Vgl. *von Steinau-Steinrück/Schneider/Wagner*, Der Entwurf eines Antidiskriminierungsgesetzes: Ein Beitrag zur Kultur der Antidiskriminierung?, NZA 2005, 28 ff.; *Bauer/Thüsing/Schunder*, Entwurf eines Gesetzes zur Umsetzung europäischer Antidiskriminierungsrichtlinien, NZA 2005, 32 ff.

159 BR-Drucks. 445/05.

160 Der Grundsatz der Diskontinuität beendet automatisch das bei Ende einer Legislaturperiode laufende Vermittlungsverfahren und führt zur Beendigung des entsprechenden Gesetzgebungsverfahrens.

161 Für die Anwendung auf den Dienstvertrag: *von Steinau-Steinrück/Schneider/Wagner*, Der Entwurf eines Antidiskriminierungsgesetzes: Ein Beitrag zur Kultur der Antidiskriminierung?, NZA 2005, 28,30 und *Thüsing* in *Bauer/Thüsing/Schunder*, Entwurf eines Gesetzes zur Umsetzung europäischer Antidiskriminierungsrichtlinien, NZA 2005, 32, 33. Gegen die Anwendung: *Bauer* in *Bauer/Thüsing/Schunder*, Entwurf eines Gesetzes zur Umsetzung europäischer Antidiskriminierungsrichtlinien, NZA 2005, 32, 33. Vgl. auch *Bauer/Göpfert/Krieger*, Diskriminierungsrisiken bei Organmitgliedern, DB 2005, 595 ff.

den gesellschaftsrechtlichen Akt der Bestellung herauszulesen.[162] Zwar ist über § 2 ADG-E und § 20 ADG-E grundsätzlich eine Anwendung der Benachteiligungsverbote auf zivilrechtliche Sachverhalte denkbar, doch nimmt § 20 Abs. 5 ADG-E solche zivilrechtlichen Verhältnisse vom Anwendungsbereich aus, die durch ein besonderes Nähe- oder Vertrauensverhältnis der Parteien begründet werden. Wenn dies nach § 20 Abs. 5 Satz 2 ADG-E schon bei Mietverhältnissen gegeben sein soll, in denen die Parteien Wohnraum auf demselben Grundstück nutzen,[163] dann muß dies erst recht dann gelten, wenn es um das organschaftliche Verhältnis von Geschäftsführer zur Gesellschaft geht, in dem er bspw. über das gesamte Vermögen seines Vertragspartners Verantwortung übernimmt. Dementsprechend bleibt unabhängig davon, ob dem ADG-E vorgeworfen werden kann, hinsichtlich seines Umfangs und seiner Diskriminierungssanktionen über die europäischen Grundlagen hinauszuschießen, die Feststellung, daß er aufgrund der Nichteinbeziehung des gesellschaftsrechtlichen Bestellungsverhältnisses zumindest im Punkt der Behandlung von Organmitgliedern hinter seinen europäischen Vorgaben zurückbleibt. Nach den Neuwahlen im September 2005 bleibt also abzuwarten, wann und wie die europäischen Antidiskriminierungsrichtlinien in der nächsten Legislaturperiode insbesondere auch in diesem Punkt umgesetzt werden.

c. Konsequenzen

Das bedeutet, daß statutarische Eignungsvoraussetzungen des GmbH-Geschäftsführers, die sein Geschlecht, seine Rasse oder ethische Herkunft, seine Religion oder Weltanschauung, sein Alter oder seine sexuelle Ausrichtung oder seine etwaigen Behinderungen betreffen, zunächst nur an den Vorgaben des GG, nicht aber unmittelbar an denen der europäischen Antidiskriminierungsrichtlinien bzw. an denen des geplanten ADG zu messen sind.

Allerdings ist daraus nicht zu folgern, daß europäische Diskriminierungsverbote für Zivilrechtsverhältnisse in Deutschland keine Wirkung entfalten. Denn selbst vor Ablauf der Umsetzungsfrist einer Richtlinie, welche auf die Regelung der Rechtsbeziehung von Privatrechtssubjekten abzielt, können europäische Wertungen einer Richtlinie über § 138 BGB Einfluß auf die gesellschaftsrechtliche Gestaltungsfreiheit nehmen, da insbesondere der unbestimmte Rechtsbegriff „gute Sitten" auch im Licht europäischer Wertungsvorgaben durch den materiellen Regelungsgehalt der

---

162 Dem kann nicht die insoweit bestehende Einheitlichkeit der Richtlinien entgegengehalten werden, denn Aufgabe des nationalen Gesetzgebers ist es gerade, den Regelungsgehalt der Richtlinien auf die nationalen Gegebenheiten zu übertragen.

163 Nach der Begründung des Gesetzentwurfes soll § 20 Abs. 5 Satz 2 ADG-E nur ein nicht abschließend zu verstehendes Beispiel eines besonderen Näheverhältnisses sein, das die Anwendbarkeit der Diskminimierungsvorschriften ausschließt, vgl. BT-Drucks. 15/4538 Seite 40.

einschlägigen Richtlinie zu definieren ist.[164] Das bedeutet, daß bei der Auslegung des § 138 BGB im Zusammenhang mit der Überprüfung statutarischer Eignungsvoraussetzungen Inhalt und Wertung der Antidiskriminierungsrichtlinien mit zu berücksichtigen sind. Eine Benachteiligung etwa aus Gründen der Rasse oder ethnischen Herkunft verstößt demnach auch aufgrund europäischer Wertungsvorgaben gegen die guten Sitten, da regelmäßig kein sachlicher Grund für eine Differenzierung nach den genannten Kriterien ersichtlich ist.[165]

d. Zwischenergebnis

Seiner europäischen Verpflichtung, umfassenden Antidiskriminierungsschutz im Bereich von Beschäftigung und Beruf in nationales Recht umzusetzen, kommt der deutsche Gesetzgeber im Hinblick auf die Behandlung von Organmitglieder jedenfalls dann nicht nach, wenn es bei der geplanten Entwurfsfassung des ADG bleibt. Dies bedeutet jedoch nicht, daß der Einfluß der Richtlinien im Bereich gesellschaftsrechtlicher Organbestellungsakte gänzlich ohne Wirkung bleibt. Vielmehr erlangt ihr Inhalt und das damit einhergehende Verständnis von „guten Sitten" durch die zivilrechtliche Generalklausel des § 138 BGB Bedeutung für die Zulässigkeit statutarischer Eignungsvorgaben.

Dementsprechend verbieten sich also Differenzierungen wegen des Geschlechts, der Abstammung, der Rasse, der Heimat und Herkunft, des Glaubens oder religiösen der politischen Anschauungen und Behinderungen nicht allein schon wegen verfassungs- sondern auch wegen europarechtlichen Einflusses über § 138 BGB. Der europäische stellt dabei aber noch die Vorgaben Alter und sexuelle Ausrichtung unter seinen Diskriminierungsschutz und geht damit über den Einfluß des GG hinaus.

II. Mitbestimmte GmbHs

Unabhängig von den durch das Verfassungs- und das Europarecht bestimmten Grenzen der §§ 134, 138 BGB, die jede GmbH gleich welchen Unternehmensgegenstands oder welcher Größe zu beachten hat, sind Gesellschaften, die den Mitbestimmungsgesetzen unterliegen, generell auf die Statuierung solcher Eignungsvoraussetzungen beschränkt, die sachbezogen sind. Denn in den Fällen der Mitbestimmung bleibt zwar die Satzungskompetenz nach wie vor bei der Gesellschafterversammlung; jedoch wird dieser die Bestellungskompetenz hinsichtlich der Ge-

---

164 Vgl. Staudinger-*Sack*, BGB, § 138 Rn. 44. Wenngleich ohne diesen europarechtlichen Aspekt stützt auch GmbH-Hdb-*Fuhrmann* Rn. 2018 seine Bedenken gegen geschlechtsspezifische gesellschaftsvertragliche Regelungen auf die guten Sitten.

165 Vgl. Palandt-*Heinrichs*, BGB, Anh § 319 Rn. 10; Bamberger-*Roth/Wendtland*, BGB, § 138 Rn. 17; Staudinger-*Sack*, § 138 Rn. 44.

schäftsführer entzogen und dem dann obligatorischen Aufsichtsrat überantwortet.[166] Der Konflikt liegt auf der Hand: Ist dieser Aufsichtsrat nunmehr an die von der Gesellschafterversammlung festgelegten gesellschaftsvertraglichen Eignungsvorgaben gebunden? Oder sind solche Eignungsvoraussetzungen im Hinblick auf den Kompetenzwechsel gar unwirksam?[167]

Mit Auftauchen dieser Fragen durch Inkrafttreten des Mitbestimmungsgesetzes im Jahre 1976 wurde in der Literatur gesellschaftsvertraglichen Eignungsvoraussetzungen in mitbestimmten Gesellschaften teilweise gänzlich eine Absage erteilt, da sie das Auswahlermessen des Aufsichtsrates unverhältnismäßig einschränken würden.[168] Dieser Ansicht zu folgen, würde aber bedeuten, einseitig vom Vorrang des Mitbestimmungsrechts auszugehen.[169] Umgekehrt schafft die Gegenposition, die die Grenze der Wirksamkeit der gesellschaftsvertraglichen Vorgaben im Falle der Mitbestimmung erst dort zieht, wo damit das Auswahlrecht des Aufsichtsrates praktisch umgangen werde,[170] ein Ungleichgewicht zugunsten der Selbstautonomie der Gesellschafterversammlung. Dem Harmonisierungsgebot zwischen unternehmerischer Mitbestimmung der Arbeitnehmer einerseits und der Selbstautonomie der Gesellschafter andererseits folgend, stellt dementsprechend eine vermittelnde Ansicht für die Zulässigkeit gesellschaftsvertraglicher Eignungsvorgaben zu Recht darauf ab, ob sie sachbezogen und durch das Unternehmensinteresse begründet sind, so daß sie das Auswahlermessen des Aufsichtsrats nicht unverhältnismäßig einengen.[171] Diese wertende Betrachtung schafft einen angemessenen Ausgleich zwischen der Satzungsautonomie der Gesellschafterversammlung, die ihr auch im

---

166 Es entsteht in der GmbH eine der dem Aktienrecht vergleichbare Situation, vgl. oben Fn. 133, da die §§ 12 MontanMitbestG, 13 Satz 1 MitbestErgG, 31 Abs. 1 Satz 1 MitbestG auf die Anwendung von § 84 AktG verweisen.

167 Vgl. oben Fn. 133.

168 *Säcker*, Die Anpassung der Satzung der Aktiengesellschaft an das Mitbestimmungsgesetz, DB 1977, 1791, 1792 f.; Teilweise geht die Argumentation auf *Hommelhoff*, Satzungsmäßige Eignungsvoraussetzungen für Vorstandsmitglieder einer Aktiengesellschaft, BB 1977, 322 ff. zurück, der die Zulässigkeit gesellschaftsvertraglicher Eignungsvorgaben schon nach allgemeinem Aktienrecht bestreitet, denn dort tritt anders als im Recht der GmbH das Problem der Kompetenzverteilung Aufsichtsrat als Bestellungsorgan einerseits und Hauptversammlung als Satzungsorgan andererseits immer auf.

169 *Hanau/Ulmer*, Mitbestimmungsgesetz, § 31 Rn. 15.

170 Roth/Altmeppen-*Altmeppen*, GmbHG, § 6 Rn. 38; Baumbach/Hueck-*Zöllner*, GmbHG, § 35 Rn. 13; MünchAnwHdb GmbH-Recht-*Lenz*, § 7 Rn. 14; Beck'sches HdbGmbH-*Axhausen*, § 5 Rn. 12; *Martens*, Allgemeine Grundsätze zur Anwendbarkeit des Mitbestimmungsgesetzes, AG 1976, 113, 120 ff.; *Immenga*, Zuständigkeiten des mitbestimmten Aufsichtsrats, ZGR 1977, 249, 255.

171 *Raiser*, Mitbestimmungsgesetz, § 31 Rn. 9 f; *Hanau/Ulmer*, Mitbestimmungsgesetz, § 31 Rn. 13; *Duden*, Zur Mitbestimmung in Konzernverhältnissen nach dem Mitbestimmungsgesetz, ZHR 141 (1977), 145, 175.

Falle der Mitbestimmung nicht entzogen wird, und dem Aufsichtsrat, der schon aus seiner eigenen Verantwortung heraus als Maßstab nur sachbezogene Kriterien für die Wahl der Geschäftsführungsmitglieder heranziehen darf (vgl. § 25 Abs. 1 MitbestG in Verbindung mit §§ 116, 93 AktG).[172]

Wenngleich die Sachbezogenheit sich demzufolge als das Kriterium darstellt, das die Regelungsfreiheit der Gesellschafterversammlung im Falle der Mitbestimmung zulässigerweise einschränkt, so ist damit jedoch noch nicht die Frage beantwortet, wann es erfüllt ist. Da es sich am Unternehmensinteresse orientiert, kann nur der Einzelfall Maßstab sein, wobei Art und Gegenstand des Unternehmens für dessen Bestimmung wesentliche Größen sein müssen. Beziehen sich die Eignungsvorgaben auf ein bestimmtes Mitglied des in Ressorts aufgeteilten Geschäftsführungsorgans, so kommen auch seine speziellen Aufgaben und Verantwortungsbereiche als Richtlinie für die Sachbezogenheit in Betracht.[173] Infolgedessen sind Kriterien, die die für das jeweilige Ressort notwendige Fachausbildung oder Berufserfahrung vorsehen, unbedenklich.[174] Anders kann dies - insbesondere auch im Hinblick auf nationale und europäische Diskriminierungsvorschriften - jedoch schon bei Vorgaben zu beurteilten sein, die das Lebensalter, den Wohnsitz, die Nationalität oder Auslandserfahrung betreffen. Umstritten ist ferner, inwieweit bei Familiengesellschaften auf die Familienzugehörigkeit des Bewerbers abgestellt werden darf.[175] Um an dieser Stelle den einzelnen Themenbereichen nicht vorzugreifen, soll die Diskussion um Sachbezogenheit jedoch an späterer Stelle jeweils kriterienbezogen geführt werden.

III. Zwischenergebnis

Die Beschäftigung mit den wachsenden verfassungs- und europarechtlichen Grenzen gesellschaftsvertraglicher Regelungsfreiheit sowie die durch die Mitbestimmungsgesetze gezogene Grenze der Sachdienlichkeit läßt die Feststellung, daß gesellschaftsvertragliche Eignungsvorgaben nur an die Einhaltung gesetzlicher Verbote und der Sittenwidrigkeit aus §§ 134, 138 BGB gebunden seien,[176] in einem anderen Licht erscheinen. Zwar existieren im Vergleich zum Aktienrecht nur wenige GmbHs, die dem Mitbestimmungsrecht unterliegen, doch für alle GmbHs gleichermaßen fordert der insbesondere auf europäischer Ebene wachsende Diskriminierungsschutz einen sachlichen Grund für differenzierende Eignungskriterien. Die scheinbare Regelungsfreiheit im Bereich gesellschaftsvertraglicher Eignungsvorgaben ist damit stark durch den Begriff der Sachbezogenheit beschränkt.

---

172 *Hanau/Ulmer*, Mitbestimmungsgesetz, § 31 Rn. 13.

173 *Hanau/Ulmer*, Mitbestimmungsgesetz, § 31 Rn. 14.

174 *Hanau/Ulmer*, Mitbestimmungsgesetz, § 31 Rn. 15.

175 Näher dazu unten Seite 86.

176 Siehe oben Fn. 134.

F. Zusammenfassung

Für das Kapitel „Die unterschiedlichen Dimensionen der Eignung des Geschäftsführers und deren Konfliktpotential" kann damit zusammenfassend folgendes festgehalten werden:

1. Gesellschaftsrechtlich geeignet, Geschäftsführer einer GmbH zu sein, ist grundsätzlich derjenige, der die Voraussetzungen des § 6 Abs. 2 GmbHG erfüllt. Hat eine Gesellschaft in ihrem Gesellschaftsvertrag weitere Anforderungen normiert, so müssen auch diese bei ihm vorliegen. Demgegenüber ist er gewerbe- und berufsrechtlich geeignet, wenn er darüber hinaus die sich aus dem jeweils entsprechend dem Unternehmensgegenstand der Gesellschaft einschlägigen Gewerbe- oder Berufsrecht ergebenden Eignungsvoraussetzungen und Ausschlußgründe erfüllt.

2. Gesetzliche Regelungen im Bereich persönlicher Eignungsvoraussetzungen und Ausschlußgründe des GmbH-Geschäftsführers finden ihre Grenzen im Europa- und Verfassungsrecht, hier insbesondere in Art. 12, 3 und 9 GG. Demgegenüber ist auch die Festlegung gesellschaftsvertraglicher Eignungsvorgaben im Rahmen der Privatautonomie nicht uneingeschränkt möglich. Vielmehr stellt das Kriterium der Sachbezogenheit eine immer größer werdende Beschränkung der Selbstautonomie der Gesellschaft für den Bereich persönlicher Eignungsvorgaben dar, um den verfassungsrechtlichen und europäischen Grenzen, sowie denen des Mitbestimmungsrechts zu genügen.

2. Kapitel Gesellschaftsrechtliche Eignungsvoraussetzungen

Gesellschaftsrechtliche Eignungsvoraussetzungen des GmbH-Geschäftsführers lassen sich in fünf Gruppen einteilen: in personenbezogene, fachliche, territoriale, kulturelle und politische und verhaltensbezogene Merkmale.

A. Personenbezogene Merkmale

Die personenbezogenen Merkmale persönlicher Eignung zeichnen sich dadurch aus, daß sie unmittelbar der bestellten bzw. der als Geschäftsführer zu bestellenden Person anhaften und daß das Vorliegen dieser Merkmale grundsätzlich dem Einfluß dieser Person entzogen, bzw. was die Staatsangehörigkeit anbelangt, nur unter erschwerten Bedingungen veränderbar ist. So ist der Status als natürliche Person eine unabänderliche Tatsache, ebenso wie das Alter und grundsätzlich auch das Geschlecht. Ein wenig offener bezüglich des eigenen Einflusses ist neben der Staatsangehörigkeit die Geschäftsfähigkeit. Zwar kann kein persönlicher Einfluß auf den Eintritt der Geschäftsfähigkeit genommen werden; umgekehrt ist die Herbeiführung der Geschäftsunfähigkeit aber nicht in allen Fällen allein fremdbestimmt.

I. Natürliche Person (§ 6 Abs. 2 Satz 1, 1. Hs. GmbHG)

Die nach Auffassung des Gesetzgebers wohl elementarste Voraussetzung zur Aufnahme der Geschäftsführertätigkeit in einer GmbH ist in § 6 Abs. 2 Satz 1 GmbHG an erster Stelle geregelt. Danach kann nur eine natürliche Person im Sinne der §§ 1 ff. BGB das Amt des Geschäftsführers einer GmbH bekleiden. Diese Regelung enthält eine zweifache Restriktion: Durch die alleinige Zulassung von „Personen" werden vom Kreis der Amtsfähigen zum einen diejenigen ausgeschlossen, die nicht Träger von Rechten und Pflichten sind, denn der rechtliche Ausdruck „Person" bezeichnet ein Wesen, das Rechtsfähigkeit gemäß § 1 BGB besitzt.[177] Damit sind alle nicht- bzw. teilrechtsfähigen Vereinigungen (z. B. GbR, Erbengemeinschaft, nichtrechtsfähiger Verein) vom Amt des Geschäftsführers ausgeschlossen. Rechtsfähige Gesellschaften erfüllen demgegenüber zwar das Kriterium der „Person" als rechtsfähiges Rechtssubjekt, sie sind indes dadurch vom Amt des Geschäftsführers ausgeschlossen, daß es gesetzlich durch die zweite Restriktion des § 6 Abs. 2 Satz 1 GmbHG allein auf „natürliche" Personen beschränkt ist. Damit kann kein rechtsfähiger Verein, keine AG und auch keine GmbH Geschäftsführerin einer GmbH sein. Die Regelung in § 6 Abs. 2 Satz 1 GmbHG beschränkt sich

---

177 Staudinger-*Habermann/Weick*, BGB, Vor § 1 Rn. 1.

also allein auf Menschen[178] und schließt mithin insbesondere auch juristische Personen vom Geschäftsführeramt aus.

1. Produkt allgemeiner Anerkennung

Obwohl bereits Ende des 19. Jahrhunderts im Theorienstreit um die juristische Person selbst die Frage nach der Organträgerschaft aufgeworfen wurde, gelang es *von Gierke* bis zur gesetzlichen Regelung für die GmbH nahezu einhundert Jahre später nicht, eine kontroverse Diskussion um die Zulassung juristischer Personen zum Amt des GmbH-Geschäftsführers zu entfachen.[179] Vielmehr entspricht die Regelung in § 6 Abs. 2 Satz 1, 1. Hs. GmbHG der schon seit Schaffung des GmbHG zwar vorherrschenden,[180] aber nur sehr schwach begründeten Meinung, daß das Geschäftsführeramt nur durch natürliche Personen ausgeübt werden kann: So sprach das *OLG Hamburg* bspw. im Jahre 1916 insoweit von „nicht normierten Erfordernissen, die sich aus allgemeinen Rechtsgrundsätzen" ergeben.[181] Auch die Begründung des Regierungsentwurfs des gleichlautenden § 76 Abs. 3 AktG, der Vorbild der Regelung des § 6 Abs. 2 Satz 1 GmbHG war, verweist lediglich darauf, daß die Beschränkung der Amtsträger auf natürliche Personen aus dem „Wesen des Vorstandsamtes" folge, das ein persönliches Tätigwerden voraussetze.[182]

---

178 Soweit ausländische Staaten Menschen sei es aufgrund Rasse, Geschlecht oder Bekenntnis in ihrer Rechtsfähigkeit einschränken, so sind diese ausländischen Vorschriften wegen Unvereinbarkeit mit Art. 1 GG nicht anwendbar, vgl. Art. 7 und 6 EGBGB. Insofern macht § 6 Abs. 2 Satz 1, 1. Hs. GmbHG nicht die Bestellung ausländischer Staatsangehöriger, deren Rechtsfähigkeit im Heimatland nicht besteht oder eingeschränkt ist, unmöglich.

179 *Von Gierke* legte den Grundstein für die Entwicklung juristischer Personen als eigene Rechtspersönlichkeiten (sog. Lehre von der realen Verbandspersönlichkeit) und vertrat schon 1887 die Auffassung, daß eine juristische Person als mit eigener „Gesammtpersönlichkeit" ausgerüsteter Gliedverband die Organstellung einer anderen juristischen Person einnehmen könne, vgl. *von Gierke*, Die Genossenschaftstheorie und die deutsche Rechtsprechung, S. 683. Ihm folgten noch *Hoeniger*, Anmerkung zu OLG Karlsruhe, Beschl. v. 4.3.1925, JW 1925, 2338 und *Molitor*, Die Bestellung zum Vorstandsmitglied einer Aktiengesellschaft, Festschrift Ehrenberg, Seite 53 ff.

180 Für die Zeit vor der gesetzlichen Regelung: *Groschuss*, GmbHG, § 6 Anm. 2; Hachenburg-*Ulmer*, GmbHG, 7. Aufl., § 6 Rn. 7; *Vogel*, GmbHG, § 6 Anm. 3; *Crüger/Crecelius*, GmbHG, § 6 Anm. 2.

181 *OLG Hamburg*, Beschl. v. 3.11.1916, OLGE 33, 388. Vgl. auch die Begründung der Reformvorhaben für das GmbHG im Jahre 1939 und in den Jahren 1969/70 oben Seite 11 f.

182 Vgl. *Kropff*, Textausgabe des Aktiengesetzes, S. 97. *Hommelhoff* spricht insoweit von „nicht den stärksten Argumenten" als Legitimation für den Ausschluß juristischer Personen vom Vorstandsamt, vgl. *Hommelhoff*, Zur Organisationsverfassung der Europäischen AG, AG 2001, 279, 283 unter Fn. 39.

2. Der Ausschluß juristischer Personen - noch zeitgemäß?

Diese Argumentation und der Hinweis auf allgemeine Anerkennung[183] sind als Begründung und Rechtfertigung der Regelung des § 6 Abs. 2 Satz 1, 1. Hs. GmbHG wenig tragfähig, zumal juristischen Personen über Art. 19 Abs. 3 GG grundsätzlich auch dem Schutz des Grundgesetzes unterstehen.[184] Schon vor diesem Hintergrund muß die Vorschrift im Hinblick auf den Ausschluß juristischer Personen rechtspolitisch auf den Prüfstand.

Aber nicht allein die dürftige Begründung und der Verfassungsbezug der Regelung, sondern auch die Entwicklungen anderer Länder und die fortschreitende Europäisierung regt zum Nachdenken über den Ausschluß juristischer Personen vom Geschäftsführeramt an: In vergleichbaren Gesellschaftsformen anderer Länder ist juristischen Personen das Amt des Geschäftsführers nicht verwehrt,[185] ähnliches wird derzeit von *Boucourechliev* und *Hommelhoff* für die in der Diskussion befindliche Europäische Privatgesellschaft vorgeschlagen.[186] Auch im europäischen Aktienrecht ist die Bestellung juristischer Personen nicht unmöglich: Die seit Ende 2004 in den Mitgliedstaaten der Europäischen Union als Rechtsform zur Verfügung stehende Europäische Aktiengesellschaft (Societas Europaea - SE) überläßt die Beantwortung der Frage der Zulässigkeit der Bestellung juristischer Personen in das Vorstandsamt dem Recht der jeweiligen Mitgliedstaaten, vgl. Art. 47 SE-VO.[187] Da da-

---

183 Vgl. die Begründungen der Reformvorhaben oben Seite 10 ff.

184 Siehe dazu oben Seite 25.

185 So ist dies bspw. in der griechischen Eteria periorismenis efthynis (EPE), der irischen Private Limited Company (PRIVATE Ltd. oder „Teo“ C°), der luxemburgischen Société à responsabilité limitée (SARL), der niederländischen Besloten Vennoostchap met Beperkte Aansprakliikheid (BV) und der englischen Private Limited Company (Ltd.) möglich. Teilweise verlangen die Vorschriften aber, daß juristische Personen nicht ausschließlich die Geschäftsführung übernehmen können. So sieht bspw. das irische Recht vor, daß mindestens zwei natürliche Personen Mitglieder der Geschäftsführung sein müssen, vgl. dazu die Übersicht vergleichbarer Gesellschaftsformen bei *Herberstein*, Die GmbH in Europa, S. 13 ff.; *Boucourechliev/Hommelhoff*, Vorschläge für eine Europäische Privatgesellschaft, Seite 247 ff., insbes. 262 ff. Zur Zulassung juristischer Personen als Vorstände von Aktiengesellschaften vgl. *Fleischer*, Der Einfluß der Societas Europaea auf die Dogmatik des deutschen Gesellschaftsrechts, AcP 204 (2004), 502, 531und noch ausführlicher *Fleischer*, Juristische Personen als Organmitglieder im Europäischen Gesellschaftsrecht, RIW 2004, 16, 17 ff.

186 Vgl. Art. 16 und 17 des Verordnungsentwurfs zur Europäischen Privatgesellschaft (EPG-VO), abgedruckt in *Boucourechliev/Hommelhoff*, Vorschläge für eine europäische Privatgesellschaft, Seite 281 ff.

187 Die europarechtlichen Grundlagen der SE sind einerseits die Verordnung (EG) Nr. 2157/2001 des Rates vom 8. Oktober 2001 über das Statut der Europäischen Gesellschaft SE) (sog. „SE-Verordnung“, ABl. EG Nr. L 294 vom 10. November 2001 S. 1 ff.) und andererseits die Richtlinie 2001/86/EG des Rates vom 8. Oktober 2001 zur Ergänzung des Statuts der Europäischen Gesellschaft hinsichtlich der Beteiligung der Arbeitnehmer („SE-Richtlinie“, ABl. EG Nr. L 294 vom 10. November 2001 Seite 22 ff.). Diese SE-VO trat

mit in Deutschland aber der dem § 6 Abs. 2 Satz 1 GmbHG wortgleiche Ausschluß des § 76 Abs. 3 Satz 1 AktG gilt, gerät die schwache Begründung dieser Regelungen vor diesem europäischen Kontext zunehmend in die Kritik.[188] So scheitert an diesen deutschen Vorschriften bspw. eine europäische Konzernverbindung auf deutscher Ebene, in der die Muttergesellschaft als Organmitglied der als SE ausgestalteten Tochtergesellschaft fungiert.

a. Vorteile der Bestellung juristischer Personen

Die Vorteile der Bestellung juristischer Personen als Organmitglied einer anderen juristischen Person ergeben sich einmal aus den inneren Gestaltungsmöglichkeiten innerhalb der Organgesellschaft selber, andererseits aber auch aus Gestaltungsmöglichkeiten mit juristischen Personen in der Konzernorganisation.

aa. Effizienz, Spezialisierung und Flexibilität

Die inneren Vorteile der Bestellung juristischer Personen liegen auf der Hand: Schon *Heilbrunn* verwies im Jahre 1925 darauf, daß eine juristische Person anders als eine natürliche Person vielfach aus einem juristisch und ökonomisch geschulten Apparat aus vielen qualifizierten Mitarbeitern bestehen kann, die sich den unterschiedlichen Einzelaspekten der Geschäftsführung arbeitsteilig und effektiv widmen können.[189] Ist die juristische Person allein als Management-Gesellschaft konzipiert, so kann sie durch ihre Mitarbeiter auch effektiv branchenspezifische Kompetenzen bündeln und kann Steuerrechts-Spezialisten ebenso beschäftigen wie innovative Strategie-Manager. Im Falle einer juristischen Person als Geschäftsführerin kann deren Kreativität und Spezialisierung somit auf der gebündelten Kompetenz einer Vielzahl natürlicher Personen basieren.

Daneben muß auch Berücksichtung finden, daß der Bestand einer juristischen Person grundsätzlich unabhängig von Tod und Krankheit ihrer Gesellschafter ist,[190] sie kann weder geschäftsunfähig sein, noch der Betreuung unterliegen. Die Eignungs-

---

am 8. Oktober als unmittelbar geltendes Recht in Kraft, während die SE-Richtlinie der Umsetzung in nationales Recht bedurfte. Diese ist nunmehr mit Inkrafttreten des SEEG in Deutschland am 29. Dezember 2004 (BGBl. I, 3675 ff.) abgeschlossen.

188 Vgl. *Hommelhoff*, Zur Organisationsverfassung der Europäischen AG, AG 2001, 279, 283; *Teichmann*, Die Einführung der Europäischen Aktiengesellschaft, ZGR 2002, 383, 455; *Komp*, Die juristische Person als Geschäftsführungsorgan einer Kapitalgesellschaft, Seite 1 ff.; *Brandes*, Europäische Aktiengesellschaft: Juristische Person als Organ?, NZG 2004, 642 ff.

189 *Heilbrunn*, Anmerkung zu OLG Karlsruhe, Beschl. v. 14.4.1925, JW 1925, 2017; auch *Komp*, Die juristische Person als Geschäftsführungsorgan einer Kapitalgesellschaft, Seite 45 f.

190 *Komp*, Die juristische Person als Geschäftsführungsorgan einer Kapitalgesellschaft, Seite 45.

voraussetzungen aus § 6 Abs. 2 Satz 1, 2. Hs. und 2 GmbHG stehen also bei der Geschäftsführung durch juristische Personen nie in Frage.[191]

bb. Haftungssituation

Diesen Vorteilen kann auch nicht entgegnet werden, daß der maßgebliche Einfluß, der einer geschäftsleitenden Position immanent ist, nur natürlichen Personen obliegen kann, weil nur sie unbeschränkt persönlich das Haftungsrisiko übernehmen.[192] Denn eine juristische Person haftet mit ihrem ganzen Vermögen genauso wie die natürliche unbeschränkt persönlich; die Haftungsbeschränkung der juristischen Person bezieht sich allein auf die Tatsache, daß Gesellschaftsgläubiger neben der juristischen Person nicht auch noch die Gesellschafter in Anspruch nehmen können.[193] Darüber hinaus ist zu bedenken, daß sich die Haftungsgrundlage bei einer wirtschaftlich starken GmbH oder AG sogar weitaus günstiger gestalten kann als bei einer nicht vermögenden natürlichen Person. Zudem sind diese Gesellschaften anders als natürliche Personen verpflichtet, ein Stammkapital zu halten.[194] Dementsprechend liefert die so abgesicherte Kapitalsituation einer juristischen Person ein weiteres Argument für den Vorzug der Bestellung juristischer Personen ins Amt des GmbH-Geschäftsführers.

cc. Einflußmöglichkeiten in der Konzernorganisation

Die Vorteile juristischer Personen als Geschäftsführer liegen aber nicht nur in deren besonders effizienter Kompetenz und der zumindest durch ein Stammkapital abgesicherten Haftungssituation. Vielmehr könnten für die Praxis die Einsatz- und insbesondere die Einflußmöglichkeiten von Geschäftsführungsgesellschaften im Bereich der Konzernorganisation von besonderem Interesse sein. Will eine Muttergesellschaft die Kontrolle über eine Tochtergesellschaft sichern, so würde die Zulassung juristischer Personen als Organmitglieder die Möglichkeit eröffnen, daß sich die Muttergesellschaft selbst als Organ der Tochtergesellschaft bestellt. Beste-

---

191 Das gleiche gilt für § 6 Abs. 2 Satz 3 GmbHG, da strafrechtliche Verurteilungen immer nur die handelnden natürlichen Personen, aber nie die juristischen Personen selber treffen können, vgl. § 14 StGB. Demgegenüber kann aber § 6 Abs. 2 Satz 4 GmbHG auch bei juristischen Personen einschlägig sein, da ein Berufs- oder Gewerbeverbot nicht nur gegenüber ihren Handlungsorganen, sondern in erster Linie ihnen selber gegenüber ausgesprochen werden können (vgl. bspw. § 35 Abs. 1 und Abs. 8 GewO).

192 So z. B. für die Geschäftsführung bei der KGaA, vgl. *Pflug*, Der persönlich haftende Gesellschafter in der Kommanditgesellschaft auf Aktien NJW 1971, 345, 349 f.

193 Sog. „Trennungsprinzip" (§§ 13 Abs. 2 GmbHG, 1 Abs. 1 Satz 2 AktG), vgl. Baumach/Hueck-*Hueck/Fastrich*, GmbHG, § 13 Rn. 8.

194 *Strieder/Habel*, Zur Problematik einer Genossenschaft bzw. einer Kapitalgesellschaft als einzigem persönlich haftenden Gesellschafter einer Kommanditgesellschaft auf Aktien DB 1994, 1557, 1559.

hen mehrere Töchterunternehmen, so kann auch die Gründung einer weiteren, allein als Geschäftsführungsgesellschaft konzipierten Tochtergesellschaft von Vorteil sein, die bei allen anderen Töchtern nicht nur eine einheitliche Geschäftsführung garantiert, sondern überdies für einen effektiveren und geringeren Verwaltungsaufwand sorgen kann. Dies können gleichfalls auch die Gründe sein, warum kooperierende Unternehmen auf eine gemeinsame Geschäftsführungsgesellschaft zurückgreifen wollen.

dd. Alternative zu Betriebsführungsverträgen

Um die gerade aufgezeigten Vorteile der Erfüllung von Geschäftsführungsaufgaben durch juristische Personen trotz § 6 Abs. 2 GmbHG bzw. § 76 Abs. 3 AktG nicht gänzlich ungenutzt zu lassen, hat sich in der Praxis deutscher GmbHs und Aktiengesellschaften schon seit geraumer Zeit die Verwendung sog. „Betriebsführungsverträge“ durchgesetzt.[195] Dabei handelt es sich um schuldrechtliche Verträge nach den Regelungen der §§ 675, 611 BGB[196], in denen sich ein Unternehmen verpflicht, den Betrieb des anderen in dessen Namen und für dessen Rechnung zu führen.[197] Die Motive dieser Verträge sind unterschiedlicher Art: In der Ausgestaltung als sog. „Management-Vertrag“ kommt es der geführten Gesellschaft bspw. insbesondere auf das spezielle Know-how der Betriebsführungsgesellschaft an, über das sie selbst nicht verfügt.[198] Diese Betriebsführungsverträge haben damit die Vorteile im Blick, die aus der besonderen Konstruktion juristischer Personen mit ihrer effektiven und insbesondere spezialisierten Ausgestaltung im Sinne einer gebündelten Sachkompetenz folgen. Viel größere Bedeutung haben Betriebsführungsverträge jedoch noch auf dem Gebiet der Konzernorganisation. So bedienen sich derer derzeit insbesondere verschachtelte Holdingstrukturen, um auf diesem Wege eine einheitliche Konzernleitung sicherzustellen. Aber nicht nur für Konzernverflechtungen sind Betriebsführungsverträge interessant. Auch selbständige Unternehmen kooperieren

---

195 Mit Hilfe dieser Verträge ermächtigen Unternehmen - in dieser Konstellation oft als sog. Eigentümergesellschaft bezeichnet - die betriebsführende Gesellschaft mit der Führung ihres Betriebes, wobei das betriebsführende Unternehmen im fremden Namen und auf fremde Rechnung tätig wird. Näher zum Ganzen *Huber*, Betriebsführungsverträge zwischen selbständigen Unternehmen, ZHR 152 (1988), 1 ff.; *Hommelhoff*, Die Konzernleitungspflicht, Seite 284 ff.; *Brandes*, Juristische Personen als Geschäftsführer der Europäischen Privatgesellschaft, Seite 29.

196 Wird keine Gegenleistung vereinbart, ist Auftragsrecht gem. §§ 662 ff. BGB maßgeblich.

197 *Huber*, Betriebsführungsverträge zwischen selbständigen Unternehmen, ZHR 152 (1988), 1 ff.

198 Vgl. *Huber*, Betriebsführungsverträge zwischen selbständigen Unternehmen, ZHR 152 (1988), 1, 10; *Brandes*, Juristische Personen als Geschäftsführer der Europäischen Privatgesellschaft, Seite 29. Diese vertragliche Gestaltung ist klassisch für Hotelmanagementverträge, vgl. *BGH*, Urt. v. 5.10.1981, WM 1982, 394 ff.

bspw. mit Hilfe von Betriebsführungsverträgen, wenn sie eine gemeinsame Betriebsführungsgesellschaft engagieren.

Obgleich die Hintergründe für den Abschluß von Betriebsführungsverträgen dementsprechend sehr unterschiedlich sind, greifen sie jeweils die Vorteile auf, die juristische Personen aufgrund ihrer inneren Gestaltungsmöglichkeiten oder aufgrund ihrer Einfluß- und Einsatzmöglichkeiten im Konzernverbund oder in Unternehmenskooperationen interessant machen. Da die Praxis also einen Weg sucht, sich die Vorteile juristischer Personen in der Betriebs- und Geschäftsführung zu erschließen, stellt sich schon aus rein praktischer Sicht die berechtigte Frage, warum der Gesetzgeber nicht durch entsprechende Öffnung von § 6 Abs. 2 GmbHG bzw. § 76 Abs. 3 AktG auch gesellschaftsrechtliche Lösungen bietet.

b. Rechtsdogmatische und -systematische Inkonsequenz des Ausschlusses

Aber nicht nur diese vielfältigen Vorteile juristischer Personen sprechen für deren Zulassung zum Geschäftsführeramt, sondern auch rechtsdogmatische und -systematische Erwägungen.

aa. Rechtsdogmatische Erwägungen

Soweit man juristische Personen als Rechtspersönlichkeit begreift, so stellt sich deren Zulassung zum Geschäftsführeramt nur als rechtsdogmatisch konsequente Umsetzung und Fortführung dieser Anerkennung dar:

Juristische Personen sind wie natürliche Personen allgemein rechtsfähig, d. h. sie besitzen die Fähigkeit, Träger von Rechten und Pflichten zu sein.[199] Ihnen können grundsätzlich dieselben Rechte und Pflichten zustehen. Beschränkungen ergeben sich bei juristischen Personen nur insoweit, als daß sie bestimmte Rechte und Pflichten wegen deren Natur nicht erwerben können, so z. B. familienrechtliche Rechte.[200] Zu diesen höchstpersönlichen Rechten und Pflichten, die nur natürlichen Personen zustehen können, zählen jedoch nicht solche, die sich aus der Position und den Aufgaben des Geschäftsführers einer GmbH ergeben: Die dem Geschäftsführer obliegende Aufgabe der Geschäftsführung umfaßt alle Maßnahmen und unternehmerischen Entscheidungen zur Verwirklichung des Gesellschaftszwecks im gesetzlichen und in dem von der Gesellschafterversammlung abgestecktem Rahmen. Innerhalb des ihm insoweit individuell zugestandenen Spielraumes hat er mit entsprechendem Verantwortungsbewußtsein unternehmerische Entscheidungen zu treffen und muß dabei Gesetze, Satzungs- und Geschäftsord-

---

199 Staudinger-*Habermann/Weick*, BGB, § 1 Rn. 1.

200 Staudinger-*Weick*, BGB, Einl zu §§ 21 ff. Rn. 31.

nungsvorgaben einhalten und insbesondere am Unternehmenswohl orientiert sein. Im angewiesenen Rahmen obliegt ihm die interne Organisation der Mitarbeiter der Gesellschaft und deren Überwachung ebenso wie die Finanz- und Liquiditätskontrolle. Formaljuristisch ist von dieser Geschäftsführung im Inneren die Aufgabe der Vertretung der Gesellschaft nach außen abzugrenzen.[201] Nach außen vertritt der Geschäftsführer die GmbH gerichtlich und außergerichtlich, § 35 Abs. 1 GmbHG. Typische Handlungen als Vertretungsorgan nehmen die Geschäftsführer z.B. durch Abschluß von Verträgen mit Kunden oder Lieferanten wahr. Sie sind in dieser Funktion „Ansprechpartner" gegenüber Behörden, insbesondere natürlich auch gegenüber dem Finanzamt. Schließlich übt er als gesetzliches Vertretungsorgan gegenüber den Arbeitnehmern der Gesellschaft die Arbeitgeberfunktion aus.[202]

Keine dieser Aufgaben, gleich ob sie der inneren Geschäftsführungs- oder der äußeren Vertretungsfunktion zuzuordnen sind, ist zwingend höchstpersönlich und nur durch natürliche Personen erfüllbar. Denn jede juristische Personen verfügt über eigene Handlungsorgane, durch die jede der genannten Aufgaben erfüllt werden kann. Dem können insbesondere auch nicht formelle Aufgaben wie die Zeichnungs- oder Anmeldepflichten entgegengehalten werden, denn auch hier kann das Handlungsorgan der Geschäftsführungsgesellschaft tätig werden. Daß die Wahrnehmung formeller Pflichten durch Organe juristischer Personen grundsätzlich auch im GmbHG anerkannt ist, zeigt allein die Tatsache, daß die Zeichnungspflichten, die den Gesellschaftern obliegen, ebenfalls durch deren Organe wahrgenommen werden können, sofern die Gesellschafter selber juristische Personen sind.[203] Befindet sich die Gesellschaft im Stadium der Liquidation, so läßt das GmbHG ebenfalls in den Fällen die Aufgabenerfüllung durch Organe zu, in denen juristische Personen das Amt des Liquidators übernehmen. Da somit keine der Geschäftsführeraufgaben ein höchstpersönliches Handeln einer natürlichen Person voraussetzt, erscheint die Nichtzulassung juristischer Personen zum Amt des Geschäftsführers rechtsdogmatisch inkonsequent.

Dem kann schließlich auch nicht das „Wesen" und die „Natur"[204] des Geschäftsführer- bzw. Vorstandsamtes[205] entgegengehalten werden, denn die Qualität dieses Argumentes krankt schon daran, daß man bei einem künstlich geschaffenen Organ einer künstlich geschaffenen Gesellschaftsform überhaupt keinen fixen und zwin-

---

201 *BGH*, Urt. v. 12.10.1992, BGHZ 119, 379, 381; Rowedder-*Koppensteiner*, GmbHG, § 35 Rn. 8.

202 Scholz/*Schneider*, GmbHG, § 35 Rn. 148.

203 Dies ist z. B. anerkannt im Hinblick auf die Zeichnungspflicht aus § 2 Abs. 1 Satz 2 GmbHG, vgl. Rowedder/Schmidt-Leithoff-*Schmidt-Leithoff*, GmbHG, § 2 Rn. 53.

204 Nach *Scheuerle*, Das Wesen des Wesens, AcP 163 (1964) 429, 432 ist der Begriff der Natur lediglich ein Synonym für das Wort „Wesen".

205 Vgl. die Begründung des Regierungsentwurfs der aktienrechtlichen Regelung oben Seite 44.

genden Wesensgehaltskern feststellen kann.[206] Die Ausgestaltung der Kunstform wird durch den Gesetzgeber innerhalb des Rahmens des übergeordneten Rechts selbst definiert, so daß sich daraus nicht verselbständigt ein „Wesen“ loslösen kann, das für den Gesetzgeber unantastbar ist. Das Wesen der Gesellschaft und seiner Organe kann sich allein durch die Gesamtheit der sie prägenden Rechtsnormen definieren, so daß sich insoweit die Begründung mit Wesen und Natur des Geschäftsführeramtes als Scheinargument erweist.[207] Dementsprechend wäre es für den Gesetzgeber nur eine dogmatisch konsequente Umsetzung und Anerkennung der Rechtsfähigkeit, die Regelung des § 6 Abs. 2 Satz 1 GmbHG aufzuweichen und auch juristischen Personen das Amt des Geschäftsführers zugänglich zu machen.

bb. Rechtssystematische Erwägungen

Dafür sprechen auch rechtssystematische Erwägungen. Denn daraus, daß juristische Personen auch andere Positionen innerhalb der GmbH einnehmen können, ergibt sich eine systematische Schieflage: So können sie sowohl Gesellschafter[208] als auch seit Änderung des § 66 GmbHG im Rahmen der Reformen von 1980 Liquidatoren derselben sein. Zwar sind Gesellschafter- und Geschäftsführerstellung in der GmbH zwei strikt voneinander zu trennende Positionen mit unterschiedlichen Aufgaben und unterschiedlichen Rechten. Da § 6 Abs. 3 GmbHG aber sogar - wie im Kapitalgesellschaftsrecht typisch - auch die Fremdgeschäftsführung durch Nichtgesellschafter möglich macht, stellt sich die berechtigte Frage, ob dann nicht auch zumindest der mit eigenem Kapital an der Gesellschaft beteiligten juristischen Person die Möglichkeit gegeben werden muß, geschäftsführend für sie tätig zu werden. Größere Parallelitäten und damit ein noch gewichtigeres Argument gegen den Ausschluß juristischer Personen vom Geschäftsführeramt ergibt aber der Vergleich mit dem Liquidatorenamt: Der Liquidator ist das Geschäftsführungs- und Vertretungsorgan der aufgelösten und ersetzt den Geschäftsführer der prosperierenden GmbH, vgl. §§ 66 ff. GmbHG. Zwar wird dieses Amt grundsätzlich von den früheren Geschäftsführern übernommen, dies ist jedoch insbesondere im Falle des Insolvenzverfahrens ausgeschlossen. Aus § 66 Abs. 4 GmbHG, der gerade nicht auf die Ausschlußregelung anderer als natürlicher Personen in § 6 Abs. 2 Satz 1, 1. Hs. GmbHG verweist, ergibt sich nunmehr nach herrschender Meinung, daß ab dem Zeitpunkt der Auflösung die Wahl des Geschäftsführungs- und Vertretungsorgans auch auf juristische Personen fallen kann.[209] Insofern drängt sich die

---

206 So auch *Wasmann*, Juristische Personen als gekorene Mitglieder von Körperschaftsorganen, Seite 28.

207 Vgl. hierzu *Wasmann*, Juristische Personen als gekorene Mitglieder von Körperschaftsorganen, Seite 28.

208 Vgl. Baumbach/Hueck-*Hueck/Fastrich*, GmbHG, § 1 Rn. 29.

209 So schon *OLG Karlsruhe*, Besch. v. 4.3.1925, JW 1925, 2338, 2339; Beschl. v. 14.4.1925, JW 1925, 2017; *KG Berlin*, Beschl. v. 26.9.1929, JW 1930, 1410; *Heilbrunn*, Anmerkung zu OLG

Frage auf: Wenn schon in Krisensituationen auf juristische Personen zurückgegriffen werden kann, warum dann nicht auch im laufenden Geschäftsbetrieb?

Nicht zuletzt stellt ein weiterer rechtssystematischer Aspekt den Ausschluß juristischer Personen vom Geschäftsführeramt in Frage: Ein Blick ins Personenhandelgesellschaftsrecht zeigt, daß dort die Geschäftsführung zwar nur von voll haftenden Gesellschaftern, wenn es sich bei diesen aber um juristische Personen handelt, auch von diesen wahrgenommen werden kann. Insbesondere zeigt die sich trotz der lange nicht mehr so günstigen steuerlichen Behandlung immer noch großer Beliebtheit erfreuende GmbH & Co. KG, daß eine juristische Person Geschäftsführungsaufgaben gewachsen sein kann. Warum soll das Gleiche nicht auch bei einer Kapitalgesellschaft funktionieren? Daß dies nicht unmöglich ist, zeigt schließlich auch die Entscheidung des *BGH* aus dem Jahr 1997, die der GmbH & Co. KGaA die Wege mit der Folge geebnet hat, daß für die KGaA nunmehr auch juristische Personen als Geschäftsführer in Frage kommen.[210]

cc. Zwischenergebnis

Die rechtsdogmatische und -systematische Betrachtung juristischer Personen im gesellschaftsrechtlichen Kontext liefert demnach ebenfalls keine Stütze für die geltende Regelung des § 6 Abs. 2 Satz 1, 1. Hs. GmbHG, sondern legt vielmehr eine Öffnung des Geschäftsführeramtes für juristische Personen nahe.

c. Aber: Weitreichende rechtliche Folgeprobleme

Obgleich der Zutritt juristischer Personen zum Geschäftsführeramt insoweit dogmatisch und rechtssystematisch nicht nur konsequent erscheint, sondern der geführten Gesellschaft darüber hinaus auch aus rein praktischer Sicht ein weites Gestaltungsfeld der Geschäftsführung bietet, darf die Diskussion aber nicht an einer engen rechtlichen Betrachtung der Verschachtelung juristischer Konstruktionen enden. Denn die Zulassung juristischer Personen zum Amt des Geschäftsführers würde weitreichende Konsequenzen sowohl theoretischer als auch praktischer Art nach sich ziehen.

Karlsruhe, Beschl. v. 14.4.1925, JW 1925, 2017; *Brodmann*, Anmerkung zu KG, Beschl. v. 26.9.1929, JW 1930, 1411; Baumbach/Hueck-*Schulze-Osterloh*, GmbHG, § 66 Rn. 6; Hachenburg-*Hohner*, GmbHG, § 66 Rn. 6; Scholz-*K. Schmidt*, GmbHG, § 66 Rn. 3a.

210 *BGH*, Beschl. v. 24.2.1997, BGHZ 134, 392 ff.; *Goette*, Anmerkung zu BGH, Beschl. v. 24.2.1997, DStR 1997, 1014 f.; *Priester*, Kommanditgesellschaft auf Aktien ohne natürlichen Komplementär, ZHR 160 (1996), 250, 254 ff.; *Strieder/Habel*, Anmerkung zu BGH, Beschl. v. 24.2.1997, BB 1997, 1375; *Hennerkes/Lorz*, Roma locuta causa finita: die GmbH & Co. KGaA ist zulässig, DB 1997, 1388 ff.; ablehnend: *K. Schmidt*, Deregulierung des Aktienrechts durch Denaturierung der Kommanditgesellschaft auf Aktien?, ZHR 160 (1996), 265, 287.

aa. Einflußnahme auf Bestellung und Abberufung des tatsächlichen „Unternehmenslenkers“

So würde sich schon die Einflußnahme auf die Bestellung der „tatsächlichen Unternehmenslenker“[211] als problematisch darstellen. Darunter sind die Personen zu verstehen, die ihrerseits die Organschaft des Geschäftsführungsorgans bilden. Auf die Wahl und Bestellung dieser mittelbaren Unternehmenslenker haben die Gesellschafter der geführten Gesellschaft grundsätzlich keinen Einfluß, denn diese Vorgänge betreffen die innere Organisation der geschäftsführenden Organgesellschaft, auf die die Gesellschafterversammlung der geführten Gesellschaft als insoweit Außenstehende keinen Einfluß hat.[212] Aber nicht nur die Bestellung, sondern auch die Abberufung der jeweiligen Geschäftsführer liegt damit allein in der Hand der geschäftsführenden Organgesellschaft. Da dieser Akt grundsätzlich auch ohne Vorliegen eines wichtigen Grundes vollzogen werden kann, vgl. § 38 GmbHG, sieht sich die geführte Gesellschaft dem Risiko ausgesetzt, daß die Gesellschafter der Organgesellschaft willkürliche und nicht im Sinne der geführten GmbH liegende Entscheidungen treffen. Dem kann auch nicht dadurch abgeholfen werden, daß der neben den organschaftlichen Bestellungsakt tretende Anstellungsvertrag des „tatsächlichen Unternehmenslenkers“ mit der geführten GmbH abgeschlossen wird.[213] Denn eine solche Drittanstellung ist zwar rechtlich zulässig, jedoch nimmt eine solche anstellungsrechtliche Kompetenzverlagerung keinen Einfluß auf die von der Anstellung strikt zu trennende organschaftliche Bestellungskompetenz der Gesellschafterversammlung der Organgesellschaft.

Eine Einflußnahme auf die Bestellung und Abberufung des „tatsächlichen Unternehmenslenkers“ wäre dementsprechend nur dann möglich, wenn die geführte GmbH selber oder aber (einige) ihrer Gesellschafter gleichzeitig Gesellschafter der Organgesellschafter sind.[214] Nur dann könnten sie die Wahl der Geschäftsführer

---

211 So auch *Fleischer*, Juristische Personen als Organmitglieder im Europäischen Gesellschaftsrecht, RIW 2004, 16, 21; *Fleischer*, Der Einfluß der Societas Europaea auf die Dogmatik des deutschen Gesellschaftsrechts, AcP 204 (2004), 503, 532. Teilweise wird auch von „mittelbaren“ Geschäftsführern gesprochen, vgl. *Brandes*, Juristische Personen als Geschäftsführer der Europäischen Privatgesellschaft, Seite 45.

212 *Fleischer*, Juristische Personen als Organmitglieder im Europäischen Gesellschaftsrecht, RIW 2004, 16, 20; *Fleischer*, Der Einfluß der Societas Europaea auf die Dogmatik des deutschen Gesellschaftsrechts, AcP 204 (2004), 503, 532; *Brandes*, Juristische Personen als Geschäftsführer der Europäischen Privatgesellschaft, Seite 62.

213 Zur Zulässigkeit von Drittanstellungsverträgen vgl. Lutter/Hommelhoff-*Hommelhoff/Kleindiek*, GmbHG, Anh § 6 Rn. 9; *Fleck*, Die Drittanstellung des GmbH-Geschäftsführers, ZHR 149 (185), 387, 388 f.

214 Es besteht Einigkeit darin, daß Nichtgesellschafter keine organisationsrechtlichen Bestellungs- oder Abberufungskompetenzen eingeräumt oder übertragen werden können, vgl. *Beuthien/Gätsch*, Einfluß Dritter auf die Organbesetzung und Geschäftsführung bei Vereinen, Kapitalgesellschaften und Genossenschaften, ZHR 157 (1993), 483, 488; Scholz-

der Organgesellschaft beeinflussen und - bei entsprechend großen Stimmanteilen - auch lenken.

bb. Einflußnahme auf Geschäftsführung des tatsächlichen Unternehmenslenkers

Aber nicht nur auf die Bestellung und Abberufung der Person des tatsächlichen Unternehmenslenkers hätte die geführte Gesellschaft grundsätzlich keinen Einfluß, sondern auch auf dessen Gestaltung der Geschäftsführung. Zwar wäre Unternehmensgegenstand einer Organgesellschaft die Geschäftsführung der geführten GmbH, so daß diesem Unternehmensgegenstand dann auch deren Geschäftsführer verpflichtet wären. Allerdings würde diese Verpflichtung des Geschäftsführers grundsätzlich nur „seiner" Organgesellschaft gegenüber und nicht im Verhältnis zur geführten GmbH bestehen. Ist die Organgesellschaft ebenfalls eine GmbH, so ist deren Geschäftsführer somit zwar an die Weisungen der Organ-GmbH gebunden, Weisungen der geführten GmbH unterliegt er jedoch grundsätzlich nicht.

Dem könnte auch nicht dadurch Abhilfe geschaffen werden, daß die Weisungsbefugnis der Gesellschafter der geführten GmbH auf die Gesellschafter der Organgesellschaft übertragen wird. Zwar ist anerkannt, daß ein Gesellschaftsvertrag - hier der der Organgesellschaft - auch Rechte zugunsten Dritter enthalten kann,[215] indes widerspricht es aber dem Selbstbestimmungsrecht der Gesellschafter, organschaftliche Weisungsrechte an Dritte zu übertragen, ohne die besonderen konzernrechtlichen Schutzbestimmungen zu wahren.[216] Dementsprechend könnte dem Problem mangelnden Einflusses auf die Geschäftsführung des tatsächlichen Unternehmenslenkers auch hier nur dadurch begegnet werden, daß die Gesellschafter der geführten GmbH auch als Gesellschafter an der Organgesellschaft beteiligt sind, und so mit entsprechenden Stimmanteilen von dort aus dem tatsächlichen Unternehmenslenker Weisungen erteilen.[217]

cc. Zivilrechtliche Haftung des tatsächlichen Unternehmenslenkers gegenüber geführter GmbH

Mit dieser Problematik der fehlenden unmittelbaren Einflußnahme auf die Geschäftsführung würde die Frage der zivilrechtlichen Verantwortlichkeit des tatsächlichen Unternehmenslenkers gegenüber der geführten GmbH einher gehen. Man-

---

Schneider, GmbHG, § 6 Rn. 34a.

215 Dies gilt, soweit keine Organkompetenzen übertragen werden, vgl. Scholz-*Schneider*, GmbHG, § 37 Rn. 35.

216 Vgl. *OLG Frankfurt*, Urt. v. 7.2.1997, ZIP 1997, 451; Scholz-*Schneider*, GmbHG, § 37 Rn. 34; differenzierend *Fleck*, Schuldrechtliche Verpflichtungen einer GmbH im Entscheidungsbereich der Gesellschafter, ZGR 1988, 104, 132 f.

217 Vgl. oben Seite 53.

gels organschaftlicher Sonderbeziehung zwischen geführter GmbH und tatsächlichem Unternehmenslenker würden sich nur deliktische Ansprüche insoweit unproblematisch herleiten lassen.[218] Denn Ansprüche aus der Verletzung organschaftlicher Pflichten ergeben sich zunächst nur im Verhältnis zwischen Geschäftsführer und Organgesellschaft (bspw. § 43 Abs. 2 GmbHG).[219] Das gleiche gilt grundsätzlich auch für Pflichtverletzungen, die das Anstellungsverhältnis des Geschäftsführers betreffen.[220] Eigene unmittelbare Ansprüche der geführten GmbH gegenüber dem tatsächlichen Unternehmenslenker bei Verletzung von organschaftlichen bzw. anstellungsvertraglichen Pflichten gegenüber der geführten GmbH sind demgegenüber rechtlich schwerer greifbar. Dies zeigt bereits ein Blick auf die Streitigkeiten um die vergleichbare Haftungslage im personengesellschaftsrechtlichen Bereich der GmbH & Co. KG, wenn es um die Haftung des Geschäftsführers der geschäftsführenden Komplementär-GmbH geht, der nicht gleichzeitig Gesellschafter der KG ist:[221] Teilweise wird hier vertreten, daß vertragliche Ansprüche der KG gegen den Geschäftsführer der GmbH gänzlich ausscheiden, wenn diese nicht zumindest Vertragspartnerin des Anstellungsvertrages sei.[222] Demgegenüber tritt die herrschende Meinung zwar für eine Haftung durch Schutzwirkung zugunsten Dritter ein, wenngleich auch mit unterschiedlichen Ansätzen: So wird die Haftung des GmbH-Geschäftsführers gegenüber der KG teilweise aus dem Anstellungsvertrag des Geschäftsführers mit der GmbH hergeleitet, der Schutzwirkung zugunsten der KG, und damit bei deren Verletzung einen eigenen Anspruch der KG gegenüber dem Geschäftsführer begründe.[223] Demgegenüber stellen andere darauf ab, daß die dem Geschäftsführer nach § 43 GmbHG obliegenden Organpflichten gegenüber der Komplementär-GmbH Schutzwirkung gegenüber der KG entfalten und daß sich ein entsprechender Direktanspruch bei Verletzung dieser organschaftlichen Schutzpflichten ergebe.[224]

---

[218] Zur vergleichbaren Lage bei der GmbH & Co. KG vgl. MüKo HGB-*Grunewald*, § 161 Rn. 85; Scholz-*Schneider*, GmbHG, § 43 Rn. 285.

[219] *Fleischer*, Juristische Personen als Organmitglieder im Europäischen Gesellschaftsrecht, RIW 2004, 16, 20; *Fleischer*, Der Einfluß der Societas Europaea auf die Dogmatik des deutschen Gesellschaftsrechts, AcP 204 (2004), 503, 532; ausführlich: *Komp*, Die juristische Person als Geschäftsführungsorgan einer Kapitalgesellschaft, Seite 201 ff.; *Brandes*, Juristische Personen als Geschäftsführer der Europäischen Privatgesellschaft, Seite 63 und 66 ff.

[220] Jedoch ist denkbar, daß die geführte GmbH den Anstellungsvertrag mit dem Geschäftsführer der Organgesellschaft schließt, vgl. zu entsprechenden Konstruktionsmöglichkeiten bei der GmbH & Co. KG MüKo HGB-*Grunewald*, § 161 Rn. 81; Scholz-*Schneider*, GmbHG, § 43 Rn. 285.

[221] Vgl. ausführlich *Bärwaldt/Jedlitschka*, Ansprüche einer GmbH & Co. KG gegen ihre Geschäftsführer und deren Verjährung, GmbHR 2005, 509, 511 ff.

[222] Siehe oben Fn. 220.

[223] So *BGH*, Urt. v. 12.11.1979, BGHZ 75, 321, 323 ff.; Urt. v. 24.3.1980, BGHZ 76, 326, 337 f.; Urt. v. 17.3.1987, BGHZ 100, 190, 193.

[224] *Brandes*, Die Rechtsprechung des BGH zur GmbH & Co. KG und zur Publikumsgesell-

Ähnliche Standpunkte wären in vergleichbaren kapitalgesellschaftlich verschachtelten Konstruktionen zwar ebenfalls möglich: So wäre auch in der Frage der Haftung des Geschäftsführers der Organgesellschaft gegenüber der geführten Gesellschaft einerseits der Standpunkt vertretbar, daß vertragliche Ansprüche dann gänzlich ausscheiden, wenn die geführte GmbH nicht Vertragspartnerin des Anstellungsvertrages des tatsächlichen Unternehmenslenkers ist. Andererseits würde man demgegenüber aber auch Positionen erwarten können, die - wie oben dargelegt - eine Haftung über die Schutzwirkung von Anstellungsvertrag oder Organstellung annehmen. Diese rechtlichen Schwierigkeiten und die damit verbundenen und zu erwartenden Streitigkeiten lassen jedoch erahnen, welche haftungsrechtlichen Probleme dann entstehen, wenn sich die Organgesellschaften sogar wiederum von einer juristischen Person vertreten lassen. Dann agieren die tatsächlichen Unternehmenslenker von einer noch weiter von der geführten Gesellschaft entfernt liegenden Ebene aus, so daß eine bindende Schutzwirkung der Beziehung aus der Organstellung bzw. dem Anstellungsvertrag zwischen tatsächlichem Unternehmenslenker und „seiner" Organgesellschaft einerseits und der geführten Gesellschaft andererseits auf noch unsichererem Boden steht.

dd. Strafrechtliche Verantwortlichkeit des tatsächlichen Unternehmenslenkers

Ein ähnlich unsicheres Bild bietet die strafrechtliche Verantwortlichkeit des tatsächlichen Unternehmenslenkers für Geschäftsführungsmaßnahmen für die geführte GmbH. Brisant ist dies insofern, als diese strafrechtliche Haftung neben seiner zivilrechtlichen Verantwortlichkeit an sich die Ordnungsgemäßheit seines Handelns sicherstellen soll. Denn ein Geschäftsführer soll die Geschäfte der Gesellschaft grundsätzlich so führen „wie in eigenen Angelegenheiten", um dem Schutz der Integrität der Gesellschaft selber zu dienen und zugleich Gläubiger, Allgemeinheit und öffentliche Hand zu schützen.

Schon in den Anfängen des GmbH-Rechts wurde vor diesem Hintergrund die Bestellung juristischer Personen in das Geschäftsführeramt abgelehnt, da juristische Personen selbst strafrechtlich nicht verantwortlich gemacht werden können.[225] Allerdings hat dieses Argument seit Einfügung des § 50 StGB a.F. im Jahre 1968, dessen Regelungsgehalt nunmehr in § 14 StGB enthalten ist, wesentlich an Bedeutung verloren. Denn die mangelnde strafrechtliche Verantwortlichkeit der juristischen Person wird seither dadurch abgefangen, daß die für sie handelnden natürlichen Organpersonen Adressaten der strafrechtlichen Vorschriften sind. Durch diese

schaft, WM-Sonderbeilage 1987 Nr. 1, 7; *Hüffer*, Organpflichten und Haftung in der Publikums-Personengesellschaft, ZGR 1981, 348, 354 ff.; *K. Schmidt*, Gesellschaftsrecht, § 56 IV 3b.

225 So schon im Jahre 1925 *OLG Karlsruhe*, Beschl. v. 4.3.1925, JW 1925, 2338, 2339.

Konstruktion wird sichergestellt, daß die natürlichen Personen, die den juristischen Personen erst ihre Handlungsfähigkeit verleihen, ordnungsgemäß handeln.

Jedoch bedeutet dies nicht, daß damit die mangelnde strafrechtliche Verantwortlichkeit als Argument gegen die Bestellung juristischer Personen als Geschäftsführer gänzlich an Bedeutungskraft verloren hat. Durch § 14 StGB ist nur die Anwendung derjenigen Strafvorschriften unproblematisch geworden, die sich unmittelbar an den Geschäftsführer richten, wie z.B. § 82 GmbHG. § 14 StGB würde bei Zulassung juristischer Personen in das Amt des Geschäftsführers nur bewirken, daß auch deren natürliche Organperson strafrechtlich für ihr Handeln für die Organgesellschaft verantwortlich ist. Probleme bleiben jedoch in allen anderen Fällen, in denen sich die Strafvorschrift an die geführte Gesellschaft richtet. Eine Verantwortlichkeit des Organmitglieds der Organgesellschaft zu verlangen, erfordert dann insoweit eine doppelte Anwendung des § 14 StGB: zum einen auf die Organgesellschaft und da diese selbst nicht natürliche Person ist, zum anderen auf deren Geschäftsführer. § 14 Abs. 1 Nr. 1 StGB sichert nach seinem Wortlaut nämlich allein die strafrechtliche Verantwortlichkeit einer nicht verschachtelten juristischen Person ab. Über juristische Personen als Geschäftsführer von Kapitalgesellschaften wie der GmbH nachzudenken bedeutet aber, die Frage nach der strafrechtlichen Verantwortung zweier, ineinander verschachtelter juristischer Personen (die der geführten Gesellschaft und die der Organgesellschaft) zu stellen. Wenngleich dieses Problem der Verschachtelung in der vergleichbaren Praxis der GmbH & Co. KG häufig nicht ausdrücklich benannt wird, so ist die Anwendung von Strafvorschriften auf das Organmitglied der Organgesellschaft nur durch doppelte Anwendung des § 14 StGB und damit einer Doppelzurechnung in den Griff zu bekommen, was insbesondere vor dem Hintergrund des Art. 103 GG sehr bedenklich bleibt.[226] Dementsprechend spricht auch die strafrechtliche Verantwortlichkeit des Geschäftsführers eher gegen als für eine Bestellung juristischer Personen ins Amt des Geschäftsführers.

ee. Uferlose Verschachtelungsmöglichkeiten und mangelnde Transparenz

Die aufgezeigten Defizite der Einflußnahme auf die Bestellung und Abberufung der Organpersonen sowie die mit dem Aspekt weiterer Verschachtelungen verbundenen zunehmend rechtlich problematischen zivil- wie strafrechtlichen Haftungsfragen führen zum praktischen Kernproblem der Zulassung juristischer Personen

---

[226] Anderer Ansicht: *Wasmann*, Juristische Personen als gekorene Mitglieder von Körperschaftsorganen, Seite 43; *Komp*, Die juristische Person als Geschäftsführungsorgan einer Kapitalgesellschaft, Seite 251 f. Vgl. aber zum ähnlichen Zurechnungsproblem im Ordnungswidrigkeitenrecht *Demuth/Schneider*, Die besondere Bedeutung des Gesetzes über Ordnungswidrigkeiten für Betrieb und Unternehmen, BB 1970, 642, 643.

in das Amt des GmbH-Geschäftsführers. Denn § 6 Abs. 2 Satz 1, 1. Hs. GmbHG insoweit zu öffnen und juristische Personen zuzulassen, bietet die Möglichkeit, die Kette juristischer Personen beliebig fortführen zu können und uferlose Verschachtelungen zu bilden, die insbesondere haftungsrechtlich schwer faßbar und tatsächlich wenig transparent sind.

Dabei wird es nicht nur im Innenverhältnis der verknüpften Gesellschaften schwierig, Entscheidungsgänge nachzuvollziehen und Geschäftsführungsmaßnahmen zuzuordnen. So schwindet nicht nur der Einfluß der geführten GmbH auf den tatsächlichen Unternehmenslenker und es wachsen die Probleme der Haftung mit jeder Ebene. Zwar läßt sich insoweit noch einwenden, daß es sich hierbei um ein von den Gesellschaftern selbst gewähltes Risiko handelt, doch erlangt mangelnde Transparenz eines juristisch beliebig konstruierbaren Geschäftsführungsgeflechts insbesondere auch Bedeutung im Außenverhältnis für Geschäftspartner der Gesellschaft. Ist es einem Gesellschaftsgläubiger zuzumuten und bleibt es für ihn nachvollziehbar, daß er dem Geschäftsführer der x-GmbH gegenübertritt, die ihrerseits Organgesellschaft der y-GmbH ist, die wiederum die z-GmbH vertritt? Schon so einfache Fragen, wie die Offenlegung des Geschäftsführers auf Geschäftsbriefen wird mithin problematisch, wenn man die Gesellschaftsstrukturen transparent halten will. Es stellt sich insoweit bspw. die Frage, ob über § 35a GmbHG die vollständige Gesellschafts- und Verflechtungsstruktur auf den Briefkopf gesetzt werden muß, der damit alle handelnden Geschäftsführer, insbesondere die am Ende der Kette stehenden natürlichen Personen mit Vor- und Familiennamen benennt.

Darüber hinaus ist zu bedenken, daß eine Öffnung des Geschäftsführeramtes für juristische Personen nicht nur Verschachtelungen in der Geschäftsführungsebene mit sich bringen würde. Vielmehr ermöglicht die Zulassung juristischer Personen zum Geschäftsführeramt Verschachtelungen auch in anderen organschaftlichen Bereichen, in denen juristischen Personen bereits jetzt Zugang gewährt wird. So wäre es dann möglich, daß juristische Personen als Gesellschafter ihre Geschäftsführung durch Bestellung weiterer juristischer Personen ausgestalten. Dann würden sich Haftungsfragen im Verhältnis der Gesellschafter der geführten GmbH neu stellen. Aufgrund weitreichender Verschachtelungen und Beteiligung weiterer potentieller Haftungssubjekte würde die definitive Bestimmung des jeweils richtigen Haftungssubjekts weitaus schwieriger. Dadurch wären weitere Dimensionen von Haftungsfragen eröffnet. Auch hätte eine Öffnung des § 6 Abs. 2 Satz 1, 1. Hs. GmbHG für das Liquidatorenamt Konsequenzen: Es ergäbe sich dann die Möglichkeit, die Geschäftsführung durch eine oder gar mehrerer verschachtelte juristische Personen auszuüben. Gerade in diesem besonders sensiblen Stadium der Liquidation wären schwerfällige Entscheidungsprozesse jedoch schwer erträglich.

Bliebe es bei § 6 Abs. 1 GmbHG, nach dem die GmbH einen oder mehrere Geschäftsführer haben kann, hätte die Zulassung juristischer Personen darüber hinaus zur Konsequenz, daß die Verschachtelungen nicht nur horizontal, sondern auch vertikal dadurch entstünden, daß mehrere juristische Personen die Geschäftsführung der geführten GmbH übernehmen, die ihrerseits wiederum von juristischen Personen vertreten werden usw. Und nicht nur im Kapitalgesellschaftsrecht hätte die Öffnung von § 6 Abs. 2 Satz 1, 1. Hs. GmbHG bzw. § 76 Abs. 3 Satz 1, 1. Hs. AktG Konsequenzen. Auch bei Personengesellschaften, bei denen Gesellschafter, Liquidator und auch Geschäftsführer juristische Personen sein können, könnten diese organschaftlichen Positionen weiter ausgestaltet werden. Die GmbH & Co. KG könnte insoweit vom Geschäftsführer der Organgesellschaft der Komplementär-GmbH geleitet werden.

Den aufgezeigten Problemen kann auch nicht durch ein Verbot von Organketten effektiv entgegnet werden.[227] Denn selbst die zweistufige Verschachtelung zwischen tatsächlichem Unternehmenslenker und geführter GmbH würde rechtliche Unsicherheiten nach sich ziehen. Dies gilt noch viel mehr, wenn man bedenkt, daß sich durch Verschachtelungsmöglichkeiten der juristischen Personen, die Gesellschafter der GmbH sind, weitere Einfluß- und Haftungsschwierigkeiten ergeben können.

ff. Erfüllung gewerbe- und berufsrechtlicher Vorgaben

Schließlich spricht auch das System der neben den gesellschaftsrechtlichen Eignungsvorgaben des GmbH-Geschäftsführers stehenden gewerbe- bzw. berufsrechtlichen Vorgaben gegen eine Bestellung juristischer Personen ins Amt des Geschäftsführers. Denn mangelnde Transparenz und die Gefahr unklarer Verflechtungen bei der Zulassung juristischer Personen als Organmitglieder würden auch im Gewerbe- und Berufsrecht Konsequenzen nach sich ziehen. Soweit das Gewerbe- und ganz besonders auch das Recht der freien Berufe bei Ausgestaltung der gewerblichen bzw. freiberuflichen Tätigkeit auf die persönliche Eignung des Geschäftsführers abstellt und teilweise neben seiner Zuverlässigkeit ein hohes Maß an fachlicher Kompetenz verlangt, ist letzteres zwar sicherlich durch gebündeltes Wissen einer juristischen Person ersetzbar.[228] Bei Kriterien, bei denen es jedoch auf das persönliche Verhalten des Gewerbetreibenden bzw. Freiberuflers ankommt, kann nur an eine natürliche Person angeknüpft werden. Steht diese aber erst am Ende einer mehrstufigen Verschachtelung juristischer Personen, so bestehen auch aus gewerbe- bzw. berufsrechtlicher Sicht Bedenken, zur Aufrechterhaltung der gewerblichen bzw. berufsrechtlichen Sicherheit und Ordnung auf diese vom Gewerbetreibenden bzw. Berufsträger „weit entfernte“ Person abzustellen.

---

227 So aber *Komp*, Die juristische Person als Geschäftsführungsorgan einer Kapitalgesellschaft, Seite 124. Für *Fleischer*, Juristische Personen als Organmitglieder im Europäischen Gesellschaftsrecht, RIW 2004, 16, 21 ist dies nur eine Behelfslösung.

228 Siehe oben Seite 46.

d. Zwischenergebnis

Die Beschäftigung mit den weiteren Konsequenzen der Bestellung juristischer Personen in das Amt des Geschäftsführers zeigt die zahlreichen Folgeprobleme auf, die sich aus der Verknüpfung zweier oder gar mehrerer juristischer Personen ergeben können. Soweit den Schwierigkeiten entgegnet wird, handelt es sich vielfach um wenig befriedigende Behelfslösungen. Trotz der skizzierten europäischen Entwicklungen und diesbezüglicher Denkanstöße auch für das deutsche Recht, ist demnach festzustellen, daß eine effektive Transparenz in der Geschäftsführung und bei unter Umständen entstehenden Haftungssituationen allein durch den Ausschluß juristischer Personen vom Amt des Geschäftsführers zu gewährleisten ist. Insofern ist an der Regelung des § 6 Abs. 2 Satz 1, 1. Hs. GmbHG festzuhalten.

II. Geschäftsfähigkeit (§ 6 Abs. 2 Satz 1, 2. Hs. GmbHG)

Der Kreis der amtsfähigen Personen wird durch den zweiten Halbsatz des § 6 Abs. 2 Satz 1 GmbHG noch weiter eingeschränkt: Danach kann die natürliche Person nur dann Geschäftsführer sein, wenn sie unbeschränkt geschäftsfähig ist. Das bedeutet, daß der Amtsträger die Fähigkeit haben muß, Rechtsgeschäfte selbständig wirksam vornehmen zu können.[229] Uneingeschränkt verfügen darüber nur volljährige Personen, also Personen ab vollendetem 18. Lebensjahr (§ 2 BGB),[230] bei denen keine Störung der Geistestätigkeit vorliegt. Sowohl die nach § 104 BGB Geschäftsunfähigen (bis vollendetes 7. Lebensjahr) als auch die gemäß §§ 106 ff. BGB beschränkt geschäftsfähigen Minderjährigen (8. bis einschließlich 17. Lebensjahr) sind von der Amtsfähigkeit ausgenommen.[231]

1. Der Ausschluß Geschäftsunfähiger

Ersterer Gruppe wird wegen mangelnder Verstandesreife zum Schutz vor nachteiligen Folgen die Geschäftsfähigkeit gänzlich aberkannt: Sie sind geschäftsunfähig und ihre Willenserklärungen sind nach §§ 104, 105 Abs. 1 BGB nichtig. Daraus ergibt sich, daß die Bestellung Geschäftsunfähiger zum GmbH-Geschäftsführer unabhängig davon, daß dieser Personengruppe aufgrund ihres Alters aus praktischer

---

229 Palandt-*Heinrichs*, BGB, Einf v § 104 Rn. 2.

230 § 2 BGB gilt nur für deutsche Staatsangehörige; die Bestimmung der Volljährigkeit ausländischer Person erfolgt gemäß Art. 7 Abs. 1 Satz 1 EGBGB nach dem Recht des Staates, dem die zu bestellende Person angehört. Dies hat bspw. zur Konsequenz, daß ein 15jähriger türkischer Staatsangehörige nicht durch § 6 Abs. 2 Satz 1, 1. Hs. GmbHG ausgeschlossen wird, wenn er gemäß Art. 12 TürkZGB für mündig erklärt wurde und damit nach türkischem Recht volljährig ist. Eine Übersicht zum Volljährigkeitsalter in verschieden ausländischen Staaten bieten *Bamberger/Roth/Mäsch*, BGB, Art. 7 EGBGB Rn. 57.

231 Nicht von dieser Regelung betroffen sind Betreute, da die Anordnung der Betreuung nicht die Geschäftsfähigkeit beeinflußt. Für sie gilt die Regelung des § 6 Abs. 2 Satz 2 GmbHG, vgl. dazu unten Seite 71 ff.

Sicht schon keine Bedeutung zukommen kann, bereits theoretisch an den zum eigenen Schutz bestehenden Hürden der §§ 104, 105 BGB scheitert. Darüber hinaus ist eine Person, die keine rechtsgeschäftlichen Wirkungen für sich oder andere herbeiführen kann, auch aus gesellschaftsrechtlicher Sicht als Geschäftsführer untauglich.

Aufgrund des umfassenden Schutzes durch das BGB kommt der Regelung des § 6 Abs. 2 Satz 1 GmbHG für Geschäftsunfähige nur klarstellende Wirkung zu. Deshalb verwundert es nicht, daß der Ausschluß dieser Gruppe vom Amt des Geschäftsführers nie wirklich umstritten war. Lediglich eine ältere Mindermeinung hielt vor Normierung des Ausschlusses die Bestellung Geschäftsunfähiger für zulässig.[232] Begründet wurde die Auffassung damit, daß sie ein rein innerkörperschaftlicher Akt sei, der weder einer Empfangnahme der Ernennung noch einer Zustimmung der Ernannten bedürfe.[233] Es sei lediglich abzuwarten, bis die juristische Befähigung hervortrete.[234] Das Argument, mit dem diese Auffassung schon im Ansatz abzulehnen war und ist, liefert sie jedoch gleich mit: Es sei zu beachten, daß der Geschäftsunfähige rechtlich außerstande sei, einen Teil seiner Geschäftsführerbefugnisse und -pflichten, insbesondere die Vertretung, auszuüben.[235] Einfacher Grund dafür ist die Nichtigkeit seiner Willenserklärungen. Dies gilt auch, wenn er diese nicht für sich, sondern stellvertretend für einen anderen abgibt.[236] Damit ist er also schon nicht in der Lage, seine eigene Bestellung zum Geschäftsführeramt rechtswirksam anzunehmen, geschweige denn, in dieser Funktion Rechtsgeschäfte für die Gesellschaft mit Dritten zu schließen. Bedenkt man, daß der Geschäftsführer Handlungsorgan der Gesellschaft ist, dann ist es auch der Gesellschaft unzumutbar, ihre Handlungsfähigkeit zu beschränken und abzuwarten, bis die Geschäftsfähigkeit eintritt. Es besteht keine gesellschaftsrechtliche Notwendigkeit, den allgemeinen zivilrechtlichen Schutz des Minderjährigen zu unterlaufen.[237]

---

232 *Molitor*, Die Bestellung zum Vorstandsmitglied einer Aktiengesellschaft, FS Ehrenberg, Seite 53; *Feine*, GmbH, Seite 472; *OLG Breslau*, Urt. v. 4.7.1938, HRR 38, 1346; *RG*, Urt. v. 14.10.1924, JW 1925, 261; zuletzt im Jahre 1959 unter Berufung auf das *OLG Breslau* vertreten von Hachenburg-*Schilling*, GmbHG, 6. Aufl., § 35 Rn. 38. Dagegen aber schon im Jahre 1930 *Groschuss*, GmbHG, § 6 Anm. 2.

233 *Feine*, GmbH, Seite 472.

234 *Molitor*, Die Bestellung zum Vorstandsmitglied einer Aktiengesellschaft, FS Ehrenberg, Seite 53.

235 *Feine*, GmbH, Seite 472.

236 § 165 BGB ist für den Geschäftsunfähigen nicht anwendbar.

237 Zum Schutz der Gesellschaftsgläubiger siehe unten Seite 226 ff.

2. Der Ausschluß beschränkt Geschäftsfähiger

Die praktische Bedeutung der älteren zweiten Gruppe, die der gemäß den Regelungen der §§ 106 ff. BGB beschränkt geschäftsfähigen Personen, ist aufgrund der Herabsetzung des Volljährigkeitsalters auf 18 Jahre im Jahre 1975 stark geschrumpft. Die Angehörigen dieser Personengruppe können zwar anders als die Geschäftsunfähigen wirksame Willenserklärungen abgeben; soweit sie indes für den Minderjährigen nicht lediglich rechtlich vorteilhaft sind, bedürfen sie dazu grundsätzlich der elterlichen Zustimmung oder Genehmigung. Damit stellt sich für diese Altersstufe das Bild im Hinblick auf eine Geschäftsführertätigkeit etwas anders dar: § 165 BGB gestattet beschränkt Geschäftsfähigen wirksame Willenserklärungen als Vertreter für andere abzugeben, ohne an die Genehmigungserfordernisse der §§ 107 ff. BGB gebunden zu sein. Da § 165 BGB im Prinzip auch für Organmitglieder Geltung beansprucht,[238] scheitert die vertretende Geschäftsführer*tätigkeit* nicht bereits an den Minderjährigenschutzvorschriften des BGB, obgleich der Geschäftsführer*bestellungsakt* aufgrund der dadurch ausgelösten rechtlich nachteiligen Pflichten für den Minderjährigen den Genehmigungserfordernissen des BGB unterliegt. Die Vorschriften des BGB vereiteln also die Bestellung einer Person unter 18 Jahren nicht grundsätzlich.[239] Anders aber der seit 1980 geltende § 6 Abs. 2 Satz 1 GmbHG: Dieser nimmt der Personengruppe der beschränkt Geschäftsfähigen konstitutiv die Amtsfähigkeit. Ob der Gesetzgeber dabei die Erweiterung des Schutzes der betroffenen Personen über die Regelungen des BGB hinaus oder aber mehr den Schutz der Gesellschaft im Blick hatte, legen dessen Motive nicht dar.[240] Darüber hinaus ist offen, wie Minderjährige im Sonderfall der §§ 112, 113 BGB behandelt werden. Dies bleibt näher zu untersuchen.

a. Sinn und Zweck der Regelung

Vor der Normierung in § 6 Abs. 2 Satz 1 GmbHG wurde die Frage der Zulässigkeit der Bestellung beschränkt Geschäftsfähiger zum Geschäftsführer einer GmbH noch kontrovers beantwortet.[241] Insbesondere das Reichsgericht hat im Jahre 1924 unter Bezugnahme auf die Regelung des § 165 BGB die Ansicht vertreten, daß Minderjährige ab sieben Jahren wirksam zum Geschäftsführer einer GmbH bestellt werden können.[242] Dagegen wurde indes schon damals angeführt, daß in § 165

---

238 Vgl. Erman-*Palm*, BGB, § 165 Rn. 4; vgl. auch schon *RG*, Urt. v. 14.10.1924, JW 1925, 261.

239 Insofern vertrat *Groschuss* im Jahre 1936 noch die Ansicht, daß Minderjährige mit Genehmigung ihres gesetzlichen Vertreters gemäß §§ 107, 108 BGB als Geschäftsführer bestellt werden können, vgl. *Groschuss*, GmbHG, § 6 Anm. 2.

240 Zur geschichtlichen Entwicklung vgl. oben Seite 10 ff.

241 Über die Reichweite der Regelung, bzw. über Ausnahmefälle wird z. T. heute noch diskutiert, vgl. dazu unten Seite 63 ff.

242 *RG*, Urt. v. 14.10.1924, JW 1925, 261. So auch *Molitor*, Die Bestellung zum Vorstandsmitglied einer Aktiengesellschaft, FS Ehrenberg, Seite 53; *Feine*, GmbH, Seite 472 und später

BGB lediglich die Konsequenz aus der Fremdwirkung des Vertreterhandelns gezogen würde.[243] Dort sei aber nicht die Frage geregelt, ob der beschränkt Geschäftsfähige die Rechtsstellung unbeschränkter Vertretungsmacht, die ihm durch die §§ 35, 37 GmbHG verliehen würde, überhaupt einnehmen könne.[244] Grundlage der Vertretungsmacht sei überdies der Bestellungsvertrag, der die Regelung der eigenen Angelegenheiten des Minderjährigen als Organ der Gesellschaft enthalte, wobei insofern die Beschränkungen der §§ 107 ff. BGB einschlägig seien. Dementsprechend sei es mit den Besonderheiten der organschaftlichen Stellung als Geschäftsführer einer GmbH unvereinbar, sie auf Personen zu übertragen, deren rechtsgeschäftliche Handlungsfähigkeit eingeschränkt sei.[245]

Mit dieser Argumentation ist auch die heute geltende gesetzliche Ausschlußregelung aus dem Jahre 1980 zu rechtfertigen. Zwar behindern ständige elterliche Genehmigungen wegen § 165 BGB nicht die vertretende Geschäftsführertätigkeit und machen den Ausschluß aus Sicht der Gesellschaft zur Absicherung der Handlungsfähigkeit nicht zwingend notwendig. Insofern erscheint der Hinweis darauf, daß für den einmaligen Akt der Bestellung die Genehmigung erforderlich ist, auf den ersten Blick unbedeutend und hinnehmbar. Entscheidend ist aber der Blick auf die Organschaftlichkeit der Vertretung. Denn die Erteilung der Genehmigung durch den gesetzlichen Vertreter bedeutet, daß den minderjährigen Geschäftsführer insbesondere die wirtschaftlich gravierende Folge der spezialgesetzlichen persönlichen Geschäftsführerhaftung aus § 43 Abs. 1 GmbHG bei nicht ordnungsgemäßer Tätigkeit treffen kann. Es kann nicht davon ausgegangen werden, daß jeder gesetzliche Vertreter die mit einer Geschäftsführerbestellung verbundenen Pflichten kennt und deren Folgen richtig bewertet. Daher ist umfassender Minderjährigenschutz nur gewährleistet, wenn beschränkt Geschäftsfähige grundsätzlich vom Amt des Geschäftsführers ausgeschlossen werden. Der Schutz des Minderjährigen erfordert damit über die allgemeinen Regelungen der §§ 107 ff. BGB hinaus den gesellschaftsrechtlichen Ausschluß in § 6 Abs. 2 Satz 1, letzter Hs. GmbHG.

b. Ausnahme bei Ermächtigung nach § 112 BGB?

Dies muß aber nicht zwingend bedeuten, daß das Gesetz einem 16jährigen IT-Spezialisten nicht die Chance zuerkennt, für eine GmbH als Geschäftsführer tätig

---

auch noch *Vogel*, GmbHG, § 35 Anm. 2. (Zu diesem Zeitpunkt enthielt das GmbHG freilich noch keine Regelungen hinsichtlich der persönlichen Eignungsvoraussetzungen des Geschäftsführers, siehe oben Seite 10.)

243 Scholz-*Winter*, GmbHG, 6. Aufl. 1977/83 (!) § 6 Rn. 5 Rn. 5.

244 Scholz-*Winter*, GmbHG, 6. Aufl. 1977/83 (!) § 6 Rn. 5 Rn. 5.

245 Scholz-*Winter*, GmbHG, 6. Aufl. 1977/83 (!) § 6 Rn. 5 Rn. 5; *Zelz*, Der Minderjährige in der GmbH, GmbHR 1959, 91, 93; *Haegele*, Geschäftsunfähige und beschränkt Geschäftsfähige im GmbH-Recht, GmbHR 1971, 198, 200.

zu werden. Denn etwas anderes könnte sich trotz der Regelung des § 6 Abs. 2 GmbHG hinsichtlich der Behandlung Minderjähriger ergeben, deren gesetzliche Vertreter mit Genehmigung des Vormundschaftsgerichts nach § 112 BGB eine Ermächtigung für die GmbH-Geschäftsführertätigkeit erteilt haben. Soweit diese Ermächtigung für möglich gehalten wird, würde der Minderjährige für den Bereich der Genehmigung unbeschränkte Geschäftsfähigkeit mit der Konsequenz erlangen, daß der Wortlaut des § 6 Abs. 2 Satz 1 GmbHG der Amtsfähigkeit nicht entgegenstünde.

aa. OLG Hamm

Das *OLG Hamm* lehnte dies im Jahre 1992 dennoch mit Verweis auf § 6 Abs. 2 Satz 1, letzter Hs. GmbHG ab.[246] Denn dieser verlange die uneingeschränkte Geschäftsfähigkeit, die auch im Falle der Ermächtigung des gesetzlichen Vertreters nach § 112 BGB nicht vorliege.[247] Der insofern ermächtigte Minderjährige sei nur auf dem von der Genehmigung erfaßten Gebiet unbeschränkt geschäftsfähig, und dies auch nur dann, wenn nicht ein Rechtsgeschäft getätigt werde, für das aufgrund seiner Bedeutung nach wie vor die Genehmigung des Vormundschaftsgerichts erforderlich sei (§ 112 Abs. 1 Satz 3 BGB in Verbindung mit §§ 1643, 1821 ff. BGB). Dazu würden insbesondere die für die Gesellschaft wichtigen Handlungen wie die Kreditaufnahme, die Eingehung von Wechselschulden und die Prokuraerteilung gehören. Bei diesen besonderen Geschäften bleibe es trotz grundsätzlicher Ermächtigung bei der beschränkten Geschäftsfähigkeit des Minderjährigen. Dies entspreche nicht der Vorgabe der unbeschränkten Geschäftsfähigkeit, die § 6 Abs. 2 Satz 1, letzter Hs. GmbHG zur Erhaltung der Handlungsfähigkeit der Gesellschaft fordere.[248] Insofern sind nach Ansicht des *OLG Hamm* auch Minderjährige trotz Ermächtigung nach § 112 BGB vom Amt des Geschäftsführers ausgeschlossen.

bb. Stellungnahme

Die Geschäftsführerbestellung Minderjähriger in diesem Sonderfall kann nur unter zwei Prämissen geschehen: Zum einen muß § 112 BGB als Ausnahmeregelung

---

246 *OLG Hamm*, Beschl. v. 13.4.1992, GmbHR 1992, 671; zustimmend *Demharter*, Kurzkommentar zu OLG Hamm, Beschl. v. 13.4.1992, EWiR § 6 GmbHG 1/92, 1089, 1090. Ohne eigene Begründung, lediglich mit Verweis auf diesen Beschluss: Lutter/Hommelhoff-*Hommelhoff/Kleindiek*, GmbHG, § 6 Rn. 11; *Basler/Bokelmann/Piorreck*, Die GmbH, Rn. 167; Baumbach/Hueck-*Hueck/Fastrich*, GmbHG, § 6 Rn. 9; Scholz-*Schneider*, GmbHG, § 6 Rn. 11 unter Fn. 10; Roth/Altmeppen-*Altmeppen*, GmbHG, § 6 Rn. 6; HK-*Bartl*, GmbHG, § 6 Rn. 7; Michalski-*Heyder*, GmbHG, § 6 Rn. 19; *Tillmann/Mohr*, GmbH-Geschäftsführer, Rn. 23; *Brandmüller*, Der GmbH-Geschäftsführer, Rn. 30; für die Aktiengesellschaft MüKo AktG-*Hefermehl/Spindler*, § 76 Rn. 87.

247 *OLG Hamm*, Beschl. v. 13.4.1992, GmbHR 1992, 671.

248 *OLG Hamm*, Beschl. v. 13.4.1992, GmbHR 1992, 671.

auch die Geschäftsführertätigkeit ermöglichen können. Zum anderen muß die insoweit verliehene partielle Geschäftsfähigkeit der von § 6 Abs. 2 Satz 1, 2. Hs. GmbHG geforderten unbeschränkten Geschäftsfähigkeit genügen. Nur diesen letzten der beiden Punkte faßt das *OLG Hamm* ins Auge, doch ist bereits die Anwendung der allgemein-zivilrechtlichen Sondervorschrift nicht unproblematisch, wenn auch im Ergebnis zu rechtfertigen:

aaa. Ermächtigung nach § 112 BGB für Geschäftsführertätigkeit

§ 112 BGB erweitert die Geschäftsfähigkeit des Minderjährigen für alle Rechtsgeschäfte, die der Betrieb eines selbständigen Erwerbsgeschäfts mit sich bringt, wenn er hierzu vom gesetzlichen Vertreter mit Genehmigung des Vormundschaftsgerichts ermächtigt worden ist. Dabei ist nach den Motiven des Gesetzgebers unter einem Erwerbsgeschäft jede erlaubte, berufsmäßig ausgeübte und auf selbständigen Erwerb gerichtete Tätigkeit zu verstehen, mag diese im Handel, im Betreiben eines industriellen Unternehmens oder eines Handwerks, in Ausübung eines künstlerischen oder wissenschaftlichen Berufes bestehen.[249] Unabhängig von der Frage, ob die Tätigkeit des GmbH-Geschäftsführers eine „selbständige" im hier verstandenen Sinne ist, so kann diese jedenfalls in den Fällen den Begriff des Erwerbsgeschäfts erfüllen, in denen die Tätigkeit auf Dauer angelegt und finanzielle Grundlage der Lebensgestaltung ist. Dabei muß nicht allein darauf abgestellt werden, ob der Geschäftsführer für die Tätigkeit eine Bezahlung erhält, denn finanzielle Vorteile können sich auch aus gleichzeitiger Beteiligung an der GmbH ergeben. Damit stellt sich die Tätigkeit des GmbH-Geschäftsführers grundsätzlich als Erwerbsgeschäft im Sinne des § 112 BGB dar.[250]

Die erforderliche Selbständigkeit des Erwerbsgeschäfts könnte man nach dem Wortlaut des § 112 BGB und in Abgrenzung zu § 113 BGB, der den Minderjährigen ermächtigt, in Dienst und Arbeit zu treten, und ihm insoweit ebenfalls partielle Geschäftsfähigkeit verleiht, allein anhand formeller Unabhängigkeit definieren wollen.[251] Dann würde die Anwendbarkeit des § 112 BGB auf geschäftsführende Tätigkeiten bei GmbHs grundsätzlich ausscheiden, da solche immer aufgrund der Weisungsbefugnis der Gesellschafterversammlung gemäß § 37 Abs. 1 GmbHG fremdbestimmt ist. Dieser formellen Auslegung steht jedoch entgegen, daß zum einen auch § 113 BGB in seinem Anwendungsbereich nicht lediglich auf unselbständige Tätigkeiten beschränkt ist. Denn soweit bspw. ein selbständiger Handelsvertreter allein für einen Unternehmer tätig und seine finanzielle Existenz bei Auflösung des Verhältnisses gefährdet ist, soll die Anwendung von § 113 BGB näher

---

249 Mugdan, Motive Band 1, 430.

250 Eine Ausnahme bilden hier nur die Fälle, in denen er keinen finanziellen Vorteil für seine Tätigkeit erhält, etwa weil die GmbH im gemeinnützigen Bereich tätig ist.

251 So wohl Soergel-*Hefermehl*, BGB, § 112 Rn. 2.

liegen.[252] Zum anderen ist mittlerweile anerkannt, daß § 112 BGB und § 113 BGB kein Gegensatzpaar bilden.[253] Insofern kann nicht aus einem Rückschluß aus § 113 BGB darauf geschlossen werden, daß der Begriff allein anhand formell-autonomer Kriterien zu definieren ist, so daß die Anwendbarkeit des § 112 BGB auf minderjährige GmbH-Geschäftsführer nicht schon aufgrund der Weisungsbindung an die Gesellschafterversammlung ausscheidet. Darüber hinaus ist auch kein qualitativer Unterschied einzelkaufmännischer Unternehmungen des Minderjährigen im Vergleich zu solchen Fällen ersichtlich, in denen seine Tätigkeit zwar eine vertretende, aber eine mit besonderer persönlicher Verantwortung ist. Allein auf formelle Unabhängigkeit zur Definition des selbständigen Erwerbsbetrieb abzustellen, wird § 112 BGB nicht gerecht.[254]

Demgegenüber wird aber auch ein rein wirtschaftliches Verständnis des selbständigen Erwerbsgeschäfts dem Sinn und Zweck der Vorschrift nicht gerecht.[255] Denn es sind Fälle denkbar, in denen sich die Erwerbstätigkeit des Minderjährigen faktisch auf den Einsatz finanzieller Mittel beschränkt und seine Handlungen allein von Weisungen Dritter, insbesondere seiner Eltern, abhängig sind. Der Begriff des selbständigen Erwerbsgeschäfts muß vielmehr im Sinne einer eigenverantwortlichen Tätigkeit des Minderjährigen verstanden werden, die anhand der vorgenannten Kriterien wie formelle oder wirtschaftliche Abhängigkeit, besonders aber auch durch die Übernahme persönlicher Verantwortlichkeit in zivil- oder strafrechtlicher Hinsicht, im Einzelfall festgestellt werden muß. Unter Anwendung dieser Bestimmungskriterien ist die Tätigkeit als GmbH-Geschäftsführer eigenverantwortlich und erfüllt damit den Begriff des selbständigen Erwerbsgeschäfts im Sinne des § 112 BGB: Zwar ist die Tätigkeit formell keine Tätigkeit für sich persönlich, sondern eine für die Gesellschaft. In wirtschaftlicher Hinsicht kann sich das Bild aber schon anders darstellen: Ist der Minderjährige mit entsprechend hoher Quote oder gar zu 100% an der GmbH beteiligt, so hat er wesentlichen Einfluß in der Gesellschafterversammlung, deren Weisungen der Geschäftsführer unterliegt. Vereinigen sich beide Organe in Personalunion, so liegt faktisch selbständiges Handeln vor. Aber unabhängig von dieser wirtschaftlichen Selbständigkeit des Geschäftsführers im Einzelfall, ergibt sich die Eigenverantwortlichkeit und damit die Selbständigkeit der Tätigkeit im Sinne des § 112 BGB in jedem Falle - unabhängig von wirtschaftlichen Abhängigkeiten - entscheidend aus der immer gegebenen bereits mehrfach angesprochenen persönlichen Haftbarkeit des Geschäftsführers für sein Handeln. Sobald ihm der Vorwurf nicht ordnungsgemäßer Geschäftsführung gemacht werden kann, ist er der Gesellschaft zum Ersatz des daraus entstandenen Schadens

---

252 *LAG Stuttgart*, Urt. v. 28.3.1963, BB 1963, 1193.

253 Soergel-*Hefermehl*, BGB, § 113 Rn. 2.

254 So wohl auch Staudinger-*Dilcher*, BGB, § 112 Rn. 5.

255 Das *LAG Stuttgart* stellt zumindest bei der Behandlung selbständiger Handelsvertreter darauf ab, vgl. Urt. v. 28.3.1963, BB 1963, 1193.

verpflichtet. Darüber hinaus trifft ihn ggf. sogar ein strafrechtlicher Vorwurf.[256] Aufgrund diese persönlicher Verantwortlichkeit ist kein Grund ersichtlich, die Tätigkeit als GmbH-Geschäftsführer anders als eine einzelkaufmännische Erwerbstätigkeit des Minderjährigen zu bewerten. Entsprechend ist sie wegen der hohen persönlichen Verantwortlichkeit des Amtes grundsätzlich ein Fall des „selbständigen Erwerbsgeschäfts" im Sinne des § 112 BGB.

Dafür spricht schließlich auch die Tatsache, daß Minderjährige über § 112 BGB auch Geschäftsführer von Personengesellschaften werden können.[257] Zwar ist bei einem Vergleich mit dieser Personengruppe zu beachten, daß diese aufgrund des Grundsatzes der Selbstorganschaft immer als persönlich haftender Gesellschafter an der Gesellschaft beteiligt sein müssen.[258] Insofern ist in den meisten Fällen das Kriterium der wirtschaftlichen Selbständigkeit zumindest bei entsprechend hoher Beteiligung erfüllt. Die Geschäftsführer werden aber hier wie da formell nicht für sich persönlich, sondern für die Gesellschaft tätig und erfüllen damit das Kriterium der formellen Unabhängigkeit nicht. Entscheidend ist aber auch hier die persönliche Verantwortlichkeit, die die Tätigkeit eigenverantwortlich und damit selbständig erscheinen läßt. Die Tatsache, daß diese Verantwortung sich aufgrund der Selbstorganschaft immer auch aus der Gesellschafterstellung ergibt, stellt kein Argument für eine abweichende Behandlung von GmbH-Geschäftsführern dar.

Dementsprechend kann festgehalten werden, daß das allgemeine Zivilrecht durch § 112 BGB dem Minderjährigen die Möglichkeit bietet, für den Bereich der Geschäftsführung einer GmbH eine Generalermächtigung seiner gesetzlichen Vertreter einzuholen. Diese ist jedoch ihrerseits aufgrund der besonderen Risiken der Tätigkeit zum Schutz des Minderjährigen von der vormundschaftsgerichtlichen Genehmigung abhängig.

bbb. § 6 Abs. 2 GmbHG schließt Sonderfall nicht aus

Entgegen der Ansicht des *OLG Hamm* steht der Bestellung des insoweit besonders ermächtigten Minderjährigen auch nicht das Gesellschaftsrecht durch § 6 Abs. 2

---

256 Aus dieser strafrechtlichen Verantwortlichkeit kann entgegen *Stahl*, Minderjährigenschutz im Gesellschaftsrecht und vormundschaftsgerichtliche Genehmigung, Seite 55 f., nicht der Schluß gezogen werden, daß sich die Anwendbarkeit des § 112 BGB auf GmbH-Geschäftsführertätigkeiten verbiete. Denn § 112 BGB erlaubt ja die Erwerbstätigkeit nicht generell, sondern nur in den Einzelfällen, in denen der gesetzliche Vertreter unter der besonderen Kontrolle des Vormundschaftsgerichts die persönliche Reife des inderjährigen im Hinblick auf die Übernahme der speziellen Risiken festgestellt hat.

257 Staudinger-*Dilcher*, BGB, § 112 Rn. 3; *Scheerer*, Bankgeschäfte des Minderjährigen, BB 1971, 981, 987.

258 Für Kapitalgesellschaften wie die GmbH sind auch Fremdgeschäftsführer zugelassen, vgl. § 6 Abs. 3 Satz 1 GmbHG.

Satz 1, 2. Hs. GmbHG entgegen. Denn so unzweifelhaft wie das Oberlandesgericht dies darstellt, ergibt sich der Ausschluß der nach § 112 BGB unbeschränkt geschäftsfähigen Minderjährigen aus der genannten Vorschrift nicht. Vielmehr spricht der Wortlaut von § 6 Abs. 2 Satz 1, letzter Hs. GmbHG gerade gegen den Ausschluß und für die Zulassung Minderjähriger in diesem besonderen Falle, da § 112 BGB den Minderjährigen nicht im Wege der Fiktion einem voll Geschäftsfähigen gleichstellt, sondern ihm auf dem bestimmten Gebiet die unbeschränkte Geschäftsfähigkeit gewährt. Diese Rechtsfolge entspricht wortgleich der persönlichen Eignungsvoraussetzung des GmbH-Geschäftsführers. Insofern spricht die grammatikalische Auslegung des § 6 Abs. 2 Satz 1, letzter Hs. GmbHG für die Eignung und Zulassung der nach § 112 GmbHG unbeschränkt geschäftsfähigen Minderjährigen. Diesem Verständnis des Wortlauts kann auch nicht der eindeutig gegensätzliche Wille des Gesetzgebers entgegengehalten werden, da die Gesetzesbegründungen keine Beschäftigung mit diesem Sonderproblem erkennen lassen.

Darüber hinaus ist auch das teleologische Argument des *OLG Hamm* ohne Gehalt und läßt den Ausschluß dieser minderjährigen Sondergruppe nicht als zwingend erscheinen: Die Sicherung der Handlungsfähigkeit der Gesellschaft allein rechtfertigt den Amtsausschluß jedenfalls nicht, da keine Handlungen denkbar sind, die der Minderjährige für die Gesellschaft ausführt und für die nach § 112 Abs. 1 Satz 2 BGB trotz der partiellen Geschäftsfähigkeit des Minderjährigen vormundschaftsgerichtliche Genehmigungen erforderlich sind: Gemäß § 1643 in Verbindung mit §§ 1821 ff. BGB hängt die Wirksamkeit des getätigten Rechtsgeschäfts nämlich nur dann von einer vormundschaftsgerichtlichen Genehmigung ab, wenn erhebliche wirtschaftliche und finanzielle Interessen dies zum persönlichen Schutze des Minderjährigen erfordern. Somit unterliegen nur die Rechtsgeschäfte einer Genehmigungspflicht, die sich auf das Vermögen des Minderjährigen beziehen.[259] Soweit indes das Vermögen einer juristischen Person als selbständiges Rechtssubjekt betroffen ist, wird aber selbst dann keine Genehmigungspflicht des Vormundschaftsgerichts nach §§ 1821 ff. BGB ausgelöst, wenn der Minderjährige Alleingesellschafter der juristischen Person ist, über deren Vermögen verfügt werden soll,[260] da in diesem Fall juristisch nicht das Vermögen des Minderjährigen betroffen ist, sondern das einer anderen Person.[261] Unabhängig davon, ob der Minderjährige auch Gesellschafter der GmbH ist, berechtigen und verpflichten seine rechtsgeschäftlichen Handlungen in seiner Funktion als Geschäftsführer allein die Gesellschaft und nicht ihn persönlich. Da mithin die wirtschaftlichen und finanziellen Interessen der Gesellschaft und gerade nicht die eigenen des Minderjährigen betroffen sind, liegen

---

259 Allg. Meinung, vgl. Staudinger-*Engler*, BGB, § 1821 Rn. 13; MüKo-*Schwab*, BGB, § 1821 Rn. 7.

260 So schon *RG*, Urt. v. 12.5.1931, RGZ 133, 7, 10 f. Ferner Staudinger-*Engler*, BGB, § 1821 Rn. 14; MüKo-*Schwab*, BGB, § 1821 Rn. 8; Soergel-*Zimmermann*, BGB, Vor § 1821 Rn.8.

261 Staudinger-*Engler*, BGB, § 1821 Rn. 14; MüKo-*Schwab*, BGB, § 1821 Rn. 8.

demnach die Voraussetzungen der §§ 112 Abs. 1 Satz 2, 1643 Abs. 1, 1821 ff. BGB bei einer Geschäftsführertätigkeit des Minderjährigen nie vor. Dem kann auch nicht die Haftung des Geschäftsführers aus § 43 Abs. 2 GmbHG entgegengehalten werden. Denn zum einen sehen § 1643 in Verbindung mit §§ 1821, 1822 BGB kein Genehmigungserfordernis für solche Regressansprüche vor. Zum anderen sind diese Vorschriften aufgrund ihrer Ausgestaltung als abschließender Katalog und nicht als Generalklausel analogiefähig.[262] Das unzweifelhaft bestehende finanzielle Risiko des Minderjährigen, was sich aus seiner zivilrechtlichen Haftbarkeit als GmbH-Geschäftsführer ergibt, haben vielmehr die Eltern und das Vormundschaftsgericht im Rahmen der Genehmigungserteilung nach § 112 BGB im Einzelfall abzuwägen. Insofern lösen weder die vom *OLG Hamm* beispielhaft angeführte Kreditaufnahme noch die Eingehung von Wechselschulden oder die Prokuraerteilung die genannte Genehmigungspflicht aus. Keine rechtsgeschäftliche Handlung, sei sie auch noch so erheblich für die Gesellschaft, bewirkt die Genehmigungspflicht des Vormundschaftsgerichts und mindert somit die unbeschränkte Geschäftsfähigkeit. Daher sind aus den §§ 112 Abs. 1 Satz 2, 1643 Abs. 1, 1821 ff. BGB keine Defizite in der Geschäftsfähigkeit des Geschäftsführers zu erkennen, die die Handlungsfähigkeit der Gesellschaft beeinträchtigen. Demnach erfordert die Sicherstellung der Handlungsfähigkeit der Gesellschaft es nicht, den partiell unbeschränkt geschäftsfähigen Minderjährigen von der Geschäftsführung einer GmbH auszuschließen. Die Argumentation des *OLG Hamm* ist folglich gehaltlos.

Zum Ausschluß dieser „Sondergruppe" drängen auch nicht andere gesellschaftsrechtliche Zwänge. Sie verlangen weder gesellschaftsintern noch -extern aus Sicht der Gesellschaftsgläubiger den Ausschluß von partiell voll geschäftsfähigen Minderjährigen: Soweit dieser für den Bereich der Geschäftsführung partiell geschäftsfähig ist, weist sein Handeln keine Defizite im Vergleich zum volljährigen Geschäftsführer auf. Auch ist er ebenso wie der Volljährige umfassend strafrechtlich wie zivilrechtlich für seine Tätigkeit verantwortlich: Die strafrechtliche Verantwortung trifft ihn voll, wenngleich die Folgen nach JGG bemessen werden. Dies stellt aber für die GmbH keine schwächere Bindung dar, da auch der volljährige Geschäftsführer bis zu seinem 21. Lebensjahr noch dem JGG und dessen Sanktionen unterfallen kann. Auch ist kein Grund ersichtlich, warum die persönliche Haftung aus § 43 GmbHG geschmälert sein soll. Die Gewährung partieller Geschäftsfähigkeit umfaßt auch die Belastung mit vollem Haftungsrisiko. Allein auf die Tatsache abzustellen, daß der Geschäftsführer jung und unvermögend ist, ist unhaltbar. Schließlich gebietet auch nicht der Minderjährigenschutz pauschal eine weite Auslegung der Ausschlußregelung des § 6 Abs. 2 Satz 1, 2. Hs. GmbHG. Denn § 112 BGB betrifft nur Einzelfälle, in denen sowohl der gesetzliche Vertreter als auch das Vormundschaftsgericht die persönliche Reife und Eignung im Hinblick auf alle Ge-

---

262 Vgl. *BGH*, Urt. v. 22.9.1969, BGHZ 52, 316, 319; Palandt-*Diederichsen*, BGB, § 1821 Rn. 6.

fahren, die das Geschäftsführeramt mit sich bringt, umfassend geprüft haben. Damit ist der Ausschluß Minderjähriger im Falle des § 112 BGB, der sich nicht ausdrücklich aus § 6 Abs. 2 Satz 1 GmbHG ergibt, weder zur Sicherung der Handlungsfähigkeit der Gesellschaft, noch zur Gewährleistung des Minderjährigenschutzes generell erforderlich. Es ist also kein Grund ersichtlich, im Sonderfall der unbeschränkten Geschäftsfähigkeit des Minderjährigen vom Wortlaut der Vorschrift des § 6 Abs. 2 Satz 1 letzter Hs. GmbH abzuweichen und diese vom Geschäftsführeramt fernzuhalten.

ccc. Zwischenergebnis

Somit genügen Minderjährige, deren gesetzliche Vertreter und das Vormundschaftsgericht die Geschäftsführertätigkeit nach § 112 BGB genehmigt haben, den Voraussetzungen des § 6 Abs. 2 Satz 1 GmbHG. § 112 BGB stellt damit eine Ausnahme vom grundsätzlichen Ausschluß Minderjähriger vom Geschäftsführeramt dar. Ein 16jähriger IT-Spezialist kann also entgegen *OLG Hamm* nach Überwindung allgemein-zivilrechtlicher Hürden wirksam zum GmbH-Geschäftsführer bestellt werden.

3. Gesellschaftsvertragliche Regelungsmöglichkeiten

Wenngleich Familiengesellschaften durchaus der Gedanke kommen könnte, bereits Kindern gesellschaftsvertraglich die Möglichkeit einzuräumen, Geschäftsführer zu werden, so ist dies aufgrund des zwingenden Charakters der Vorschrift des § 6 Abs. 2 Satz 1, 2. Hs. GmbHG soweit unwirksam, wie die Regelung gesellschaftsvertragliche Ausnahmen zugunsten geschäftsunfähiger bzw. beschränkt geschäftsfähiger Personen, die nicht nach § 112 BGB entsprechend ermächtigt werden, normiert. Im Bereich des § 6 Abs. 2 Satz 1, 2. Hs. GmbHG sind nur solche gesellschaftsvertraglichen Vorgaben möglich, die weitergehende Einschränkungen vorsehen. Insbesondere fallen hier Regelungen, die das Mindestalter des Geschäftsführers betreffen, ein. Da diese Vorgaben den Geschäftsführer aber nicht noch „geschäftsfähiger" machen können und sollen, sondern vielmehr Lebens- und insbesondere Berufserfahrung absichern wollen, soll das Alter im fachlichen Teil Erörterung finden.[263]

4. Zwischenergebnis

Durch die Regelung des § 6 Abs. 2 Satz 1 letzter Hs. GmbHG beschränkt sich die Zulassung natürlicher Personen zum Geschäftsführeramt einer GmbH grundsätzlich auf unbeschränkt geschäftsfähige Volljährige. Minderjährige können ausnahmsweise dann bestellt werden, wenn diesbezüglich eine Genehmigung des ge-

---

263 Siehe unten Seite 87 ff.

setzlichen Vertreters und des Vormundschaftsgerichts gemäß § 112 BGB vorliegt, die ihm die unbeschränkte Geschäftsfähigkeit für die Ausübung der Geschäftsführertätigkeit verleiht. Der Wortlaut des § 6 Abs. 2 GmbHG steht dem nicht entgegen.

III. Betreute (§ 6 Abs. 2 Satz 2 GmbHG)

Anders als die Regelungen in Satz 1 des § 6 Abs. 2 GmbHG werden die folgenden drei Regelungen dieses Absatzes als persönliche Ausschlußgründe vom GmbH-Geschäftsführeramt bezeichnet. Darin enthalten sind sehr verschiedenartige Vorschriften, die sich sowohl tatbestandlich hinsichtlich ihres materiellen Anknüpfungspunktes als auch auf der Rechtsfolgenseite hinsichtlich der Dauer des Amtsausschlusses unterscheiden. Während die beiden letzten den verhaltensbezogenen Eignungsvoraussetzungen zugehören,[264] zählt nur noch § 6 Abs. 2 Satz 2 GmbHG zu den personenbezogenen Merkmalen. Diese Vorschrift enthält die jüngste Ausschlußregelung, denn sie wurde erst 1992 im Zuge der Neuregelung des Betreuungsrechts eingefügt.[265] Nach ihr ist ein Betreuter, der bei der Besorgung seiner Vermögensangelegenheiten ganz oder teilweise einem Einwilligungsvorbehalt nach § 1903 BGB unterliegt, von der Geschäftsführung einer GmbH ausgeschlossen.

1. Sinn und Zweck der gesetzlichen Regelung

Bis zum Jahre 1992 wurde der Geschäftsführer im Falle der Entmündigung geschäftsunfähig, so daß ab diesem Zeitpunkt ein Fall des § 6 Abs. 1 Satz 1, 2. Hs. GmbHG gegeben war.[266] Vor solche Konsequenzen stellt der neuere § 6 Abs. 2 Satz 2 GmbHG den betroffenen Geschäftsführer und die GmbH nicht mehr generell, sondern nur dann, wenn die besonders intensive Form der Betreuung, nämlich die unter Einwilligungsvorbehalt gemäß § 1903 BGB, angeordnet worden ist.

Grundsätzlich hat die Beiordnung eines Betreuers nach neuem Recht keine Auswirkung auf die Geschäftsfähigkeit der betroffenen Person.[267] Dies gilt formaljuristisch auch dann, wenn die intensivste Form der Betreuung, die Betreuung unter Anordnung eines Einwilligungsvorbehalts gemäß § 1903 BGB angeordnet wird. Da aber bei dieser Gestaltungsform alle Willenserklärungen, die den Aufgabenkreis der Betreuung betreffen, der Einwilligung des Betreuers bedürfen, ist die Position des Betreuten im Rahmen des Aufgabenkreises faktisch mit der des beschränkt Ge-

---

[264] Siehe unten Seite 132 ff.

[265] Zur geschichtlichen Entwicklung der Vorschrift siehe oben Seite 16.

[266] Zum Regelungsgehalt dieser Regelung siehe oben Seite 60 ff.

[267] Die Geschäftsfähigkeit des Betreuten beurteilt sich vielmehr nach allgemeinen Grundsätzen, vgl. dazu *Jürgens/Kröger/Marschner/Winterstein*, Betreuungsrecht kompakt, Rn. 132 und 184.

schäftsfähigen vergleichbar.[268] Auch hier erscheint es angesichts der weitreichenden Verantwortung, die einem Geschäftsführer zukommt, geboten, eine derart unter Betreuung stehende Person als nicht geeignet anzusehen und vom Geschäftsführeramt auszuschließen.[269]

2. Voraussetzungen und Dauer des Ausschlusses

Voraussetzung für den Ausschluß betreuter Personen nach § 6 Abs. 2 Satz 2 GmbHG ist nach alledem das Vorliegen eines Einwilligungsvorbehalts gemäß § 1903 BGB. Ein solcher wird auf seinen Antrag oder von Amts wegen vom Vormundschaftsgericht ausgesprochen, wenn die betroffene Person aufgrund einer psychischen Krankheit oder einer körperlichen, geistigen oder seelischen Behinderung ihre Angelegenheiten ganz oder teilweise nicht besorgen kann, § 1896 BGB, und eine erhebliche Gefahr für diese Person oder ihr Vermögen besteht, § 1903 BGB. Allerdings wird ein Betreuer grundsätzlich nicht generell, sondern nur bezüglich bestimmter Aufgabenkreise bestellt, in denen der Betreute Hilfe benötigt. Daraus ergibt sich, daß der Ausschlußgrund des § 6 Abs. 2 Satz 2 GmbHG auch nur in den Fällen greift, in denen sich dieser Aufgabenkreis ganz oder zumindest teilweise auf die Geschäftsführertätigkeit bezieht. Denn nur in diesem Falle unterliegen die Willenserklärungen des Betreuten in diesem Bereich dem Einwilligungsvorbehalt, und nur dann ist dort seine Rechtsstellung mit der des beschränkt Geschäftsfähigen vergleichbar.

Hinsichtlich der Dauer des Ausschlusses macht § 6 Abs. 2 Satz 2 GmbHG keine näheren Angaben. Aus Sinn und Zweck der Vorschrift ergibt sich jedoch, daß der Ausschluß so lange Geltung haben soll wie der Einwilligungsvorbehalt Bestand hat. Im härtesten Fall ist der Betroffene also lebenslänglich von der Geschäftsführung ausgeschlossen.

3. Probleme der Bestellung ohne Einwilligungsvorbehalt Betreuter

Im Umkehrschluß ergibt sich aus § 6 Abs. 2 Satz 2 GmbHG, daß Betreute, die keinem Einwilligungsvorbehalt nach § 1903 BGB unterliegen, nicht vom Amt des GmbH-Geschäftsführers ausgeschlossen sind. Soweit sie im Falle der Betreuerbestellung nicht von der Gesellschafterversammlung abberufen werden,[270] verlieren

---

[268] MüKo-*Schwab*, BGB, Vor § 1896 Rn. 15; Soergel-*Zimmermann*, BGB, § 1896 Rn. 25. Die rechtliche Situation eines mit einem Einwilligungsvorbehalt belasteten Betreuten ist der des Minderjährigen durch den Verweis in § 1903 Abs. 1 Seite 2 BGB auf §§ 108 bis 113, 131 Abs. 2, 206 BGB nachgebildet. Doch wäre es falsch, den mit Einwilligungsvorbehalt belasteten Betreuten als „beschränkt geschäftsfähig" zu bezeichnen, da außerhalb des Aufgabenkreises seine volle Geschäftsfähigkeit erhalten bleibt.

[269] BT-Drucks. 11/4528 Seite 195.

[270] Dies ist grundsätzlich ohne besonderen Grund möglich, vgl. § 38 GmbHG.

sie ihre Geschäftsführerstellung nicht mehr automatisch. Während Volljährige bei Anordnung der Vormundschaft nämlich früher generell geschäftsunfähig und als Handlungsorgan der GmbH schon nach § 6 Abs. 2 Satz 1, 2. Hs. GmbHG nicht mehr geeignet waren, besteht dieser Automatismus nach neuem Recht nicht mehr. Vielmehr bleibt es nunmehr bei der vollen Geschäftsfähigkeit des Geschäftsführers, so daß er weiter umfassend rechtsgeschäftlich für die Gesellschaft tätig werden kann. Die Handlungsfähigkeit der Gesellschaft ist daher nicht mehr in Gefahr.

a. Betreuer im Spannungsfeld zwischen Interessen des Betreuten und Verbandsautonomie

Zwar könnte man bei ca. 0,07-0,08% betreuten Personen gemessen an der Gesamtbevölkerung in der Bundesrepublik[271] meinen, der Fall des betreuten Geschäftsführers, der keinem Einwilligungsvorbehalt unterliegt, sei nur theoretischer Natur. Allerdings bringt *Jäger* insofern anschaulich das Beispiel des Gesellschafter-Geschäftsführers ins Spiel, der mit zunehmendem Alter einer psychotischen Erkrankung verfällt.[272] Ist der Erfolg des geführten Unternehmens in diesem Fall stark an das Wissen und die Persönlichkeit dieses Geschäftsführers geknüpft, so kann ein plötzlicher Rückzug aus dem Unternehmen mehr geschäftliche Risiken in sich bergen als eine nicht nach außen verlautbarte Betreuung.[273]

So unproblematisch wie die Betreuung ohne Einwilligungsvorbehalt bei Erhaltung der vollen Geschäftsfähigkeit hinsichtlich der Handlungsfähigkeit der Gesellschaft zunächst erscheint - und deshalb auch nicht seitens des Gesetzgebers ausgeschlossen ist -, ist die Zulassung dieser Personen zum Geschäftsführeramt jedoch tatsächlich nicht. Zwar ergibt sich rechtlich das Problem nicht aus der betreuten Person

---

271 Anzahl der anhängigen Betreuungsverfahren nach Auskunft der Bundesregierung in Beantwortung einer großen Anfrage zum Thema Betreuungsrecht BT-Drucks. 13/7133 Seite 4: Im Jahre 1994: 542026 (ohne Sachsen) = 0,07 % der Gesamtbevölkerung; im Jahre 1995: 624659 = 0,07%; im Jahre 1996: 688118 = 0,08 %.

272 *Jäger*, Der Betreuer als gesetzlicher Vertreter des Gesellschafter-Geschäftsführers und des Gesellschafters, DStR 1996, 108, 109.

273 Das *BVerfG* hat mit Beschluß vom 9.3.1988 § 687 ZPO a. F., der in bestimmten Fällen die öffentliche Bekanntmachung der Entmündigung vorschrieb, als unvereinbar mit Art. 2 Abs. 1 GG in Verbindung mit Art. 1 Abs. 1 GG befunden und damit für nichtig erklärt (abgedruckt in NJW 1988, 2031). Zwar sei eine Bekanntmachung zum Schutze des Rechtsverkehrs geeignet und erforderlich, jedoch führe eine Abwägung zu dem Ergebnis, daß die Grenzen des Zumutbaren bei einem Eingriff in die informationelle Selbstbestimmung zugunsten der Rechtssicherheit überschritten sei. Sie berge die Gefahr der sozialen Abstempelung, so daß eine spätere Wiedereingliederung bei Aufhebung der Entmündigung erschwert werde. Um eine erhebliche Gefahr für den Betroffenen oder Dritten oder für die öffentliche Sicherheit abzuwenden sieht nunmehr § 69k FGG eine Mitteilungspflicht des Vormundschaftsgerichts nur gegenüber öffentlichen Einrichtungen vor, soweit dies erforderlich ist.

selber. Einen erheblichen Risikofaktor für die Gesellschaft kann aber die Person des Betreuers darstellen, da dieser den Betreuten gem. § 1902 BGB unabhängig vom Vorliegen des Einwilligungsvorbehalts gerichtlich und außergerichtlich vertritt. Damit erhält die Gesellschaft im Falle der Betreuung, die nicht unter § 6 Abs. 2 Satz 2 GmbHG fällt, neben dem Betreuten einen weiteren, wenn auch nur „mittelbaren" Geschäftsführer: den Betreuer. Wird dieser gerade bezüglich des Aufgabenkreises der Geschäftsführertätigkeit des Betreuten beigeordnet, so erstreckt sich die Vertretungsmacht aus § 1902 BGB demnach auch auf § 35 Abs. 1 GmbHG.[274] Es kommt zu der Besonderheit, daß eine voll geschäftsfähige Person, der eigentliche Geschäftsführer, gleichwohl gesetzlich vertreten wird.[275] Zwar hat der Betreuer soweit möglich ein eigenes rechtsgeschäftliches Handeln des Betreuten zu unterstützen und nur soweit erforderlich von seiner Vertretungsmacht Gebrauch zu machen,[276] doch kann es zu Doppelverfügungen des Betreuers einerseits und des Betreuten andererseits kommen.[277] Zwar gilt auch in diesem Falle für Verfügungen der Prioritätsgrundsatz, so daß die zeitlich erste Vorrang hat, doch stellt sich bspw. die gewichtige Frage, wer für die entstehenden Schäden durch nicht erfüllbare, aber wirksame Verpflichtungsverträge haftet.[278]

Neben diesen spannungsgeladenen Haftungsfragen führt die Betreuerbestellung darüber hinaus aus gesellschaftsrechtlicher Sicht zu der besonderen Konstellation, daß für die Gesellschaft eine nicht von der Gesellschafterversammlung gewählte, sondern gerichtlich bestellte Person Geschäftsführeraufgaben wahrnehmen kann. Damit steht der Geschäftsführerbetreuer im Spannungsfeld zwischen dem von ihm zu betreuenden Geschäftsführer und der Gesellschaft.

aa. Interessen des Betreuten

In erster Linie ist der Betreuer dabei natürlich den Interessen des betreuten Geschäftsführers verpflichtet. Er ist sein Betreuer. Demnach hat er dessen Angelegenheiten so zu besorgen, wie sie dem persönlichen Wohl des Betreuten entsprechen.[279] Er hat ihn zu unterstützen, soweit dieser selbständig handeln kann, und er

---

274 *Jäger*, Der Betreuer als gesetzlicher Vertreter des Gesellschafter-Geschäftsführers und des Gesellschafters, DStR 1996, 108, 109. Zu beachten ist jedoch, daß der Betreute zuvörderst im Namen des Betreuten und dann erst im Namen der Gesellschaft handelt.

275 MüKo-*Schwab*, BGB, § 1902 Rn. 6; *Jäger*, Der Betreuer als gesetzlicher Vertreter des Gesellschafter-Geschäftsführers und des Gesellschafters, DStR 1996, 108, 109; *Gernhuber/Coester-Waltjen*, Familienrecht, § 76 V 2.

276 *Jürgens/Kröger/Marschner/Winterstein*, Betreuungsrecht kompakt, Rn. 176a.

277 *Jürgens/Kröger/Marschner/Winterstein*, Betreuungsrecht kompakt, Rn. 176.

278 Zur Schadensersatzpflicht des Betreuten bei Doppelverfügungen vgl. *Gernhuber/Coester-Waltjen*, Familienrecht, § 76 V 2.

279 *Bienwald*, Betreuungsrecht, Einführung Rn. 7.

hat darüber hinaus auch die Möglichkeit, ihn rechtlich verbindlich zu vertreten.[280] Seine Tätigkeit soll dem Betreuten unter Aufrechterhaltung seiner Geschäftsfähigkeit ein menschenwürdiges Leben ermöglichen, und die freie Entfaltung seiner Persönlichkeit fördern.[281]

bb. Selbstregelungsfreiheit der Gesellschaft

Da aber gerade die Wahrnehmung der Interessen der Gesellschaft Aufgabe und somit „Angelegenheit" des betreuten Geschäftsführers ist, obliegt eben jene mittelbar auch dem Betreuer. Insofern ist er indirekt auch dem Wohle der Gesellschaft verpflichtet. Problematisch ist dabei jedoch, daß ihm diese Fürsorgepflicht für die Gesellschaft nicht von dieser bzw. von der Gesellschafterversammlung selber in die Hände gelegt worden ist. Grundsätzlich nämlich regelt ein Verband seine Rechtsverhältnisse und seine innere Organisation im Rahmen des zwingenden Gesetzesrechts selbständig.[282] Dies beruht auf dem Grundsatz der Selbstregelungsfreiheit, der sich aus dem Grundrecht der Vereinsfreiheit aus Art. 9 Abs. 1 GG ergibt.[283] Danach darf das Schicksal eines Verbandes generell nicht von außenstehenden Dritten abhängen, die andere Ziele verfolgen und deren Rechtsausübung nicht ausreichend vom Verband beschränkt und kontrolliert werden kann, obgleich sie - die Dritten - für den Verband zugunsten und insbesondere auch zulasten wirksam rechtliche Handlungen vornehmen können.[284]

Entgegen diesem Grundsatz ist der vormundschaftsgerichtlich bestellte Geschäftsführerbetreuer gerade nicht durch eine entsprechende Beschlußfassung der Gesellschafterversammlung der GmbH legitimiert. Die Gesellschaft wird in dieser Konstellation mittelbar von einem Geschäftsführer vertreten, den sie sich selbst nicht ausgesucht hat. Der Betreuer als gesellschaftsfremder Dritter bekommt so die Möglichkeit, als gesetzlicher Vertreter Aufgaben des Handlungsorgans der Gesellschaft wahrzunehmen. Somit greift die vormundschaftsgerichtliche Bestellung eines Geschäftsführerbetreuers in die nach Art. 9 Abs. 1 GG gewährleistete Selbstregelungsfreiheit der GmbH ein.

---

280 *Jürgens/Kröger/Marschner/Winterstein*, Betreuungsrecht kompakt, Rn. 153.

281 Diese Förderungspflicht gilt gerade auch vor dem Hintergrund, daß der staatlich bestellte Betreuer die grundrechtlichen Freiheitsrechte des Betreuten grundsätzlich allein durch seine Präsenz gleichzeitig einschränkt. Vgl. *Jürgens/Kröger/Marschner/Winterstein*, Das Betreuungsrecht kompakt, Rn. 154.

282 *BVerfG*, Urt. v. 1.3.1979, BVerfGE 50, 290, 354; Soergel-*Hadding*, BGB, Vor § 21 Rn. 79.

283 Näher zur Selbstregelungsfreiheit der Gesellschaft schon oben Seite 28.

284 Vgl. dazu Soergel-*Hadding*, BGB, Vor § 21 Rn. 79 mwN.

cc. Gesetzliche Wertung und Stellungnahme

Obgleich der Eingriff des Gesetzgebers zum Schutz betreuter Personen vorgenommen worden ist, bedarf dies der verfassungsrechtlichen Rechtfertigung. Wie bereits dargestellt, war der gesamte Personenkreis der Entmündigten vor der Neuordnung des Betreuungsrechts aufgrund gänzlichen Verlusts ihrer Geschäftsfähigkeit durch § 6 Abs. 2 Satz 1 GmbHG von der Tätigkeit als Geschäftsführer ausgeschlossen. Dieser Ausschluß war zur Erhaltung und Sicherung der Handlungsfähigkeit der Gesellschaft geboten.[285] Soweit der Gesetzgeber nunmehr die Rechtsposition Betreuter durch den Erhalt der Geschäftsfähigkeit erheblich aufgewertet hat, darf dieses Ergebnis grundsätzlich nicht durch einen gesellschaftsrechtlichen Ausschluß unterlaufen werden.[286] Die Beiordnung eines Betreuers und die damit verbundenen Risiken für die Gesellschaft müssen vor dem hohen Wert der Wahrung des allgemeinen Persönlichkeitsrecht der Betreuten zurückstehen, da durch die Unterstützung eines Betreuers das hohe Gut seiner Geschäftsfähigkeit erhalten bleiben kann. Insofern sind die Verbandsautonomie und gesellschaftliche Interessen dort weniger schutzwürdig, wo besondere Gründe des allgemeinen Wohls und des Schutzes Hilfsbedürftiger notwendig etwas anderes verfolgen.[287] Denn ansonsten würde dem Privatrecht die Macht gegeben, die in sich geschlossenen öffentlichen und sozialen Bedürfnissen dienenden gesetzlichen Regelungen der §§ 1626, 1793, 1897 BGB für einen bestimmten Kreis von Angelegenheiten außer Kraft zu setzen und damit die Verwirklichung der Ziele des Gesetzgebers in diesem Bereich zu vereiteln.[288]

Damit ist der mittelbare Eingriff in die Selbstregelungsfreiheit der Gesellschaft letztlich zugunsten der Menschenwürde des betreuten Geschäftsführers hinnehmbar. Das Betreuungsrecht gewährt der Gesellschaft durch diese Konstruktion auch den Vorteil, den selbst gewählten, jetzt betreuten Geschäftsführer nicht automatisch zu verlieren.[289] Es darf schließlich nicht vergessen werden, daß es der Gesellschaft nach wie vor unbenommen bleibt, den Geschäftsführer jederzeit abzuberufen. Insofern ist die faktische Doppelbesetzung der Geschäftsführerposition als vermittelnde Lösung auch für die Gesellschaft annehmbar.

---

285 Zur den Gründen für den Ausschluß Geschäftsunfähiger siehe oben Seite 60.

286 Es sei denn, die Anordnung eines Einwilligungsvorbehalts gewährt ihm zum eigenen Schutz faktisch nur die Stellung eines beschränkt Geschäftsfähigen, was für die Handlungsfähigkeit der Gesellschaft wiederum ein Risiko darstellt, siehe oben Seite 62.

287 *BVerfG*, Urt. v. 1.3.1979, BVerfGE 50, 290, 354; *BGH*, Urt. v. 21.6.1965, BGHZ 44, 98, 100.

288 *BGH*, Urt. v. 21.6.1965, BGHZ, 98, 101.

289 Vgl. dazu das Beispiel auf Seite 73.

b. Problemvermeidung

Soll aufgrund der Unverzichtbarkeit der Person des Geschäftsführers (zunächst) nicht von dieser Möglichkeit der sofortigen Abberufung Gebrauch gemacht werden, so bleibt zu überlegen, ob und an welcher Stelle die Gesellschaft anderweitigen bzw. zeitlich vorgelagerten Einfluß auf die Bestellung des Betreuers nehmen kann.

aa. Einflußnahme im vormundschaftsgerichtlichen Verfahren

Soweit ein vormundschaftsgerichtliches Verfahren bereits betrieben wird, hat die GmbH lediglich ein Anhörungsrecht: Das Betreuerbestellungsverfahren erfolgt im Rahmen der freiwilligen Gerichtsbarkeit und richtet sich nach den Vorschriften der §§ 65 ff. FGG. Zuständig für die Bestellung eines Betreuers ist gemäß § 3 Nr. 2 a) RPflegerG der Rechtspfleger. Dieser wird auf Antrag des Betroffenen oder von Amts wegen, § 1896 Abs. 1 BGB, tätig und hat zunächst den Betroffenen vor der Bestellung eines Betreuers gemäß § 68 Abs. 1 FGG persönlich anzuhören und sich einen unmittelbaren Eindruck von ihm zu verschaffen. Ist die Betreuung notwendig, so hat der Betroffene ein Vorschlagsrecht hinsichtlich der Person des Betreuers, § 1897 Abs. 4 Satz 1 BGB.[290] Diesem Wunsch hat das Gericht zu entsprechen, soweit er dem Wohl des zu Betreuenden nicht entgegensteht. Daneben ist grundsätzlich die zuständige Behörde zu hören, § 68a FGG[291]; ferner gewährt die Norm grundsätzlich auch dem Ehegatten des Betroffenen, seinen Eltern, Pflegeeltern und Kindern die Gelegenheit zur Äußerung im vormundschaftsgerichtlichen Verfahren. Jedenfalls muß aber die Notwendigkeit der Betreuung durch einen Sachverständigen gemäß § 68b FGG festgestellt werden.

Weitere ausdrückliche Beteiligungsrechte Dritter sehen die Gesetze jedoch weder in den besonderen Betreuerbestellungsvorschriften des BGB noch in den besonderen verfahrensrechtlichen Vorschriften des FGG vor. Eine Einflußnahme der Gesellschaft kann sich somit nur als Anhörungsrecht aus allgemeinen Grundsätzen ergeben:

aaa. Anhörungsrecht nur für formell Beteiligte oder materiell Betroffene

Dabei folgt dieses Anhörungsrecht jedoch nicht direkt aus § 12 FGG. Nach dieser Vorschrift sind zwar die zur Feststellung der Tatsachen erforderlichen Ermittlun-

---

290 Diesen Wünschen des Betreuten entspricht das Gericht grundsätzlich, wenn sie nicht dem Wohl des Betreuten zuwiderlaufen, § 1897 Abs. 4 Seite 1 BGB. Macht er keine Vorschläge, so hat das Gericht Auswahlermessen, § 1897 Abs. 5 BGB. Dazu MüKo-*Schwab*, BGB, § 1897 Rn. 25; Soergel-*Zimmermann*, BGB, § 1897 Rn. 30 ff. und 42 ff.

291 Zuständigkeit und Aufgabenbereich der Betreuungsbehörde sind im Gesetz über die Wahrnehmung behördlicher Aufgaben bei der Betreuung Volljähriger (Betreuungsbehördengesetz- BtBG) festgelegt.

gen zu veranstalten und geeignet erscheinende Beweise aufzunehmen. Betrifft der Verfahrensgegenstand gerade die Frage, ob dem Betroffenen ein Betreuer hinsichtlich seiner Tätigkeit als Geschäftsführer einer GmbH beigeordnet werden soll, so wird die Auskunft der GmbH wohl auch grundsätzlich dienlich sein. Allerdings ist Adressat der Vorschrift niemand anders als das Gericht,[292] in dessen pflichtgemäßem Ermessen die Vorschrift die Sachaufklärung stellt. Ein eigenes durchsetzbares Recht der GmbH auf diese Anhörung läßt sich demnach nicht aus § 12 FGG ableiten.

Allerdings könnte sich ein Recht auf Gewährung rechtlichen Gehörs unmittelbar aus Art. 103 Abs. 1 GG ergeben.[293] Nach heute gefestigter Meinung ist dieses von der Anhörung zur Aufklärung des Sachverhalts aus § 12 FGG zu unterscheiden.[294] Anders als § 12 FGG, der nur die richterliche Sachverhaltsaufklärung im Auge hat, gewährt Art. 103 Abs. 1 GG demnach ein eigenständiges Recht auf Anhörung.[295] Er sichert als Ausfluß des Rechtsstaatsprinzips die Anhörung des Betroffenen vor einer ihn belastenden Gerichtsentscheidung.[296] Unerheblich ist dabei jedenfalls, daß es sich beim Betreuerbestellungsverfahren um ein Verfahren der Freiwilligen Gerichtsbarkeit handelt, da nach mittlerweile allgemeiner Ansicht der Grundsatz aus Art. 103 Abs. 1 GG auch dort Anwendung findet.[297]

Problematisch ist mithin allein, ob sich auch die GmbH im Verfahren der Bestellung eines Geschäftsführerbetreuers für den Aufgabenkreis der Geschäftsführung auf diese Vorschrift berufen kann. Dabei steht grundsätzlich außer Zweifel, daß Art. 103 Abs. 1 GG kein allgemeines Anhörungsrecht für jedermann gewährt, der Interesse am Gang eines Verfahrens hat.[298] So wenig wie aus Art. 19 Abs. 4 GG die Möglichkeit einer Popularklage abzuleiten ist, so wenig räumt Art. 103 Abs. 1 GG ein allgemeines Anhörungsrecht ein. Nach dem *BVerfG*[299] ist daher nur derjenige

---

292 *Habscheid*, Freiwillige Gerichtsbarkeit, § 20 I 2.

293 Soweit die einschlägige Verfahrensordnung das durch die Verfassung gewährleistete Minimum an rechtlichem Gehör nur unzureichend gewährleistet, kann sich das Recht auf Gewährung rechtlichen Gehörs auch unmittelbar aus dem Grundrecht ableiten, *BVerfG*, Beschl. v. 9.2.1982, BVerfGE 7, 14; Beschl. v. 1.2.1967, BVerfGE 21, 132, 137.

294 Keidel/Kunze/Winkler-*Schmidt*, FG, § 12 Rn. 140; *Habscheid*, Freiwillige Gerichtsbarkeit, § 20 I 1.

295 *Habscheid*, Freiwillige Gerichtsbarkeit, § 20 I 2.

296 *BVerfG*, Beschl. v. 15.1.1980, NJW 1980, 1095, 1096; *Habscheid*, Freiwillige Gerichtsbarkeit § 20 I 2.

297 *BVerfG*, Beschl. v. 8.2.1967, BVerfGE 21, 139, 144 f.; Beschl. v. 11.5.1965, BVerfGE 19, 49, 51; *Habscheid*, Freiwillige Gerichtsbarkeit, § 20 II 2.

298 *Baur*, Der Anspruch auf rechtliches Gehör, AcP 153 (1954), 393, 407; *Zeuner*, Der Anspruch auf rechtliches Gehör, FS Nipperdey, Seite 1013, 1037; Maunz/Dürig-*Schmidt-Aßmann*, GG, Art. 103 Abs. 1 Rn. 33.

299 *BVerfG*, Beschl. v. 3.11.1983, BVerfGE 65, 277, 233. Eine nähere Erklärung für die Be-

Rechtsinhaber des Art. 103 Abs. 1 GG, der formell Beteiligter oder materiell Betroffener einer gerichtlichen Entscheidung ist. Formell Beteiligter ist dabei derjenige, der an einem gerichtlichen Verfahren als Partei oder in parteiähnlicher Stellung beteiligt ist.[300] Da das FGG jedoch keine Regelungen über die formelle Beteiligung enthält, ist im Verfahren der freiwilligen Gerichtsbarkeit daran anzuknüpfen, ob sich das Verfahren gegen die Person richtet, oder ob ihr per Gesetz eine Antragsberechtigung zukommt.[301] Auch Beschwerdeberechtigte sind formell Beteiligte, da es der Prozeßökonomie zuwiderläuft, zwar ein Beschwerdeverfahren gegen eine bereits ergangene gerichtliche Entscheidung zuzulassen, der Person im Vorfeld aber kein Gehör zu schenken.[302] Dagegen ist Rechtsinhaber des Art. 103 Abs. 1 GG aus Gründen materieller Betroffenheit derjenige, der unmittelbar rechtlich vom Verfahren betroffen ist.[303]

bbb. Stellungnahme

Selbst unter Heranziehung der genannten Kriterien des *BVerfG* bereitet die Beantwortung der Frage nach dem Anhörungsrecht der Gesellschaft bei der Geschäftsführerbetreuerbestellung Schwierigkeiten: Da sich das Bestellungsverfahren direkt nur „gegen" die Person des Geschäftsführers richtet und dieser allein antragsberechtigt ist, ist nur er in erster Linie materiell Betroffener und auch formell Beteiligter. Das Anhörungsrecht der GmbH ergibt sich jedoch aufgrund ihrer Stellung als formell Beteiligte im weiteren Sinne aus einer potentiellen Beschwerdeberechtigung gemäß § 20 Abs. 1 FGG.[304] Die Prognose, daß von der vormundschaftsgerichtlichen Verfügung ein Recht des Beschwerdeführers beeinträchtigt werde,[305] ist erfüllt, da unter Recht im Sinne des § 20 Abs. 1 FGG alle gesetzlichen oder gewohnheitsrechtlich anerkannten subjektiven Rechte zu verstehen sind.[306] Auch stellt sich

---

schränkung liefert der Beschluß nicht.

300 *BVerfG*, Beschl. v. 3.11.1983, BVerfGE 65, 277, 233.

301 So schon *Baur*, Der Anspruch auf rechtliches Gehör, AcP 153 (1954), 393, 407; *Lindacher*, Verfahrensgrundsätze in der Freiwilligen Gerichtsbarkeit, JuS 1978, 577, 582; Keidel/Kunze/Winkler-*Schmidt*, FG, § 12 Rn. 141; *Habscheid*, Freiwillige Gerichtsbarkeit, § 20 II 1.

302 Vgl. *Baur*, Der Anspruch auf rechtliches Gehör, AcP 153 (1954), 393, 407, 408.

303 *BVerfG*, Beschl. v. 3.11.1983, BVerfGE 65, 277, 233.

304 Die Beschwerdeberechtigung aus § 69g FGG steht nur dem ausdrücklich genannten Personenkreis zu.

305 Die gleichen Voraussetzungen verlangt die Rechtsinhaberschaft aufgrund materieller Betroffenheit. Zwar sind formelle Beteiligung und materielle Betroffenheit dogmatisch zu trennen, indes liegen naturgemäß oft beide Alternativen vor. Vgl. Maunz/Dürig-*Schmidt-Aßmann*, GG, Art. 103 Abs. 1 Rn. 33.

306 *BGH*, Beschl. v. 28.4.1967, BGHZ 48, 147, 155; *BGH*, Beschl. v.18.1.1989, NJW 1989, 1858; *BayObLG*, Beschl. v. 9.9.1991, FamRZ 1992, 706, 707; ausführlich dazu Keidel/Kunze/Winkler-*Kahl*, FG, § 20 Rn. 7. Nicht ausreichend sind lediglich wirtschaftliche

die Beeinträchtigung als unmittelbarer, nachteiliger Eingriff dar und ist eine ungünstige Beeinflussung einer wichtigen rechtlichen Position der Gesellschaft.[307] Die vormundschaftsgerichtliche Bestellung eines Geschäftsführer-Betreuers greift nämlich das subjektive Recht der Selbstregelungsfreiheit der Gesellschaft, das seine Wurzeln in der Vereinsfreiheit aus Art. 9 Abs. 1 GG hat, an.[308] Dabei ist dieser Eingriff auch „unmittelbar". Wie oben bereits erörtert,[309] handelt der nicht durch die Gesellschafterversammlung legitimierte Betreuer zwar stellvertretend für den Betreuten, und daher auch, aber erst in zweiter Linie, nur mittelbar stellvertretend für die Gesellschaft. Der erforderlichen Nähebeziehung steht diese mittelbare Einflußnahme jedoch nicht entgegen. Zu bedenken ist, daß sich die Bindungswirkung der Gesellschaft zu Dritten im Falle ordnungsgemäßer Vertretung durch den Betreuer unmittelbar entfaltet, auch wenn der Vorgang ein juristisch zerlegbarer ist. Das Kriterium der Unmittelbarkeit kann insofern nur als „Wertungselement" verstanden werden,[310] um ein „Jedermann"-Anhörungsrecht zu vermeiden. Die unmittelbare Nähebeziehung ist indes durch die besondere Aufgabenkreisgestaltung der GmbH-Geschäftsführertätigkeit belegt.

Eine Verwehrung des Rechts im vorliegenden Sonderfall würde außerdem einen Wertungswiderspruch zutage führen: Sogar der Enkel des Geschäftsführers erhält aus § 69g FGG ein Beschwerderecht und wäre damit auch im laufenden Verfahren Anhörungsberechtigter. Seine Beteiligung dürfte jedoch regelmäßig ferner liegen als die Anhörung der GmbH. Aus wertender Betrachtung kommt hinzu, daß der GmbH bezüglich eines bereits abgeschlossenen Verfahrens die Möglichkeit zusteht, Beschwerde einzulegen. Dann erscheint es nur konsequent, ihr aus verfahrensökonomischen Gründen erst recht auch schon im laufenden Verfahren die Gelegenheit zur Stellungnahme im Rahmen einer Anhörung zuzugestehen. Demzufolge ist die GmbH im laufenden Verfahren als formell Beteiligte anzusehen, der ein Anspruch auf Gewährung rechtlichen Gehörs zusteht.

Dieses Ergebnis ist auch aus praktischen Gründen zur Erhaltung der Rechtsposition des Geschäftsführers wünschenswert: Da die Bestellung des Geschäftsführers jederzeit widerruflich ist, steht es der Gesellschaft frei, den Geschäftsführer auch

---

oder rechtliche Interessen, vgl. *BGH*, Beschl. v. 18.1.1989, NJW 1989, 1858. (Nachweise der Vertreter anderer Ansicht bei *Kahl*, Beschwerdeberechtigung und Beschwer in der Freiwilligen Gerichtsbarkeit, Seite 51 f.).

307 Vgl. grundsätzlich zu den Voraussetzungen Keidel/Kunze/Winkler-*Kahl*, FG, § 20 Rn. 12 - auch *BGH*, Beschl. v. 3.5.1956, FamRZ 1956, 222, 223; *BGH*, Beschl. v. 15.2.1979, NJW 1979, 1454.

308 Siehe oben Seite 75.

309 Siehe oben Fn. 274.

310 So auch Maunz/Düring-*Schmidt-Aßmann*, GG, Art. 103 Abs. 1 Rn. 41.

dann gemäß § 38 GmbHG abzuberufen, wenn er betreut wird.[311] Der Aufdrängung eines Betreuers kann die Gesellschafterversammlung somit durch eine vollständige Trennung vom Geschäftsführer entgegentreten. Gewährt man nunmehr der Gesellschaft im Verfahren kein Recht auf Anhörung zur Bestellung allgemein und zur Person des potentiellen Betreuers insbesondere, so wird sich die Gesellschaft regelmäßig dann von ihrem Geschäftsführer lossagen, wenn die Entscheidung des Gerichts ohne ihre Beteiligung nicht in ihrem Sinne ist. Hat man also nicht nur die Person des Geschäftsführers im Blick, sondern will man auch seine Stellung in der Gesellschaft halten, so ist es unerläßlich, die Gesellschaft schon im Vorfeld der Bestellung des Betreuers zu befragen.

ccc. Zwischenergebnis

Mithin hat die GmbH nicht nur die Pflicht, im Falle einer gerichtlichen Anordnung zur Aufklärung des Sachverhalts Auskunft zu geben; vielmehr steht ihr das durchsetzungsfähige eigene Recht auf Gewährung rechtlichen Gehörs aus Art. 103 Abs. 1 GG zu, so daß die GmbH auch zur Person des potentiellen Betreuers ihre Wünsche und Bedenken äußern kann. Weitere Rechte der GmbH im vormundschaftsgerichtlichen Verfahren bestehen nicht.

bb. Gesellschaftsvertragliche Regelungen im Vorfeld

Im Hinblick auf die trotz allem bestehenden grundsätzlichen Schwierigkeiten einer Betreuungssituation bleibt die Frage, ob und inwieweit die obengenannten Probleme durch vorherige Gestaltung des Gesellschaftsvertrages vermieden werden können.

aaa. Statutarischer Ausschluß betreuter Personen

Um den Einfluß eines Geschäftsführer-Betreuers auf die Geschäftsführung der Gesellschaft von vornherein gänzlich auszuschließen, bleibt es der Gesellschafterversammlung im Rahmen ihrer Privatautonomie unbenommen, statutarisch den Anwendungsbereich des § 6 Abs. 2 Satz 2 GmbHG zu erweitern und auch Geschäftsführer, die einer Betreuung *ohne* Einwilligungsvorbehalt unterliegen,[312] wie folgt vom Geschäftsführeramt auszuschließen:

> Betreute können unabhängig vom Vorliegen eines Einwilligungsvorbehalts gemäß § 1903 BGB nicht Geschäftsführer sein.

---

311 Einen Ausschlußgrund stellt das Betreuerbestellungsverfahren nicht dar.

312 § 6 Abs. 2 Satz 2 GmbHG greift nur im Falle der Betreuung mit Einwilligungsvorbehalt gemäß § 1903 BGB.

Eine solche Klausel hätte jedoch für die Gesellschaft den Nachteil, daß durch sie ein betreuter Geschäftsführer sein Amt automatisch verliert, wenn die Betreuung angeordnet wird.[313] Mit einer solch vorbeugenden Klausel enthebt sie sich der Möglichkeit, im konkreten Einzelfall die Nachteile der Betreuung für die Gesellschaft einerseits und die Vorteile, die mit einer - wenn auch eventuell nur noch vorübergehenden - Weiterbeschäftigung einhergehen,[314] gegeneinander abzuwägen. Insoweit erscheint die Gesellschaft grundsätzlich besser beraten, keine diesbezügliche allgemeine Ausschlußklausel in ihr Statut aufzunehmen, sondern im Einzelfall gegebenenfalls von ihrem Recht auf jederzeitige Abberufung gemäß § 38 Abs. 1 GmbHG Gebrauch zu machen.

bbb. Vertraglicher Ausschluß der Bestellung eines gesellschaftsfremden Betreuers unwirksam

Will sich die Gesellschaft nicht an einen solch gänzlichen Ausschluß betreuter Personen im Vorfeld binden, aber „gesellschaftsfremden Einfluß" trotz der Doppelbesetzung des Geschäftsführeramtes durch Betreuten und Betreuer vermeiden, so liegt es nahe, folgende Klausel in den Gesellschaftsvertrag aufzunehmen:

> Ein gesellschaftsfremder Betreuer eines Geschäftsführers ist von der Wahrnehmung der Rechte dieses Geschäftsführers ausgeschlossen.

Diesbezüglich war jedoch schon für das bisher geltende Gebrechlichkeitspflegschaftsrecht anerkannt, daß im Gesellschaftsvertrag nicht wirksam ausgeschlossen werden kann, daß ein Pfleger als gesetzlicher Vertreter des Entmündigten durch Wahrnehmung der Verwaltungsrechte „mittelbar" Gesellschafter bzw. Geschäftsführer werden konnte.[315] Begründet wurde dies schon damals damit, daß der soziale Schutzzweck der Pflegschafterbestellung dem Interesse der Gesellschafter, familienfremde oder ihnen sonst nicht genehme Personen von der Wahrnehmung gesellschaftlicher Angelegenheiten auszuschließen, übergeordnet sei.[316] Diese Interessenlage hat sich durch die Neuregelung des Betreuungsrechts nicht geändert, sondern vielmehr noch verstärkt: Das Betreuungsrecht hat zunächst allein den Schutz des Betreuten vor Augen, dem es mit Hilfe des Betreuers einerseits ermöglicht werden soll, sein „geschäftsfähiges" Leben soweit wie möglich fortzuführen, der aber andererseits zugleich vor nachteiligen Folgen seines geschäftsfähigen Handelns zu schützen ist. Dieses Ansinnen ist Ausdruck dafür, daß die „Entmündigung" einer Person mit dem Persönlichkeitsrecht des Betroffenen nicht zu vereinbaren ist. Vor diesem Hintergrund wiegt das mit einer Betreuung verfolgte Schutzinteresse des

---

313 Siehe unten Seite 207 ff.

314 Siehe dazu den Beispielsfall von oben Seite 73.

315 *BGH*, Urt. v. 21.6.1965, BGHZ 44, 98 ff.; MüKo-*Schwab*, BGB, § 1896 Rn. 53.

316 *BGH*, Urt. v. 21.6.1965, BGHZ 44, 98, 100.

Betreuten schwerer als das Interesse der Gesellschaft, einen ihr genehmen Betreuer einzusetzen. Der Ausschluß der mittelbaren Geschäftsführertätigkeit eines Betreuers durch die Eingrenzung des potentiellen Auswahlkreises im Gesellschaftsvertrag ist daher unwirksam. Die oben aufgezeigte Klausel läuft mithin leer.

ccc. Vermeidung der Betreuung durch Bevollmächtigung von Mitgeschäftsführern oder Gesellschaftern

Die Betreuung des Geschäftsführers kann jedoch durch statutarische Bevollmächtigung bspw. von Mitgeschäftsführern vermieden werden. Denn ein Betreuer wird nur bestellt, soweit die Betreuung erforderlich ist. Nach § 1986 Abs. 2 Satz 2 BGB ist dies aber dann nicht der Fall, wenn die Angelegenheiten des Volljährigen durch einen Bevollmächtigten ebenso gut besorgt werden können. Entsprechend kann die Einflußnahme eines gesellschaftsfremden Betreuers in die Interna der Gesellschaft durch eine vorsorgliche gesellschaftsvertragliche Bevollmächtigung von Mitgesellschaftern oder Mitgeschäftsführern vermieden werden.[317] Eine entsprechende Klausel kann wie folgt lauten:

> Kann ein Geschäftsführer auf Grund einer psychischen Krankheit oder einer körperlichen, geistigen oder seelischen Behinderung seine Tätigkeit als Geschäftsführer nicht mehr alleine besorgen, so sind ab dem Zeitpunkt der Feststellung dieses Zustands die Mitgeschäftsführer bevollmächtigt, den Geschäftsführer für seine Tätigkeit in der GmbH zu vertreten.

In diesem Falle ist jedoch zu beachten, daß die bevollmächtigten Mitgesellschafter oder Mitgeschäftsführer ggf. der Vollmachtsüberwachungsbetreuung unterliegen können, vgl. § 1896 Abs. 3 BGB.[318]

4. Zwischenergebnis

Die gesetzgeberische Differenzierung zwischen Betreuten mit und ohne Einwilligungsvorbehalt ist im Hinblick auf die Sicherung der Handlungsfähigkeit der Gesellschaft angemessen und sinnvoll. Insofern ist die Regelung des § 6 Abs. 2 Satz 2

---

317 § 1896 Abs. 2 Satz 2 BGB dient zwei Zielen: Wahrung des Selbstbestimmungsrechts des Betroffenen und Entlastung des Staates, vgl. BT-Drucks. 11/4528 Seite 122.

318 Da der Bevollmächtigte anders als der Betreuer nicht der Kontrolle des Vormundschaftsgerichts unterliegt, kann ein Betreuer bestellt werden, dessen Aufgabenkreis sich auf die Geltendmachung der Rechte des Vollmachtgebers gegenüber dem Bevollmächtigten beschränkt, vgl. MüKo-*Schwab*, BGB, § 1896 Rn. 229. Diese Vollmachtsüberwachungsbetreuung wird jedoch nur dann angeordnet, wenn Schwierigkeiten bzw. konkrete Verdachtsmomente bestehen, daß dem Betreuungsbedarf durch die Vollmachtserteilung nicht Genüge geschicht, vgl. Palandt-*Diederichsen*, BGB, § 1896 Rn. 21.

GmbHG die konsequente Fortführung des in § 6 Abs. 1 Satz1, 2. Hs. GmbHG niedergelegten Bestellungsgrundsatzes. Allerdings ergeben sich aus der Stellung der Person des Betreuers zur Gesellschaft Schwierigkeiten, die nicht schon durch die Einräumung eines Anhörungsrechts der Gesellschaft bei der Betreuerbestellung, sondern effektiv nur durch die gesellschaftsvertraglich vereinbarte vorsorgliche Bevollmächtigung vermeidbar sind.

IV. Geschlecht

Heutzutage mutet es beinahe komisch an, wenn sich in ältester Kommentarliteratur zum GmbHG ohne eine entsprechende Regelung noch der Hinweis findet, daß Frauen generell der Zugang zum Geschäftsführeramt verwehrt ist.[319] Solche Differenzierungen hinsichtlich der Amtsfähigkeit von Geschäftsführern nach deren Geschlecht findet sich in moderner Literatur nicht mehr, was insbesondere schon vor dem Hintergrund des Art. 3 Abs. 2 und Abs. 3 GG und mit Blick auf das Europarecht selbstverständlich ist.[320]

1. Gesellschaftsvertragliche Regelungsfreiheit?

Demgegenüber haben geschlechtsspezifische Vorgaben im Statut einer Gesellschaft zwar wohl auch eher Seltenheitswert, doch sind sie bspw. im Bereich der Interessenverbände homosexueller Personen durchaus denkbar. Obgleich diese gesellschaftsvertraglichen Vorgaben anders als gesetzliche grundsätzlich der Privatautonomie unterfallen, begegnet die Zulässigkeit geschlechtsspezifischer Eignungsvoraussetzungen für GmbH-Geschäftsführer dennoch Bedenken.

2. Keine Beschränkungen gesellschaftsvertraglicher Regelungsfreiheit durch § 611a BGB

Dies jedoch nicht bereits wegen § 611a BGB,[321] der zwar ein geschlechtsbezogenes Benachteiligungsverbot enthält, dessen Anwendungsbereich jedoch auf das Arbeitsrecht beschränkt ist[322] und insofern eine nicht analogiefähige Sondervorschrift darstellt.[323]

---

319 „Bei Bestellung einer Ehefrau hat der Mann eventl. ein Kündigungsrecht gemäß § 1358 BGB." *Groschuss*, GmbHG, § 6 Anm. 2; anderer Ansicht aber schon im Jahre 1930 *Brodmann*, GmbHG, § 6 Anm. 1: „Selbstverständlich können auch Frauen die Stellung bekleiden."

320 Zu den vom Gesetzgeber zu beachtenden verfassungs- und europarechtlichen Diskriminierungsverboten siehe oben Seite 29.

321 So - ohne nähere Begründung - noch Lutter/Hommelhoff, GmbHG, 15. Aufl., § 6 Rn. 20 - jetzt aufgegeben vgl. Lutter/Hommelhoff-*Hommelhoff/Kleindiek*, GmbHG, 16. Aufl. § 6 Rn. 20.

322 Palandt-*Putzo*, BGB, § 611a Rn. 2. § 611a wurde in Umsetzung der Richtlinie

3. Verfassungs- und europarechtliche Beschränkungen durch § 138 BGB

Demgegenüber enthält jedoch sogar das Verfassungsrecht in Art. 3 Abs. 3 GG ein Diskriminierungsverbot wegen des Geschlechts, das über die zivilrechtliche Generalklausel des § 138 BGB auch Bedeutung für gesellschaftsrechtliche Bestellungsakte erlangt.[324] Denn die Diskriminierungsverbote des Art. 3 Abs. 3 GG sind grundlegend für die Rechts- und Wertordnung der Bundesrepublik[325] und prägen insoweit auch gesellschaftsrechtliche Bestellungsakte. Stellen sie sich ohne sachlichen Grund in Widerspruch dazu, so kann dies von der Rechts- und Wertordnung nicht gebilligt werden. Dementsprechend sind statutarische Eignungsvorgaben schon aus verfassungsrechtlichen Gründen dann unzulässig, wenn sie nicht durch einen sachlichen Grund gerechtfertigt sind.

Die gleichen Anforderungen an geschlechtsspezifische Eignungsvorgaben ergeben sich aus europäischer Sicht. Dies in Zukunft voraussichtlich allerdings nicht bereits aus den Vorschriften des geplanten ADG, da dieses entgegen seinen europäischen Grundlagen nicht auch auf gesellschaftsrechtliche Rechtsakte Anwendung findet.[326] Vielmehr nimmt die Wertung der europäischen Antidiskriminierungsrichtlinien Einfluß auf die Auslegung des Begriffs der „guten Sitten" und führt insoweit zu einer Anwendbarkeit des § 138 BGB, soweit nicht ein sachlicher Grund für die geschlechtsspezifische Differenzierung ersichtlich ist.

4. Zwischenergebnis

Dementsprechend sind geschlechtsspezifische statutarische Eignungsvorgaben nur zulässig und nicht wegen Verstoßes gegen § 138 BGB nichtig, wenn sie durch einen sachlichen Grund gerechtfertigt sind. Dies ist wohl nur in den Fällen denkbar, in denen die GmbH besonders für die Interessen eines Geschlechts eintritt, bspw. im Falle einer auf die weitere Durchsetzung der Gleichberechtigung von Frauen im Berufsleben gerichteten gemeinnützigen GmbH.

76/207/EWG des Rates der Europäischen Union vom 9.2.1976 zur Verwirklichung des Grundsatzes der Gleichbehandlung von Männern und Frauen hinsichtlich des Zugangs zur Beschäftigung, zur Berufsausbildung und zum beruflichen Aufstieg sowie in bezug auf die Arbeitsbedingungen (ABl. EG Nr. L 39 Seite 40) eingefügt.

323 Staudinger-*Richardi/Annuß*, BGB, § 611a Rn. 24.

324 Siehe oben Seite 32 f.

325 *LG Frankfurt a. M.*, Urt. v. 7.3.2001, NZA-RR 2001, 298, 299.

326 Siehe dazu oben Seite 36 f.

V. Familienzugehörigkeit

Daß auch familienbezogene Eignungskriterien im GmbH-Gesetz keinen Platz finden können, versteht sich aufgrund des abstrakt-generellen Charakters von Gesetzen und damit auch des GmbH-Rechts von selbst. Demgegenüber sind aber gesellschaftsvertragliche Vorgaben zur Absicherung des familiären Einflusses auf die Geschäftsführung keine Seltenheit,[327] zumal sich die Gesellschaftsform der GmbH bei Familienunternehmen nach wie vor großer Beliebtheit erfreut.[328]

1. Gesellschaftsvertragliche Regelungsfreiheit - dem Grundsatz nach

Bedenken bestehen im Hinblick auf die Festlegung der Familienzugehörigkeit grundsätzlich keine.[329] Zur Vermeidung von Anwendungsschwierigkeiten bei Heirat oder Scheidung empfiehlt es sich lediglich, den Begriff der Familienzugehörigkeit im jeweiligen Statut näher zu definieren.

2. Ausnahme: mitbestimmte GmbHs

Probleme bereiten familienbezogenen statutarische Eignungsvorgaben allerdings dann, wenn die Gesellschaft den Gesetzen über die Mitbestimmung unterfällt, da die Bestellungskompetenz für die Geschäftsführer dann zwingend beim Aufsichtsrat liegt.[330] Familienbezogene Eignungsvorgaben in mitbestimmten GmbHs generell zuzulassen, würde insofern bedeuten, die Auswahlfreiheit des Aufsichtsrates an die Vorgaben der Satzung zu binden, die nicht von ihm selber, sondern von der Gesellschafterversammlung als Satzungsgeberin aufgestellt worden sind. Um insoweit ein Ungleichgewicht zugunsten der Gesellschafterversammlung und ein Kompetenzgerangel zu vermeiden, müssen sich gesellschaftsvertragliche Vorgaben daher im Bereich der Sachbezogenheit bewegen und durch das Unternehmensinteresse begründet sein. Nur so wird das Auswahlermessen des Aufsichtsrates nicht unverhältnismäßig beschnitten.[331] Jedoch ist nur schwerlich ein Fall vorstellbar, in dem die Familienzugehörigkeit des Geschäftsführers ein sachbezogenes Auswahlkriterium bei der Festlegung der Eignung des zu bestellenden Geschäftsführers darstellt. Denn eine verwandtschaftliche Beziehung zum Unternehmensgründer allein sagt nichts über die amtsbezogene und fachliche Qualifikation der jeweiligen

---

327 Scholz-*Schneider*, GmbHG, § 6 Rn. 24; Lutter/Hommelhoff-*Hommelhoff/Kleindiek*, GmbHG, § 6 Rn. 20; MünchHdb GesR III-*Marsch-Barner/Diekmann*, § 42 Rn. 13; *Sudhoff*, Rechte und Pflichten des Geschäftsführers einer GmbH und einer GmbH & Co., Seite 9.

328 Dies beruht insbesondere auf Gründen wie der auf Dauer angelegten Beteiligung und des von Ausscheiden oder Tod von Gesellschaftern unabhängigen Bestands der GmbH.

329 Lutter/Hommelhoff-*Hommelhoff/Kleindiek*, GmbHG, § 6 Rn. 20; Michalski-*Heyder*, GmbHG, § 6 Rn. 34.

330 Vgl. insoweit schon oben Seite 38.

331 Herrschende Meinung; vgl. insoweit zum Streitstand schon oben Seite 38 f.

Person aus. Sie bürgt weder zwingend für eine fundierte Ausbildung, geschweige denn für ein angeborenes unternehmerisches Geschick. Vielmehr soll mit der Familienzugehörigkeit des Geschäftsführers grundsätzlich lediglich der Einfluß einer Familie auf die Geschicke der Gesellschaft genommen werden.

3. Zwischenergebnis

Solange die GmbH nicht den Gesetzen der Mitbestimmung unterliegt, bestehen keine Bedenken gegen die Zulässigkeit von familienzugehörigkeitsbezogenen Eignungsvorgaben für den Geschäftsführer. Bei mitbestimmten GmbHs hingegen stellen sie wohl nie ein sachbezogenes und somit zulässiges Auswahlkriterium dar.

VI. Staatsangehörigkeit

Wachsende Internationalisierung und staatenübergreifende Unternehmensverflechtungen führen zur besonderen Bedeutung des letzten personenbezogenen Kriteriums gesellschaftsrechtlicher Eignung: der Staatsangehörigkeit des Geschäftsführers. Schon im Jahre 1977 wurde vermutet, daß bspw. in Frankfurt a. M. ca. 10 bis 20% aller deutschen GmbHs von Ausländern geführt werden.[332] Angesichts der wachsenden Beliebtheit der GmbH[333] und einem derzeitigen Ausländeranteil von ca. 8,9% an der deutschen Gesamtbevölkerung[334] wird die Frage nach den Voraussetzungen der Bestellung ausländischer Personen zu Geschäftsführern deutscher GmbHs immer bedeutender.

1. Grundsätzlich keine gesetzlichen Beschränkungen

Hinsichtlich der Staatsangehörigkeit der Geschäftsführer enthält das GmbHG keinerlei Restriktionen. Schon deswegen ist allgemein anerkannt, daß die Wirksamkeit der Geschäftsführerbestellung unabhängig von der Staatsangehörigkeit der zu bestellenden Person ist.[335] Dies gilt sogar für eine mehrköpfige Geschäftsführung,

---

332 *Bartl*, Bestellung eines Ausländers zum Geschäftsführer einer GmbH unter registerrechtlichen Aspekten, BB 1977, 571, 572; im Jahre 1983 bestätigt dies *Miller*, Eintragung ausländischer GmbH-Geschäftsführer und Gründung einer GmbH durch Ausländer, DB 1983, 977 unter Fn. 4 auch für die Städte Hamburg, Düsseldorf, Köln und München.

333 Vgl. dazu *Hansen*, Der gestiegene wirtschaftliche Stellenwert der GmbH, GmbHR 2004, 39.

334 Ausländerzentralregister, Stand 31.12.2003.

335 *OLG Frankfurt a.M.*, Beschl. v. 14.3.1977, NJW 1977, 1595; *OLG Düsseldorf*, Beschl. v. 20.7.1977, GmbHR 1978, 110; *Erdmann*, Ausländische Staatsangehörige in Geschäftsführungen und Vorständen deutscher GmbHs und AGs, NZG 2002, 503; *Wachter*, Kurzkommentar zu LG Gießen, Beschl. v. 5.7.2000, EWiR 2000, 861; *Melchior*, Ausländer als GmbH-Geschäftsführer, DB 1997, 413, 415; Scholz-*Schneider*, GmbHG, § 6 Rn. 16; Hachenburg-Ulmer, GmbHG, § 6 Rn. 9; *Meyer-Landrut/Miller/Niehus*, GmbHG, § 6 Rn. 6; MüHdb GesR III-*Marsch-Barner/Diekmann*, § 42 Rn. 2; *Brandmüller*, Der GmbH-Geschäftsführer, Rn. 32; *Spörlein/Tausend/Schuhmann/Handzik*, GmbH-Geschäftsführer,

selbst wenn kein einziges Mitglied deutscher Nationalität ist.[336] Die Liberalität des GmbHG gegenüber ausländischen Geschäftsführern korrespondiert mit Art. 3 Abs. 3 GG, der für Diskriminierungen wegen der Staatsangehörigkeit einen sachlichen Grund fordern würde.[337] Daneben verbietet Art. 12 Abs. 1 EGV allgemein die Diskriminierung von Angehörigen der Mitgliedstaaten der Europäischen Union wegen ihrer Staatsangehörigkeit; Art. 43 EGV gewährt ihnen darüber hinaus die Möglichkeit, sich an der Leitung von ihnen gegründeter Unternehmen beteiligen zu können. Schließlich verbieten auch bilaterale Abkommen die Diskriminierung wegen der Staatsangehörigkeit. So gesteht Art. VII Abs. 1 des Freundschafts-, Handels- und Schiffahrtsvertrags mit den USA aus dem Jahre 1954 ausdrücklich US-Angehörigen das Recht zu, von ihnen in Deutschland errichtete und erworbene Unternehmen zu leiten.

2. Abhängigkeit von ausländerrechtlichen Genehmigungen?

Diese Offenheit im Hinblick auf die Staatsangehörigkeit des Geschäftsführers bedeutet jedoch keineswegs Einigkeit in der Frage, ob die Wirksamkeit von Geschäftsführerbestellungen unabhängig von ausländerrechtlichen Genehmigungen ist. Da das Ausländerrecht für Ausländer den Aufenthalt im Bundesgebiet und insbesondere die Aufnahme erwerbswirtschaftlicher Tätigkeiten vom Vorliegen ausländerbehördlicher Genehmigungen abhängig macht, ist umstritten, ob und inwieweit diese Erfordernisse auch auf gesellschaftsrechtlicher Ebene durchschlagen.[338]

a. Ausländerrechtliche Genehmigungserfordernisse

Vor einer Auseinandersetzung mit dieser Diskussion um die Wechselwirkungen von Ausländer- und Gesellschaftsrecht soll ein kurzer Überblick über die Genehmigungserfordernisse des erst am 1. Januar 2005 in Kraft getretenen Zuwanderungsrechts, dessen Aufenthaltsgesetz (AufenthG)[339] als wesentlicher Teil das bis dahin geltende AuslG[340] von 1990 ablöst, gegeben werden.[341]

Rn. H122.

336 *Erdmann*, Ausländische Staatsangehörige in Geschäftsführungen und Vorständen deutscher GmbHs und AGs, NZG 2002, 503; Scholz-*Schneider*, GmbHG, § 6 Rn. 16.

337 Ein solcher ist für das Geschäftsführeramt nicht ersichtlich, vgl. *Erdmann*, Ausländische Staatsangehörige in Geschäftsführungen und Vorständen deutscher GmbHs und AGs, NZG 2002, 503.

338 Teilweise wird die Frage nach den Wirkungen ausländerrechtlicher Beschränkungen auch lediglich als Problem der Prüfungskompetenz des Registergerichts bei Eintragung des Geschäftsführers in das Handelsregister diskutiert. Zu diesem Problem siehe unten Seite 247.

339 Gesetz über den Aufenthalt, die Erwerbstätigkeit und die Integration von Ausländern im Bundesgebiet (AufenthG) vom 30. Juli 2004, BGBl. I 2004, 1950.

340 Gesetz über die Einreise und den Aufenthalt von Ausländern im Bundesgebiet (Art. 1 des Gesetzes zur Neuregelung des Ausländerrechts) (AuslG) vom 9.7.1990, BGBl. I 1990,

aa. EU-Ausländer

EU-Ausländer sind vom Anwendungsbereich des AufenthG ausgenommen, vgl. § 1 Abs. 2 Nr. 1 AufenthG. Sie genießen gemeinschaftsrechtlich insbesondere Freizügigkeit im Hinblick auf die Wahl ihres Arbeitsplatzes, vgl. Art. 39 EGV, und haben darüber hinaus die Freiheit, sich an jedem Ort in den Mitgliedstaaten niederzulassen. Nach dem auch im Rahmen des Zuwanderungsgesetzes am 1. Januar 2005 in Kraft getretenen FreizügigkeitsG/EU[342] unterliegen sie keiner Aufenthaltstitelpflicht. Durch die Bescheinigung nach § 5 Abs. 2 AufenthG weisen sie lediglich ihr gemeinschaftliches Aufenthaltsrecht nach.

Aufgrund ihres umfassenden Freizügigkeitsrechts benötigen EU-Ausländer grundsätzlich auch keine Arbeitsgenehmigung, soweit sie in Deutschland unselbständig[343] erwerbstätig werden wollen. Etwas anderes gilt nur für Staatsangehörige der neuen Mitgliedsländer[344], die mit Vertrag vom 16. April 2003[345] der Europäischen Union beigetreten sind. Sie bedürfen einer sog. Arbeitserlaubnis-EU zur Aufnahme einer Beschäftigung, vgl. § 284 SGB III n.F.[346] Dies gilt jedoch nicht für die Aufnahme einer Tätigkeit als GmbH-Geschäftsführer, denn es gilt nach wie vor § 288 SGB III in Verbindung mit § 9 Nr. 1 ArGV,[347] der für Tätigkeiten nach § 5 Abs. 2 BetrVG, zu der auch die GmbH-Geschäftsführertätigkeit gehört, eine Ausnahme vom Genehmigungserfordernis vorsieht.[348]

1354.

341 Zu den bis 31. Dezember 2004 geltenden Genehmigungserfordernissen des AuslG für GmbH-Geschäftsführer vgl. *Singer*, Bestellung eines Nicht-EU-Ausländers zum GmbH-Geschäftsführer, ZAP 2003, Fach 15, 457; ausführlich *Wachter*, Anmerkung zu OLG Dresden, Urt. v. 5.11.2002, GmbHR 2003, 538; *ders.*, Anmerkung zu OLG Zweibrücken, Beschl. v. 13.3.2001, NZG 2001, 858 und *ders.*, Ausländer als GmbH-Gesellschafter und -Geschäftsführer, ZIP 1999, 1577, 1578.

342 Gesetz über die allgemeine Freizügigkeit von Unionsbürgern von 30. Juli 2004, BGBl I 2004, 1950, 1986. Das Gesetz wurde als Art. 2 des Zuwanderungsgesetzes beschlossen.

343 Das AufenthG spricht insoweit in Abgrenzung zur selbständigen Erwerbstätigkeit von „Beschäftigung", vgl. § 2 Abs. 2 AufenthG, und übernimmt insoweit die Definition des § 7 SGB IV.

344 Tschechische Republik, Estland, Zypern, Lettland, Litauen, Ungarn, Malta, Polen, Slowenien und Slowakische Republik.

345 BGBl. 2003 II, 1405.

346 Sozialgesetzbuch (SGB) Drittes Buch (III) - Arbeitsförderung vom 24.3.1997, BGBl. I 1997, 594, 595. § 284 SGB III seit 1.1.2005 in der Fassung des Art. 9 Nr. 2a des Zuwanderungsgesetzes vom 30.7.2004, BGBl. I 2004, 1950.

347 Verordnung über die Arbeitsgenehmigung für ausländische Arbeitnehmer vom 17.9.1998, BGBl. I 1998, 2899; zuletzt geändert durch Art. 16 des Gesetzes vom 23.7.2004, BGBl. I 2004, 1842.

348 Vgl. MüKo AktG-*Hefermehl/Spindler*, § 76 Rn. 87; differenzierend *Melchior*, Ausländer als GmbH-Geschäftsführer, DB 1997, 415, 416.

EU-Ausländer einschließlich der Staatsangehörigen der erst 2003 beigetretenen Mitgliedsländer können sich dementsprechend ständig in Deutschland aufhalten und hier als GmbH-Geschäftsführer tätig werden, ohne daß sie dabei ausländerrechtlichen Beschränkungen unterliegen. Das Ausländerrecht steht insoweit also der Bestellung eines EU-Ausländers zum Geschäftsführer einer deutschen GmbH nicht entgegen.

bb. Drittausländer

Ein anderes Bild ergibt sich für sog. „Drittausländer". Darunter sind nach Art. 17 Abs. 1 EGV diejenigen Staatsangehörigen zu verstehen, die nicht Unionsbürger sind. Sie bedurften gemäß § 3 Abs. 1 Satz 1 AuslG 1990 bis Ende 2004 für ihren Aufenthalt in Deutschland eines Aufenthaltstitels. Dieser Grundsatz ist in § 4 AufenthG erhalten geblieben,[349] allerdings wurden die bislang vorhandenen fünf Aufenthaltsgenehmigungsarten auf zwei reduziert und an Bedarf sowie Sinn und Zweck des Aufenthalts geknüpft: Die „Aufenthaltserlaubnis" gemäß § 7 AufenthG ist als befristeter Aufenthaltstitel ausgestaltet, der nur für einen bestimmten Aufenthaltszweck erteilt werden kann; insbesondere aus erwerbswirtschaftlichen Gründen, zur Ausbildung, zwecks Familiennachzug und aus humanitären Gründen. Demgegenüber wird die „Niederlassungserlaubnis" gemäß § 9 AufenthG unbefristet erteilt und berechtigt an sich in jedem Falle zur Ausübung einer Erwerbstätigkeit. Allerdings muß jeder Aufenthaltstitel unabhängig von seiner Art - also auch die Niederlassungserlaubnis - erkennen lassen, ob die Ausübung einer Erwerbstätigkeit erlaubt ist, § 4 Abs. 2 Satz 2 AufenthG. Denn wird die Aufenthaltserlaubnis zu einem anderen Zweck erteilt, so kann die Ausländerbehörde sie insbesondere unter der Auflage (§ 12 Abs. 2 AufenthG) erteilen, keiner Erwerbstätigkeit nachzugehen. Nur wenn der Aufenthaltstitel es also ausdrücklich vorsieht, ist die Aufnahme einer selbständigen Tätigkeit oder einer unselbständigen Beschäftigung gestattet, vgl. § 4 Abs. 2 AufenthG. Dabei stellt der neue § 4 Abs. 3 AufenthG klar, daß Ausländer eine Beschäftigung nur ausüben dürfen, wenn ihnen dies die Arbeitserlaubnis ausdrücklich erlaubt, und daß sie von Arbeitgebern nur beschäftigt werden dürfen, wenn sie über einen solchen Titel verfügen.

aaa. Genehmigungserfordernisse „unselbständiger" Geschäftsführertätigkeit

Als GmbH-Geschäftsführer mit Aufenthalt im Inland kann ein Drittausländer also nur tätig werden, wenn er über einen dieser beiden Aufenthaltstitel mit entsprechender Erwerbstätigkeitserlaubnis verfügt. Dabei ist zu beachten, daß auch das

---

349 Die Konsequenzen bei Fehlen der erforderlichen Aufenthaltsgenehmigung sind auch gleich geblieben: Liegt sie nicht vor, so muß der Ausländer ausreisen, § 50 AufenthG. Außerdem droht ihm die strafrechtliche Sanktion des § 95 AufenthG.

Zuwanderungsrecht geprägt ist vom Anwerbestopp seiner Vorgängergesetze. Nur Hochqualifizierte sind nunmehr davon ausgenommen. Hochqualifizierte Arbeitnehmer können jetzt schon von Beginn ihres Aufenthalts in Deutschland an eine Niederlassungserlaubnis erwerben, vgl. § 19 AufenthG. GmbH-Geschäftsführer, die im Einzelfall aufgrund mangelnder oder nur geringer Beteiligung als unselbständig Beschäftigte angesehen werden, können diesen Aufenthaltsstatus als Hochqualifizierte dann erhalten, wenn sie als leitende Angestellte mit Berufserfahrung anzusehen sind, deren Gehalt eine Höhe von mindestens dem Doppelten der Beitragsbemessungsgrenze der gesetzlichen Krankenversicherung erreicht, vgl. § 19 Abs. 2 AufenthG.[350] In allen anderen Fällen unterfallen sie als unselbständig beschäftigt anzusehende GmbH-Geschäftsführer den erschwerten Erfordernissen des § 18 AufenthG, der die Erteilung der Aufenthaltserlaubnis insbesondere von den Erfordernissen des Wirtschaftsstandorts Deutschland unter Berücksichtigung der Verhältnisse auf dem Arbeitsmarkt und dem Erfordernis, die Arbeitslosigkeit wirksam zu bekämpfen, abhängig macht.

Eine ausländerrechtliche Arbeitserlaubnis ist demgegenüber für unselbständig tätige GmbH-Geschäftsführer schon deswegen nicht mehr erforderlich, weil das neue Zuwanderungsrecht grundsätzlich die isoliert neben der Aufenthaltserlaubnis stehende Arbeitserlaubnis abgeschafft hat.[351] Soweit der Gesetzgeber nunmehr statt dessen die Erteilung der Aufenthalts- bzw. Niederlassungserlaubnis an eine verwaltungsinterne Zustimmung der Bundesagentur für Arbeit gemäß § 39 AufenthG geknüpft hat, ist diese im Falle des GmbH-Geschäftsführers nicht erforderlich. § 4 Nr. 2 BeschV[352] ordnet nämlich insoweit an, daß die Erteilung einer Aufenthaltserlaubnis an ein Mitglied eines Organs einer juristischen Person, das zur gesetzlichen Vertretung berechtigt ist, nicht der Zustimmung bedarf. Dazu gehören gemäß §§ 13, 35 GmbHG die Geschäftsführer von GmbHs. Die gleiche Zustimmungsbefreiung ergibt sich über § 3 BeschV[353] für die Niederlassungserlaubnis hochqualifi-

---

350 Diese Bemessungsgrenze wird jedes Jahr neu durch das Bundesministerium für Gesundheit und Soziale Sicherung durch Verordnung gemäß § 160 SGB V festgelegt. Für das Jahr 2005 liegt die Beitragsbemessungsgrenze bei einem Einkommen in Höhe von 3.525 EUR/Monat, entsprechend 42.3000 EUR/Jahr.

351 Etwas anderes gilt nur noch für Staatsangehörige der neuen EU-Beitrittländer, siehe oben Seite 89. Insoweit wurde der Anwendungsbereich des bis dahin maßgeblichen § 284 Abs. 1 SGB III a.F. stark reduziert.

352 Verordnung über die Zulassung von neueinreisenden Ausländern zur Ausübung einer Beschäftigung (Beschäftigungsverordnung - BeschV) vom 22.11.2004, BGBl. 2004 I, 2937. § 4 Nr. 2 BeschV ist - wie der Titel der Verordnung andeutet - direkt nur auf neu einreisende Drittausländer anwendbar. Für bereits in Deutschland lebende Drittausländer gilt § 2 der Verordnung über das Verfahren und die Zulassung von im Inland lebenden Ausländern zur Ausübung einer Beschäftigung (Beschäftigungsverfahrensverordnung - BeschVerfV) vom 22.11.2004, BGBl. I 2004, 2934, der jedoch auf § 4 Nr. 2 BeschV verweist.

353 Für bereits im Inland lebende Drittausländer gilt ebenfalls § 2 BeschVerfV, der auch auf

zierter angestellter GmbH-Geschäftsführer. Dementsprechend erfordert die Tätigkeit als GmbH-Geschäftsführer für Drittausländer im Inland zwar eine Aufenthaltserlaubnis ohne erwerbswirtschaftliches Tätigkeitsverbot bzw. eine Niederlassungserlaubnis, doch ist deren Erteilung auch dann, wenn sie sich als unselbständige Beschäftigung darstellt, nicht von einer arbeitsbehördlichen Zustimmung abhängig.

bbb. Genehmigungserfordernisse „selbständiger" Geschäftsführertätigkeit

Ist der Geschäftsführer demgegenüber mit qualifizierter Mehrheit persönlich an der GmbH beteiligt, bzw. verfügt er zumindest durch seine Anteile über eine den Willen der Gesellschafterversammlung beeinflussende Sperrminorität, so ist seine Geschäftsführertätigkeit als selbständig zu qualifizieren.[354] Dies bringt es mit sich, daß sein Aufenthaltstitel entsprechend anderen, weitaus strengeren Regelungen folgt. Nach § 21 Abs. 1 AufenthG kann eine Aufenthaltserlaubnis zum Zwecke der Ausübung einer selbständigen Tätigkeit nur dann erteilt werden, wenn insbesondere erstens ein übergeordnetes wirtschaftliches Interesse oder ein besonderes regionales Bedürfnis besteht, wenn die Tätigkeit zweitens positive Auswirkungen auf die Wirtschaft erwarten läßt und (!) drittens, wenn die Finanzierung der Umsetzung durch Eigenkapital oder durch eine Kreditzusage gesichert ist. Als Regelbeispiel für die Erfüllung der ersten beiden Kriterien gibt der Gesetzgeber den Ausländerbehörden in § 21 Abs. 2 AufenthG die Investition von einer Million Euro und (!) die Schaffung von zehn Arbeitsplätzen an die Hand. Von diesen strengen Erfordernissen des § 21 Abs. 1 AufenthG kann nach § 21 Abs. 2 AufenthG nur dann Abstand genommen werden, wenn völkerrechtliche Vergünstigungen auf Grundlage der Gegenseitigkeit bestehen. Die amtliche Begründung besagt insoweit, daß Abs. 2 besonderen völkerrechtlichen Vereinbarungen Rechnung trage, wie sie insbesondere in den Europaabkommen der EU mit den Mittel- und Osteuropäischen Staaten ihren Niederschlag gefunden haben.[355]

ccc. Befreiungsmöglichkeiten bei Kurzaufenthalt

Eine Befreiung von der Pflicht, einen Aufenthaltstitel einzuholen, kommt dann in Betracht, wenn sich Drittausländer lediglich bis zu drei Monate für einen sog. „Kurzaufenthalt" im Bundesgebiet aufhalten. Denn wie § 1 Abs. 1 DVAuslG 1990 sieht auch die neue AufenthV[356] Befreiungsmöglichkeiten vor. Nach § 15 AufenthV

---

§ 3 BeschV verweist, vgl. oben Fn. 352.

354 GK-AufenthG-*Kaiser*, Band 1, II § 2 Rn. 32; auch ausführlich zu den Schwierigkeiten der Qualifizierung der Geschäftsführertätigkeit Niesel-*Düe*, SGB III, § 284 Rn. 14 und Niesel-*Brand*, SGB III, § 25 Rn. 13 ff.

355 BT-Drucks. 15/420 Seite 77.

356 Aufenthaltsverordnung (AufenthV) vom 25.11.2004, BGBl. I 2004, 2945, geändert durch Art. 7 Nr. 1 des Gesetzes vom 14.3.2005, BGBl. I 2005, 721.

richten sie sich insbesondere nach dem Recht der Europäischen Union, hauptsächlich nach dem Schengener Durchführungsabkommen[357] und der Verordnung 539/2001/EG[358]. Danach können nach § 17 Abs. 2 und 1 AufenthV Staatsangehörige der in Anlage II der Verordnung 539/2001/EG aufgeführten Länder[359] für Tätigkeiten, die sie selbständig oder unselbständig ausüben und die keine Beschäftigung darstellen, bis zu drei Monate innerhalb eines Jahres in Deutschland ausüben, ohne der Aufenthaltstitelpflicht zu unterliegen. Zu diesen befreiten Tätigkeiten gehören auch geschäftsführende Tätigkeiten für eine GmbH, wie sich aus §§ 16 in Verbindung mit 4 Nr. 2 BeschV ergibt.

Allerdings gilt diese Befreiungsmöglichkeit für Kurzaufenthalte nur für Staatsangehörige der in der Anlage II aufgeführten Länder. Für Staatsangehörige der in Anlage I der VO 539/2001/EG aufgeführten Länder[360]gilt dies nicht, arg e § 17 Auf-

---

357 Schengener Durchführungsübereinkommen (SDÜ) zur Durchführung des Übereinkommens von Schengen vom 14.06.1985 zwischen den Regierungen der Staaten der Benelux-Wirtschaftsunion, der Bundesrepublik Deutschland und der Französischen Republik betreffend den schrittweisen Abbau der Kontrolle an gemeinsamen Grenzen, BGBl. II 1993, 1010.

358 Verordnung 539/2001/EG des Rates vom 15.3.2001 zur Aufstellung einer Liste der Drittländer, deren Staatsangehörige beim Überschreiten der Außengrenzen im Besitz eines Visums sein müssen, sowie der Liste der Drittländer, deren Staatsangehörige von dieser Visumspflicht befreit sind, zuletzt geändert durch Verordnung 453/2003/EG des Rates vom 6.3.2003 zur Änderung der Verordnung 539/2001/EG.

359 Andorra, Argentinien, Australien, Bolivien, Brasilien, Brunei, Bulgarien, Chile, Costa Rica, El Salvador, Estland, Guatemala, Honduras, Israel, Japan, Kanada, Kroatien, Lettland, Litauen, Malaysia, Malta, Mexiko, Monaco, Neuseeland, Nicaragua, Panama, Paraguay, Polen, Rumänien, San Marino, Singapur, Slowakei, Slowenien, Südkorea, Tschechische Republik, Ungarn, Uruguay, Vatikanstadt, Venezuela, Vereinigte Staaten, Zypern, Sonderverwaltungsregionen der Volksrepublik China: SAR Hongkong und SAR Macau.

360 Afghanistan, Ägypten, Albanien, Algerien, Angola, Antigua und Barbuda, Äquatorialguinea, Armenien, Aserbaidschan, Äthiopien, Bahamas, Bahrain, Bangladesch, Barbados, Belarus, Belize, Benin, Bhutan, Birma/Myanmar, Bosnien-Herzegowina, Botsuana, Bundesrepublik Jugoslawien (Serbien-Montenegro), Burkina Faso, Burundi, China, Côte d'Ivoire, Demokratische Republik Kongo, Dominica, Dominikanische Republik, Dschibuti, Ecuador, Ehemalige jugoslawische Republik Mazedonien, Eritrea, Fidschi, Gabun, Gambia, Georgien, Ghana, Grenada, Guinea, Guinea-Bissau, Guyana, Haiti, Indien, Indonesien, Irak, Iran, Jamaika, Jemen, Jordanien, Kambodscha, Kamerun, Kap Verde, Kasachstan, Katar, Kenia, Kirgisistan, Kiribati, Kolumbien, Komoren, Kongo, Kuba, Kuwait, Laos, Lesotho, Libanon, Liberia, Libyen, Madagaskar, Malawi, Malediven, Mali, Marokko, Marshallinseln, Mauretanien, Mauritius, Mikronesien, Moldau, Mongolei, Mosambik, Namibia, Nauru, Nepal, Niger, Nigeria, Nordkorea, Nördliche Marianen, Oman, Osttimor, Pakistan, Palau, Papua-Neuguinea, Peru, Philippinen, Ruanda, Russland, Salomonen, Sambia, São Tomé und Principe, Saudi-Arabien, Senegal, Seychellen, Sierra Leone, Simbabwe, Somalia, Sri Lanka, St. Christoph und Nevis, St. Lucia, St. Vincent und die Grenadinen, Südafrika, Sudan, Suriname, Swasiland, Syrien, Tadschikistan, Tansania, Thailand, Togo, Tonga, Trinidad und Tobago, Tschad, Tunesien, Türkei, Turkmenistan, Tuvalu, Uganda, Ukraine, Usbekistan, Va-

enthV, so daß insoweit ein Kurzaufenthalt in der Bundesrepublik ohne Aufenthaltstitel nicht möglich ist. Dementsprechend haben bspw. Staatsangehörige aus Albanien ohne Aufenthaltstitel keine Möglichkeit, auch nur für einen Tag einzureisen und geschäftsführende Tätigkeiten für eine deutsche GmbH wahrzunehmen.

cc. Zwischenergebnis

Der Blick ins Ausländerrecht zeigt also, daß sich EU-Ausländern keine ausländerrechtlichen Barrieren bei der Bestellung als Geschäftsführer einer deutschen GmbH stellen. Drittausländer bedürfen demgegenüber eines Aufenthaltstitels entweder in Form der Niederlassungserlaubnis oder in Form einer Aufenthaltserlaubnis, der die entsprechende Erwerbstätigkeit in Deutschland gestattet. Da diese ausländerrechtlichen Genehmigungserfordernisse immer an den Aufenthalt von Ausländern in Deutschland anknüpfen und nur die Tätigkeit im Inland ausländerrechtliche Genehmigungspflichten auslösen kann, zeigt dieser Überblick aber auch, daß eine Geschäftsführertätigkeit vom Ausland aus insoweit genehmigungsfrei möglich ist. Eine direkte Kollision zwischen Gesellschaftsrecht und Ausländerrecht kann daher nur bei Bestellung eines ausländischen Geschäftsführers auftreten, der seine Tätigkeit im Bundesgebiet ausübt.

b. Geschäftsführertätigkeit im Inland

Im Jahre 1976 wandte sich der *Deutsche Industrie- und Handelstag (DIHK)* mit einem Schreiben an die Industrie- und Handelskammern und empfahl diesen, bei den Registergerichten anzuregen, als Bedingung der Eintragung eines Geschäftsführers die Vorlage einer Aufenthaltserlaubnis zu verlangen.[361] Dieses Schreiben wird teilweise bis heute noch als Initialzünder angesehen,[362] der eine Kehrtwende in der bis dahin überwiegend liberalen Rechtsprechung nach sich zog:

aa. Restriktive Entwicklungen in der Rechtsprechung

So hat das *LG Köln* im Jahre 1976 festgestellt, daß das Registergericht verpflichtet sei, die Eintragung von Ausländern als GmbH-Geschäftsführer in das Handelsregister zu verweigern, wenn sie nicht im Besitz der erforderlichen Aufenthaltser-

---

nuatu, Vereinigte Arabische Emirate, Vietnam, Westsamoa, Zentralafrikanische Republik, Taiwan, Palästinensische Behörde.

361 Schreiben vom 30.3.1976, GeschZ.: II MH/R1/201-90/120; vgl. dazu *Bartl*, Bestellung eines Ausländers zum Geschäftsführer einer GmbH unter registerrechtlichen Aspekten, BB 1977, 571.

362 *Bartl*, Bestellung eines Ausländers zum Geschäftsführer einer GmbH unter registerrechtlichen Aspekten, BB 1977, 571; *Schiedermair*, Der ausländische Geschäftsführer einer GmbH, FS Bezzenberger, Seite 393, 394.

laubnis seien.[363] Denn nach seiner Auffassung würde es durch eine solche Eintragung dem gesetzwidrigen Verhalten dieser Personen Vorschub leisten.[364] Dies müsse um so mehr gelten, als erfahrungsgemäß anschließend erteilte Registerauszüge im Geschäftsverkehr wie auch anderen Behörden gegenüber zum Nachweis berechtigten Aufenthalts und einer zulässigen Tätigkeit in der Bundesrepublik verwendet würden.[365] Dem entgegnete ein Jahr später das *OLG Frankfurt*, daß die einzige persönliche Voraussetzung, zu deren Prüfung das Registergericht bei Eintragung einer natürlichen Person befugt sei, deren Geschäftsfähigkeit sei.[366] Ausländer könnten unterschiedslos Geschäftsführer einer GmbH sein.[367] Ausländerrechtliche Fragestellungen seien nicht Gegenstand der registerrechtlichen Prüfung.[368] Das *OLG Düsseldorf* trat ihm bei und stellte dabei ausdrücklich fest, daß die Frage der Staatsangehörigkeit für die Wirksamkeit der Bestellung keine Bedeutung habe.[369] Diesen liberalen Ansätzen erteilte das *LG Köln* jedoch kurze Zeit später erneut eine Absage und bekräftigte seine frühere Auffassung mit dem Hinweis auf den nunmehr geschaffenen Geschäftsführer-Ausschlußgrund aufgrund Berufs- bzw. Gewerbeverbots aus § 6 Abs. 2 Satz 4 GmbHG[370].[371] Es führte aus, daß es sich bei einer ausländerrechtlichen Auflage des Verbots selbständiger Erwerbstätigkeit „offensichtlich" um eine vollziehbare behördliche Verfügung handele, die ein Verbot im Sinne dieser Vorschrift darstelle.[372]

bb. Aber: keine Rechtsgrundlage für den Ausschluß

Dieser Schlagabtausch in der Rechtsprechung hat in der Literatur eine heftige Diskussion um die Voraussetzung der Bestellung ausländischer Geschäftsführer ausgelöst. Dabei ist die Ansicht des *LG Köln* zu Recht vielfach auf Kritik gestoßen. Dies bereits deshalb, weil die angebotene Vorschrift keine Rechtsgrundlage für die Verknüpfung von Gesellschaftsrecht und Ausländerrecht bietet:

---

363 *LG Köln*, Beschl. v. 7.5.1976, Rpfleger 1976, 313, 314.

364 *LG Köln*, Beschl. v. 7.5.1976, Rpfleger 1976, 313, 314.

365 *LG Köln*, Beschl. v. 7.5.1976, Rpfleger 1976, 313, 314.

366 *OLG Frankfurt*, Beschl. v. 14.3.1977, NJW 1977, 1595.

367 *OLG Frankfurt*, Beschl. v. 14.3.1977, NJW 1977, 1595.

368 *OLG Frankfurt*, Beschl. v. 14.3.1977, NJW 1977, 1595.

369 *OLG Düsseldorf*, Beschl. v. 20.7.1977, GmbHR 1978, 110.

370 Zum Zeitpunkt der Entscheidung war der Regelungsgehalt des § 6 Abs. 2 Satz 4 GmbHG noch in Satz 3 a.F. enthalten.

371 *LG Köln*, Beschl. v. 16.3.1981, GmbHR 1983, 48.

372 *LG Köln*, Beschl. v. 16.3.1981, GmbHR 1983, 48.

aaa. § 6 Abs. 2 Satz 4 GmbHG als geeignete Rechtsgrundlage für den Ausschluß ausländerrechtlich beschwerter Geschäftsführer?

Schon die „Offensichtlichkeit" mit der das *LG Köln* für die direkte Anwendbarkeit des § 6 Abs. 2 Satz 4 GmbHG eintritt, ist nicht nachvollziehbar. Zwar ist ihm noch zuzugeben, daß es sich bei der Aufenthaltserlaubnis unter Auflage um einen von einer Behörde, nämlich der zuständigen Ausländerbehörde, erlassenen Verwaltungsakt handelt. Auch ist es noch vertretbar, darin ein Verbot zu sehen, da unter Umständen die Auflage als Nebenbestimmung isoliert betrachtet werden[373] und die Aufenthaltserlaubnis als begünstigender Hauptverwaltungsakt insofern außer acht bleiben kann. Problematischer ist aber schon, ob es sich um einen vollziehbaren Verwaltungsakt handelt, da ein solcher nur dann vorliegt, wenn er bestandskräftig oder seine sofortige Vollziehbarkeit angeordnet worden ist.[374] Diese Voraussetzung liegt zumindest nicht generell, sondern jeweils nur im Einzelfall vor; insbesondere dann nicht, wenn der Ausländer noch und ggf. langwierig gerichtlich gegen den Verwaltungsakt vorgeht.

Entscheidend gegen die Sichtweise des *LG Köln* spricht aber, daß es sich bei § 6 Abs. 2 Satz 4 GmbHG um ein Berufs- oder Gewerbeverbot handeln muß, welches seinen Ursprung im Verhalten der Person des Sanktionierten hat.[375] Dieses muß aus Gründen persönlicher Unzuverlässigkeit und Ungeeignetheit ergangen sein.[376] Im Gegensatz dazu steht aber das ausländerrechtliche Verbot der Aufnahme einer Erwerbstätigkeit. Diese Auflage wird nicht aus Gründen, die in der Person des Ausländers liegen, verhängt, sondern stützt sich auf Gesichtspunkte öffentlichen Interesses,[377] die arbeitsmarktpolitische Bedürfnisse im Blick haben.[378] Aus dem Verbot der Aufnahme einer Erwerbstätigkeit in der Bundesrepublik Deutschland kann gerade nicht auf die persönliche Ungeeignetheit der Person als GmbH-Geschäftsführer geschlossen werden. Insofern enthält eine nach § 12 Abs. 2 AufenthG erlassene Auflage nicht das für § 6 Abs. 2 Satz 4 GmbHG erforderliche Merkmal der persönlichen Ungeeignetheit. Daher ist die eingeschränkte Aufenthaltserlaubnis inhaltlich nicht deckungsgleich mit einem Berufs- oder Gewerbever-

---

373 Vgl. statt aller *Kopp/Schenke*, VwGO, § 42 Rn. 21 ff.

374 *Kopp/Schenke*, VwGO, § 80 Rn. 23 ff.

375 Siehe zu den verhaltensbezogenen Merkmalen persönlicher Eignung unten Seite 132 und im Hinblick auf § 6 Abs. 2 Satz 4 GmbHG insbesondere 159 ff.

376 *Miller*, Eintragung ausländischer GmbH-Geschäftsführer und Gründung einer GmbH durch Ausländer, DB 1983, 977, 978; *Teichmann*, Die Bestellung eines Ausländers zum Geschäftsführer einer deutschen GmbH, IPRrax 2000, 110, 112. Zu den Voraussetzungen im Einzelnen vgl. unten Seite 160 ff.

377 *Miller*, Eintragung ausländischer GmbH-Geschäftsführer und Gründung einer GmbH durch Ausländer, DB 1983, 977, 978; *Teichmann*, Die Bestellung eines Ausländers zum Geschäftsführer einer deutschen GmbH, IPRrax 2000, 110, 112.

378 *Renner*, Ausländerrecht, § 31 Rn. 582.

bot im Sinne des § 6 Abs. 2 Satz 4 GmbHG. Eine direkte Anwendung des § 6 Abs. 2 Satz 4 GmbHG scheidet daher jedenfalls aus.

bbb. Lösung über § 6 Abs. 2 Satz 4 GmbHG analog?

Auch eine analoge Anwendung des § 6 Abs. 2 Satz 4 GmbHG rückt die Ansicht des *LG Köln* nicht ins rechte Licht.[379] Denn ein Analogieschluß setzt das Bestehen einer planwidrigen Regelungslücke voraus, die durch Übertragung der für den gesetzlich geregelten Tatbestand bestehenden Rechtsfolge auf den ihm ähnlichen, nicht geregelten Tatbestand geschlossen werden soll.[380] Um der Gerechtigkeit genüge zu tun, soll dabei Gleichartiges gleich bewertet werden.[381] Diese Voraussetzungen liegen hinsichtlich einer Erfassung ausländerrechtlicher Tätigkeitsverbote von § 6 Abs. 2 Satz 4 GmbHG jedoch nicht vor. Zwar ist die gesellschaftsrechtliche Behandlung der ausländerrechtlichen Untersagung der Erwerbstätigkeit nicht ausdrücklich geregelt. Auch mag der Widerspruch, einen Ausländer einerseits privatrechtlich zum Geschäftsführer bestellen zu können und ihn andererseits auf öffentlich-rechtlicher Ebene an der Ausübung dieser Tätigkeit zu hindern, eine Regelungslücke zutage fördern.[382] Es ist jedoch nicht ersichtlich, daß diese Lücke vom Gesetzgeber planwidrig offengelassen wurde. Hätte der Gesetzgeber das Bestehen einer solchen erkannt, so hätte er sie im Sinne der genannten Vorschrift regeln wollen müssen. Da die mittlerweile bereits dreißig Jahre andauernde Diskussion um die Voraussetzungen der Bestellung ausländischer Personen zu GmbH-Geschäftsführern den Gesetzgeber bislang nicht veranlaßte tätig zu werden, ist schon die Planwidrigkeit der Lücke sehr fraglich.[383] Dies gilt nicht nur vor dem Hintergrund, daß er weder im Jahre 1990 bei Einfügung des neuen Satz 2 des § 6 Abs. 2 GmbHG anläßlich der Neuordnung des Betreuungsrechts noch anläßlich der Handelsrechtsreform im Jahre 1998 die Gelegenheit ergriff, auch hinsichtlich

---

379 Vgl. *Rawert*, Kurzkommentar zu OLG Köln, Beschl. v. 26.10.1998, EWiR § 6 GmbHG 2/99, 461 f.; *Miller*, Eintragung ausländischer GmbH-Geschäftsführer und Gründung einer GmbH durch Ausländer, DB 1983, 977 f., *Melchior*, Ausländer als GmbH-Geschäftsführer, DB 1997, 413, 414 f., *Wachter*, Ausländer als GmbH-Gesellschafter und -Geschäftsführer, ZIP 1999, 1577, 1579; Roth/Altmeppen-*Altmeppen*, GmbHG, § 6 Rn. 15; *Schiedermair*, Der ausländische Geschäftsführer einer GmbH, FS Bezzenberger, Seite 393, 394. *OLG Köln*, Besch. v. 30.9.1998, GmbHR 1999, 182, 183 spricht von einer Anwendung „über den Wortlaut der Vorschrift hinaus" (allerdings für den Fall der Bestellung eines im Ausland tätigen Ausländers) und zuletzt *OLG Dresden*, Urt. v. 5.11.2002, RIW 2003, 622, 623.

380 *Bydlinski*, Juristische Methodenlehre und Rechtsbegriff, Seite 475; *Larenz*, Methodenlehre der Rechtswissenschaft, Seite 381.

381 *Larenz*, Methodenlehre der Rechtswissenschaft, Seite 381.

382 *Melchior*, Ausländer als GmbH-Geschäftsführer, DB 1997, 413, 414.

383 *Melchior*, Ausländer als GmbH-Geschäftsführer, DB 1997, 413, 414; *Wachter*, Ausländer als GmbH-Gesellschafter und -Geschäftsführer, ZIP 1999, 1577, 1578; auch *OLG Dresden*, Urt. v. 5.11.2002, RIW 2003, 622, 623.

ausländischer Personen Voraussetzungen aufzustellen bzw. einen Ausschlußtatbestand zu normieren. Vielmehr setzte er mit der letztgenannten Reform bspw. in § 9c GmbHG insbesondere seine Bestrebungen zur Steigerung der Effizienz und Schnelligkeit des handelsregisterlichen Verfahrens, also Ziele um, die gerade im Gegensatz zu einer langwierigen Prüfung des Vorliegens ausländerrechtlicher Genehmigungstatbestände stehen.[384] Schließlich läßt auch die derzeitige Diskussion um das geplante FoSiG, das eine Erweiterung des § 6 Abs. 2 Satz 3 GmbHG plant, ebenfalls die langwährende Diskussion um die Voraussetzungen der Bestellung ausländischer Geschäftsführer unberücksichtigt.[385]

Jedenfalls scheitert die Analogie aber an mangelnder Vergleichbarkeit des nicht geregelten Tatbestands mit der Norm. Die Tatsache, daß eine ausländerrechtliche Auflage nicht aus Gründen persönlicher Geeignetheit erlassen wird, läßt nicht nur die direkte, sondern auch die analoge Anwendung des § 6 Abs. 2 Satz 4 GmbHG scheitern. Zwar kann es erforderlich sein, ungleichen Tatbeständen die gleiche Rechtsfolge zu verleihen, indes ist dafür die Analogie kein taugliches Mittel. Da auch keine anderen Ausschlußregelungen des GmbHG einschlägig sind, ergibt sich spezial-gesellschaftsrechtlich also keine Beschränkung bei der Bestellung ausländischer Geschäftsführer.

ccc. Ausschluß durch § 134 BGB?

Fehlt ein spezialgesetzlicher Anknüpfungspunkt für die Beantwortung der Frage nach der Abhängigkeit der Wirksamkeit der Geschäftsführerbestellung von ausländerrechtlichen Beschränkungen, so bleibt zwar ein Blick auf die zivilrechtlichen Generalklauseln §§ 134 und 138 BGB. Allerdings halten auch sie nicht generell eine Lösung des Konflikts bereit: Nach § 134 BGB ist ein Rechtsgeschäft, das gegen ein gesetzliches Verbot verstößt, nichtig, wenn sich aus dem Gesetz nicht etwas anderes ergibt. Eine gesellschaftsrechtliche Geschäftsführerbestellung ist zwar ein solches Rechtsgeschäft, dem ein entsprechender Beschluß der Gesellschafterversammlung vorangeht, welcher der Annahme durch die zu bestellende Person bedarf,[386] denn auch gesellschaftsrechtliche Organisationsakte unterfallen allgemeinzivilrechtlichen Regelungen.[387] Doch stellen weder die beschränkte Aufenthaltserlaubnis noch ein gänzlich fehlender Aufenthaltstitel gesetzliche Verbote im Sinne des § 134 BGB dar:

---

384 Vgl. *Rawert*, Kurzkommentar zu OLG Köln, Beschl. v. 26.10.1998, EWiR § 6 GmbHG 2/99, 461, 462.

385 Siehe oben Seite 17.

386 Siehe oben Seite 8 Fn. 18,

387 Staudinger-*Sack*, BGB, § 134 Rn. 11; MüKo-*Mayer-Maly*/*Armbrüster*, BGB, § 134 Rn. 23.

(1) § 12 Abs. 2 AufenthG kein gesetzliches Verbot

Schon § 14 Abs. 2 AuslG 1990 wurde teilweise die Bedeutung eines gesetzlichen Verbots beigemessen.[388] Nach dieser Vorschrift konnte bis Ende 2004 eine Aufenthaltsgenehmigung nach dem AuslG 1990 mit einer Auflage verbunden werden, die das Verbot oder die Beschränkung der Aufnahme einer Erwerbstätigkeit anordnete. Das gleiche gilt auch noch nach Inkrafttreten des Zuwanderungsgesetzes: Nunmehr sieht § 12 Abs. 2 AufenthG Beschränkungsmöglichkeiten durch Auflagen vor.[389]

Bei der Annahme, bei § 14 Abs. 2 AuslG 1990 bzw. § 12 Abs. 2 AufenthG handele es sich um Verbote im Sinne des § 134 BGB, wird jedoch übersehen, daß diese Vorschriften lediglich Ermächtigungsgrundlagen für die Ausländerbehörden darstellen. Erst wenn sie von diesen Möglichkeiten Gebrauch machen, existiert ein Verbot, dem der Ausländer unterworfen ist. Dabei ist aber bereits schon fraglich, ob dieser untersagenden Nebenbestimmung das erforderliche Gewicht beikommen kann, um die grundsätzlich insgesamt begünstigende Aufenthaltserlaubnis als „Verbot" erscheinen zu lassen.[390] Jedenfalls scheitert die Anwendung des § 134 BGB aber daran, daß es sich bei einer ausländerrechtlichen Auflage nicht um ein „gesetzliches" Verbot handelt.[391] Solche können gemäß der Legaldefinition in Art. 2 EGBGB nur durch Rechtsnormen vorliegen.[392] Sie müssen sich aufgrund ihres abstrakt-generellen Charakters an eine Vielzahl von Adressaten richten.[393] Auf

---

388 *Tountopoulos*, Ausländerrecht und Handelsregister, Rpfleger 1997, 457, 458; ohne nähere Begründung Palandt-*Heinrichs*, BGB, § 134 Rn. 16. Auch *OLG Stuttgart*, Beschl. v. 20.1.1984, OLGZ 1984, 143, allerdings noch zu § 7 Abs. 3 AuslG 1963, der dem späteren § 14 Abs. 2 AuslG 1990 entsprach.

389 Siehe dazu oben Seite 90.

390 Vgl. insoweit die amtliche Begründung zum AuslG 1990 zur Auflage BT-Drucks. 11/6321, Seite 59: „Zwar wirken Auflagen formal als Beschränkung des Aufenthaltsrechts. Auch Auflagen erweitern materiell jedoch die Möglichkeit der Aufenthaltsgewährung." Ähnlich die Begründung auch zur Bedingung, BT-Drucks. 11/6321 Seite 59: „Ihrer Funktion nach ist die Bedingung kein Mittel zur Beschränkung des Aufenthalts von Ausländern, sondern umgekehrt eine Erweiterung der Möglichkeit, Aufenthalt zu gewähren [...] zu einem Zeitpunkt, in dem noch nicht alle für einen Aufenthalt unter Wahrung der Interessen Deutschlands erforderlichen Voraussetzungen gegeben sind."

391 So aber ohne nähere Begründung Palandt-*Heinrichs*, BGB, § 134 Rn. 16 mit Verweis auf *Tountopoulos*, Ausländerrecht und Handelsregister, Rpfleger 1997, 457, 458, der jedoch der Tatsache, daß es sich bei § 14 Abs. 2 AuslG 1990 lediglich um eine Ermächtigungsgrundlage für die Ausländerbehörde handelt, keinerlei Beachtung schenkt. *BayObLG*, Urt. v. 30.9.1983, NStZ 1984, 80 spricht im strafrechtlichen Zusammenhang vom Verbot aufgrund der ausländerrechtlichen Auflage. Ebenso schon *Swoboda*, Ausländerrecht und Handelsregister, Rpfleger 1983, 138, 140.

392 Staudinger-*Sack*, BGB, § 134 Rn.16.

393 Soergel-*Hefermehl*, BGB, § 134 Rn. 5.

verbietende Verwaltungsakte, die nur einen Adressaten betreffen und insofern einen Einzelfall regeln, ist § 134 BGB nicht anwendbar.[394] Da eine ausländerrechtliche Auflage nicht einmal ein selbständiger Verwaltungsakt, sondern lediglich Nebenbestimmung der Aufenthaltserlaubnis ist, ist § 134 BGB nicht anwendbar.

Etwas anderes ergab sich vor Inkrafttreten des Zuwanderungsrechts schließlich auch nicht daraus, daß der Verstoß gegen ausländerbehördliche Auflagen in § 92 Abs. 1 Nr. 3 AuslG 1990 strafrechtlich sanktioniert war.[395] Zwar enthält diese Strafvorschrift - anders als die Ermächtigungsgrundlage der Auflagen - ohne verwaltungsbehördlichen Umsetzungsakt ein Verbot mit einer Sanktionsmöglichkeit von bis zu einem Jahr Freiheitsstrafe. Jedoch ist nicht jede Bestimmung, die eine Strafandrohung enthält, ein Verbotsgesetz.[396] Vielmehr muß der Zweck des übertretenen Gesetzes es als ein solches erscheinen lassen.[397] § 92 Abs. 1 Nr. 3 AuslG 1990 enthält selbst aber keinen tatbestandlich über das ausländerbehördliche Tätigkeitsverbot auf der Grundlage des § 14 Abs. 2 AuslG 1990 hinausgehenden Regelungsgehalt. In ihm ist lediglich normiert, daß der Ausländer im Falle der Zuwiderhandlung gegen die verwaltungsbehördliche Auflage mit einer Freiheitsstrafe bis zu einem Jahr oder mit Geldstrafe belegt wird. Der Schutzzweck des § 92 Abs. 1 Nr. 3 AuslG 1990 liegt somit allein in der Stabilisierung des verwaltungsrechtlichen Ordnungssystems des Ausländerrechts. Wenn die Nichtigkeit der Geschäftsführerbestellung schon nicht über die Vorschrift des § 14 Abs. 2 AuslG 1990 in Verbindung mit § 134 BGB hergeleitet werden kann, dann ist dies auch nicht durch § 92 Abs. 1 Nr. 3 AuslG 1990 möglich, da dieser allein eine Sanktion für den Verstoß gegen die ausländerbehördliche Auflage auf der Ebene des Strafrechts enthält. Dies gilt noch viel mehr vor dem Hintergrund, daß das seit 1. Januar 2005 geltende AufenthG den Verstoß gegen Auflangen nach § 12 Abs. 2 AufenthG nicht mehr unter Strafe stellt: Wer ausländerrechtliche Auflagen unterläuft, handelt nunmehr lediglich ordnungswidrig, § 98 Abs. 3 Nr. 1 AufenthG.

(2) Welche Rolle kommt dem neuen § 4 Abs. 3 AufenthG zu?

Ein anderes Ergebnis rechtfertigt auch nicht die neue Regelung des § 4 Abs. 3 AufenthG. Nach dieser Vorschrift dürfen Ausländer eine Beschäftigung nur ausüben, wenn ihr Aufenthaltstitel es ihnen erlaubt und von Arbeitgebern nur beschäftigt

---

394 Soergel-*Hefermehl*, BGB, § 134 Rn. 5.

395 So aber *OLG Stuttgart*, Beschl. v. 20.1.1984, OLGZ 1984, 143, 145; *LG Hannover*, Beschl. v. 7.1.1976, GmbHR 1976, 111; *LG Krefeld*, Beschl. v. 30.6.1982, Rpfleger 1982, 475; *Swoboda*, Ausländerrecht und Handelsregister, Rpfleger 1983, 138, 140, wobei die genannten Entscheidungen die Nichtigkeit des gesamten Gesellschaftsvertrags betreffen.

396 *BGH*, Urt. v. 12.1.1970, BGHZ 53, 152, 157; MüKo-*Mayer-Maly/Armbrüster*, BGB, § 134 Rn. 51.

397 MüKo-*Mayer-Maly/Armbrüster*, BGB, § 134 Rn. 51.

werden, wenn sie über einen solchen Aufenthaltstitel verfügen. Diese im AuslG 1990 noch nicht enthaltene Vorschrift übernimmt nach der amtlichen Begründung das Verbot mit Erlaubnisvorbehalt für unselbständige Erwerbstätigkeiten aus dem früheren § 284 Abs. 1 SGB III.[398] Da letzterem bei GmbH-Geschäftsführern vor der Neuordnung des Zuwanderungsrechts aufgrund ihrer Befreiung von der Arbeitsgenehmigungspflicht durch § 9 Nr. 1 ArGV in Verbindung mit § 5 Abs. 2 BetrVG[399] keine Bedeutung zukam, könnte man annehmen, daß diese Bedeutungslosigkeit nunmehr auch für § 4 Abs. 3 AufenthG gelten müsse, zumal ihre Befreiung auch heute noch dadurch existiert, daß die Erteilung einer Aufenthaltserlaubnis für GmbH-Geschäftsführer nicht an die Zustimmung der Arbeitsagentur gebunden ist, vgl. § 4 Nr. 2 BeschV.[400] Da sich aber § 4 Abs. 3 Satz 1 AufenthG aufgrund des abgeschafften Doppelgenehmigungsverfahrens anders als § 284 Abs. 1 SGB III nicht lediglich auf das Vorliegen einer Arbeits-, sondern auf das einer Aufenthaltserlaubnis bezieht, hat sich der Anwendungsbereich des früheren § 284 Abs. 1 SGB III quasi „unbemerkt" verändert und erweitert. Damit gilt er grundsätzlich auch für die Beschäftigung von GmbH-Geschäftsführern.

Doch schon nach ihrem Wortlaut verbietet die Vorschrift des § 4 Abs. 3 AufenthG unmittelbar nur die „Beschäftigung" des Ausländers und nicht das ihr zugrunde liegende Rechtsgeschäft. Insofern vertrat das *BAG* im Hinblick auf § 284 Abs. 1 SGB III[401] schon seit längerem die Auffassung, daß daraus kein gesetzliches Verbot folge, aus dem sich grundsätzlich die Nichtigkeit des Arbeitsvertrages ergebe.[402] Es hat insbesondere für Fälle, in denen die damals erforderliche Arbeitserlaubnis ausgelaufen, aber eine Verlängerung noch nicht beantragt oder bewilligt worden war, befunden, daß das Auslaufen der Arbeitserlaubnis nicht schon die Nichtigkeit des fortlaufenden Arbeitsvertrages bewirke.[403] Es sei ab dem Zeitpunkt des Auslaufens lediglich die weitere Beschäftigung verboten und der Arbeitgeber könne kündigen, wenn sich der ausländische Arbeitnehmer nicht um eine neue Arbeitserlaubnis bemühe, bzw. wenn ihm diese versagt werde.[404] Der Zweck des Beschäftigungsverbots erfordere es aber nicht, ein rechtmäßig begründetes Arbeitsverhältnis bei Auslaufen der Arbeitserlaubnis sofort nichtig werden zu lassen.[405] In seinen Entschei-

---

398 BT-Drucks. 14/420 Seite 69. § 284 Abs. 1 SGB III ist nunmehr nur noch auf die neuen EU-Beitrittsländer anwendbar, vgl. oben Seite 89.

399 Siehe oben Fn. 351.

400 Siehe oben Seite 91.

401 Bzw. für seine Vorgängerreglungen in § 19 AFG und früher § 35 AVAVG.

402 *BAG*, Urt. v. 13.1.1977 und Urt. v. 19.1.1977, AP Nr. 2 und 3 zu § 19 AFG; Urt. v. 7.2.1990, NZA 1991, 341, 342; Erman-*Palm*, BGB, § 134 Rn. 31.

403 *BAG*, Urt. v. 13.1.1977 und 19.1.1977, AP Nr. 2 und 3 zu § 19 AFG.

404 *BAG*, Urt. v. 13.1.1977 und 19.1.1977, AP Nr. 2 und 3 zu § 19 AFG; Urt. v. 7.2.1990, NZA 1991, 341, 342.

405 *BAG*, Urt. v. 19.1.1977, AP Nr. 3 zu § 19 AFG.

dungen nahm das *BAG* darüber hinaus auch zu Gestaltungen Stellung, in denen die Arbeitserlaubnis zwar von Anfang an fehlte, aber zumindest schon beantragt war oder sogar erst demnächst beantragt werden sollte. Auch in diesen Fällen hielt das *BAG* die geschlossenen Arbeitsverträge ebenfalls nicht für nichtig. Es argumentierte mit der Schutzrichtung des Beschäftigungsverbots, die lediglich die Verhinderung der tatsächlichen Beschäftigung bezwecke. Anders hatte das *BAG* lediglich im Jahre 1969 in einem Fall entschieden, in dem der Arbeitsvertrag nach Absicht der Parteien trotz Kenntnis des Genehmigungserfordernisses ohne Genehmigung durchgeführt werden sollte.[406]

Diese Rechtsprechung vor Augen ist schon der Einfluß des § 4 Abs. 3 AufenthG auf GmbH-Geschäftsführer im Hinblick auf das vom Bestellungsverhältnis zu trennende Anstellungsverhältnis grundsätzlich problematisch. Gänzlich auszuscheiden ist er jedoch auf den gesellschaftsrechtlichen Bestellungsakt: Denn hier spricht der Wortlaut des § 4 Abs. 3 AufenthG schon in doppelter Hinsicht gegen eine Anwendung auf die gesellschaftsrechtliche Bestellung. Dies nicht nur, weil es der Gesetzgeber trotz der dargestellten Diskussion im Arbeitsrecht immer noch lediglich bei einem Verbot der „Beschäftigung" belassen hat, sondern insbesondere aufgrund der Adressierung nur an „Arbeitgeber" und gerade nicht auch an gesellschaftsrechtliche Bestellungsorgane. Darüber hinaus wiegen die vom *BAG* in bezug auf Arbeitsverträge genannten Gründe auch in diesem Verhältnis zu schwer, als daß der Sinn und Zweck der Vorschrift die Nichtigkeit fordern könnte. Denn soweit mit der neuen Vorschrift nach wie vor eine Kontrolle des deutschen Arbeitsmarkts erreicht und verhindert werden soll, daß deutsche Arbeitnehmer gleicher Qualifikation vom Arbeitsmarkt verdrängt werden,[407] so wird dies schon ausreichend dadurch erreicht, daß das Ausländerrecht in § 98 Abs. 3 Nr. 1 AufenthG ordnungsbehördliche Sanktionen verhängt. Darüber hinaus die Nichtigkeit der Bestellung zu fordern, würde diesen Zweck überstrapazieren und die Gesellschaft und deren Gläubiger grundsätzlich vor den schweren Verlust der Handlungsfähigkeit der Gesellschaft stellen. Eine solche Abhängigkeit von öffentlich-rechtlichen Genehmigungen ist mit dem Grundsatz der Rechtssicherheit nicht vereinbar.[408]

(3) § 50 Abs. 1 AufenthG auch kein gesetzliches Verbot

Schließlich ergeben sich auch aus § 50 Abs. 1 AufenthG im Falle eines fehlenden bzw. später wegfallenden Aufenthaltstitels nicht die Voraussetzungen eines gesetzlichen Verbots im Sinne des § 134 BGB, durch den die Bestellung des GmbH-

---

406 *BAG*, Urt. v. 30.5.1969, BAGE 22, 22. In den oben genannten späteren Entscheidungen (Fn. 402) hat das *BAG* offengelassen, ob und inwieweit es noch an dieser Entscheidung festhält, vgl. dazu Staudinger-*Sack*, BGB, § 134 Rn. 184.

407 So zu § 284 Abs. 1 SGB III MüHdb ArbeitsR-*Buchner*, § 40 Rn. 52.

408 Vgl. *Melchior*, Der ausländische GmbH-Geschäftsführer, DB 1997, 413, 415.

Geschäftsführers nichtig sein bzw. werden könnte. Nach dieser Vorschrift ist ein Ausländer, der nicht über den erforderlichen Aufenthaltstitel verfügt, gesetzlich zur Ausreise verpflichtet.[409] Aus dieser Pflicht folgt zwar im Umkehrschluß, daß ihm der Aufenthalt in Deutschland verboten ist. Dadurch weist § 50 Abs. 1 AufenthG jedoch nicht die Qualität eines gesetzlichen Verbots auf, aus dem sich die Unwirksamkeit der Geschäftsführerbestellung ergibt. Denn Verbote im Sinne des § 134 BGB sind Vorschriften, die eine nach unserer Rechtsordnung grundsätzlich mögliche rechtsgeschäftliche Regelung wegen ihres Inhalts oder wegen der Umstände ihres Zustandekommens untersagen.[410] Die Bestellung eines GmbH-Geschäftsführers ist dabei nicht nur ein grundsätzlich mögliches, sondern vielmehr ein gesetzlich sogar notwendiges Rechtsgeschäft, vgl. § 35 GmbHG. Daß aber der Ausländer, der nicht über einen Aufenthaltstitel verfügt und deshalb ausreisepflichtig ist, ein solches Rechtsgeschäft nicht vornehmen darf, kann § 50 Abs. 1 AufenthG nicht entnommen werden. Weder der Wortlaut der Vorschrift, der vom Ausreisepflichtigen eine tatsächliche Handlung verlangt und keine rechtliche verbietet, noch deren Sinn und Zweck lassen jedenfalls darauf schließen, denn § 50 Abs. 1 AufenthG soll - wie § 41 Abs. 1 AuslG 1990[411] - allein sicherstellen, daß der Ausländer die BRD verläßt. Diese Ausreisepflicht steht jedoch zu einer wirksamen Bestellung nicht in einem Widerspruch, da sich der Ausländer mit ihr - wie noch zu zeigen sein wird - nicht zwingend an einen Aufenthalt im Inland bindet; vielmehr kann der Geschäftsführer seine Geschäfte - so es die Struktur des Unternehmens erlaubt - auch vom Ausland aus wahrnehmen.[412] § 50 Abs. 1 AufenthG eine andere Wirkung beizumessen, würde bedeuten, alle auf Dauer angelegten Verträge nichtig werden zu lassen, die den Aufenthalt im Inland zumindest „begünstigen". Hier sei nur an Mietverträge über die Wohnung des Ausländers im Inland oder Mitgliedschaften in Sportvereinen etc. gedacht. Ein solcher Einfluß kann § 50 Abs. 1 AufenthG zugunsten der Rechtssicherheit im Gesellschaftsrecht jedoch nicht entnommen werden.

(4) Keine Umgehung gesetzlicher Verbote

Das Fehlen eines gesetzlichen Verbots, das den Bestellungsakt bei Fehlen oder späterem Wegfall ausländerrechtlicher Genehmigungserfordernisse gemäß § 134 BGB nichtig macht, bringt es mit sich, daß auch solche Konstellationen, in denen ausländerbehördliche Verbote durch besondere gesellschaftsrechtliche Konstruktionen umgangen werden sollen, keine Nichtigkeit nach § 134 BGB nach sich ziehen können. Dennoch wird wegen eines Umgehungsgeschäfts vielfach insbesondere in den

---

409 Früher ergab sich diese Verpflichtung aus § 42 Abs. 1 AuslG 1990.

410 Palandt-*Heinrichs*, BGB, § 134 Rn. 5.

411 Vgl. BT-Drucks. 15/420 Seite 89, nach der § 50 AufenthG im Vergleich zu § 42 AuslG 1990 nur einen leicht erweiterten Regelungsgehalt hat.

412 Siehe unten 112ff.

Fällen auf § 134 BGB abgestellt, in denen Ausländer bspw. trotz eines ausländerbehördlichen Verbots der Aufnahme einer selbständigen Erwerbstätigkeit eine GmbH gründen und sich zu deren Geschäftsführer bestellen.[413] Aufgrund der Eigenständigkeit der GmbH als juristischer Person liege in der Geschäftsführertätigkeit in diesem Falle zwar formell lediglich eine erlaubte unselbständig-abhängige Tätigkeit vor, wirtschaftlich gesehen handele es sich jedoch aufgrund der Gesellschafterstellung des Ausländers in der GmbH um eine selbständige Tätigkeit, die durch die gesellschaftsrechtliche Konstruktion mittels der Gesellschaftsgründung umgangen werden solle und daher unter § 134 BGB falle.

Diese Auffassung übersieht jedoch, daß es sich bei der Umgehung eines ausländerrechtlichen Verbots gerade nicht um ein von § 134 BGB gefordertes „gesetzliches", sondern lediglich um ein „verwaltungsbehördliches" Verbot handelt, das nicht den Anforderungen des § 134 BGB im Hinblick auf dessen Anwendbarkeit auf Umgehungsgeschäfte entspricht. Denn wo - wie soeben gezeigt - kein gesetzliches Verbot im Sinne des § 134 BGB besteht, kann ein solches auch nicht umgegangen werden.

ddd. Ausschluß durch § 138 BGB?

Dementsprechend bleibt die Frage, ob insbesondere in diesen „Umgehungskonstellationen" eine Lösung über § 138 BGB zu suchen ist. Nach dieser Vorschrift ist ein Rechtsgeschäft sittenwidrig, wenn es gegen das Anstandsgefühl aller billig und gerecht Denkenden verstößt.[414] Maßstab ist dabei die herrschende Rechts- und Sozialmoral.[415] Die Nichtigkeit eines Rechtsgeschäfts nach § 138 BGB ergibt sich dann, wenn es nach einer umfassenden Gesamtwürdigung unter Berücksichtigung aller Umstände, die es kennzeichnen, der objektiven Verhältnisse, unter denen es zustande gekommen ist, seiner Auswirkungen sowie seiner subjektiven Merkmale wie dem verfolgten Zweck und dem zugrunde liegenden Beweggrund gegen diese verstößt.[416] § 138 BGB legitimiert die Gerichte insoweit, vom Gesetzgeber offen gelassene Lücken im Rechtsschutz zu schließen; ihm kommt daher eine lückenfüllende Funktion zu.[417] Allerdings darf diese Lückenfüllung nur einen Minimalschutz bieten

---

413 *OLG Stuttgart*, Beschl. v. 20.1.1984, OLGZ 1984, 143, 145; *LG Hannover*, Beschl. v. 7.1.1976, GmbHR 1976, 111; *LG Krefeld*, Beschl. v. 7.1.1976, Rpfleger 1982, 475; Swoboda, Ausländerrecht und Handelsregister, RPfleger 1983, 138, 140; wohl auch *BayObLG*, Urt. v. 30.9.1983, NStZ 1984, 80, allerdings in einer strafgerichtlichen Entscheidung und schließlich im Ergebnis auch *OLG Celle*, Beschl. v. 1.10.1976, DB 1977, 993, das allerdings auf § 1 GmbHG als verletztes Verbotsgesetz abstellt.

414 *RG*, Urt. 15.10.1912 , RGZ 80, 219, 221; *BGH*, Urt. v. 9.7.1953, BGHZ 10, 228, 232; Urt. 29.7.1977, BGHZ 69, 295, 297; *BAG*, 1.4.1976, NJW 1976, 1958.

415 Soergel-*Hefermehl*, BGB, § 138 Rn. 2 und 3; kritisch Staudinger-*Sack*, BGB, § 138 Rn. 18.

416 *BGH*, Urt. v. 8.2.1982, BGHZ 86, 82, 87. Dabei brauchen nicht alle dieser Merkmale vorliegen, entscheidend ist ihr Zusammenspiel, vgl. Soergel-*Hefermehl*, BGB, § 138 Rn. 19.

417 Staudinger-*Sack*, BGB, § 138 Rn. 24.

und muß sich nach weit verbreiteter Meinung auf Extremfälle beschränken.[418] § 138 BGB sichert dementsprechend nur die äußersten Grenzen der herrschenden Rechts- und Sozialmoral ab und sanktioniert nur evidente Verstöße gegen sie.[419] Das *BAG* beschränkt den Vorwurf der Sittenwidrigkeit in § 138 BGB insoweit auf „besonders krasse Fälle",[420] der *BGH* stellt auf „schwerwiegende Verstöße gegen das Anstandsgefühl" ab.[421]

Wie bereits erwähnt, handelt es sich bei der Bestellung eines GmbH-Geschäftsführers grundsätzlich nicht lediglich um ein rechtlich mögliches, sondern sogar um ein notwendiges Rechtsgeschäft, vgl. § 35 GmbHG. Der Zweck dieses Rechtsgeschäft liegt dabei in der Aufgabe, der Gesellschaft die erforderliche Handlungsfähigkeit zu verleihen. Daß diese Aufgabe dabei auch von Ausländern wahrgenommen werden kann, ist unbestritten.[422] Soweit der Ausländer durch die Wahrnehmung und Ausübung der Geschäftsführertätigkeit gegen ausländerrechtliche Beschränkungen verstößt, so ist im Hinblick auf die reduzierte Sanktionsfunktion des § 138 BGB zu differenzieren: Wurde die Bestellung allein zu dem Zweck vorgenommen, das Verbot selbständiger Erwerbstätigkeit dadurch zu umgehen, daß er eine GmbH gründet und deren Geschäftsführer wird, um formal eine von der GmbH abhängige und damit unselbständige Tätigkeit auszuüben, so prägt dieser subjektive Zweck die Bestellung in solch dominanter Weise, daß die erforderliche Gesamtbetrachtung das Rechtsgeschäft als sittenwidrig erscheinen lassen kann. Das gleiche kann dann der Fall sein, wenn die Bestellung des Geschäftsführers entgegen ausländerrechtlichen Vorschriften auf einem kollusiven Zusammenwirken der Gesellschafter und des Geschäftsführers beruht. Auch dann ist ein Verstoß gegen die guten Sitten anzunehmen, da die Voraussetzung, daß es sich um einen besonders schwerwiegenden Verstoß gegen das Anstandsgefühl handeln muß, erfüllt ist. Der subjektive Beweggrund einer solchen Bestellung liegt nämlich vor allem auch darin, sich über die ausländerbehördliche Vorgaben hinwegzusetzen. Dadurch unterlaufen Bestellender und Bestellter die Wertungsvorgaben des Gesetzgebers, die dieser mit dem AufenthG gerade erst im äußerst sensiblen Bereich der Zuwanderung und der Ausländerpolitik getroffen hat. Hinzu kommt, daß in den Fällen des kollusiven Zusammenwirkens mit den Sanktionsmöglichkeiten des Ausländerrechts dem Un-

---

418 *Canaris*, Grundrechte und Privatrecht, AcP 184 (1984) 201, 236, 241, 244; *Dauner-Lieb*, Reichweite und Grenzen der Privatautonomie im Ehevertragsrecht, AcP 201 (2001), 295, 325; anderer Ansicht ist Staudinger-*Sack*, BGB, § 138 Rn. 26 ff. der für eine umfassende Lückenfüllung für alle rechtlich zu mißbilligenden Rechtsgeschäfte eintritt.

419 *Dauner-Lieb*, Reichweite und Grenzen der Privatautonomie im Ehevertragsrecht, AcP 201 (2001), 295, 325.

420 *BAG*, Urt. v. 20.2.1975, JZ 1975, 737, 738.

421 *BGH*, Urt. v. 19.10.1993, ZIP 1994, 121 in Bezug auf den Sittenwidrigkeitsbegriff des § 826 BGB.

422 Siehe oben Seite 87.

rechtsgehalt dieses Verhaltens nicht genügend entgegengetreten werden kann. Zwar machen sich die Beteiligten strafbar oder handeln ordnungswidrig, doch stellt die Nichtigkeit der Bestellung unter Umständen eine spürbarere Sanktion dar, da die GmbH durch sie ihr Handlungsorgan verliert und dadurch finanzielle Einbußen drohen. Insoweit stellt sich die Annahme eines Verstoßes gegen § 138 BGB als eine effektive zivilrechtliche Sanktion des kollusiven Zusammenwirkens dar. Demgegenüber folgt aus den vorstehenden Ausführungen zugleich, daß dann, wenn das Bestellungsorgan bzw. die GmbH von dem ausländerrechtlichen Status des Geschäftsführers keine Kenntnis hat oder sie erst später erlangt - etwa wenn die Aufenthaltserlaubnis erst später wegfällt -, die Gesamtbetrachtung in der Regel keinen solch krassen Verstoß gegen die herrschende Rechts- und Sozialmoral erkennen lassen wird.[423]

eee. Zwischenergebnis

Die vorstehenden Ausführungen haben gezeigt, daß grundsätzlich weder das GmbH-Recht noch das allgemeine Zivilrecht eine Rechtsgrundlage bieten, um Geschäftsführerbestellungen bei Vorliegen ausländerrechtlicher Verbote zu verhindern.[424] Vielmehr ist die Wirksamkeit der Geschäftsführerbestellung de lege lata grundsätzlich unabhängig davon, ob die zu bestellende Person ausländerrechtlichen Beschränkungen unterliegt. Eine Ausnahme ergibt sich über § 138 BGB nur dann, wenn die Bestellung eines Ausländers allein dazu dient, das Ausländerrecht zu umgehen und sich insofern als sittenwidrig darstellt.

cc. Notwendigkeit einer gesetzlichen Regelung?

Es bleibt also die Frage, ob der Gesetzgeber tätig werden und einen entsprechenden Amts-ausschluß in § 6 Abs. 2 GmbHG einfügen muß, der zur Vereinheitlichung der Rechtsordnung die Nichtigkeit der Geschäftsführerbestellung an Fehlen oder Wegfall ausländerrechtlicher Genehmigungstatbestände bindet. Zwar stünde einem solchen Ausschlußtatbestand das Verfassungsrecht weder mit der Kraft des Art. 12 GG entgegen, noch stritten europäische Diskriminierungsverbote wegen der Staatsangehörigkeit gegen eine solche gesetzliche Regelung. Denn EU-Ausländern unterliegen nicht der Genehmigungspflicht,[425] so daß sie insoweit keine Diskriminierung zu befürchten wäre. Ferner unterfallen Drittausländer auch nicht dem Schutz des Art. 12 GG, so daß insoweit lediglich Art. 2 GG mit der Maßgabe

---

423 So auch *Bartl*, Bestellung eines Ausländers zum Geschäftsführer einer GmbH unter registerrechtlichen Aspekten, BB 1977, 571, 575.

424 So - meist ohne nähere Begründung - im Ergebnis auch *Baumbach/Hueck*, GmbHG, § 6 Rn. 9; Hachenburg-*Ulmer*, GmbHG, § 6 Rn. 9; *Meyer-Landrut/Miller/Niehus*, GmbHG, § 6 Rn. 6; MüHdbGes III-*Marsch-Barner/Diekmann*, § 42 Rn. 2.

425 Siehe oben Seite 89

zu beachten ist, daß gesetzliche Einschränkungen schon dann hingenommen werden können, wenn die verfassungsmäßige Ordnung dies gebietet und insbesondere das Verhältnismäßigkeitsprinzip gewahrt ist.[426] Dies ist jedoch bedenklich.

Zwar scheint ein gesetzlicher Ausschluß aller Personen, die ausländerrechtlichen Beschränkungen unterliegen, zunächst zum einen grundsätzlich geeignet, die Handlungsfähigkeit der Gesellschaft vor der Gefahr abzusichern, daß ihr Geschäftsführer durch ausländerbehördliche Sanktionen gehindert wird, seine Rechte und Pflichten auszuüben und wahrzunehmen. Zum anderen würde eine solche Nichtigkeitssanktion auch die Einheitlichkeit der Rechtsordnung fördern. Ferner würden ausländerbehördliche Verbote um eine weitere, zivilrechtliche „Sanktionsebene", die der Durchsetzung ausländerpolitischer Ziele zumindest nicht abträglich wäre, ergänzt. Jedoch erscheint ein Ausschluß schon insofern nicht angemessen, als von der mit ihm verbundenen erweiterten „zivilrechtlichen Sanktionierung" nicht nur der ausländische Geschäftsführer allein, sondern immer generell auch die Gesellschaft betroffen wäre. Eine derart schwerwiegende Sanktionierung der Gesellschaft mit der Rechtsfolge der Handlungsunfähigkeit - soweit kein weiterer Geschäftsführer zur Verfügung steht - ist jedoch nur in den Fällen billig und angemessen, in denen die Bestellung auch aus dem Blickwinkel der Gesellschaft allein bzw. vor allem dem Ziel dient, ausländerbehördliche Verbote zu umgehen. Diese Fälle sind jedoch - wie soeben erörtert - bereits de lege lata durch § 138 BGB „sanktioniert". In allen anderen Fällen würde es gerade der Absicherung der Handlungsfähigkeit der Gesellschaft entgegenlaufen, wenn die Gesellschaft bspw. durch eine nicht verlängerte ausländerrechtliche Erlaubnis ad hoc vor die Nichtigkeit der Bestellung ihres Handlungsorgans gestellt würde. Darüber hinaus ist auch eine generalisierende Einflußnahme dieser öffentlich-rechtlichen Verbote zum Zwecke der Vereinheitlichung der Rechtsgebiete nicht verhältnismäßig. Denn die Zielsetzung des AufenthG steht nicht in Widerspruch zu einer uneingeschränkten Amtsfähigkeit von Ausländern nach dem GmbHG.[427] Die Einheit der Rechtsordnung gebietet keine Verzahnung beider Rechtsgebiete, denn vorrangiges Ziel des § 6 Abs. 2 GmbHG ist es, die GmbH als juristische Person handlungsfähig zu machen und darüber hinaus persönlich ungeeignete Personen vom Geschäftsführeramt zum Schutz von Gläubigern und der Allgemeinheit fernzuhalten. Demgegenüber beruht das Fehlen ausländerrechtlicher Erlaubnisse jedoch nicht auf der persönlichen Ungeeignetheit des Ausländers, sondern ist lediglich auf ausländerpolitische Belange der Bundesrepublik zurückzuführen. Darüber hinaus wäre die Verzahnung der Rechtsgebiete auch im Hinblick auf ein schnelles und effektives registergerichtliches Verfahren wenig wünschenswert. Dem erhöhten Prüfungsumfang, der dem Registergericht aufgebürdet würde, steht kein so gewichtiger Vorteil gegenüber, der diesen rechtfertigt.

---

426 Siehe oben Fn. 110.

427 *Melchior*, Ausländer als GmbH-Geschäftsführer, DB 1997, 413, 414.

Insbesondere kann insoweit nicht vorgebracht werden, daß das Registergericht gesetzeswidrigem Verhalten Vorschub leiste, wenn es Ausländer ohne den Nachweis ausländerrechtlicher Genehmigungen ins Handelsregister einträgt.[428] Denn zum einen hat die Eintragung im Handelsregister lediglich deklaratorische Wirkung,[429] zum anderen kann sie dem Ausländer nicht als Nachweis ausländerrechtlicher Legalität dienen. Schließlich hat die „zivilrechtliche Sanktionierung“ der Wirksamkeit der Bestellung für den Betroffenen weitaus weniger Gewicht als solche des Ordnungs- oder gar des Strafrechts. Eine erweiternde Neuregelung des § 6 Abs. 2 GmbHG im Hinblick auf ausländerbehördliche Genehmigungen ist nach alledem nicht verhältnismäßig. Es ist ausreichend, in den Mißbrauchsfällen, in denen die Bestellung des ausländischen Geschäftsführers auf eine bewußte und gewollte Umgehung ausländerrechtlicher Bestimmungen zurückzuführen ist, auf § 138 BGB zurückzugreifen.

c. Geschäftsführertätigkeit vom Ausland aus

Ein ähnliches Bild nicht vorhandener rechtlicher Anknüpfungspunkte für die Beurteilung der Wirksamkeit der Geschäftsführerbestellung bietet sich, wenn der ausländische Geschäftsführer seine Tätigkeit nicht im Inland, sondern vom Ausland aus ausüben soll. Anders als bei Tätigkeit des Ausländers im Inland stellt sich die direkte Konfrontation mit ausländerrechtlichen Beschränkungen bei Aufenthalt im Ausland zwar nicht. Doch ist die Wirksamkeit der Bestellung eines Ausländers mit Aufenthaltsort im Ausland in Rechtsprechung und Literatur nicht minder umstritten: Einigkeit herrscht nur insoweit, als ein Ausländer zum Geschäftsführer einer deutschen GmbH auch dann bestellt werden kann, wenn er sich im Ausland aufhält.[430]

aa. Entwicklung der Rechtsprechung

Das *OLG Düsseldorf* hatte im Jahre 1977 über die Wirksamkeit der Bestellung eines in Amsterdam wohnenden Südkoreaners zu entscheiden, der als einziger Geschäftsführer einer in Deutschland gegründeten GmbH ins Handelsregister eingetragen werden sollte.[431] Dabei vertrat es mit Blick auf die kurz zuvor ergangene

---

428 So aber *LG Köln*, Beschl. v. 7.5.1976, Rpfleger 1976, 313, 314.

429 Siehe oben Fn. 19.

430 *OLG Frankfurt*, Beschl. v. 14.3.1977, NJW 1977,1595; *OLG Düsseldorf*, Beschl. v. 20.7.1977 GmbHR 1978, 110; *LG Braunschweig*, Beschl. v. 7.2.1983, 706; *LG Hildesheim*, Beschl. v. 7.6.1995, GmbHR 1995, 655; *OLG Köln*, Beschl. v. 30.9.1998, GmbHR 1999, 182; *OLG Köln*, Beschl. v. 26.10.1998, NJW-RR 1999, 1637; Hachenburg-*Ulmer*, GmbHG, § 6 Rn. 9; Roth/Altmeppen, GmbHG, § 6 Rn. 14; Baumbach/Hueck-*Hueck/Fastrich*, GmbHG, § 6 Rn. 9; Lutter/Hommelhoff-*Hommelhoff/Kleindiek*, GmbHG, § 6 Rn. 14; *Brandmüller*, Der GmbH-Geschäftsführer, Rn. 32.

431 *OLG Düsseldorf*, Beschl. v. 20.7.1977, GmbHR 1978, 110.

Entscheidung des *OLG Frankfurt*[432], daß die Frage der Staatsangehörigkeit ebenso wie der Wohnsitz und der gewöhnliche Aufenthaltsort des Geschäftsführers für die Wirksamkeit seiner Bestellung ohne Belang sei.[433] Für die Ausübung seines Amtes sei es nicht erforderlich, daß er das Gebiet der Bundesrepublik betrete, er könne seine Aufgaben als Geschäftsführer einer inländischen GmbH auch auf schriftlichem oder telefonischem Wege ordnungsgemäß erfüllen.[434] Dem schlossen sich wenig später unabhängig vom Inkrafttreten des neuen § 6 Abs. 2 GmbHG im Jahre 1981 auch das *LG Aachen*[435] und das *LG Braunschweig*[436] an. Im Jahre 1995 bezog sich dabei erstmals das *LG Hildesheim*[437] ausdrücklich auf § 6 Abs. 2 GmbHG und stellte fest, daß diese Vorschrift keine Regelungen bezüglich Staatsangehörigkeit, Wohnsitz und gewöhnlichen Aufenthaltsort enthalte.[438] Auch wenn dadurch nicht sichergestellt sei, daß der ausländische Geschäftsführer seine Pflichten im Inland jederzeit und tatsächlich erfüllen könne, stehe das seiner Bestellung nicht grundsätzlich entgegen. Durch die vielfältigen Möglichkeiten schneller weltweiter Kommunikation könne ein Geschäftsführer sein Amt durchaus allein vom Ausland aus ordnungsgemäß ausüben, insbesondere seinen Buchführungspflichten genügen. Das persönliche Erscheinen sei auch bei einem inländischen Geschäftsführer oder einem Geschäftsführer eines Bürgers aus einem EU-Mitgliedstaat aus vielfältigen Gründen nicht sichergestellt und erzwingbar. Gleichwohl habe der Gesetzgeber keine weiteren persönlichen Voraussetzungen in § 6 Abs. 2 GmbHG geregelt. Die sich bei der Beteiligung von Ausländern ergebenden praktischen Schwierigkeiten würden kein anderes Ergebnis rechtfertigen, da sie für einen gewissenhaften Kaufmann dadurch erkennbar seien, daß sich die ausländische Anschrift des Geschäftsführers aus der Anmeldung ergebe.[439]

Das Ende der neunziger Jahre brachte ein Umdenken in der Rechtsprechung mit sich, wobei das *OLG Köln* die Vorreiterrolle übernahm. In zwei kurz aufeinander folgenden Entscheidungen im Jahre 1998 hielt es die ordnungsgemäße Wahrnehmung der gesetzlichen Aufgaben eines Geschäftsführers ausschließlich vom Ausland aus trotz der heutigen Kommunikationsmöglichkeiten über Staatsgrenzen hinweg für nicht sichergestellt.[440] Der Geschäftsführer müsse seine Aufgaben viel-

---

432 Das *OLG Frankfurt* hatte über einen spanischen Staatsangehörigen zu entscheiden, der im Inland tätig werden sollte, siehe oben Fn. 366.

433 *OLG Düsseldorf*, Beschl. v. 20.7.1977, GmbHR 1978, 110.

434 *OLG Düsseldorf*, Beschl. v. 20.7.1977, GmbHR 1978, 110.

435 *LG Aachen*, Beschl. v. 6.10.1980, RIW 1981, 856, 857.

436 *LG Braunschweig*, Beschl. v. 7.2.1983, DB 1983, 706.

437 *LG Hildesheim*, Beschl. v. 7.6.1995, GmbHR 1995, 655.

438 *LG Hildesheim*, Beschl. v. 7.6.1995, GmbHR 1995, 655.

439 *LG Hildesheim*, Beschl. v. 7.6.1995, GmbHR 1995, 655.

440 *OLG Köln*, Beschl. v. 30.9.1998, DB 1999, 38; Beschl. v. 26.10.1998, NJW-RR 1999, 1637, 1638. Zustimmend *Teichmann*, Die Bestellung eines Ausländers zum Geschäftsführer einer

mehr auch im Inland wahrnehmen können, wo die Gesellschaft ihren Verwaltungssitz habe.[441] Sein Erscheinen vor Behörden und Gerichten könne in einer Reihe von Fällen erforderlich werden, so daß er zumindest die ständige Möglichkeit haben müsse, in das Inland einzureisen, um von dort die Geschäfte zu führen und sicherzustellen, daß den gesetzlichen Aufgaben der Gesellschaft und des Geschäftsführers, bspw. etwa denjenigen aus §§ 41, 64 GmbHG, auch nachgekommen werde.[442] Dies sei aber nur gewährleistet, wenn er entweder die Erlaubnis zum ständigen Aufenthalt im Inland habe oder jederzeit eine Aufenthaltserlaubnis erhalten könne, die ihm zumindest geschäftliche Reisen und damit ein Tätigwerden für die Gesellschaft im Inland ermögliche. Über den Wortlaut des § 6 Abs. 2 Satz 4 GmbHG hinaus ergebe sich, daß derjenige, der vorhersehbar seinen gesetzlichen Verpflichtungen nicht nachkommen könne, grundsätzlich nicht als Geschäftsführer bestellt werden dürfe, weil sonst einem gesetzwidrigen Tätigwerden Vorschub geleistet würde.[443] Anhaltspunkte für die Annahme, er könne seine gesetzlichen Aufgaben wegen fehlender Einreisemöglichkeit nicht erfüllen, seien insbesondere dann gerechtfertigt, wenn es sich bei einem einzutragenden Geschäftsführer um einen Nicht-EU-Bürger mit Wohnsitz außerhalb der EU handele, wenn für ihn die Visumspflicht gelte und Aufenthaltsgenehmigungen für Bürger seines Landes nur restriktiv erteilt würden.[444] Das *OLG Hamm* pflichtete dieser Entscheidung im Ergebnis bei.[445] Es konkretisierte die gesetzliche Grundlage aber dergestalt, daß die an die wirksame Bestellung zu stellenden Anforderungen nicht abschließend in § 6 Abs. 2 GmbHG geregelt seien, sondern sich vielmehr aus anderen Vorschriften des GmbHG ergebe, daß der Geschäftsführer über die in § 6 Abs. 2 GmbHG genannten Voraussetzungen - insbesondere die Fähigkeit, *rechtlich* handeln zu können - hinaus in der Lage sein müsse, seine Rechtsstellung auch *tatsächlich* im Interesse der Gesellschaft auszuüben und die auf ihr beruhenden Pflichten zu erfüllen.[446] Das *OLG Zweibrücken*[447] und das *LG Duisburg*[448] sprachen sich schließlich ebenfalls in

deutschen GmbH, IPRax 2000, 110 ff., ablehnend *Rawert*, Kurzkommentar zu OLG Köln, Beschl. v. 26.10.1998, EWiR § 6 GmbHG 2/99, 461 f.

441 *OLG Köln*, Beschl. v. 30.9.1998, DB 1999, 38; Beschl. v. 26.10.1998, NJW-RR 1999, 1637, 1638.

442 *OLG Köln*, Beschl. v. 30.9.1998, DB 1999, 38, 39; Beschl. v. 26.10.1998, NJW-RR 1999, 1637, 1638.

443 *OLG Köln*, Beschl. v. 30.9.1998, DB 1999, 38, 39; Beschl. v. 26.10.1998, NJW-RR 1999, 1637, 1638. Vorher auch schon *LG Köln*, Beschl. v. 16.3.1981, GmbHR 1983, 48; Beschl. v. 7.10.1983, GmbHR 1984, 157.

444 *OLG Köln*, Beschl. v. 30.9.1998, DB 1999, 38, 39; Beschl. v. 26.10.1998, NJW-RR 1999, 1637, 1638.

445 *OLG Hamm*, Beschl. v. 9.8.1999, GmbHR 1999, 1089, 1090 f.; zustimmend *Haase*, Kurzkommentar zu OLG Hamm, Beschl. v. 9.8.1999, GmbHR 1999, 1091 f.

446 *OLG Hamm*, Beschl. v. 9.8.1999, GmbHR 1999, 1089, 1090 f.

447 *OLG Zweibrücken*, Beschl. v. 13.3.2001, RIW 2001, 784.

448 *LG Duisburg*, Beschl. v. 20.12.2001, Rpfleger 2002, 366.

diesem Sinne aus, nachdem zuvor das *OLG Frankfurt* die Entscheidung der Streitfrage offen gelassen hatte, da es über die Bestellung von US-Amerikanern zu entscheiden hatte, bei denen schon aufgrund der Möglichkeit bis zu drei Monate aufenthaltstitelfrei in Deutschland zu verbringen,[449] keine Bedenken hinsichtlich der tatsächlichen Aufgabenerfüllung bestünden.[450]

Zurück zur früheren Liberalität kehrte im November 2002 überraschend das *OLG Dresden*.[451] Nach dessen Ansicht ergibt sich aus § 6 Abs. 2 Satz 4 GmbHG weder in direkter noch in analoger Anwendung eine Restriktion für ausländische Staatsangehörige, die ihre Geschäftsführertätigkeit vom Ausland aus wahrnehmen wollen.[452] Es gebe insoweit keinen Hinweis auf eine ungewollte Regelungslücke. Dies zeige insbesondere die Tatsache, daß der Gesetzgeber trotz der Evidenz der Problemlage die Ergänzung des § 6 Abs. 2 GmbHG aufgrund des neuen Betreuungsgesetzes im Jahre 1990 nicht auch zum Anlaß für eine Regelung der Frage ausländerrechtlicher Genehmigungserfordernisse genommen habe.[453] Ferner vermochte es auch in der Systematik des GmbHG keine hinreichende normative Verankerung dafür zu erkennen, daß zum Geschäftsführer nicht bestellt werden könne, wer infolge seiner Staatsangehörigkeit seinen gesetzlichen Pflichten nicht ohne weiteres werde nachkommen können.[454] Denn die organschaftliche Vertretung sei bei Kapitalgesellschaften in besonderem Maße von Aspekten des Verkehrsschutzes geprägt, dessen Zielrichtung gerade ins Gegenteil verkehrt würde, wenn die Organstellung einer formal zum Geschäftsführer bestellten Person von dessen faktischer Erreichbarkeit oder von ausländerrechtlichen Verhältnissen abhinge.[455] Der offen liegende Widerstreit der Interessen durch gegenläufige öffentliche Belange, wie etwa die Sicherheit des Rechtsverkehrs und die Stärkung deutscher Kapitalgesellschaften in den sich zunehmend verflechtenden globalen Wirtschaftsbeziehungen, sei allein der Entscheidung des Gesetzgebers vorbehalten.[456] Solange dieser trotz offener Diskussion von einer Änderung des § 6 Abs. 2 GmbHG absehe, setze er ein Zeichen zugunsten der Liberalität.[457] So entschied schließlich im Jahr 2004 auch das *LG Berlin* mit Verweis auf die Grundfreiheiten des EG-Vertrages.[458]

---

449 Siehe dazu oben Seite 92.

450 *OLG Frankfurt*, Beschl. v. 22.2.2001, Rpfleger 2001, 354, 355.

451 *OLG Dresden*, Urt. v. 5.11.2002, RIW 2003, 622 ff.

452 *OLG Dresden*, Urt. v. 5.11.2002, RIW 2003, 622, 623.

453 *OLG Dresden*, Urt. v. 5.11.2002, RIW 2003, 622, 623 und 624.

454 *OLG Dresden*, Urt. v. 5.11.2002, RIW 2003, 622, 623.

455 *OLG Dresden*, Urt. v. 5.11.2002, RIW 2003, 622, 623.

456 *OLG Dresden*, Urt. v. 5.11.2002, RIW 2003, 622, 624.

457 *OLG Dresden*, Urt. v. 5.11.2002, RIW 2003, 622, 624.

458 *LG Berlin*, Beschl. v. 4.3.2004, GmbHR 2004, 951. Der BGH hat sich zu dieser Frage bislang noch nicht geäußert. Allerdings hat er im Jahre 1981 im Hinblick auf einen deutschen (!) Gesellschafter einer GmbH, der sich überwiegend in Brasilien aufhält und dort weitere

bb. Restbestand persönlicher Verantwortung im Inland

Die Diskussion um die Anforderungen an die Bestellung ausländischer Geschäftsführer, die vom Ausland aus tätig werden wollen, rankt entscheidend um die Beantwortung der Frage, ob trotz des Aufenthalts des Geschäftsführers im Ausland immer zumindest ein Restbestand persönlicher Verantwortung im Inland bleibt. Ausgangspunkt muß dabei die Position des Geschäftsführers als Handlungsorgan der Gesellschaft sein.[459] Ihm obliegt die gesamte Leitung des Unternehmens; er ist für Geschäftsführungsmaßnahmen im Innenverhältnis ebenso verantwortlich wie für vertretende Handlungen nach außen. Aufgrund dieses umfassenden Aufgabenbereichs ist es nicht lediglich in großen Unternehmen anerkannt, daß der Geschäftsführer seine Aufgaben grundsätzlich in weitem Umfang an Prokuristen und an andere Mitarbeiter delegieren kann, die im Inland „vor Ort" für den Geschäftsführer tätig werden. Insbesondere dann, wenn Spezialisten mit der Erfüllung bestimmter Aufgaben betraut werden, kann diese Delegation nicht notwendiges Übel, sondern sogar eine erwünschte Bereicherung der Unternehmensleitung sein. Der Restbestand persönlicher Verantwortung des Geschäftsführers konzentriert sich in diesem Falle dann allein auf die ordnungsgemäße Auswahl und die Überwachung des jeweiligen Mitarbeiters.[460] Aber schon allein dieser Auswahl- und Überwachungsaspekt läßt bezweifeln, daß eine geschäftsführende Tätigkeit allein vom Ausland aus, möglich ist.[461] Dies gilt auch dann, wenn man die Möglichkeiten weltweiter Kommunikation betrachtet, die heutzutage besser und schneller sind als je zuvor. Lange Postlaufzeiten müssen nicht mehr berücksichtigt werden; die Kommunikation per E-Mail, Telefon oder Handy ist von nahezu jedem Ort auf der Welt problemlos und sekundenschnell möglich. Zwar kann mit Hilfe dieser technischen Mittel schnelle Einsichtnahme in die vielfältigsten Dokumente ermöglicht werden. Ungeachtet dessen aber ist die Anwesenheit des Geschäftsführers und der persönliche Kontakt insbesondere bei der Auswahl der Mitarbeiter und bei ihrer laufenden Überwachung nicht zu unterschätzen.

Darüber hinaus kennt das GmbHG an mehreren Stellen Pflichten für den Geschäftsführer, die sein höchstpersönliches Handeln fordern und von ihm dabei

---

eigene Unternehmen leitet, festgestellt, daß dieser kein Recht auf Geschäftsführung neben seinem gleichbeteiligten Mitgesellschaftergeschäftsführer habe. Denn dies setze voraus, daß er bereit und imstande sei, diese Rechtsstellung im Interesse der Gesellschaft auch wirklich auszuüben und die auf ihr beruhenden Pflichten zu erfüllen. Von Brasilien aus sei er kaum in der Lage, die Pflichten und die Verantwortung eines Geschäftsführers mit zu übernehmen, vgl. Urt. v. 23.3.1981, NJW 1981, 2125, 2126.

459 Zur Position des Geschäftsführers siehe schon oben Seite 5 f.

460 Vgl. Rowedder/Schmidt-Leithoff-*Tiedchen*, GmbHG, § 41 Rn. 7; Baumbach/Hueck-*Schulze-Osterloh*, GmbHG, § 41 Rn. 22; Scholz-*Crezelius*, GmbHG, § 41 Rn. 5

461 So aber *Wachter*, Anmerkung zu OLG Dresden, Urt. v. 5.11.2002, GmbHR 538, 541 und *ders.*, Ausländer als GmbH-Gesellschafter und -Geschäftsführer, ZIP 1999, 1577, 1580.

teilweise auch einen Aufenthalt im Inland fordern. So hat er bspw. nach §§ 42, 42a und 51a GmbHG persönlich für die laufende Buchführung, für die Vorlage des Jahresabschlusses und für Auskünfte gegenüber den Gesellschaftern Sorge zu tragen. Insbesondere hinsichtlich letzterer Pflicht weist *Haase* zwar zu Recht darauf hin, daß von ihr nach § 51a Abs. 3 GmbHG nicht einmal gesellschaftsvertraglich abgewichen werden kann.[462] Doch reicht es zur Erfüllung dieser Informationspflicht aus, auf moderne Kommunikationsmittel zurückzugreifen oder sogar die Beantwortung durch den zuständigen Mitarbeiter anzuordnen.[463] Ähnliches ist im Bereich der Aufstellung des Jahresabschlusses anerkannt.[464] Auch hier kommt der Geschäftsführer seinen Pflichten aus §§ 42, 42a GmbHG nach, wenn er zwar die Zusammenstellung des Zahlenwerks und sogar den Entwurf der Texte für den Lagebericht seinen Mitarbeitern überträgt. Ihm obliegt jedoch die Kontrolle und die Autorisierung des Zahlenwerks, für dessen Wahrheit er persönlich einzustehen hat. Zwar zwingt das Gesetz ihn nicht, diese Aufgaben zwingend im Inland wahrzunehmen, doch kann zumindest nicht ausgeschlossen werden, daß deren Erfüllung einen persönlichen Kontakt im Inland erfordert. Insofern kann sich auch aus diesen Aufgaben ein Restbestand persönlicher Verantwortung ergeben, der ihn verpflichtet, auch im Inland tätig werden zu müssen.

Darüber hinaus weisen das *OLG Köln* und das *OLG Hamm* hinsichtlich der persönlichen Verantwortung zu Recht vor allem auf Fälle hin, in denen das persönliche Erscheinen vor Behörden und Gerichten erforderlich ist.[465] Zwar beschränkt sich dies zunächst auf Fälle, in denen der oft besser informierte jeweilige Sachbearbeiter mit entsprechender Ermächtigung den Termin nicht wahrnehmen kann[466] und der Richter von § 141 Abs. 1 Satz 1 ZPO keinen für den Geschäftsführer günstigen Gebrauch gemacht hat. Allerdings handelt es sich aber bspw. bei der Insolvenzantragspflicht gemäß § 64 GmbHG um eine originäre Verpflichtung des Geschäftsführers,[467] die er immer persönlich vor dem Insolvenzgericht zu erfüllen hat und die er nicht an Mitarbeiter delegieren kann. Insbesondere mit Blick auf diese persönliche Verpflichtung bleibt es daher bei der Feststellung, daß es trotz der heutigen Möglichkeiten der Fernkommunikation und den Möglichkeiten der Delegation

---

462 *Haase*, Anmerkung zu OLG Hamm, Beschl. v. 9.8.1999, GmbHR 1999, 1091, 1092.

463 Lutter/Hommelhoff-*Lutter/Hommelhoff*, GmbHG, § 51a Rn. 5; Scholz-*Schmidt*, GmbHG, § 51a Rn. 8; wohl auch Baumbach/Hueck-*Zöllner*, § 51a Rn. 8.b

464 Vgl. Lutter/Hommelhoff-Kleindiek, GmbHG, § 42 Rn. 12.

465 Zustimmend *Mankowski*, Kurzkommentar zu OLG Köln, Beschl. v. 30.9.1998, EWiR § 6 GmbHG 1/99, 261, 262; kritisch *Rawert*, Kurzkommentar zu OLG Köln, Beschl. v. 26.10.1998 EWiR § 6 GmbHG 2/99, 461.

466 Vgl. *Teichmann*, Die Bestellung eines Ausländers zum Geschäftsführer einer deutschen GmbH, IPRax 2000, 110, 113.

467 Rowedder/Schmidt-Leithoff-*Schmidt-Leithoff*, GmbHG, § 64 Rn. 16 ff.; Braun-*Kind*, Insolvenzordnung, § 13 Rn. 6 ff.

von Geschäftsführeraufgaben auf Prokuristen und Mitarbeiter einen Restbestand persönlicher Verantwortung gibt, den der Geschäftsführer nur persönlich und nur im Inland wahrnehmen kann.

cc. Aber auch hier: Gesetzliche Grundlage für den Geschäftsführerausschluß fehlt

Eine andere Frage ist es aber, ob aus diesem Restbestand persönlicher Verantwortung im Inland zwingend und generell die Nichtigkeit der Geschäftsführerbestellung in den Fällen folgt, in denen schon die Einreise dem Geschäftsführer aufgrund ausländerrechtlicher Beschränkungen Schwierigkeiten bereitet.[468] Insbesondere Nicht-EU-Ausländern, die nicht zu den in Anlage II der VO 539/2001/EG genannten Personen gehören und denen ein Recht auf einen dreimonatigen Aufenthalt im Bundesgebiet somit nicht zusteht,[469] wird insoweit teilweise die Amtsfähigkeit versagt.[470] Diese Auffassung ist jedoch schon insoweit problematisch, als es sich bei dem Restbestand an persönlicher Verantwortung zumeist um die Erfüllung von Ausnahmetatbeständen handelt,[471] die den Geschäftsführer weder laufend, noch regelmäßig, sondern nur in besonderen Ausnahmefällen zur Einreise in das Bundesgebiet zwingen. Entscheidend ist aber vor allem, daß für diese Nichtigkeitsfolge, die die härteste Sanktion gegenüber privatautonomen Rechtsgestaltungen darstellt, eine entsprechende Rechtsgrundlage fehlt. Vor dem Hintergrund, daß grundsätzlich schon keine Rechtsgrundlage für den Ausschluß ausländerrechtlich beschränkter Geschäftsführer, die im Inland tätig werden, ersichtlich ist,[472] verwundert es nicht, daß das gleiche auch für im Ausland tätige Geschäftsführer gilt:

---

468 So *OLG Köln*, Beschl. v. 30.9.1998, DB 1999, 38; Beschl. v. 26.10.1998, NJW-RR 1999, 1637, 1638; *OLG Hamm*, Beschl. v. 9.8.1999, GmbHR 1999, 1089; *LG Duisburg*, Beschl. v. 20.12.2001, RPfleger 2002, 366; *OLG Zweibrücken*, Beschl. v. 13.3.2001, NJW-RR 2001, 1689; *Haase*, Kurzkommentar zu OLG Hamm, Beschl. v. 9.8.1999, GmbHR 1999, 1091; *Teichmann*, Die Bestellung eines Ausländers zum Geschäftsführer einer deutschen GmbH, IPRax 2000, 110, 113 f.; Scholz-*Schneider*, GmbHG, § 6 Rn. 18a; Lutter/Hommelhoff-*Hommelhoff-Kleindieck*, GmbHG, § 6 Rn. 14.

469 Siehe zu dieser Befreiungsmöglichkeit wegen Kurzaufenthalts oben Seite 92.

470 Vgl. *OLG Köln*, Beschl. v. 30.9.1998, DB 1999, 38; Beschl. v 26.10.1998, NJW-RR 1999, 1637, 1638; zustimmend *Teichmann*, Die Bestellung eines Ausländers zum Geschäftsführer einer deutschen GmbH, IPRax 2000, 110 ff.; *OLG Hamm*, Beschl. v. 9.8.1999, GmbHR 1999, 1089, 1090 f.; *OLG Zweibrücken*, Beschl. v. 13.3.2001, RIW 2001, 784; *LG Duisburg*, Beschl. v. 20.12.2001, Rpfleger 2002, 366; siehe oben Seite 109 f.

471 Vgl. *Mankowski*, Kurzkommentar zu OLG Köln, Beschl. v. 30.9.1998, EWiR § 6 GmbHG 1/99, 261, 262.

472 Zur einzigen Ausnahme siehe oben Seite 105.

aaa. Nichtigkeit „über den Wortlaut des § 6 Abs. 2 Satz 4 GmbHG hinaus"?

So hält das *OLG Dresden*[473] der Auffassung des *OLG Köln*[474] zu Recht entgegen, daß § 6 Abs. 2 GmbHG auch für den Fall, daß der ausländische Geschäftsführer vom Ausland aus tätig werden soll, weder in direkter noch in analoger Anwendung seines Satz 4 eine Regelung bereithält. Denn im Falle der Auslandstätigkeit treffen den Geschäftsführer naturgemäß schon keine aufenthaltsrechtlichen Beschränkungen, die sich als Verbot im Sinne dieser Vorschrift ansehen lassen könnten. Wie bereits oben dargelegt, ist ferner die Planwidrigkeit der Regelungslücke in § 6 Abs. 2 GmbHG aufgrund der Untätigkeit des Gesetzgebers trotz der mittlerweile Jahrzehnte andauernden Diskussion sehr zweifelhaft.[475]

bbb. Nichtigkeit aus der Gesamtschau der gesetzlichen Pflichten des Geschäftsführers?

Etwas anderes ergibt sich entgegen der Auffassung des *OLG Köln* auch nicht „über den Wortlaut des § 6 Abs. 2 Satz 4 GmbHG hinaus" daraus, daß derjenige, der vorhersehbar seinen gesetzlichen Verpflichtungen nicht nachkommen könne, grundsätzlich nicht als Geschäftsführer bestellt werden dürfe.[476] Soweit das *OLG Hamm* diese Grundlage des Ausschlusses insoweit modifiziert und auf eine Gesamtschau der „anderen" Vorschriften des GmbHG abstellt,[477] aus denen sich ergebe, daß der Geschäftsführer auch tatsächlich in der Lage sein müsse, seine gesetzlichen Verpflichtungen zu erfüllen, so ist auch dies als Rechtsgrundlage eines Amtsausschlusses abzulehnen.

Die Nichtigkeit der Bestellung eines ausländischen Geschäftsführers kann selbst dann nicht aus einer Gesamtschau der Pflichten des Geschäftsführers abgeleitet werden, wenn er nicht jederzeit die Möglichkeit der Einreise ins Inland hat.[478] Dies zum einen schon nicht aufgrund des abschließenden Charakters des Eignungskatalogs in § 6 Abs. 2 Satz 4 GmbHG, zum anderen aber auch deswegen nicht, weil eine Rechtsfolge von dieser einschneidenden, vernichtenden Wirkung nicht lediglich aus einer Gesamtschau der persönlichen Pflichten des Geschäftsführers gezogen werden kann. Insoweit ist zu berücksichtigen, daß der Großteil der Pflichten

---

473 *OLG Dresden*, Urt. v. 5.11.2002, RIW 2003, 622, 623; siehe oben Fn. 451

474 Siehe oben Seite 109.

475 Siehe oben Seite 97.

476 *OLG Köln*, Beschl. v. 30.9.1998, DB 1999, 38, 39; Beschl. v. 26.10.1998, NJW-RR 1999, 1637, 1638; siehe dazu oben Seite 110.

477 § 6 Abs. 2 Satz 4 GmbHG ist nach Auffassung des *OLG Hamm* ein nicht abschließender Katalog, vgl. *OLG Hamm*, Beschl. v. 9.8.1999, GmbHR 1999, 1089, 1090 f.

478 Anderer Ansicht *Haase*, Anmerkung zu OLG Hamm, Beschl. v. 9.8.1999, GmbHR 1999, 1091, 1092.

vom Ausland aus durch moderne Kommunikationsmittel und auch durch Delegation erfüllt werden kann.[479] Aus dem dem Geschäftsführer verbleibenden persönlichen Restbestand an inländischer Verantwortung kann schon insofern kein Nichtigkeitsgrund abgeleitet werden, da ihn diese Pflichten nur im Ausnahmefall und nicht laufend treffen und ihn erst dann zur Einreise verpflichten. Im übrigen begegnet die Schlußfolgerung der Nichtigkeit aus einer Gesamtschau der Vorschriften auch rechtstechnischen Bedenken. Zwar ist es nach Ansicht des *BGH* grundsätzlich möglich, Nichtigkeitsgründe ohne konkrete gesetzliche Verankerung aus der Gesamtschau eines Regelungskomplexes herzuleiten.[480] Dies kann aufgrund der einschneidenden Rechtsfolge jedoch nur dann gelten, wenn dieser Regelungskomplex insoweit eine breite Grundlage für die Annahme eines Grundprinzips und somit eines Verstoßes gegen dasselbe liefert und muß insofern jedenfalls dann ausscheiden, wenn - wie hier - lediglich ein Restbestand gesetzlicher persönlicher Pflichten besteht. Dies gilt nicht zuletzt vor dem Hintergrund des Verfassungsbezugs eines solchen Ausschlusses. Zwar kommt insoweit bei ausgeschlossenen Ausländern kein Eingriff in Art. 12 GG in Betracht,[481] doch darf nicht verkannt werden, daß ein Ausschluß in die Berufs- sowie in die Selbstregelungsfreiheit der Gesellschaft eingreift, da ihre Auswahl eines geeigneten Geschäftsführers beschränkt wird.[482]

ccc. Rückgriff auf die Generalklauseln in §§ 134, 138 BGB?

Insoweit bleibt auch im Falle der Geschäftsführertätigkeit vom Ausland aus nur noch ein Blick auf die allgemeinen zivilrechtlichen Generalklauseln §§ 134, 138 BGB, um die Nichtigkeitsfolge zu rechtfertigen. Doch auch dort kann kein Bestellungshindernis verortet werden. Dies zum einen nicht, weil sich aus dem Restbestand persönlicher Verantwortung weder direkt noch indirekt ein gesetzliches Verbot im Sinne des § 134 BGB dergestalt herauslesen läßt, daß damit die Bestellung eines ausländischen Geschäftsführers untersagt wird, der mangels ausländerrechtlicher Begünstigungen nicht jederzeit über die Möglichkeit verfügt, ins Inland einzureisen. Denn schon Vorschriften wie § 64 GmbHG in diesem Zusammenhang die Qualität von Verbotsgesetzen im Sinne des § 134 BGB beizumessen, erscheint höchst zweifelhaft. Sie sind weder negativ formuliert, noch untersagen sie bestimmte Verhaltensweisen, sondern enthalten vielmehr positiv zu erfüllende Pflichten. Zwar können grundsätzlich aus Geboten in ihrer Umkehrung Verbote folgen, das entsprechend gebotene Verhalten nicht zu unterlassen. Allerdings kann aus einer

---

479 Siehe oben Seite 112.

480 So hat der *BGH* bspw. im Fall Urt. v. 13.7.1981, NJW 1981, 2565 einen Nichtigkeitsgrund im „Verstoß gegen Grundprinzipien des Gesellschaftsrechts" gesehen; anderer Ansicht und für die Anwendung von § 138 BGB in diesem Falle *Grunewald*, Der Ausschluß aus Gesellschaft und Verein, Seite 126 ff.

481 Siehe dazu oben Seite 25, dort unter Fn. 110.

482 Siehe dazu oben Seite 27 und 28.

solchen Umkehrung im Hinblick auf den Restbestand persönlicher Pflichten nicht mehr als das Verbot nicht ordnungsgemäßen Geschäftsführerverhaltens gezogen werden. Die gesetzlichen Vorschriften, die die Pflichten des Geschäftsführers normieren, haben grundsätzlich allein die Sicherung der Handlungs- und Funktionsfähigkeit der Gesellschaft, die Aufgabenverteilung zwischen den Gesellschaftsorganen untereinander, ihre Kapitalerhaltung, die nicht nur den Interessen der Gesellschaft, sondern auch den Interessen der Gesellschaftsgläubiger sowie der Allgemeinheit dient, im Blick. Daß sie dazu teilweise - wie bspw. insbesondere § 64 GmbHG zeigt - vom Geschäftsführer zwingend eine Handlung im Inland verlangen, ist lediglich Folge der aufgezeigten Sicherungsinteressen und steht nicht im Vordergrund ihres Sinn und Zwecks. Aus der Gesamtschau insoweit ein gesetzliches Verbot herauszulesen, daß dem Geschäftsführer untersagt, auch vom Ausland aus tätig zu werden, da er nicht jederzeit die Möglichkeit hat, inländische Pflichten zu erfüllen, würde den Begriff des „gesetzlichen Verbots" im Sinne des § 134 BGB unangemessen überdehnen. Denn eine solche Sichtweise müßte dann konsequenter Weise auch zur Nichtigkeit einer Geschäftsführerbestellung gelangen, wenn ein deutscher Geschäftsführer rein tatsächlich verhindert ist, seine Geschäfte zu erfüllen, wie bspw. im Falle der Krankheit, des stationären Aufenthalts im Krankenhaus oder der Inhaftierung. Darüber ist aber zu Recht nie nachgedacht worden. Ferner wäre eine solche Rechtsfolge zumindest in den Fällen höchst unbillig, in denen die Gesellschaft über mehrere Geschäftsführer verfügt und nur einer von ihnen vom Ausland aus tätig ist. Letztlich bestünde eine Unbilligkeit auch, wenn der Geschäftsführer sich im Vorfeld seiner Einreise lediglich um ein Visum bemühen muß, dieses aber rasch erhält und insoweit seinen Pflichten als Geschäftsführer nur geringfügig zeitlich verzögert nachkommen kann.

Daneben scheidet auch ein genereller Rückgriff auf § 138 BGB zur Begründung des Ausschlusses ausländischer Personen vom Geschäftsführeramt bei mangelnder Möglichkeit jederzeitiger Einreise aus dem Ausland aus. Denn wie bereits oben erörtert, erfordert ein Sittenverstoß im Sinne des § 138 BGB, daß ein Rechtsgeschäft nach einer umfassenden Gesamtwürdigung unter Berücksichtigung aller Umstände, die es kennzeichnen, der objektiven Verhältnisse, unter denen es zustande gekommen ist, seiner Auswirkungen sowie seiner subjektiven Merkmale wie dem verfolgten Zweck und dem zugrunde liegenden Beweggrund gegen das Anstandsgefühl aller billig und gerecht Denkenden verstößt.[483] Dabei sichert § 138 BGB nur die äußersten Grenzen der herrschenden Rechts- und Sozialmoral ab und sanktioniert nur evidente, schwerwiegend-krasse Verstöße gegen sie.[484] Ein solcher krasser Sittenverstoß kann jedoch bei der Bestellung eines Geschäftsführers, der vom Ausland aus tätig werden soll, nicht ausgemacht werden. Denn wie bereits oben ge-

483 Siehe dazu oben Seite 104.

484 Siehe dazu oben Seite 104.

zeigt, sind die weitaus meisten aller Geschäftsführungsaufgaben dank der heutigen Möglichkeiten weltweiter Kommunikation und dank verschiedenster Delegationsmöglichkeiten vom Ausland aus erfüllbar. Insoweit ist also kein Verstoß gegen die herrschende Rechts- und Sozialmoral erkennbar. Auch kann nicht auf den verbleibenden restlichen Teil der Aufgaben abgestellt werden, denn dabei handelt es sich zum einen lediglich um Ausnahmefälle, zum anderen - und das ist noch entscheidender - um Fälle, deren Eintritt bei Bestellung ungewiß ist und der allein dadurch abgewendet werden kann, daß die Gesellschaft in diesen Fällen entweder auf einen anderen Geschäftsführer zurückgreift, der sich im Inland befindet, oder aber - wenn dies nicht möglich ist, den Geschäftsführer abberuft. Dies ist nach § 38 Abs. 1 GmbHG zu jeder Zeit möglich.

ddd. Zwischenergebnis

Dementsprechend bleibt festzuhalten, daß keine gesetzliche Grundlage existiert, die die Nichtigkeit der Geschäftsführerbestellung in den Fällen anordnet, in denen es dem ausländischen Geschäftsführer mangels jederzeitiger Einreisemöglichkeit Schwierigkeiten bereitet, seinen inländischen Amtspflichten nachzukommen.

dd. Notwendigkeit einer gesetzlichen Regelung?

Noch fernliegender als die Anbindung der Wirksamkeit der Bestellung ausländischer Personen an das Vorliegen ausländerrechtlicher Genehmigungen[485] liegt dementsprechend die Normierung eines Geschäftsführer-Ausschlußgrunds, der die Bestellung ausländischer Geschäftsführer an die Möglichkeit jederzeitiger Einreise ins Inland anknüpft. Dies insbesondere schon deshalb, weil ein solcher Ausschluß lediglich auf einer hypothetischen Prüfung ausländerrechtlicher Beschränkungen - nämlich den für den Fall der Einreise - aufbaut, die nicht im Interesse eines schnellen und effektiven Handelsregistereintragungsverfahren liegen kann.

Gegen einen gesetzlichen Ausschlußgrund spricht auch, daß in Zukunft nicht mehr die Gefahr der Auflösung der Gesellschaft durch Verlegung des Verwaltungssitzes ins Ausland bei der Bestellung von Geschäftsführern, die vom Ausland aus tätig werden, besteht. Zwar hat der *BGH* nach der bis vor kurzem noch herrschenden sog. „Sitztheorie"[486] eine ebensolche Gefahr dann angenommen, wenn im Tätigwerden des Geschäftsführers vom Ausland aus eine Verlegung des Verwaltungssitzes ins Ausland zu sehen war, doch scheint diese Ansicht insbesondere im Hinblick auf die vom *LG Berlin* angesprochenen europäischen Grundfreiheiten bedenklich. So hat sich der *EuGH* in diesem Sinne bereits mehrfach für die Gründungstheorie

---

485 Siehe oben Seite 106 f.

486 Vgl. zuletzt *BGH*, Urt. 1.7.2002, ZIP 2002, 1763 und BGH, Beschl. 30.3.2000, ZIP 2000, 967.

ausgesprochen,[487] was insbesondere ein Umdenken und eine Abkehr von der Sitztheorie in Deutschland erwarten läßt. Zwar betrifft die *EuGH*-Rechtsprechung insoweit vor allem Beschränkungen eines Staates, die einer Verlegung einer ausländisch gegründeten GmbH vom Ausland ins Inland entgegenstehen. Allerdings ist aufgrund der Rechtsprechung auch fraglich geworden, ob die Verlegung des tatsächlichen Sitzes vom Inland ins Ausland weiter zum Entzug der Rechtspersönlichkeit führen kann.[488] Bei Verneinung dieser Frage hätte jedenfalls auch das Argument, daß die GmbH ihre Rechtsfähigkeit verlieren kann, wenn der alleinige Geschäftsführer seinen Sitz ins Ausland verlagert,[489] gänzlich an Aussagekraft verloren und stritte nicht mehr gegen ein Verweilen des Geschäftsführers im Ausland. Auf den Bestand der geführten Gesellschaft wäre dies nämlich dann ohne Auswirkung. Die zunehmende europäische Offenheit, die Vermischung der Gesellschaftsformen in den unterschiedlichen Mitgliedsstaaten zuzulassen, spricht daher aus europäischer Sicht dafür, zumindest auch die Geschäftsführung einer deutschen GmbH durch einen im Ausland ansässigen Geschäftsführer zuzulassen. Demzufolge ist die Normierung eines Ausschlußgrundes auch nicht zur Vermeidung Auflösung der Gesellschaft bei Sitzverlegung ins Ausland erforderlich.

Daneben wäre es inkonsequent, bei EU-Ausländern und sog. Positivstaatlern aufgrund der Möglichkeit jederzeitiger Einreise bzw. zumindest der Einreise zum Kurzaufenthalt keinen Ausschlußgrund zu erkennen, obgleich auch hier der oben aufgezeigte Restbestand persönlicher Verantwortlichkeit im Inland nicht umfassend abgesichert ist. Denn EU-Ausländer können zwar unproblematisch jederzeit ins Inland einreisen. Allerdings haben die Gerichte ebenso wie gegenüber Drittausländern wenig Handhabe, ihr gerichtliches Erscheinen zu erzwingen, wenn sie sich im Ausland aufhalten.

Schließlich läßt auch eine gesetzgeberische Neuerung im Steuerrecht darauf schließen, daß auch der Gesetzgeber davon ausgeht, daß eine deutsche GmbH von einem im Ausland ansässigen Geschäftsführer geleitet werden kann. Denn nach dem erst kürzlich eingefügten § 49 Abs. 1 Nr. 4 lit. c. EStG unterliegt die Vergütung, die ein im Ausland ansässiger Geschäftsführer einer deutschen GmbH bezieht, der beschränkten Einkommenssteuerpflicht. Daraus läßt sich zumindest die Tendenz des Gesetzgebers herauslesen,[490] daß er selbst von der Möglichkeit ausgeht, daß Geschäftsführer deutsche GmbHs vom Ausland aus leiten können.

---

487 *EuGH*, Urt. v. 5.11.2002, ZIP 2002, 2037 (sog. „Überseering-Entscheidung"); Urt. v. 30.9.2003, BB 2003, 2195 (sog. „Inspire-Art"-Entscheidung). Jetzt auch *BGH*, Urt. v. 13.3.2003, NJW 2003, 1461 und *KG Berlin*, Beschl. v. 18.11.2003, NJW-RR 2004, 331.

488 Vgl. Lutter/Hommelhoff-*Lutter/Bayer*, GmbHG, § 4a Rn. 20.

489 Vgl. dazu *Schiedermair*, Der ausländische Geschäftsführer einer GmbH, FS Bezzenberger, Seite 393, 397.

490 *Wachter*, Anmerkung zu OLG Zweibrücken, Beschl. v. 13.3.2002, NZG 2001, 858; *Singer*,

3. Zwischenergebnis

Dem letzten personenbezogenen Merkmal der Staatsangehörigkeit wird von Rechtsprechung und Literatur mehr Bedeutung beigemessen als vom Gesetzgeber. Nach wie vor existiert zu Recht grundsätzlich keine Rechtsgrundlage, die die Wirksamkeit der Bestellung eines Ausländers an das Vorliegen ausländerrechtlicher Genehmigungstatbestände bindet. Um Mißbrauch Einhalt zu gebieten, kann in extremen Ausnahmefällen auf § 138 BGB zurückgegriffen werden. Daneben macht das GmbHG zu Recht auch keine Vorgaben hinsichtlich der Bestellung von Ausländern, die vom Ausland aus als Geschäftsführer für die Gesellschaft tätig werden, ohne die Möglichkeit jederzeitiger Einreise nachweisen zu können.

B. Fachliche Merkmale (Betriebswirtschaftliche, juristische, steuer- und finanzrechtliche Kenntnisse, „Unternehmerqualitäten", Berufserfahrung etc.)

In der Praxis entscheidende und dort nahezu allein im Blickpunkt des Interesses stehende Faktoren bei der Suche und der Bestellung eines geeigneten Geschäftsführers sind fachliche Kriterien; dies zum einen bezogen auf die auszuübende Position und Funktion als Geschäftsführer, zum anderen aber auch bezogen auf das mit dem Unternehmensgegenstand der Gesellschaft verbundene berufliche Tätigkeitsfeld der GmbH. Da letztere Komponente die berufs- und gewerberechtliche Eignung des Geschäftsführers im Einzelfall betrifft, soll die Betrachtung insoweit noch zurückstehen[491] und die positionsbezogene fachliche Eignung als Teil der gesellschaftsrechtlichen Eignung allein in den Mittelpunkt rücken.

I. Definition und Abgrenzung

Unter positionsbezogen-fachlichen Eignungsvoraussetzungen sind Anforderungen zu verstehen, die es dem Amtsträger ermöglichen, seinen Rechten und Pflichten als Geschäftsführer nachzukommen und zwar unabhängig vom spezifischen Tätigkeitsbereich, dem die Gesellschaft nachgeht.[492] Es sind individuelle Fähigkeiten, die der Geschäftsführer aufgrund von schulischer und beruflicher Ausbildung und Studium, aber auch durch bereits erlangte berufliche Erfahrung mit der Leitung eines Unternehmens erworben hat. Diese Kriterien sollen sicherstellen, daß der Geschäftsführer seinen Aufgaben gewachsen ist. Das Handeln für die Gesellschaft soll nicht lediglich rechtlich möglich (das leisten grundsätzlich die personenbezoge-

---

Bestellung eines Nicht-EU-Ausländers zum GmbH-Geschäftsführer, ZAP 2003, Fach 15, 457, 458.

491 Ausführlich dazu unten Seite 181 ff.

492 Diese tätigkeitsbezogenen fachlichen Qualifikationen stellen die sog. gewerbe- bzw. berufsrechtlichen Eignungsvoraussetzungen dar, dazu unten Seite 181. Zur Abgrenzung von gesellschafts- und berufsrechtlichen Eignungsvoraussetzungen siehe oben Seite 23 f.

nen Eignungsvoraussetzungen), sondern auch unternehmerisch sinnvoll sein, was durch die positionsbezogen-fachlichen Merkmale des Geschäftsführers abgesichert werden muß.

II. Fehlende gesetzliche Zwänge als Ausdruck von Flexibilität der Gesellschaftsform

Vor dem Hintergrund der praktischen Entscheidungserheblichkeit der positionsbezogen-fachlichen Kriterien bei der Wahl des geeigneten Geschäftsführers, verwundert es, daß sich die rechtswissenschaftliche Literatur selten mit dem Thema befaßt,[493] zumal die Qualität der Geschäftsführung zumindest für den Bereich der Kapitalerhaltung nicht nur essentiell für die Gesellschaft selber, sondern auch für Gesellschaftsgläubiger und den Fiskus von besonderer Wichtigkeit ist.

Auch das GmbHG gibt - wie für das Gesellschaftsrecht typisch - keine positionsbezogen-fachlichen Kriterien für den Geschäftsführer vor. Etwas anderes läßt sich auch nicht aus § 43 Abs. 1 GmbHG ableiten, der fordert, daß der Geschäftsführer die Geschäfte der Gesellschaft wie ein ordentlicher Geschäftsmann zu führen hat. Denn zum einen schweigt die Regelung im Hinblick auf die Frage, was einen ordentlichen Geschäftsmann in allgemeiner und insbesondere in der hier im Blickpunkt stehenden persönlichen Hinsicht ausmacht, und zum anderen steht die Regelung im Normgefüge des § 43 Abs. 2 GmbHG, der die Haftung des Geschäftsführers gegenüber der Gesellschaft regelt. Deshalb kommt der Regelung in Absatz 1 lediglich die Funktion eines an den Einzelfall anzulegenden Sorgfalts- und Verschuldensmaßstabs zu, aus dem keine generell gültigen Sorgfalts- und damit auch keine Eignungskriterien zu ziehen sind.[494] Dies bringt es mit sich, daß aus § 43 GmbHG kein allgemeiner Maßstab abgeleitet werden kann, der der Bestimmung des fachlich-funktionalen Persönlichkeitsprofils eines GmbH-Geschäftsführers dienen kann.

Seine positionsbezogen-fachliche Eignung läßt sich also nur anhand seiner Aufgaben herausarbeiten. In rechtlicher Hinsicht fallen hier besonders seine Pflichten im Zusammenhang mit der laufenden Buchführung ein, für die der Geschäftsführer nach § 41 GmbHG Sorge tragen muß. Der Jahresabschluß, vgl. §§ 242 Abs. 1, Abs. 3, 264 HGB, in dem insbesondere die Jahresbilanz als Gegenüberstellung des Ver-

---

493 Vgl. insoweit *Höhn*, Die Anforderungen an die Qualifikation des Geschäftsführers einer GmbH, GmbHR 1987, R 57; ausführlicher zum Ganzen *Höhn*, Die Geschäftsleitung der GmbH, Seite 1 ff.

494 Persönliche Eigenschaften des Geschäftsführers sind für die Beurteilung der Einhaltung des Sorgfaltsmaßstabs vielmehr unerheblich, vgl. *BGH*, Urt. v. 28.10.1971, WM 1971, 1548, 1549 (für den gleichlautenden § 93 AktG); Urt. v. 14.3.1983, NJW 1983, 1857; Baumbach/Hueck-*Zöllner*, GmbHG, § 43 Rn. 10; Lutter/Hommelhof-*Hommelhoff/Kleindiek*, GmbHG, § 43 Rn. 6; Scholz-*Schneider*, GmbHG, § 43 Rn. 165.

mögens und der Schulden der Gesellschaft auf Grundlage der Buchführung und des Jahresinventars enthalten ist und eine Gewinn- und Verlustrechnung gemäß § 242 Abs. 2 HGB, die Gegenüberstellung der Erträge und Aufwendungen des abgelaufenen Geschäftsjahres enthält, muß von ihm aufgestellt werden. Gerät das Unternehmen in die Krise, obliegt ihm auch die Insolvenzantragspflicht. Daneben ist er als organschaftlicher Vertreter der Gesellschaft im Innenverhältnis zu den Arbeitnehmern der Gesellschaft für den Abschluß und die Kündigung von Arbeitsverträgen grundsätzlich ebenso zuständig[495] wie für die gerichtliche Vertretung der Gesellschaft,[496] den Beteiligungserwerb an anderen Kapitalgesellschaften, für Mitgliedschaften in anderen Körperschaften, für die Eingehung von Personengesellschaftsverträgen und deren Kündigung.[497] Schließlich tritt er auch im Außenverkehr gegenüber Gesellschaftsgläubigern und Dritten als Vertreter auf, schließt Rechtsgeschäfte für die Gesellschaft ab und kann dabei in seiner Vertretungsmacht nach außen nicht beschränkt werden.[498]

So sehr die Vielfältigkeit der Aufgaben nun einerseits prägend für die Bestimmung der Eignungskriterien sein muß, so sehr steht andererseits außer Frage, daß von dem Geschäftsführer nicht generell verlangt werden kann, daß er alle diese Pflichten persönlich wahrnimmt. Dies nämlich würde bedeuten, einen Universalspezialisten auf den vielfältigsten Gebieten zu fordern. Schon der kleine Auszug der vom Geschäftsführer zu erfüllenden Pflichten läßt jedenfalls erahnen, daß die Vielgestaltigkeit der Aufgaben den Umfang der von ihm verlangten Kenntnisse, Fertigkeiten und Fähigkeiten ausufern lassen kann: Daß seine schulische Ausbildung es dem Geschäftsführer insoweit ermöglichen muß, seine Aufgaben intellektuell zu erfassen und schriftliche Erklärungen, Anträge sowie Stellungnahmen zu verfassen, versteht sich von selbst. Die darüber hinaus erforderlichen buchhalterischen, steuer- und finanz- und insolvenzrechtlichen Kenntnisse, die teilweise nicht nur eine besondere Ausbildung, sondern ein Studium und betriebswirtschaftliches und unternehmerisches Können und Geschick im Umgang mit Gläubigern und Behörden voraussetzen, bedingen es aber, daß nur in wenigen Ausnahmefällen Personen befähigt sind, alle diese Aufgaben ordnungsgemäß persönlich alleine und ohne fremde Hilfe zu erfüllen. Die persönliche Erfüllung aller Pflichten und eine entsprechende Befähigung auf den nur beispielhaft genannten Gebieten von allen Geschäftsführern zu verlangen, würde nämlich den Bereich der potentiell Amtsfähigen auf ein Minimum reduzieren. Daher ist insbesondere in den Bereichen, die spezielle buchhalterische, steuerrechtliche und besondere betriebswirtschaftliche Kenntnisse erfordern, anerkannt, daß sich die Geschäftsführer der Beratung, Hilfe und Unter-

---

495 Baumbach/Hueck-*Zöllner*, GmbHG, § 35 Rn. 39.

496 Dies gilt ausnahmsweise bspw. dann nicht, wenn er im Parteiprozeß Prozeßgegner der GmbH ist, vgl. näher dazu Baumbach/Hueck-*Zöllner*, GmbHG, § 35 Rn. 51.

497 Baumbach/Hueck-*Zöllner*, GmbHG, § 35 Rn. 44.

498 Baumbach/Hueck-*Zöllner*, GmbHG, § 35 Rn. 2.

stützung von Spezialisten bedienen dürfen, wenngleich ihnen dadurch nicht die Pflicht zur ordnungsgemäßen Auswahl und laufenden Kontrolle genommen werden kann. Dies ist bspw. anerkannt für den Bereich der Buchführungspflicht.[499] Hier darf sich der Geschäftsführer geeigneter Mitarbeiter oder auch selbständiger Unternehmen nach sorgfältiger Auswahl und unter laufender Kontrolle bedienen.[500] Alternativ können Buchführungsaufgaben auch einzelnen Geschäftsführern auferlegt werden, wobei den übrigen Geschäftsführern dann insoweit nur die Pflicht der sachgemäßen Auswahl der entsprechend geeigneten Kollegen und deren laufende Überwachung obliegt.[501] Dies ist auch für die meisten der anderen gesellschaftsinternen wie -externen Aufgaben möglich, die entweder durch Geschäftsverteilung auf einzelne Geschäftsführer oder durch Aufgabenübertragung auf Prokuristen und andere Bevollmächtigte übertragen werden können. Beachtet man schließlich, daß die für die GmbH typische Weisungsgebundenheit der Geschäftsführer in der einzelnen Gesellschaft sehr unterschiedlich ausgeprägt sein kann, so kann sich auch insofern die eigenverantwortliche Verpflichtung des Geschäftsführers unterschiedlich darstellen.

Durch die verschiedenartigen Gestaltungs- und vielfältigen Delegationsmöglichkeiten kann damit als Zwischenergebnis im Hinblick auf die rechtliche Seite der Geschäftsführeraufgaben nur jeweils allgemein für jeden Geschäftsführer einer jeden GmbH das Grundverständnis für die mit den Aufgaben verbundenen Fachgebiete und entsprechendes Problembewußtsein als positionsbezogen-fachliche Eignungsvoraussetzung gefordert werden. Aus der jeweiligen Ausgestaltung der GmbH und insbesondere auch der Geschäftsführung ergibt sich dann erst, welche Kenntnisse und Fähigkeiten vertieft vorhanden sein müssen, um das Unternehmen erfolgreich zu leiten.

Auch die vom Geschäftsführer zu verlangenden weiteren „Unternehmerqualitäten" sind vom Einzelfall abhängig und in ihren Voraussetzungen offen. Verfolgt die Gesellschaft bspw. keine wirtschaftlichen, sondern kulturelle Ziele, verfügt sie über keine Angestellten und wird vom Alleingesellschafter-Geschäftsführer geführt, so muß der Geschäftsführer anderes leisten als der Geschäftsführer eines erwerbswirt-

---

499 So schon *RG*, Urt. v. 14.10.1924, JW 1925, 261, 262; *BGH*, Urt. v. 8.7.1985, NJW 1986, 54, 55; *BGH*, Urt. v. 20.2.1995, BB 1995, 975; Baumbach/Hueck-*Schulze-Osterloh*, GmbHG, § 41 Rn. 22; Roth/Altmeppen-*Altmeppen*, GmbHG, § 41 Rn. 5; Lutter/Hommelhoff-*Kleindiek*, GmbHG, § 41 Rn. 5; Scholz-*Crezelius*, GmbHG, § 41 Rn. 5.

500 *RG*, Urt. v. 14.10.1924, JW 1925, 261, 262; *BGH*, Urt. v. 23.6.1953, GmbHR 1953, 123; Baumbach/Hueck-*Schulze-Osterloh*, GmbHG, § 41 Rn. 23. Ähnliches gilt im Bereich der Jahresabschlußpflicht. Allerdings ist hier zu beachten, daß es sich dabei lediglich um einen Entwurf handeln darf, die „Erstellenspflicht" durch eigene Kenntnisnahme und Billigung bleibt bei den Geschäftsführern, vgl. Baumbach/Hueck-*Schulze-Osterloh*, GmbHG, § 41 Rn. 48.

501 Baumbach/Hueck-*Schulze-Osterloh*, GmbHG, § 41 Rn. 23.

schaftlich tätigen Großunternehmens, dessen Geschäftsführung in Ressorts aufgeteilt ist. Soweit man hier trotz der eben dargelegten Schwierigkeiten § 43 GmbHG zu Rate zieht und insoweit den GmbH-Geschäftsführer als den Leiter des Unternehmens der Gesellschaft begreift, der dann fachlich einwandfrei handelt, wenn er gesicherte betriebswirtschaftliche Erkenntnisse berücksichtigt,[502] so stellt dies ein eher konservativ geprägtes Verständnis von Unternehmerqualität dar. Demgegenüber verweist *Höhn* insbesondere auch auf die Kreativität als entscheidendes Kriterium für das unternehmerische Können. Der Geschäftsführer müsse insbesondere in der Lage sein, „das Herkömmliche in Frage zu stellen", „sich bei der Lösung der auftretenden Probleme von den Fesseln überholter Ideen freizumachen" und „auf diese Weise die Entwicklung voranzutreiben".[503] Will man hier den kleinsten gemeinsamen Nenner dieser recht gegensätzlichen Positionen ausmachen, so bleibt dafür nur die Feststellung, daß der Geschäftsführer über ein betriebswirtschaftliches Verständnis und Wissen verfügen muß. Ob und inwieweit diese Kenntnisse reichen müssen und wie weit seine Verantwortung gegenüber der Gesellschaft und deren Gläubiger es zuläßt, seine unternehmerische Kreativität einzusetzen, hängt auch hier vom Einzelfall, insbesondere von der Ausgestaltung der Weisungsbefugnis der Gesellschafterversammlung, der er unterliegt, ab.

Nichts anderes ergibt sich auch hinsichtlich seiner Führungsrolle bzw. seinen „Führungsqualitäten", womit der Aspekt der Arbeitgeberfunktion gegenüber den Mitarbeitern der GmbH angesprochen ist. Insoweit hat er in rechtlicher Hinsicht nicht nur Arbeitsverträge zu schließen und zu kündigen. Vielmehr gilt es im Rahmen der unternehmerischen Strategien und Konzepte auch darum, den Mitarbeitern Ziele zu setzen, ihnen Richtlinien zu geben, sie ordnungsgemäß zu informieren und insbesondere auch zu kontrollieren.[504] Aber auch hier hängt der Umfang der Aufgaben wiederum von der Unternehmensgröße und von der inneren Strukturierung ab, so daß auch für diesen Bereich nur schwerlich allgemeingültige Anforderungen festgelegt werden können. Dies gilt insbesondere in den Fällen, in denen die Geschäftsführung in verschiedene Ressorts unterteilt ist und der Bereich „Personal" einem eigenständigen Ressort zugewiesen ist. Daß von dem Geschäftsführer, der für diesen Bereich zuständig ist, besondere „personalführungsspezifische" Kenntnisse und wohl auch Erfahrung abzuverlangen sind, liegt auf der Hand. Insofern kann auch im Hinblick auf den Aspekt Führungsqualitäten nichts Allgemeingültiges festgehalten werden. Auch die zu verlangenden Führungsqualitäten sind somit eine ausschließlich am Einzelfall zu bestimmende Größe.

---

502 Rowedder/Schmidt-Leithoff-*Koppensteiner*, GmbHG, § 43 Rn. 16.

503 *Höhn*, Die Anforderungen an die Qualifikation des Geschäftsführers einer GmbH, GmbHR 1987, R 57.

504 Vgl. *Höhn*, Die Anforderungen an die Qualifikation des Geschäftsführers einer GmbH, GmbHR 1987, R 57.

Soweit bislang festgehalten werden kann, daß die Qualität aller ausgemachten positionsbezogen-fachlichen Eignungskriterien also individuell vom Unternehmen, von dessen Größe und Geschäftsführungsstruktur abhängig gemacht werden muß, so gilt dies auch für den letzten zu beachtenden Punkt: der Kooperationsfähigkeit. Soweit die Geschäftsführung mit mehr als einer Person besetzt werden soll, so ist auch diese Fähigkeit von besonderer Bedeutung, soll doch ein gemeinsames Ziel auf einem von der Geschäftsführung gemeinsam eingeschlagenen Weg verfolgt werden. Die nur schwer meßbare Größe der Teamfähigkeit setzt die Bereitschaft zur Zusammenarbeit, geistige Aufgeschlossenheit gegenüber anderen Meinungen und neuer Ideen unter Aufgabe persönlicher Sympathien, insbesondere auch Antipathien, sowie Verzicht auf starres Festhalten am eigenen Standpunkt voraus.[505]

Positionsbezogen-fachliche Eignungsvoraussetzungen sind, wie den vorstehenden Ausführungen zu entnehmen ist, demnach - wenn überhaupt - typische gesellschaftsvertragliche und keine gesetzlichen Vorgaben. Dies zwar nicht schon aus dem Grund, daß sich diese Frage bereits wegen vitaler Eigeninteressen der Gesellschaft und der Gesellschafterversammlung an einem fachlich versierten Geschäftsführer, der die Gesellschaft nach neuesten betriebswirtschaftlichen Erkenntnissen und mit großem unternehmerischen Geschick leitet, selbst reguliert. Auch in Führungspositionen können Personalentscheidungen zweifelsohne unsachlichen Motiven unterliegen; so ist bspw. die Furcht vor starken Geschäftsführern in Familiengesellschaften kein unbekanntes Phänomen, was deren Gesellschafter veranlassen kann, fachlich weniger versierte Personen zu Geschäftsführern zu bestellen und diese im Rahmen weit ausgebauter Weisungsbefugnisse zu lenken.[506] Vielmehr ist Grundlage fehlender gesetzlicher Vorgaben die Wandlungsfähigkeit und Flexibilität des Gesellschaftstyps der GmbH, denn die Vielzahl der Gestaltungsmöglichkeiten, der Interessen und unterschiedlich ausgestalteter Pflichten und die Möglichkeit auf spezialisierte Berater zurückzugreifen, würden insbesondere wegen des Verfassungsbezugs einer solchen Regelung, die in den Bereich subjektiver Berufswahlregelung fallen würde, gesetzliche Vorgaben schnell unverhältnismäßig erscheinen lassen.[507] Etwas anderes gilt auch nicht in bezug auf die gerade angedeuteten Fälle

---

505 Vgl. *Höhn*, Die Anforderungen an die Qualifikation des Geschäftsführers einer GmbH, GmbHR 1987, R 57.

506 *Van Venrooy*, Anspruch der GmbH auf sachkundige Geschäftsführung, GmbHR 2004, 237, 246.

507 So hat das *BVerfG* bspw. den früher im Gesetz über die Berufsausübung für den Einzelhandel (EHG) geforderten Nachweis *allgemeiner kaufmännischer Kenntnisse* für verfassungswidrig erklärt, da eine solche Anforderung im Hinblick auf Art. 12 GG unverhältnismäßig sei. Weiterbildungsangebote berufsständischer Organisationen würden die Gewerbetreibenden, um ihren wirtschaftlichen Erfolg abzusichern, selbständig annehmen und staatlicher Zwang sei überflüssig. Darüber hinaus sei Konkurrenzschutz nicht geeignet, eine solche Beschränkung zu rechtfertigen, vgl. *BVerfG*, Beschl. v. 14.12.1965, BVerfGE 19, 330, 338 ff. Darüber hinaus weist, *Reuter*, Privatrechtliche Schranken der Perpetuierung der Unternehmen,

der Bestellung eines „schwachen“ Geschäftsführers, da das Bestellungsorgan im Falle unsachgemäßer Auswahl ein Haftungsanspruch der Gesellschaft treffen kann.[508] Daher soll das GmbH-Recht auch in Zukunft konsequenter Weise auf die Normierung positionsbezogen-fachlicher Eignungsvoraussetzungen verzichten und die Normierung besonderer Anforderungen an die berufliche oder universitäre Ausbildung einzelfallbezogen dem jeweiligen Statut der Gesellschaft vorbehalten bleiben.

III. Typische gesellschaftsvertragliche Regelungen

In der Praxis beschränken sich typische Regelungen im Bereich der gesellschaftsvertraglich festgelegten positionsbezogen-fachlichen Eignung des Geschäftsführers oft auf einen einzigen Teilaspekt, wie z. B.

> „Der Geschäftsführer muß über ein abgeschlossenes Hochschulstudium verfügen.“,
> „„Der Geschäftsführer muß das 35. Lebensjahr vollendet haben.“ oder
> „Der Geschäftsführer muß über mindestens drei Jahre Berufserfahrung verfügen.“

Wenngleich es den Gesellschaftern natürlich unbenommen bleibt, bei der konkreten Auswahl des Geschäftsführers weitere Kriterien einzubeziehen, die keinen Niederschlag in der Satzung gefunden haben, so birgt die Normierung solcher Einzelaspekte dennoch die Gefahr, daß ihnen in der Gesamtschau ungebührlicher Wert zukommt, obgleich sie insbesondere dann, wenn sie derart allgemein formuliert sind (bspw. „abgeschlossenes Hochschulstudium“), wenig bis gar keine Gewähr dafür bieten, daß durch ihre Anwendung bei der Auswahl eines Geschäftsführers tatsächlich „die Spreu vom Weizen“ getrennt wird.

Besonders deutlich wird die mangelnde Ergiebigkeit der festgelegten Voraussetzungen auch bei der Festsetzung eines Mindestalters, das als Kriterium Aufschluß nur über eine längere Lebens- und vielleicht auch Berufserfahrung, nicht jedoch zwingend über eine größere fachliche Eignung des Auszuwählenden gibt. Quasi umgekehrt können diese gesellschaftsvertraglichen Kriterien sogar die Amtsträgerschaft an sich geeigneter Personen hindern, die bspw. zwar nicht über das gesellschaftsvertraglich geforderte Lebensalter, aber über eine besonders qualifizierte

---

Seite 163 f. darauf hin, daß auch die Unterschiede zwischen den erfolgreichen Unternehmern der Gegenwart zeigen, daß es unmöglich ist, die Voraussetzungen und Fähigkeiten eines geeigneten Unternehmensleiters zu normieren.

508 Vgl. dazu umfassend *Van Venrooy*, Anspruch der GmbH auf sachkundige Geschäftsführung, GmbHR 2004, 237.

Ausbildung oder besondere Erfahrung verfügen, womit das wenig aussagekräftige Defizit des zu geringen Alters leicht kompensiert werden könnte. Insoweit kann sich die gesellschaftsvertragliche Festlegung gerade dieser Eignungsvoraussetzung als kontraproduktiv bzw. als den eigentlichen Interessen der Gesellschaft zuwiderlaufend darstellen.[509] Gleiches gilt für die Festlegung der Dauer der Berufserfahrung, durch die nur sichergestellt werden kann, daß die Person bereits grundsätzlich mit dem Aufgabenbereich eines Geschäftsführers vertraut ist. Doch bleibt bei nicht näher spezifizierter Ausgestaltung bspw. insbesondere offen, ob die bereits ausgeübte geschäftsführende Tätigkeit für eine Gesellschaft in der Rechtsform der GmbH wahrgenommen worden sein muß. Darüber hinaus läßt sich auch nicht bereits aus jeder Geschäftsführertätigkeit zwingend auf die erforderliche Erfahrung schließen, wenn es sich nunmehr etwa bei der zu besetzenden Position um die Leitung eines Großkonzerns handelt, die zu bestellende Person aber vorher lediglich bei einer nicht wirtschaftlich tätigen Ein-Mann-GmbH angestellt war.

Vor dem Hintergrund dieser Schwierigkeiten, insbesondere aber auch wegen der Bindungswirkung gesellschaftsvertraglicher Regelungen,[510] sollte die gut beratene Gesellschaft Abstand von der Normierung zu allgemein formulierter fachlicher Eignungsvoraussetzungen nehmen und nur aussagefähige Kriterien bezogen auf die konkrete Ausgestaltung der GmbH festlegen.[511] Dem Bestellungsorgan muß immer bewußt bleiben, daß über die statuierten hinaus immer auch alle anderen positionsbezogen-fachlichen Kriterien von Belang sind. Ihm muß die Freiheit bleiben, das Gewicht aller Eignungskriterien im Einzelfall gegeneinander abwägen zu können.[512]

IV. Zwischenergebnis

Obgleich den positionsbezogen-fachlichen Kriterien höchstes Gewicht bei der Wahl des Geschäftsführers zukommt und das jeweilige Bestellungsorgan immer umfassend prüfen muß, welche Anforderungen in welcher Intensität die zu bestel-

---

509 Darüber hinaus können gesellschaftsvertragliche Eignungsvorgaben, die das Alter des Geschäftsführers betreffen, in Zukunft auch wegen Verstoßes gegen das Benachteiligungsverbot rechtswidrig sein, vgl. bereits oben zum gleichgelagerten Problem bei der gesellschaftsvertraglichen Festlegung des Geschlechts Seite 84.

510 Vgl. näher dazu Seite 207 ff.

511 So auch *Brandmüller*, Der GmbH-Geschäftsführer, Rn. 44.

512 In diesem Zusammenhang weist *Höhn* besonders auch darauf hin, daß die Gesellschafter bei der Wahl ihrer Geschäftsführer leichtfertig allein darauf abstellen, ob der Kandidat ein guter Fachmann auf dem Gebiet ist, das ihnen besonders am Herzen liegt, und später feststellen, daß der neue Geschäftsführer nicht über die notwendigen umfassenden positionsbezogen-fachlichen Qualitäten verfügt, vgl. *Höhn*, Die Anforderungen an die Qualifikation des Geschäftsführers einer GmbH, GmbHR 1987, R57, R58; so auch *Hoffmann/Liebs*, Der GmbH-Geschäftsführer, Rn. 205.

lende Person bezogen auf die konkrete Ausgestaltung der Geschäftsführung erfüllen muß, so sind gesetzliche Vorgaben vor dem Hintergrund der Flexibilität der Gesellschaftsform der GmbH nicht wünschenswert. Aber auch hinsichtlich der Statuierung positionsbezogen-fachlicher Kriterien ist Zurückhaltung geboten, um damit nicht einseitige Schwerpunkte zu setzen und den Auswahlkreis potentieller Amtsträger selbst ungewollt einzuschränken.

C. Territoriale Merkmale (Arbeits- und Wohnort)

Nach den personen- und positionsbezogenen Eignungsvoraussetzungen soll nun ein Blick auf territoriale Kriterien bei der Wahl des Geschäftsführers geworfen werden, wobei hierunter die örtliche Beziehungen des Geschäftsführers zum Sitz des Unternehmens verstanden wird.

I. Keine gesellschaftsrechtlichen Vorgaben

Obgleich bereits im Jahre 1925 das *Danziger Registergericht* von einem Geschäftsführer einer GmbH verlangte, daß er im Gebiet der Freien Stadt Danzig wohnen müsse, um ihn als gesetzlichen Vertreter ggf. durch Ordnungsstrafen zur Erfüllung seiner Registerpflichten anhalten zu können,[513] hat diese Auffassung keinen Einfluß auf das insoweit liberale GmbHG nehmen können. Es stellt weder hinsichtlich des Wohn- und gewöhnlichen Aufenthaltsorts,[514] noch hinsichtlich seines Arbeitsorts Anforderungen an den Geschäftsführer.[515] Seine gesellschaftsrechtliche Eignung als Geschäftsführer und damit die Wirksamkeit seiner Bestellung ist damit also unabhängig von territorialen Merkmalen.[516] Wie bereits oben erörtert, kann der Geschäftsführer auch im Ausland wohnen oder arbeiten.[517]

II. Versteckte gesellschaftsvertragliche Diskriminierung wegen der Staatsangehörigkeit

Nicht unproblematisch ist aber, ob die Gesellschaft frei darin ist, in ihrem Gesellschaftsstatut einen bestimmten Wohn- oder Arbeitsort oder auch einen Herkunfts-

---

513 *OG Danzig*, Urt. v. 1.10.1925, RabelsZ 1929, 895.

514 *LG Hildesheim*, Beschl. v. 7.6.1995, GmbHR 1995, 655; *OLG Frankfurt*, Beschl. v. 22.02.2001, GmbHR 2001, 433; Scholz-*Schneider*, GmbHG, § 6 Rn. 16; Roth/Altmeppen-*Altmeppen*, GmbHG, § 6 Rn. 13; MünchAnwHdb GmbH-Recht-*Lenz*, § 7 Rn. 12; Beck'sches HdbGmbH-*Axhausen*, § 5 Rn. 12; *Erdmann*, Ausländische Staatsangehörige in Geschäftsführungen und Vorständen deutscher GmbHs und AGs, NZG 2002, 503, 505; *Wachter*, Thomas Anmerkung zu OLG Dresden, Urt. v. 5.11.2002, GmbHR 2003, 538, 539.

515 Lutter/Hommehlhoff-*Hommelhoff-Kleindieck*, GmbHG, § 6 Rn. 14.

516 Etwas anderes kann sich aus dem Berufsrecht ergeben, vgl. bspw. unten Seite 195. Rowedder/Schmidt-Leithoff-*Schmidt-Leithoff*, GmbHG, § 6 Rn. 20.

517 Siehe dazu oben Seite 108 ff.

ort für den Geschäftsführer verbindlich festzulegen, um die örtliche Nähe des Geschäftsführers zum Sitz des Unternehmens zu gewährleisten. Insoweit muß zumindest die Grenze des § 138 BGB gewahrt bleiben, durch den das Diskriminierungsverbot wegen Heimat und Herkunft über die Ausstrahlungswirkung europarechtlicher Wertungsvorgaben auch Bedeutung hinsichtlich des gesellschaftsrechtlichen Bestellungsakts erlangt und einen sachlichen Grund für Differenzierungen insbesondere hinsichtlich des Herkunftsorts fordert[518]. Darüber hinaus kann in der verbindlichen Festlegung des Wohnorts eines Geschäftsführers auch die Erzwingung eines innerdeutschen Arbeitsplatzes liegen, was sich jedenfalls ohne sachlichen Grund aus europäischer Rechtssicht als versteckte Diskriminierung aufgrund der Staatsangehörigkeit darstellen kann.[519] Eine Rechtfertigung kann aber bspw. schon dann in Betracht kommen, wenn die Gesellschaft allein in Deutschland tätig ist.

D. Kulturelle und politische Merkmale

Vor einer Auseinandersetzung mit der letzten wichtigen Gruppe der gesellschaftsrechtlichen Eignungsvoraussetzungen, den verhaltensbezogenen Merkmalen, soll der Vollständigkeit halber auch noch ein Blick auf kulturelle und politische Kriterien geworfen werden, die die Wahl des geeigneten Geschäftsführers beeinflussen können.

Nicht nur angesichts der unzähligen Zwecke, denen sich GmbHs verschreiben können,[520] sondern insbesondere auch durch die Bindung des Gesetzgebers an verfassungs- und europarechtliche Diskriminierungsverbote ist es nur konsequent, daß kulturelle Eignungsvoraussetzungen wie Sprache, Religion oder politische Anschauung in § 6 Abs. 2 GmbHG nicht normiert sind, wenngleich diese Merkmale im jeweiligen Einzelfall für eine GmbH große Bedeutung bei der Wahl des Geschäftsführers haben können.

I. Sprache

Im Einklang mit Art. 3 Abs. 3 GG besteht Einigkeit darüber, daß Geschäftsführer einer dem deutschen Recht unterliegenden GmbH auch sein kann, wer der deutschen Sprache nicht mächtig ist.[521] Etwas anderes wird auch nicht daraus abgeleitet,

---

518 Zum Einfluß europäischer Diskriminierungsverbote auf statutarische Eignungsvorgaben siehe oben Seite 33ff.

519 So auch *Erdmann*, Ausländische Staatsangehörige in Geschäftsführungen und Vorständen deutscher GmbHs und AGs, NZG 2002, 503, 504; *Geiger*, EUV/EGV, Art. 12 EGV Rn. 8.

520 Nach § 1 GmbHG können GmbHs zu jedem gesetzlich zulässigen Zweck errichtet werden.

521 Scholz-*Schneider*, GmbHG, § 6 Rn. 16; HK-*Bartels*, GmbHG, § 6 Rn. 8; Rowedder/Schmidt-Leithoff-*Schmidt-Leithoff*, GmbHG, § 6 Rn. 11; *Erdmann*, Ausländische Staatsangehörige in Geschäftsführungen und Vorständen deutscher GmbHs und AGs, NZG

daß ihm das GmbHG einige formelle Pflichten aufbürdet, deren Erfüllung in deutscher Sprache notwendig ist: So treffen ihn bereits für seine eigene Bestellung zahlreiche Anmeldungs- und Versicherungspflichten, die gegenüber dem Registergericht in deutscher Sprache zu leisten sind. Noch mehr deutschsprachige Erklärungen sind zu leisten, wenn die Bestellung bereits bei Gelegenheit der GmbH-Gründung geschieht, denn auch die Gesellschaftsgründung selbst setzt die Anmeldung seitens der Geschäftsführer voraus, vgl. § 78 GmbHG. Daneben trifft ihn die Pflicht, den gemäß § 244 HGB in deutscher Sprache zu verfassenden Jahresabschluß zu unterzeichnen. Trotz der Wichtigkeit dieser Pflichten ist anerkannt, daß sie unter Hinzuziehung eines Übersetzers oder Dolmetschers erfüllt werden können.[522] Keine Probleme entstehen ohnehin, soweit das Handels- und Steuerrecht dem nicht der deutschen Sprache mächtigen Geschäftsführer sogar die Möglichkeit eröffnet, die Buchführung in ausländischer Sprache anzulegen (§ 239 Abs. 1 HGB; § 146 Abs. 3 Satz 3 AO).

Da jede Gesellschaft schon naturgemäß bei der Wahl ihres Geschäftsführers, der nach außen auch ihr „Sprachrohr" darstellt, großen Wert auf seine Kommunikationsfähigkeit und seine Sprachkenntnisse zur Verständigung legen muß, sind gesellschaftsvertragliche Qualifikationsanforderungen, die die Beherrschung der deutschen Sprache oder einer bestimmten Fremdsprache vorsehen, lediglich besonderer Ausdruck der Wichtigkeit dieses Qualifikationserfordernisses. Der Nichtigkeit entsprechender gesellschaftsvertraglicher Regelungen nach § 138 BGB in Verbindung mit den Gedanken des Art. 3 Abs. 3 GG[523] wird hier keine Bedeutung zukommen, da die Forderung nach bestimmten Sprachkenntnissen, seien es deutsche oder seien es fremdsprachliche, vor dem Hintergrund nationaler bzw. internationaler Unternehmensstandorte und -verflechtungen und den damit einhergehenden Auslandskontakten ihre Rechtfertigung finden wird.

2002, 503, 504; *Wachter*, Anmerkung zu OLG Dresden, Urt. v. 5.11.2002, GmbHR 2003, 538, 539; *Spörlein/Tausend/Schuhmann/Handzik*, GmbH-Geschäftsführer, Rn. H 122. Besondere Anforderungen an die Sprachkenntnisse des Geschäftsführers können sich aber aus dem Berufsrecht ergeben, dem die jeweilige GmbH unterliegt. So muß bspw. der Geschäftsführer einer Bewachungs-GmbH über deutsche Sprachkenntnisse verfügen, wenn er selbst Bewachungsaufgaben wahrnehmen will, vgl. § 3 Abs. 1 in Verbindung mit § 1 Abs. 1 BewachungsVO, vgl. dazu unten Seite 186.

522 Die Kosten der Verständigung im Zivilprozeß gehen zu Lasten der GmbH, die keinen deutsch sprechenden Geschäftsführer oder Mitarbeiter hat, vgl. *OLG Koblenz*, Beschl. v. 9.8.1999, NJW-RR 2001, 612.

523 Zu diesen Beschränkungen der Privatautonomie der Gesellschafterversammlung siehe oben Seite 32.

II. Religiöse und politische Anschauungen

Da sich die Bundesrepublik Deutschland durch Art. 140 GG in Verbindung mit Art. 136 Abs. 2 WRV religiöser Neutralität verschrieben hat und Art. 3 Abs. 3 GG es verbietet, jemanden wegen seines Glaubens oder seiner religiösen Anschauung zu benachteiligen oder zu bevorzugen, ist auch das Schweigen des Gesetzgebers bezüglich der Frage des Glaubens oder religiösen Bekenntnisses des Geschäftsführers in § 6 Abs. 2 GmbHG nur konsequent. Das gleiche gilt auch für weltanschauliche Bekenntnisse[524] und ebenfalls wegen Art. 3 Abs. 3 GG auch im Hinblick auf politische Anschauungen. Diese Neutralitätspflicht zieht sich durch bis zum Registergericht, das bei der Eintragung des Geschäftsführers diesen schon wegen Art. 136 Abs. 3 WRV nicht nach seinem religiösen Bekenntnis fragen darf.[525]

Im gesellschaftsinternen, privatautonomen Bereich statutarischer Regelungen gilt diese grundgesetzlich angeordnete neutrale Haltung nicht in dieser uneingeschränkten Form. Ist die Gesellschaft religiös geprägt und stellt sich die Vorgabe dadurch als sachbezogen dar, schränkt die grundgesetzliche Ausstrahlungswirkung in Verbindung mit § 138 BGB die Gesellschaft nicht ein, Qualifikationsanforderungen hinsichtlich der Konfession, Religion oder auch der Mitgliedschaft oder Nichtmitgliedschaft in einer Glaubensgemeinschaft ebenso wie hinsichtlich politischer Anschauungen in ihrem Statut festzuschreiben.[526] Ähnlichen Einfluß nimmt auch das Europarecht durch seine Antidiskriminierungsrichtlinien auf gesellschaftsvertragliche Eignungsvoraussetzungen im Bereich Religion und Weltanschauung.[527] Wenngleich die erforderliche nationale Umsetzung der Richtlinien durch das geplante ADG noch auf sich warten läßt, so ergibt sich ihr Einfluß bereits durch die insoweit bereits europäisch geprägte Auslegung des Begriffs der guten Sitten des § 138 BGB, in die der Regelungsgehalt der Diskriminierungsrichtlinien bereits vor der nationalen Umsetzung einfließt. Dementsprechend sind gesellschaftsvertragliche Regelungen, die die Religion oder Weltanschauung des Geschäftsführers betreffen, auch aus europäischer Sicht sittenwidrig im Sinne des § 138 BGB, wenn sie nicht

---

524 *BVerwG*, Urt. v. 19.2.1992, BVerwGE 90, 1, 3 f.; Maunz/Dürig-*Korioth*, GG, Art. 140 Art. 136 WRV Rn. 33 mwN; anderer Ansicht noch *BVerwG*, Urt. v. 14.11.1980, BVerwGE 61, 152, 156.

525 Maunz/Dürig-*Korioth*, GG, Art. 140 Art. 136 WRV Rn. 24; *Erdmann*, Ausländische Staatsangehörige in Geschäftsführungen und Vorständen deutscher GmbHs und AGs, NZG 2002, 503, 505. Dies ergibt sich aber auch daraus, daß eine entsprechende gesetzliche Eignungsvoraussetzung im GmbHG fehlt, auf die sich der Prüfungsumfang des Registergerichts erstrecken könnte; vgl. näher dazu unten Seite 243.

526 Weitergehend *Erdmann*, Ausländische Staatsangehörige in Geschäftsführungen und Vorständen deutscher GmbHs und AGs, NZG 2002, 503, 505; Lutter/Hommelhoff-*Hommelhoff/Kleindiek*, GmbHG, § 6 Rn. 20.

527 Zu den gesellschaftsvertraglichen Einflüssen der europäischen Antidiskriminierungsrichtlinien siehe oben Seite 33 ff.

durch einen entsprechenden Grund - etwa die Tätigkeit der Gesellschaft in einem religiösen Bereich - gerechtfertigt sind.

III. Zwischenergebnis

Soweit kulturelle und politische Merkmale verfassungs- oder europarechtliche Diskriminierungsverbote betreffen, müssen sich auch gesellschaftsvertragliche Eignungsvoraussetzungen an ihnen messen lassen. Das bedeutet bspw., daß ein sachlicher Grund für Differenzierungen hinsichtlich Religion oder politischer Anschauung bestehen muß. Ein solcher kann aber bereits durch die Tätigkeit der Gesellschaft in einem bestimmten religiösen oder politischen Bereich gegeben sein.

E. Verhaltensbezogene Merkmale

Die letzte Gruppe gesellschaftsrechtlicher Eignungsvoraussetzungen des GmbH-Geschäftsführers stellen die verhaltensbezogenen Merkmale dar, die - wie die Bezeichnung hinlänglich vermuten läßt - nicht an äußere, dem Einfluß der zu bestellenden Person entzogenen Umstände anknüpfen, sondern die solche Faktoren im Blickfeld haben, die die Person selbst durch ihr Verhalten in bestimmten Situationen, insbesondere mit wirtschaftlichem Anknüpfungspunkt, prägen. Während gesellschaftsvertragliche Regelungen in diesem Bereich wohl eher Seltenheitswert haben,[528] kommt den beiden gesetzlichen Vorschriften verhaltensbezogener Merkmale in § 6 Abs. 2 Satz 3[529] und Satz 4[530] GmbHG eine besondere Bedeutung zu.[531] Wie für verhaltensbedingte Kriterien typisch[532] sind diese Eignungsvoraussetzungen negativ formuliert und stellen sich insofern als sog. „Ausschlußgründe" dar. Dabei weisen sie eine Besonderheit auf: Beide Ausschlußregelungen greifen öffentlich-rechtliche Sachverhalte auf und knüpfen daran ihre zivilrechtliche Wirkung: im ersten Fall an bestimmte strafrechtliche Verurteilungen, im zweiten Fall an gerichtliche oder verwaltungsbehördliche Entscheidungen. Damit wird durch diese Vorschriften der das deutsche Rechtssystem prägende Dualismus von öffentlichem Recht und Zivilrecht an dieser Stelle aufgehoben. Bestimmten öffentlich-rechtlichen Entscheidungen kommt so eine unmittelbare Wirkung auch im Gesellschaftsrecht zu. Ohne § 6 Abs. 2 Satz 3 GmbHG würde eine strafgerichtliche Verurteilung wegen §§ 283 bis 283d StGB keinen Einfluß auf die Wirksamkeit einer

528 Näher dazu unten Seite 177.

529 Näher dazu sogleich unten Seite 133.

530 Näher dazu unten Seite 159.

531 Vgl. zur Bedeutung verhaltensbezogener Ausschlußgründe in anderen europäischen Ländern, *Drygala*, Zur Neuregelung der Tätigkeitsverbote für Geschäftsleiter von Kapitalgesellschaften, ZIP 2005, 423, 424, insbesondere dort Fn. 5.

532 Vgl. insoweit auch unten die verhaltensbedingten Kriterien der gewerbe- und berufsrechtlichen Eignung Seite 181 f.

GmbH-Geschäftsführerbestellung nehmen können. Besonders interessant ist auch die in § 6 Abs. 2 Satz 4 GmbHG enthaltene Anknüpfung des Gesellschaftsrechts an gewerbe- und berufsrechtliche Verbote: Die grundsätzlich voneinander zu trennende gesellschaftsrechtliche Eignung einerseits und die berufsrechtliche Eignung andererseits[533] werden hier dann verschmolzen, wenn öffentlich-rechtliche Erfordernisse wegen mangelnder gewerbe- oder berufsrechtlicher Eignung zur härtesten Sanktion, nämlich zu der Verhängung eines Gewerbe- oder Berufsverbots, zwingen.

I. Insolvenzstraftäter (§ 6 Abs. 2 Satz 3 GmbHG)

§ 6 Abs. 2 Satz 3 GmbHG ordnet an, daß derjenige, der wegen einer Straftat nach §§ 283 bis 283d StGB verurteilt worden ist, auf die Dauer von fünf Jahren seit der Rechtskraft des Urteils nicht GmbH-Geschäftsführer sein kann.

1. Sinn und Zweck der Regelung

Diese Vorschrift stellt neben § 6 Abs. 2 Satz 4 GmbHG den ersten Teil der gesellschaftsrechtlichen Maßnahmen zur Bekämpfung von Wirtschaftskriminalität für den Bereich der Geschäftsführer von GmbHs dar, die der Gesetzgeber im Jahre 1980 zum Schutz von Gesellschaftsgläubigern sowie zu dem der Allgemeinheit und der öffentlichen Hand erlassen hat.[534] Dabei verwies er darauf, daß Verurteilungen wegen Insolvenzstraftaten bedeutungsvoll und die Persönlichkeit in solch eindeutiger Weise prägend seien, daß mit ihnen schon die Nichteignung zum Geschäftsführer indiziert sei.[535] Bei einschlägig bestraften Personen lasse sich die Neigung feststellen, immer neue Versuche im Wirtschaftsleben zu machen und an anderen Orten, in anderen Branchen und mit anderen Beteiligten selbst oder auch mit Hilfe von Strohmännern über Gesellschaftsgründungen wieder Fuß fassen zu wollen.[536] Dementsprechend soll mit § 6 Abs. 2 Satz 3 GmbHG die Fortsetzung wirtschaftskriminellen Verhaltens unter dem Deckmantel einer Kapitalgesellschaft unterbunden werden.

---

533 Siehe dazu oben Seite 23 f.

534 Die aktuelle Gesetzesinitiative hat darüber hinaus auch die Gesellschaft selber als Schutzobjekt im Blick, vgl. insoweit BR-Drucks. 141/02 Begründung des Gesetzentwurfes, Seite 40. Anders noch der Gesetzgeber von 1980, der primär nur zum Schutz Dritter Handlungsbedarf sah, vgl. BT-Drucks. 8/1347 S. 31 bzw. 65. Näher zur geschichtlichen Entwicklung dieses Ausschlußgrundes siehe oben Seite 13 ff.

535 Vgl. auch zur Begründung des Gesetzgebers oben Seite 13 ff.

536 So mit Hinweis auf die richterliche und staatsanwaltschaftliche Praxis: *Odersky*, Tagungsberichte der Sachverständigenkommission zur Bekämpfung der Wirtschaftskriminalität - Reform des Wirtschaftsstrafrechts - II. Band, 1973, Anlage Seite 27. Vgl. dazu auch *Weyand*, Insolvenzdelikte, Rn. 24.

2. Voraussetzungen und Dauer des Ausschlusses

Die rechtskräftige Verurteilung wegen Bankrotts (§ 283 StGB), besonders schweren Falles des Bankrotts (§ 283a StGB), Verletzung der Buchführungspflicht (§ 283b StGB), Gläubigerbegünstigung (§ 283c StGB) oder Schuldnerbegünstigung (§ 283d StGB) ist damit Voraussetzung für den Ausschluß aus § 6 Abs. 2 Satz 3 GmbHG.

a. Rechtskräftige Verurteilung wegen §§ 283 bis 283d StGB

Keinen Unterschied macht es dabei, ob die Tat fahrlässig oder vorsätzlich begangen worden ist, ob sie vollendet wurde oder ob sie im Versuchsstadium stecken geblieben ist. Ebenfalls differenziert die Vorschrift des § 6 Abs. 2 Satz 3 GmbHG nicht danach, ob die Straftat als Täter oder als Teilnehmer begangen worden ist.[537] Auch ist es nicht von Belang, ob der Täter die Straftat in der Branche begangen hat, in der er nunmehr als Geschäftsführer tätig sein will. Anders als der Ausschluß nach § 6 Abs. 2 Satz 4 GmbHG ist der Ausschluß nach Satz 3 auch nicht abhängig vom gleichen Unternehmensgegenstand.[538] Ferner kommt es nicht darauf an, ob das Gericht neben der Geld- oder Freiheitsstrafe als Maßregel der Besserung und Sicherung gegenüber dem Täter auch ein entsprechendes Berufsverbot nach § 70 StGB verhängt hat.[539]

Erforderlich für den Ausschluß nach § 6 Abs. 2 Satz 3 GmbHG ist vielmehr allein eine rechtskräftige Verurteilung nach §§ 283 bis 283d StGB. Dies setzt zwar voraus, daß der Täter[540] (bzw. in § 283d StGB der „andere“) seine Zahlungen eingestellt hat oder über sein Vermögen das Insolvenzverfahren eröffnet oder der Eröffnungsantrag mangels Masse abgewiesen worden ist. Dabei reichen die unterschiedlich weiten Strafrahmen dieser Vorschriften jedoch von Geldstrafe bis Freiheitsstrafe von bis zu zehn Jahren. Trotz dieser gewichtigen Unterschiede in der Strafandrohung behandelt § 6 Abs. 2 Satz 3 GmbHG alle Verurteilten gleich: derjenige, der es fahrlässig unterläßt, die Bilanz seines Vermögens in der vorgeschriebenen Zeit aufzustellen und entsprechend nach § 283b Abs. 2 in Verbindung mit Abs. 1 Nr. 3b StGB verurteilt wird, ist vom fünfjährigen Ausschluß vom GmbH-Geschäftsführeramt ebenso betroffen wie der aus Gewinnsucht handelnde Täter,

---

537 Beispielsfall bei *Voerste*, Nochmals: § 6 Abs. 2 S. 2 GmbHG, § 76 Abs. 3 S. 2 AktG: Verfassungswidrige Berufsverbote?, AG 1987, 376.

538 Scholz-*Schneider*, GmbHG, § 6 Rn. 20; Lutter/Hommelhoff-*Hommelhoff/Kleindiek*, GmbHG, § 6 Rn. 17.

539 Scholz-*Schneider*, GmbHG, § 6 Rn. 20; Baumbach/Hueck-*Hueck/Fastrich*, GmbHG, § 6 Rn. 10; Hachenburg-*Ulmer*, GmbHG, § 6 Rn. 11. Wird ein solches bei einer Insolvenzstraftat nach §§ 283 bis 283d StGB ausgesprochen, so greift neben dem Ausschlußgrund nach Seite 3 auch der des Satz 4 des § 6 Abs. 2 GmbHG ein.

540 Durch § 14 Abs. 1 StGB sind auch die Fälle erfaßt, in denen diese Umstände nicht beim Täter, sondern bei der vom Täter vertretenen Gesellschaft vorliegen.

der Bestandteile seines Vermögens oder des Vermögens der Gesellschaft, die zur Insolvenzmasse gehören würden, beiseite schafft und nach §§ 283a Nr. 1 in Verbindung mit 283 Abs. 1 Nr. 1 StGB verurteilt wird.

Allerdings greift der Ausschluß nach § 6 Abs. 2 Satz 3 GmbHG nur bei rechtskräftigem Urteil bzw. wegen § 410 Abs. 3 StPO auch bei rechtskräftigem Strafbefehl. Rechtskraft liegt dabei vor, wenn die gerichtliche Entscheidung nicht mehr durch Rechtsmittel angefochten werden kann. Soweit also gegen einen Strafbefehl Einspruch bzw. gegen ein Strafurteil Berufung und Revision eingelegt wurden, können bis zum Abschluß des Prozesses mit rechtskräftigem Urteil, das den gesellschaftsrechtlichen Ausschlußvoraussetzungen genügt, unter Umständen Jahre vergehen.[541]

b. Verurteilung wegen anderer Straftatbestände

Eine Verurteilung nach anderen Straftatbeständen als den in § 6 Abs. 2 Satz 3 GmbHG genannten löst nach dem Wortlaut der derzeitigen Fassung der Vorschrift den Ausschluß vom Geschäftsführeramt selbst dann nicht aus, wenn sie wirtschaftliche Vorgänge betrifft.[542] Insoweit ist der Wortlaut des § 6 Abs. 2 Satz 3 GmbHG eindeutig und läßt als Ausnahmevorschrift keine Analogie zu. Vielfach wird insoweit darauf hingewiesen, daß andere Tatbestände zu viele Sachverhaltsgestaltungen erfassen und den Ausschluß vom Geschäftsführeramt sowohl vom geschützten Rechtsgut als auch vom Unrechtsgehalt der Tat her als Rechtsfolge nicht immer angemessen erscheinen lassen.[543] Nur wenn der Täter bei anderweitiger Verurtei-

---

541 Gleichwohl kann die Gefährlichkeit des Täters bereits vor Abschluß eines laufenden Verfahrens den Ausschluß vom Geschäftsführeramt erforderlich machen. Soweit dies gesellschaftsrechtlich erreicht werden soll, muß das zuständige Berufsgericht oder die zuständige Verwaltungsbehörde tätig werden, vgl. dazu unten Seite 162 f. bzw. 166 f. Das Strafgericht kann in diesem Verfahrensstadium nur ein vorläufiges Berufsverbot nach § 132a StPO verhängen. Zu dessen gesellschaftsrechtlicher Wirkung, siehe unten Seite 165.

542 *BayObLG*, Beschl. v. 18.7.1991, BB 1991, 1730, 1731; *LG Köln*, Beschl. v. 6.1.1995, NJW-RR 1995, 553; Scholz-*Schneider*, GmbHG, § 6 Rn. 20; Lutter/Hommelhoff-*Hommelhoff/Kleindiek*, GmbHG, § 6 Rn. 17; Baumbach/Hueck-*Hueck/Fastrich*, GmbHG, § 6 Rn. 10; Roth/Altmeppen-*Altmeppen*, GmbHG, § 6 Rn. 8; MüHdb GesR III-*Heinrich*, § 6 Rn. 11; MüHdb GesR III-*Marsch-Barner/Diekmann* § 42 Rn. 7; *Fleischer*, Bestellungshindernisse und Tätigkeitsverbote von Geschäftsleitern im Aktien-, Bank- und Kapitalmarktrecht, WM 2004, 157, 158. Gleicher Ansicht, obwohl er die Differenzierung problematisch findet, ist wohl auch Hachenburg-*Ulmer*, GmbHG, § 6 Rn. 11.

543 Bericht des Rechtsausschusses BT-Drucks. 8/3908 Seite 70; *Schmidt*, Grundzüge der GmbH-Novelle, NJW 1980, 1767, 1773; *Fleischer*, Bestellungshindernisse und Tätigkeitsverbote von Geschäftsleitern im Aktien-, Bank- und Kapitalmarktrecht, WM 2004, 157, 158. Dennoch wird eine Erweiterung des § 6 Abs. 2 Satz 3 GmbHG im Rahmen des geplanten FoSiG angestrebt, vgl. oben Seite 17.

lung mit einem Berufsverbot im Sinne des § 70 StGB belegt wird, kommt ein Ausschluß in Betracht, der sich dann allerdings aus § 6 Abs. 2 Satz 4 GmbHG ergibt.[544]

c. Dauer des Ausschlusses

Das Verbot der Tätigkeit als Geschäftsführer einer GmbH ist zeitlich begrenzt und wirkt unabhängig davon, ob es sich um eine Verurteilung wegen fahrlässiger Verletzung der Buchführungspflicht zu einer geringen Geldstrafe oder ob es sich um eine Verurteilung wegen besonders schweren Falles des Bankrotts zu einer zehnjährigen Haftstrafe handelt, für die Dauer von fünf Jahren. Die Frist beginnt mit Rechtskraft des Urteils, vgl. §§ 314, 341 StPO. Sie berechnet sich nach den §§ 186 ff. BGB, wobei nach § 6 Abs. 2 Satz 3, 2. Hs. GmbHG der Zeitraum, in welchem der Täter auf behördliche Anordnung in einer Anstalt verwahrt worden ist, auszunehmen ist. Das bedeutet, daß sowohl derjenige, der zu einer geringen Geldstrafe verurteilt wurde ebenso wie derjenige, der eine Haftstrafe von zehn Jahren verbüßen muß, neben Ableistung seiner Strafe fünf Jahre lang nicht Geschäftsführer sein kann.

3. Rechtstatsächliche Bedeutung und Reformbestrebungen

Die rechtstatsächliche Bedeutung der Verurteilungen wegen Insolvenzstraftaten ist nach wie vor nicht unerheblich: Die nach §§ 283 bis 283d StGB Verurteilten rufen jährlich gewaltige volkswirtschaftliche Schäden hervor. Dies galt nicht nur zum Zeitpunkt der Schaffung des § 6 Abs. 2 Satz 3 GmbHG Ende der 70er/Anfang der 80er Jahre. So resultierte bspw. im Jahre 1977 aus 1.042 vollendeten Fällen schon ein Gesamtschaden in Höhe von 450 Mio. DM.[545] In wirtschaftlich schwierigen Zeiten wie heute ist die Schadenssumme sogar noch viel größer: So lag die Zahl der nach §§ 283 bis 283d StGB verurteilten Personen im Jahre 2002 bspw. bei 4.528 vollendeten Fällen, wobei eine Gesamtschaden in Höhe von mehr als 942 Mio. EUR verursacht wurde.[546] Nicht nur, daß sich seit Einfügung des Ausschlußgrundes nach § 6 Abs. 2 Satz 3 GmbHG die Zahl der Insolvenzstraftäter somit mehr als vervierfacht hat, auch der aus diesen Delikten folgende Schaden hat sich mehr als vervierfacht und reicht nahe an die Milliarden EUR-Grenze.

Zwar resultiert aus der Verwirklichung von Insolvenzdelikten daher auch heute noch der höchste Anteil am Gesamtschaden von Wirtschaftskriminalität, doch liegt die Anzahl der Täter der Insolvenzstraftaten an der Wirtschaftskriminalität insge-

---

544 Ausführlich zum Ausschluß des Geschäftsführers wegen Berufs- oder Gewerbeverbot siehe unten Seite 159 ff.

545 Vgl. oben Seite 14.

546 Polizeiliche Kriminalstatistik 2003, Seite 66.

samt nur bei durchschnittlich weniger als 10%.[547] Mit über 60% nimmt der Betrug als Wirtschaftsstraftat[548] den Hauptanteil der Fälle der Wirtschaftsdelikte ein.[549] Vor diesem Hintergrund verwundert es nicht, daß aktuelle Gesetzesbestrebungen[550] § 6 Abs. 2 Satz 3 GmbHG in seinem Anwendungsbereich erweitern und auf andere strafgerichtliche Verurteilungen mit wirtschaftlichem Bezug ausdehnen wollen. So sollen nach dem Entwurf des FoSiG Verurteilungen wegen Betruges, Untreue, Vorenthalten und Veruntreuen von Arbeitsentgelt sowie wegen Verwirklichung der Straftatbestände der §§ 82 und 84 Abs. 1 Nr. 2 GmbHG, §§ 399 bis 401 Abs. 1 AktG und § 2 des geplanten Gesetzes über die Sicherung von Bauforderungen ebenfalls zum Amtsausschluß führen.[551] Doch wenngleich die Bekämpfung von Wirtschaftskriminalität ein noch so erstrebenswertes Ziel des Gesetzgebers ist, darf insbesondere nicht vergessen werden, welche verfassungsrechtliche Bedeutung der Ausschluß für betroffene Personen hat.[552] *Stein* wies insoweit bereits im Jahre 1987 auf die Bedenklichkeit des § 6 Abs. 2 Satz 3 GmbHG hin und schlug eine Neukonzeption in Anlehnung an strafgerichtliche Berufsverbote vor.[553] Allerdings gelang es ihr nicht, um ihren Vorschlag eine Diskussion in Literatur und Rechtsprechung zu entfachen.[554] Gerade vor dem Hintergrund aktueller Gesetzesbestrebungen muß ihr Vorwurf jedoch erneut aufgegriffen, diskutiert und ggf. über alternative Ausschlußregelungen nachgedacht werden.

---

547 1999: 9,2%, 1998: 11,3%, 1997: 8,0%, 1996: 7,4%, 1995: 7,2%, 1994: 6,6%, vgl. Erster Periodischer Sicherheitsbericht 2000, Seite 140.

548 Dabei sind nur 9,2% aller Betrugsfälle der Wirtschaftskriminalität zuzuordnen, vgl. Erster Periodischer Sicherheitsbericht 2000, Seite 140.

549 1999: 60,5%, 1998: 61,0%, 1997: 68,0%, 1996: 65,1%, 1995: 70,0%, 1994: 73,9%, vgl. Erster Periodischer Sicherheitsbericht 2000, Seite 140.

550 Näher dazu oben Seite 17 ff. Kritisch hierzu *Drygala*, Zur Neuregelung der Tätigkeitsverbote für Geschäftsleiter von Kapitalgesellschaften, ZIP 2005, 423 ff.

551 Zum Wortlaut der geplanten Vorschrift siehe oben Fn. 82.

552 Vgl. allgemein dazu schon oben Seite 25 ff.

553 *Stein*, § 6 Abs. 2 Satz 2 GmbHG, § 76 Abs. 3 Satz 2 AktG: Verfassungswidrige Berufsverbote? AG 1987, 165 ff.

554 Vielmehr zieht sich die Literatur seither zumeist entweder darauf zurück, lediglich auf die verfassungsrechtliche Bedenklichkeit hinzuweisen (vgl. Hachenburg-*Ulmer*, GmbHG, § 6 Rn. 11), oder aber ohne nähere Begründung die verfassungsrechtliche Unbedenklichkeit zu behaupten und lediglich auf die anders lautende Mindermeinung zu verweisen (vgl. Scholz-*Schneider*, GmbHG, § 6 Rn. 20; Lutter/Hommelhoff-*Hommelhoff/Kleindiek*, GmbHG, § 6 Rn. 17; Baumbach/Hueck-*Hueck/Fastrich*, GmbHG, § 6 Rn. 10; Rowedder/Schmidt-Leithoff-*Schmidt-Leithoff*, GmbHG, § 6 Rn. 16 unter Fn. 29; Michalski-*Heyder*, GmbHG, § 6 Rn. 21). Bezüglich des gleichlautenden § 76 Abs. 3 Satz 2 AktG sprechen sich jedoch KölnKomm-*Mertens*, AktG, § 76 Rn. 106; GroßkommAktG-*Kort*, AktG, § 76 Rn. 216; MüKo AktG-*Hefermehl/Spindler*, § 76 Rn. 92 mit Verweis auf den Aufsatz von *Stein* ebenfalls für die Verfassungswidrigkeit aus.

4. § 6 Abs. 2 Satz 3 GmbHG und seine geplante Erweiterung im Einklang mit der Verfassung?

Die geltende Vorschrift des § 6 Abs. 2 Satz 3 GmbHG gerät mehrfach mit der Verfassung in Konflikt: Auf tatbestandlicher Ebene ist die alleinige gesellschaftsrechtliche Sanktionierung von Verurteilungen nach §§ 283 bis 283d StGB gleich zweifach in bezug auf Art. 3 Abs. 1 GG problematisch: zum einen im Hinblick auf eine Ungleichbehandlung im Vergleich zu anderen Straftätern,[555] und zum anderen im Hinblick auf die Gleichbehandlung aller Straftäter, die nach den Tatbeständen der §§ 283 bis 283d StGB verurteilt worden sind.[556] Aber auch auf der Rechtsfolgenseite ist die Vorschrift - in der geltenden Fassung wie in der geplanten Fassung durch das FoSiG - heikel: Aufgrund der starren Rechtsfolge des fünfjährigen Ausschlusses vom Geschäftsführeramt kommt sowohl eine Verletzung der durch Art. 12 Abs. 1 GG geschützten Berufsfreiheit des Betroffenen[557] als auch eine Verletzung der durch Art. 9 Abs. 1 GG geschützten Selbstregelungsfreiheit der Gesellschaft[558] in Betracht.

a. Verstoß gegen Art. 3 Abs. 1 GG wegen Ungleichbehandlung mit anderen Straftatbeständen

Tatbestandlich verstößt die geltende Vorschrift bereits dadurch, daß sie nur eine Verurteilung wegen §§ 283 bis 283d StGB[559] gesellschaftsrechtlich sanktioniert und nicht die Täter verwandter Delikte vom Geschäftsführeramt ausschließt, gegen den Gleichbehandlungsgrundsatz aus Art. 3 Abs. 1 GG, denn nur Wirtschaftskriminelle, die nach den §§ 283 bis 283d StGB verurteilt wurden, werden durch § 6 Abs. 2 Satz 3 GmbHG auch zivilrechtlich sanktioniert.

aa. Vergleich von §§ 283 bis 283d StGB mit anderen Wirtschaftsstraftatbeständen

Dabei läßt sich allerdings ein Verfassungsverstoß nicht schon daraus ableiten, daß im geltenden § 6 Abs. 2 Satz 3 GmbHG die nach §§ 283 bis 283d StGB Verurteilten ungleich im Vergleich zu den Verurteilten behandelt werden, die wegen den häufig im Zusammenhang mit Insolvenzverfahren verwirklichten weiteren Straftatbeständen des StGB belangt wurden.[560] Bei diesen Delikten handelt es sich im we-

---

555 Näher dazu unten Seite 138 ff.

556 Näher dazu unten Seite 144 ff. Insoweit sieht das FoSiG keine Änderung vor.

557 Näher dazu unten Seite 145 ff.

558 Näher dazu unten Seite 151 ff.

559 Das FoSiG plant darüber hinaus eine Erweiterung der Insolvenzdelikte in § 283e StGB, der ebenfalls in den Katalog der Ausschlußgründe in § 6 Abs. 2 Satz 3 GmbHG aufgenommen werden soll, vgl. Fn. 82.

560 Das geplante FoSiG sieht insoweit Erweiterungen vor, vgl. oben 137.

sentlichen um Betrugs- und Untreuedelikte (§§ 263 ff; 266 StGB),[561] Urkundenfälschungen (§ 267 StGB) und falschen Versicherungen an Eides Statt (§ 156 StGB).[562] Denn diese Tatbestände sind mit den in § 6 Abs. 2 Satz 3 GmbHG genannten schon nicht so wesentlich gleich, daß aus der Nichteinbeziehung dieser Verurteilungen ein Verstoß gegen das Gleichbehandlungsgebot gezogen werden kann. Denn das für einen Verstoß gegen Art. 3 GG erforderliche „wesentlich Gleiche" dieser weiteren Straftatbestände im Vergleich mit den §§ 283 bis 283d StGB ergibt sich weder aus einem allseits bestehenden speziellen Insolvenzbezug noch aus einem generellem Wirtschaftskriminalitätsbezug. Zwar lassen sich am ehesten Parallelen zwischen §§ 283 bis 283d StGB und dem Tatbestand der Untreue gemäß § 266 StGB ziehen. Denn derjenige, der die Pflicht hat, fremdes Vermögen zu betreuen, kann hier wie da Täter sein. Handelt er im Rahmen von Insolvenzen allein im eigenen Interesse, so liegt Untreue, handelt er für das Unternehmen, oder wenigstens in dessen Interesse, so liegt eine Bankrottstraftat vor.[563] Allerdings erfaßt § 266 StGB anders als die §§ 283 bis 283d StGB noch viele weitere Sachverhaltsgestaltungen und hat anders als diese weder zwingend insolvenzrechtlichen noch wirtschaftskriminellen Bezug.[564]

Das gleiche Bild ergibt ein Vergleich mit den Betrugsvorschriften. Zwar kann ein Betrug auch im Zusammenhang mit Insolvenzen stehen, besonders in der Form des Leistungskreditbetrugs.[565] In diesen Fällen erlangt bzw. veranlaßt der Täter betrügerisch (Werk-)Leistungen im Zusammenhang mit Insolvenzen ohne Bezahlung oder Gegenleistung bzw. nur gegen Anzahlung.[566] Ferner kommt auch die betrüge-

---

561 Der *Deutsche Anwaltverein* hat im gesetzgeberischen Anhörungsverfahren die Aufnahme der Tatbestände der §§ 263, 266 StGB in die Regelung des § 6 Abs. 2 Satz 3 GmbHG erfolglos angeregt, vgl. Anhörungsprotokoll, Seite 24.

562 Daneben kommen aus anderen Gesetzen noch Steuerhinterziehung; Nichtabführen von Arbeitnehmerbeiträgen zur Sozialversicherung etc. in Betracht. Siehe dazu noch unten Seite 158.

563 Die Rechtsprechung stellt insoweit zur Abgrenzung auf die Interessentheorie ab, vgl. *BGH*, Urt. v. 5.10.1954, BGHSt 6, 314, 316; Urt. v. 20.5.1981, BGHSt 30, 127, 130; dazu auch *Reck*, Insolvenzstraftaten und deren Vermeidung, Rn. 418 ff.; Müller-Gugenberger/Bieneck-*Bieneck*, § 75 Rn. 54.

564 Als Beispiel sei hier nur der Fall des Eisenbahners, der Gelder aus dem Verkauf von Fahrkarten an sich genommen hat, genannt, sog. „Eisenbahner"-Fall *BGH*, Urt. v. 11.12.1957, BGHSt 13, 315.

565 Im Jahr 2000 wurden 1.585 vollendete Fälle des Leistungsbetrugs registriert, wobei ein Schaden von 61,8 Mio. DM entstanden ist, vgl. *Bundeskriminalamt*, Bundeslagebericht Wirtschaftskriminalität 2000, Seite 91. Daneben wurden 2.950 Fälle des Warenkreditbetrugs registriert, wobei sich der Schaden dort in Höhe von 129,5 Mio. DM beläuft (allerdings ohne Differenzierung nach Zusammenhang mit Insolvenz!), vgl. *Bundeskriminalamt*, Bundeslagebericht Wirtschaftskriminalität 2000, Seite 67 f.

566 *Bundeskriminalamt*, Bundeslagebericht Wirtschaftskriminalität 2000, Seite 91.

rische Erlangung von Waren im Zusammenhang mit Insolvenzen ohne Bezahlung oder Gegenleistung bzw. nur durch Anzahlung, sog. Warenkreditbetrug, in Betracht.[567] Jedoch umfassen die Tatbestände der §§ 263 ff. StGB bspw. auch die Fälle, daß der Täter im Selbstbedienungsladen ein Preisschild auswechselt und durch die Täuschung dafür sorgt, daß ein niedriger Preis berechnet wird. Ebenso umfassen sie Computerkriminalität, wie z.B. ec-Kartenmißbrauch. Diese Tatbestände werden daher gerade nicht notwendigerweise im Zusammenhang mit Insolvenzen vollendet. Nicht jeder Betrüger handelt insolvenzbezogen und ist Wirtschaftskrimineller. Insofern sind auch Verurteilungen nach §§ 263 ff. StGB nicht „wesentlich gleich" mit den Verurteilungen nach §§ 283 bis 283d StGB, so daß auch deren Nichteinbeziehung in § 6 Abs. 2 Satz 3 GmbHG nicht geeignet ist, einen Verfassungsverstoß zu begründen.

Ähnliches ergibt der Vergleich der Verurteilung wegen Urkundenfälschung, § 267 StGB, bzw. wegen falscher Versicherung an Eides Statt, § 156 StGB, mit den in § 6 Abs. 2 Satz 3 GmbHG genannten Tatbeständen. Auch insoweit fehlt es an einem generell insolvenzrechtlichen oder wirtschaftlichen Bezug, der die Verurteilungen als so wesentlich gleich erscheinen läßt, daß sich aus deren Ungleichbehandlung ein Verfassungsverstoß ergeben könnte. *Stein* ist also zuzustimmen, daß aus der Nichteinbeziehung zu den häufig im Zusammenhang mit den §§ 283 bis 283d StGB verwirklichten Insolvenzdelikten des StGB im weiteren Sinne kein Verstoß gegen Art. 3 GG folgt.[568]

bb. Vergleich von §§ 283 bis 283d StGB mit Insolvenzverschleppungsdelikten

Etwas anderes ergibt für die geltende Regelung des § 6 Abs. 2 Satz 3 GmbHG allerdings der Vergleich mit den spezialgesetzlich geregelten Sonderstrafnormen der Insolvenzverschleppung.[569] Darunter werden Verstöße gegen die bei verschiedenen Gesellschaften (einschließlich der Genossenschaften) gesetzlich geregelte Pflicht zur Stellung eines Insolvenzantrags verstanden. Die Verantwortlichen der Gesellschaften sind verpflichtet, bei Zahlungsunfähigkeit oder Überschuldung unverzüglich die Eröffnung des Insolvenzverfahrens zu beantragen. Für die GmbH ergibt sich diese Verpflichtung aus §§ 64 Abs. 1, 71 Abs. 4 GmbHG mit der strafrechtlichen Sanktion in § 84 Abs. 1 Nr. 2, Abs. 2 GmbHG, für die Aktiengesellschaft er-

---

567 *Bundeskriminalamt*, Bundeslagebericht Wirtschaftskriminalität 2000, Seite 93.

568 *Stein*, § 6 Abs. 2 Satz 2 GmbHG, § 76 Abs. 3 Satz 2 AktG: Verfassungswidrige Berufsverbote? AG 1987, 168. Eine andere Frage ist es, ob zur effektiven Bekämpfung von Wirtschaftskriminalität nicht über einen Ausschluß weiterer Straftäter nachgedacht werden sollte, vgl. näher dazu unten Seite 157.

569 Der Erweiterungsvorschlag des FoSiG erstreckt den Ausschluß zumindest teilweise auf die Insolvenzverschleppungsdelikte, vgl. dazu unten Seite 143.

gibt sie sich aus §§ 92 Abs. 2, 268 Abs. 2 Satz 1 AktG, ggf. in Verbindung mit §§ 278 Abs. 3 oder 283 Nr. 14 AktG mit Straftatbestand in § 401 Abs. 1 Nr. 2, Abs. 2 AktG, für die Genossenschaft folgt die Verpflichtung aus § 99 Abs. 1 GenG mit der Straffolge in § 148 Abs. 1 Nr. 2, Abs. 2 GenG und schließlich für die Personenhandelsgesellschaften OHG, KG, GmbH & Co. KG etc. aus §§ 130a Abs. 1, 130a in Verbindung mit § 161 Abs. 2 oder § 130a in Verbindung mit 177a HGB mit dem einheitlichen Straftatbestand in § 130b HGB.[570]

Zwar weichen die genannten Strafbestimmungen teilweise im Wortlaut geringfügig voneinander ab, im wesentlichen sind sie jedoch in ihrem Gehalt identisch.[571] Da § 84 Abs. 1 Nr. 2 GmbHG die größte Bedeutung zukommt,[572] soll die Diskussion exemplarisch an dieser Sonderstrafnorm, die im Vergleich zu den anderen Sondernormen den größten Nähebezug zur Person des GmbH-Geschäftsführers aufweist, geführt werden.[573] Wie die Insolvenzstraftatbestände des StGB erfaßt die Sondernorm des § 84 Abs. 1 Nr. 2 GmbHG die gleiche Gefährdungslage. Alle Tatbestände knüpfen an die Gefährdungslage kurz vor oder während einer Insolvenz an. Dabei unterscheiden die §§ 283 bis 283d StGB nicht danach, ob ein selbständig Gewerbetreibender oder eine Gesellschaft zahlungsunfähig ist oder zu werden droht. Die Sondernorm im GmbHG sanktioniert hingegen allein den Spezialfall, in dem sich die GmbH in einer wirtschaftlichen Krise befindet. Zwar sind die Tatbestände der §§ 283 bis 283d StGB nicht speziell auf einen bestimmten Täterkreis zugeschnitten, damit sie auf alle kaufmännischen Betriebe Anwendung finden können. Demzufolge sind die Tatbestände zwar weiter als der des § 84 Abs. 1 Nr. 2 GmbHG, der sich nur an den Geschäftsführer einer GmbH wendet. Doch gelten die §§ 283 bis 283d StGB durch § 14 Abs. 1 Nr. 1 StGB auch für diese Personen. Entsprechend sind die Delikte vergleichbar. *Stein* wirft insoweit zu Recht die Frage auf, ob nicht sogar eine stärkere Vermutung für die Ungeeignetheit einer Person sprechen würde, die gerade in dem Amt eines Geschäftsführers schon einmal versagt hat, als für die Ungeeignetheit der Person, die allein im kaufmännischen Verkehr straffällig geworden ist.[574]

---

570 Daneben gibt es Sonderstrafnormen für die Verantwortlichen der Kreditinstitute und Versicherungsunternehmen in § 55 in Verbindung mit § 46b KWG und § 141 in Verbindung mit § 88 VAG.

571 *Wabnitz/Janovsky*, Handbuch des Wirtschafts- und Steuerstrafrechts, Kapitel 7 Rn.17.

572 Im Jahre 2000 entfielen bspw. nur 158 Fälle auf §§ 130a, 177b HGB, aber 6.203 Fälle auf § 84 GmbHG. Das Jahr 1999 liefert ein ähnliches Bild: 5.856 erfaßte Fälle des § 84 GmbHG gegenüber 137 Fällen der Insolvenzverschleppung nach HGB, vgl. Polizeiliche Kriminalstatistik 2000, Seite 41.

573 Für den Vergleich der §§ 283 bis 283d StGB zu § 401 AktG, § 148 GenG, §§ 130b, 177a HGB gilt jedoch ähnliches.

574 *Stein*, § 6 Abs. 2 Satz 2 GmbHG, § 76 Abs. 3 Satz 2 AktG: Verfassungswidrige Berufsverbote? AG 1987, 165, 168.

Da § 84 Abs. 1 GmbHG für die vorsätzliche Begehung eine Freiheitsstrafe bis zu drei Jahren oder Geldstrafe vorsieht und die Fahrlässigkeitstat nach Abs. 2 mit Freiheitsstrafe bis zu einem Jahr oder mit Geldstrafe sanktioniert ist, liegt die Strafandrohung der Sonderstrafnorm im gleichen Rahmen wie einige Tatbestände der §§ 283 bis 283d StGB, so daß auch insoweit Vergleichbarkeit gegeben ist. Darüber hinaus sind die Delikte nicht nur tatbestandlich und in der Rechtsfolge vergleichbar, sondern auch die Gefährlichkeit der Täter dieser Delikte ist gleichartig. Dies zeigt der rechtstatsächliche Vergleich der Fallzahlen von Verurteilungen nach §§ 283 bis 283d StGB einerseits und § 84 Abs. 1 Nr. 2 GmbHG andererseits. Im Jahre 2003 entfielen allein 8.222 vollendete Fälle auf die Insolvenzverschleppung nach § 84 Abs. 1 Nr. 2 GmbHG,[575] „nur" 6.849 vollendete Fälle fielen demgegenüber im gleichen Jahr auf die gesamte Gruppe der §§ 283 bis 283d StGB.[576] Der aufgedeckte Schaden, der durch Täter des § 84 Abs. 1 Nr. 2 GmbHG im Jahr 2002 entstanden ist, belief sich auf 2,163 Mrd. EUR;[577] demgegenüber entstand aus der Verwirklichung der §§ 283 bis 283d StGB ein bekannt gewordener Schaden in Höhe von 942,5 Mio. EUR. Diese Fakten belegen, daß die Insolvenzverschleppung nach GmbHG sowohl aufgrund ihrer Fallzahlen als auch aufgrund der Höhe des durch sie verursachten Schadens keine zu vernachlässigende Größe darstellt, sondern daß die Täter sogar die größte Gruppe der Insolvenzstraftäter ausmachen, die ebenfalls den größten Gesamtschaden verursachen. Insofern ist der Vergleich mit den durch § 6 Abs. 2 Satz 3 GmbHG gesellschaftsrechtlich ausgeschlossenen Verurteilten nur berechtigt.

Im Hinblick auf die Vergleichbarkeit der in § 6 Abs. 2 Satz 3 GmbHG genannten Tatbestände mit § 84 GmbHG muß sich der Gesetzgeber bei dem beschränkten Ausschluß von Wirtschaftsstraftätern vom Geschäftsführeramt somit auf einen gewichtigen sachlichen Grund für diese Differenzierung berufen können,[578] um dem Vorwurf der Verfassungswidrigkeit zu entgehen. Ein solcher ist jedoch aufgrund der von den Verurteilten identisch ausgehenden Gefährdung weder ersichtlich, noch ist er dadurch entbehrlich, daß das Fehlen der Insolvenzverschleppung in der Regelung des § 6 Abs. 2 Satz 3 GmbHG wahrscheinlich allein auf einem re-

---

575 Polizeiliche Kriminalstatistik 2004, Seite 69. Da es im Jahr 2002 7.498 vollendete Fälle gab, Polizeiliche Kriminalstatistik 2003, Seite 43, entsprich dies einer Steigerungsrate von 9,7%.

576 Polizeiliche Kriminalstatistik 2004, Seite 66. Im Jahre 2002 wurden 6.569 vollendete Fälle gezählt, vgl. Polizeiliche Kriminalstatistik 2004, in der die Zahlen für das Jahr 2002 gegenüber dem Bericht aus 2003 wegen dortiger Nichterfassung des Bundeslandes Baden Württemberg höher ausfallen.

577 Polizeiliche Kriminalstatistik 2003, Tabelle 7, Seite 6, Schlüsselnummer 7121. Im Vorjahr belief sich der Schaden auf 1,65 Mrd. EUR, Polizeiliche Kriminalstatistik 2002, Tabelle 7, Seite 6, Schlüsselnummer 7121.

578 Vgl. *BVerfG*, Beschl. v. 1.7.1964, BVerfGE 18, 121, 124; Beschl. v. 9.7.1969, BVerfGE 26, 302, 310.

daktionellen Versehen im Gesetzgebungsverfahren beruht. So ergibt sich zwar aus den Tagungsberichten der Kommission zur Bekämpfung der Wirtschaftskriminalität, daß die schuldhafte Verzögerung der Stellung eines Antrages auf ein gerichtliches Insolvenzverfahren als kaufmännisch zu beanstandendes Verhalten Gegenstand der Erörterung der Kommission gewesen sein muß,[579] doch enthielt die Empfehlung für den Gesetzgeber lediglich, daß die Verurteilung wegen „bestimmter Konkursstraftaten" zu einem Geschäftsführerausschluß führen solle.[580] In Umsetzung dieses Vorschlags enthielt der erste Regierungsentwurf dann lediglich - ohne nähere Begründung - allein die §§ 283 bis 283d StGB als Ausschlußtatbestände. Dafür, daß es sich bei der Außerachtlassung der spezialgesetzlich geregelten Straftatbestände der Insolvenzverschleppung lediglich um ein redaktionelles Versehen handelte, spricht auch die Tatsache, daß derzeitige Reformbestrebungen § 6 Abs. 2 Satz 3 GmbHG zumindest um § 84 GmbHG und § 401 AktG ergänzen wollen.[581] Allerdings können diese Umstände das Fehlen der Insolvenzverschleppungsdelikte nur erklären; sie können aber nicht über das Nichtvorliegen eines sachlichen Grundes hinweghelfen. Ein redaktioneller Fehler des Gesetzgebers ersetzt nicht die Rechtfertigung durch einen sachlichen Grund.[582]

Somit verstößt § 6 Abs. 2 Satz 3 GmbHG in der geltenden Fassung zwar nicht wegen des Fehlens anderer Straftatbestände des StGB mit insolvenz- oder wirtschaftlichem Bezug gegen Art. 3 Abs. 1 GG, wohl aber durch die Tatsache, daß die besonderen Insolvenzverschleppungstatbestände nicht auch zum Amtsausschluß führen. Auch die geplante Erweiterung durch das FoSiG kann diesen Verfassungsverstoß nicht gänzlich ausräumen. Zwar ist geplant, die Verurteilungen wegen spezialgesetzlicher Insolvenzverschleppung nach § 84 Abs. 1 Nr. 2 GmbHG und § 401 AktG als Ausschlußgrund aufzunehmen, jedoch ist nicht ersichtlich, warum nicht ebenso auch die §§ 148 Abs. 1 Nr. 2, Abs. 2 GenG, 130b HGB als spezielle Insolvenzverschleppungsstraftatbestände des allgemeinen Handelsrechts und des Genossenschaftsrechts die Amtsunfähigkeit nach sich ziehen sollen. Wenn schon bei Verurteilungen wegen §§ 283 bis 283d StGB keine Differenzierung danach gemacht wird, welche Rechtsform bei der Begehung der Tat eine Rolle spielte, kann

---

579 *Heidland* schlug dies der Kommission in seinem Gutachten vom 24.1.1973 vor, vgl. Tagungsbericht der Sachverständigenkommission zur Bekämpfung der Wirtschaftskriminalität - Reform des Wirtschaftsstrafrechts - II. Band, 1973, Anlage 2, Seite 43.

580 Vgl. Tagungsbericht der Sachverständigenkommission zur Bekämpfung der Wirtschaftskriminalität - Reform des Wirtschaftsstrafrechts - III. Band, 1973, Seite 27 ff.

581 Allerdings beschränkt sich die Ergänzung auf die GmbH- und aktienrechtlichen Sonderstrafnormen, vgl. oben Seite 18, Fn. 82.

582 *Stein*, § 6 Abs. 2 Satz 2 GmbHG, § 76 Abs. 3 Satz 2 AktG: Verfassungswidrige Berufsverbote? AG 1987, 165. 169. So jetzt auch im Zusammenhang mit der geplanten Neuregelung *Drygala*, Zur Neuregelung der Tätigkeitsverbote für Geschäftsleiter von Kapitalgesellschaften, ZIP 2005, 423, 425.

dies auch nicht bei den spezialgesetzlich geregelten Insolvenzverschleppungsdelikten entscheidend sein.

b. Verstoß gegen Art. 3 Abs. 1 GG wegen Gleichbehandlung der §§ 283 bis 283d StGB untereinander

Darüber hinaus verstößt die geltende Vorschrift auch aufgrund der willkürlichen Gleichbehandlung aller nach §§ 283 bis 283d StGB Verurteilten mit einem fünfjährigen Amtsausschluß gegen Art. 3 Abs. 1 GG.[583] Denn diese pauschale Ausschlußdauer behandelt diese Verurteilungen, die zwar insoweit gleich sein mögen, als sie wirtschaftliche Sachverhalte betreffen, die aber andererseits in ihrer Dauer von Geldstrafe bis zu Freiheitsstrafe von zehn Jahren reichen, als wesentlich Ungleiches ohne sachlichen Grund gleich.

Zwar ist die Akzentuierung des ein oder anderen Schutzgutes in den einzelnen Vorschriften jeweils unterschiedlich stark, jedoch schützen die §§ 283 bis 283d StGB grundsätzlich in erster Linie die Interessen der Gläubiger der Gesellschaft an einer umfassenden oder zumindest möglichst weitgehenden Befriedigung ihrer geldwerten Ansprüche.[584] Insofern sind die Insolvenzstraftatbestände an sich vergleichbar. Nichtsdestotrotz ist der durch die §§ 283 bis 283d StGB sanktionierte Unrechtsgehalt des einer Person vorgeworfenen Verhaltens sehr unterschiedlich: Sowohl derjenige, der es fahrlässig unterläßt, die Bilanz seines Vermögens in der vorgeschriebenen Zeit zu erstellen (§ 283b Abs. 1 Nr. 3, Abs. 2 StGB), als auch derjenige, der wissentlich durch die Beiseiteschaffung von Vermögensbestandteilen eines anderen in Kenntnis von dessen laufenden Insolvenzverfahren viele Personen in wirtschaftliche Not bringt (§ 283d Abs. 1 Nr. 2, Abs. 3 StGB), wird vom Ausschluß nach § 6 Abs. 2 Satz 3 GmbHG gleichsam getroffen.[585] Diese Gleichbehandlung läßt unberücksichtigt, daß ein wesentlich höheres Maß an krimineller Energie zur Verwirklichung des letztgenannten Tatbestands gehört. Entsprechend mehr Gefahrenpotential steckt somit auch in der Person dieses Täters. Hingegen ist der erstgenannte Tatbestand sehr schnell erfüllt, ohne daß der Täter vorsätzlich gehandelt haben muss. So kann schon allein durch die Verknüpfung ungünstiger Umstände eine zeitliche Verzögerung eintreten, wodurch sodann eine Strafbarkeit der für die Einreichung der Bilanz verantwortlichen Person begründet wird. Dieser Unterschiedlichkeit entspricht es, daß die Strafandrohung der einzelnen Tatbestände sehr uneinheitlich ist: So reicht die Strafandrohung von Geldstrafe oder Frei-

---

583 An dieser Ausschlußdauer soll auch durch die Erweiterung durch das FoSiG nichts geändert werden.

584 Ausführlich dazu LK-*Tiedemann*, StGB, Vor § 283 Rn. 43 ff.

585 Auch die vorgeschlagene Neuregelung durch das FoSiG löst diesen Wertungswiderspruch nicht auf, vgl. *Drygala*, Zur Neuregelung der Tätigkeitsverbote für Geschäftsleiter von Kapitalgesellschaften, ZIP 2005, 423, 425.

heitsstrafe bis zu einem Jahr (§ 283b Abs. 2, Abs. 1 Nr. 1 oder 3 StGB) bis zu Freiheitsstrafe von sechs Monaten bis zu zehn Jahren (§ 283d Abs. 3, Abs. 1 StGB). Zwar ist dem Gesetzgeber zuzugeben, daß die §§ 283 bis 283d StGB klassische Fälle von Wirtschaftskriminalität erfassen und ein jeder Ausschluß entsprechend verurteilter Personen dem Ziel der Bekämpfung von Wirtschaftskriminalität dienen kann. Der grundsätzlichen Anordnung des Ausschlusses einer nach den genannten Tatbeständen verurteilten Person ist demnach im Hinblick auf das Regelungsziel kein verfassungsrechtlicher Vorwurf zu machen. Etwas anderes ist jedoch für die pauschal hohe Ausschlußdauer festzuhalten: Die aufgezeigten Unterschiedlichkeiten hinsichtlich Unrechtsgehalt und Strafandrohung sind jedenfalls so wesentlich,[586] daß sie zumindest Differenzierungen hinsichtlich „ob" und Dauer des Ausschlusses vom Geschäftsführeramt erforderlich machen. Dies hat der Gesetzgeber für die geplante Erweiterung durch das FoSiG im Hinblick auf Verurteilungen wegen anderer Straftatbestände erkannt: So zieht eine Verurteilung wegen §§ 263 bis 264a, 265b bis 266a Abs. 1 und 2 StGB oder nach § 2 des geplanten Gesetzes über die Sicherungen der Bauforderungen nur dann einen Geschäftsführerausschluß nach sich, wenn eine mindestens einjährige Freiheitsstrafe verhängt wurde. Eine ähnliche Abstufung ist aber im Bereich der §§ 283 bis 283d StGB nicht geplant. In diesem Bereich ist nach wie vor auch derjenige, der „nur" zu einer geringen Geldstrafe verurteilt wurde, vom fünfjährigen Amtsausschluß betroffen.

Ein sachlicher Grund für die pauschale Gleichbehandlung ist insoweit nicht ersichtlich. Insbesondere kann das Argument der formellen Vereinfachung nicht zählen, da auch in § 6 Abs. 2 Satz 4 GmbHG eine Regelung gefunden wurde, deren Rechtsfolge sich hinsichtlich der Dauer an ihren öffentlich-rechtlichen Vorgaben orientiert. Damit liegt auch in der tatbestandlichen Gleichbehandlung aller Insolvenzdelikte in § 6 Abs. 2 Satz 3 GmbHG ein Verfassungsverstoß gegen Art. 3 Abs. 1 GG begründet.

c. Verstoß gegen die Berufsfreiheit des Betroffenen

Darüber hinaus kann die pauschale „Verhängung" eines fünfjährigen Amtsausschlusses auch unverhältnismäßig in die Berufsfreiheit des betroffenen Geschäftsführers eingreifen, wenn er bspw. wegen fahrlässiger Verletzung der Buchführungspflicht zu einer geringen Geldstrafe verurteilt wurde.

Wie bereits eingangs erörtert, stellt jede Regelung, die die Tätigkeit als GmbH-Geschäftsführer verbietet - also auch die Vorschrift des § 6 Abs. 2 Satz 3 GmbHG -, einen Eingriff in die Berufsfreiheit des Betroffenen aus Art. 12 Abs. 1 GG dar.[587]

---

586 Vgl. dazu ausführlich *Stein*, § 6 Abs. 2 Satz 2 GmbHG, § 76 Abs. 3 Satz 2 AktG: Verfassungswidrige Berufsverbote? AG 1987, 165, 174 ff.

587 Siehe oben Seite 25 ff.

Auch sie muß demnach erkennen lassen, daß die Beschränkung der Berufsfreiheit zum Schutz gewichtiger Gemeinschaftsgüter gerechtfertigt ist. Bei dieser insoweit vorzunehmenden Abwägung von Gemeinschafts- und Einzelinteressen hat der Gesetzgeber durch die pauschale Anordnung des fünfjährigen Amtsverbots in § 6 Abs. 2 Satz 3 GmbHG jedoch das aus dem Rechtsstaatsprinzip abzuleitende Übermaßverbot nicht beachtet. Dieses ist nämlich nur gewahrt, wenn unter mehreren möglichen staatlichen Maßnahmen diejenige gewählt wird, die geeignet ist, den angestrebten Zweck zu erreichen, die möglichst wenig Nachteile hervorruft und bei der die Vorteile insgesamt die Nachteile überwiegen.[588] Sie muß geeignet, erforderlich und angemessen sein.[589] § 6 Abs. 2 Satz 3 GmbHG ist in diesem Sinne zwar zur Bekämpfung der Wirtschaftskriminalität und zum Schutz von Gläubigern und Allgemeinheit als gewichtige Gemeinschaftsgüter geeignet und erforderlich; allerdings ist die Vorschrift nicht in allen Fällen angemessen:

Genannter Zweck des § 6 Abs. 2 Satz 3 GmbHG ist die Verbesserung des Schutzes der Gläubiger der GmbH.[590] Die Regelung will verhindern, daß Personen, die wegen eines Insolvenzdelikts einschlägig verurteilt worden sind, alsbald ihre Geschäfte unter dem Deckmantel einer anonymen Kapitalgesellschaft wieder aufnehmen und dadurch Dritte gefährden.[591] Besonders die Gläubiger der Gesellschaft sollen vor einer gefährlichen Personengruppe, die eine Kapitalgesellschaft vor ihr Handeln stellt, geschützt werden. Betrachtet man die Masse aller GmbH-Geschäftsführer, so geht von den einschlägig Vorbestraften wohl eher die Gefahr einer nicht ordnungsgemäßen Geschäftsführung aus als von nicht Vorbestraften. Insofern erscheint die Regelung des § 6 Abs. 2 Satz 3 GmbHG zunächst grundsätzlich geeignet, gefährliche Personen auszusondern.[592] Dabei steht der Eignung der Regelung nicht der Hinweis entgegen, daß Wirtschaftskriminalität unter dem Deckmantel von Kapitalgesellschaften nicht allein durch den über § 6 Abs. 2 Satz 3 GmbHG bewirkten Ausschluß der Straftäter unterbunden werden kann, da das angestrebte Ziel weder vollständig, noch in jedem Einzelfall verwirklicht werden muß, damit

---

588 *BVerfG*, Beschl. v. 16.3.1971, BVerfGE 30, 292, 316 f.; *Stern*, Das Staatsrecht der Bundesrepublik Deutschland, Band I, § 20 IV 7 e).

589 Jarass/Pieroth-*Jarass* Art. 12 Rn. 31 mit weiteren Nachweisen.

590 Zum Sinn und Zweck der Regelung vgl. schon oben Seite 133 ff.

591 BT-Drucks. 8/1347 Seite 31; *LG Köln*, Beschl. v. 6.1.1995, NJW-RR 1995, 553; Scholz-*Schneider*, GmbHG, § 6 Rn. 20.

592 So im Ergebnis auch *Stein*, § 6 Abs. 2 Satz 2 GmbHG, § 76 Abs. 3 Satz 2 AktG: Verfassungswidrige Berufsverbote? AG 1987, 165, 172. So auch *Melchior* für den hinsichtlich der Erweiterungen des § 6 Abs. 2 Satz 3 GmbHG durch das geplante FoSiG (siehe oben Seite 17) „außer Zweifel" steht, daß die neuen strafrechtlichen Ausschlußtatbestände präventiv die Allgemeinheit vor Schäden noch besser schützen. Im Falle der Novellierung würden vom Katalog des § 6 Abs. 2 Satz 3 GmbHG künftig ca. 800.000 Fälle pro Jahr, und damit ca. 180 mal mehr Personen erfasst, vgl. *Melchior*, Ausschließungsgründe für Geschäftsführer werden novelliert. Schwarze Schafe - Weiße Weste: Reloaded!, GmbHR 2005, R29.

eine Regelung geeignet ist.[593] Auch hindert das Argument, daß nicht jede einschlägig vorbestrafte Person rückfällig wird, nicht die Geeignetheit der Regelung im Rahmen der Verhältnismäßigkeitsprüfung. Denn das angestrebte Ziel des Gesetzgebers muß nicht mit einem Höchstmaß an Wahrscheinlichkeit eintreten.[594] Vielmehr ist es ausreichend, daß die Prognose als vertretbar angesehen werden kann.[595] Auch der Gedanke, daß die von § 6 Abs. 2 Satz 3 GmbHG betroffenen Personen den Ausschluß dadurch unterlaufen könnten, daß sie die Geschäfte der Gesellschaft illegal im Hintergrund lenken und einen „Strohmann-Geschäftsführer" vorschieben, macht den Amtsausschluß nicht ungeeignet, da es verfassungsrechtlich ausreichend ist, auf gesetzestreues Verhalten abzustellen.[596] Es genügt, daß die Regelung im Kern fähig ist, die Gefährdungssituation zu verbessern.[597]

Da der Gesetzgeber zudem einen effektiven Schutz erreichen will, ist die Regelung des § 6 Abs. 2 Satz 3 GmbHG auch erforderlich. Denn ein anderes Mittel, das die Berufsfreiheit weniger einschränkt, aber die gleiche Wirksamkeit entfaltet, ist nicht ersichtlich. Weder die pauschale Verkürzung der Dauer des Amtsausschlusses noch die Schaffung einer in der Rechtsfolge flexiblen Norm versprechen die gleiche Effektivität.[598] So wäre die pauschale Herabsetzung der Dauer des Ausschlusses zwar das einfachste mildere Mittel, da in jeder Verkürzung der Dauer eine Abmilderung des Eingriffs in die Berufsfreiheit des Betroffenen läge. Allerdings zieht eine generelle Herabsetzung zwangsläufig auch die Verringerung des Schutzes vor solchen

---

593 *BVerfG*, Urt. v. 22.5.1963, BVerfGE 16, 147, 183; Beschl. v. 20.6.1984, BVerfGE 67, 157, 175; Beschl. v. 10.4.1997, BVerfGE 96, 10, 23 ff.; Sachs-*Sachs*, GG, Art. 20 Rn. 150. Das bedeutet, daß der Ausschluß von Personen, die wegen §§ 283 bis 283d StGB verurteilt wurden, grundsätzlich geeignet ist, Wirtschaftskriminalität unter dem Deckmantel von Kapitalgesellschaften zu bekämpfen. Für die Geeignetheit der Regelung ist es unerheblich, daß § 6 Abs. 2 Satz 3 GmbHG nicht alleiniges Mittel zur Erreichung des Ziels ist. Daß dabei andere Wirtschaftsstraftäter nicht erfaßt werden, hindert nicht die Geeignetheit der Regelung zur Erreichung dieses Ziels. Eine andere Frage ist aber, ob sich daraus, daß nur Insolvenzstraftäter aus §§ 283 bis 283d StGB ausgeschlossen sind, ein Verfassungsverstoß wegen ungerechtfertigter Ungleichbehandlung im Vergleich zu Tätern anderer Wirtschaftsstraftaten ergibt. Das kann allerdings nur für Täter spezialgesetzlicher Insolvenzverschleppungsdelikte bejaht werden, vgl. dazu oben Seite 138 ff.

594 Sachs-*Sachs*, GG, Art. 20 Rn. 150.

595 *BVerfG*, Beschl. v. 9.3.1971, BVerfGE 30, 250, 263; Sachs-*Sachs*, GG, Art. 20 Rn. 151.

596 *BVerfG*, Urt. v. 3.11.1982, BVerfGE 61, 291, 314; Beschl. v. 6.10.1987, BVerfGE 77, 84, 108.

597 Maunz/Dürig-*Herzog*, GG, Art. 20 GG Rn. 74; *Stein*, § 6 Abs. 2 Satz 2 GmbHG, § 76 Abs. 3 Satz 2 AktG: Verfassungswidrige Berufsverbote? AG 1987, 165, 172. Insbesondere um „Strohmann"-Geschäftsführer zu verhindern, gibt es derzeit Bestrebungen, einen neuen Satz 5 in § 6 Abs. 2 GmbHG einzufügen, der die persönliche Haftung der Gesellschafter normiert, vgl. oben Seite 18, Fn. 82.

598 Ebenso *Stein*, § 6 Abs. 2 Satz 2 GmbHG, § 76 Abs. 3 Satz 2 AktG: Verfassungswidrige Berufsverbote? AG 1987, 165, 173 f.

Tätern mit sich, bei denen aufgrund ihrer Gefährlichkeit ein fünfjähriger Ausschluß vonnöten ist. Insofern bietet eine solche Maßnahme weniger Sicherheit als die geltende Regelung. In einer pauschalen Herabsetzung der Ausschlußdauer liegt daher zwar ein milderes, aber kein Mittel gleicher Wirksamkeit. Aus dem gleichen Grund kommt auch eine flexible Ausgestaltung der Vorschrift, die den jeweiligen Straftatbestand und seinen Unrechtsgehalt, die Strafandrohung und die Begehungsform - vorsätzlich oder fahrlässig - berücksichtigt und auch - gemessen an den Vorstrafen des Täters - einen anpassungsfähigen Tatbestand und eine ebensolche Rechtsfolge enthält, nicht in Betracht. Denn unabhängig davon, daß eine Regelung, die jedem Einzelfall gerecht wird, praktisch nicht zu formulieren ist,[599] weist jede wie auch immer geartete Reduktion der Ausschlußdauer immer Schutzlücken im Vergleich zur geltenden Regelung auf. Damit kann auch in einer äußerst flexiblen Regelung nur ein milderes, nicht aber ein im Vergleich zum geltenden § 6 Abs. 2 Satz 3 GmbHG gleich wirksames Mittel gesehen werden.

Da sich jeder weitere denkbare Lösungsansatz als Mittelweg zwischen diesen Eckpunkten darstellt, ergibt sich zwangsläufig, daß er auf irgendeine Weise mehr oder weniger flexibel sein muß, um die Besonderheiten des Einzelfalles berücksichtigen zu können. Ein jeder enthält jedoch potentiell Schutzdefizite im Vergleich zum generellen und pauschalen Ausschluß.[600] Aufgrund seiner Flexibilität wäre er sicherlich immer milder, da weniger Personen von einem fünfjährigen Ausschluß betroffen wären. Die Kehrseite dieses Effekts liegt jedoch immer darin, daß so auch Personen trotz ihrer Gefährlichkeit nicht oder nur für zu kurze Dauer ausgeschlossen werden. Soll die Wirksamkeit der gesetzgeberischen Maßnahme in gleicher Weise erhalten bleiben, ist die geltende Regelung in § 6 Abs. 2 Satz 3 GmbHG demnach erforderlich.

Ob die Maßnahme des Gesetzgebers allerdings in der Form des § 6 Abs. 2 Satz 3 GmbHG auch angemessen ist, erscheint fraglich. Denn um dem Verhältnismäßigkeitsgrundsatz zu genügen, darf die Vorschrift im Rahmen einer Gesamtbewertung nicht außer Verhältnis zu den mit ihr verbundenen Nachteilen stehen.[601] Der Grundrechtseingriff muß für den Betroffenen zumutbar und im Hinblick auf den

---

599 Zwar mag es noch möglich sein, bspw. eine dem jeweiligen Strafmaß entsprechende Regelung zu finden. Doch wenn daneben die Rechtsfolge auch noch dem Unrechtsgehalt oder anderen Faktoren angepaßt werden soll, so ist diese Kumulation gesetzgebungstechnisch nicht in eine Form zu bringen, ohne sich in Widerspruch zum Bestimmtheitsgrundsatz zu setzen.

600 Zu den von *Stein*, § 6 Abs. 2 Satz 2 GmbHG, § 76 Abs. 3 Satz 2 AktG: Verfassungswidrige Berufsverbote? AG 1987, 165, 173 f. diskutierten milderen Mitteln bzw. Lösungsansätzen siehe unten Seite 152 ff.

601 *BVerfG*, Beschl. v. 26.5.1970, BVerfGE 28, 264, 280; *Stern*, Das Staatsrecht der Bundesrepublik Deutschland, Band I, § 20 IV 7 e).

verfolgten Zweck angemessen sein.[602] Je intensiver der Eingriff ist, desto größer muß die verfassungsrechtliche Schutzwürdigkeit des verfolgten Zwecks sein. Wie oben bereits erörtert,[603] hat die Regelung des § 6 Abs. 2 Satz 3 GmbHG den Charakter einer subjektiven Berufswahlregelung und regelt die Frage, ob der Betreffende die berufliche Tätigkeit als GmbH-Geschäftsführers vor dem Hintergrund einschlägiger strafrechtlicher Verurteilungen überhaupt aufnehmen bzw. weiterführen kann. Ein derart tiefgreifendes Verbot bedarf deshalb einer besonders gewichtigen Rechtfertigung: Die Verhältnismäßigkeit ist nur gewahrt, wenn ein besonders wichtiges Gemeinschaftsgut geschützt werden muß.[604] Schutzwürdig sind dabei neben allgemein anerkannten Rechtsgütern auch Gemeinschaftswerte, die sich erst aus besonderen wirtschafts-, sozial- oder gesellschaftspolitischen Zielen des Gesetzgebers entwickelt haben.[605] Insofern ist auch das wirtschafts- und gesellschaftspolitische Ziel der Bekämpfung der Wirtschaftskriminalität und der mit ihr verbundenen beträchtlichen Schäden, die auch heute noch trotz der unternommenen Bekämpfungsmaßnahmen im Milliardenbereich liegen, grundsätzlich von der erforderlichen Gewichtigkeit. Dies insbesondere insoweit, als die genannten Schäden besonders häufig und in besonderem Ausmaß durch Ausnutzung der Strukturen von Kapitalgesellschaften auftreten. Die besondere Gefahr, die sich im Zusammenhang von Wirtschaftskriminalität und Kapitalgesellschaften stellt, liegt dabei in der Eigenständigkeit dieser Gesellschaftsformen als juristische Personen. In dem Vorteil, Vermögensmassen durch die Konstruktion als juristische Person rechtsfähig machen zu können, liegt gleichzeitig die Gefahr begründet, eigenes Handeln als Organhandeln hinter der Gesellschaft verstecken zu können und dies - jedenfalls in den hier zur Diskussion stehenden Fällen - auszunutzen, um eigenes kriminelles Verhalten undurchsichtig zu machen. Denn obgleich viele Vorschriften sowohl im GmbHG als auch im AktG die Offenlegung der für sie handelnden natürlichen Personen vorschreiben,[606] steht „die Gesellschaft" nach außen immer im Vordergrund. Dies hat vor allem bei großen Kapitalgesellschaften Bedeutung, da durch ihre Größe die Identifikation mit natürlichen Personen besonders erschwert, wenn nicht gar ausgeschlossen wird. Grundsätzlich kann daher das sich aus der besonderen Konstruktion von Kapitalgesellschaften ergebende hohe Gefahrenpotential die Schaffung besonderer Abwehrmaßnahmen rechtfertigen, die geeignet sind, tatsächliche und potentielle Gläubiger zu schützen.

---

602 *BVerfG*, Beschl. v. 17.3.1961, BVerfGE 13, 97, 113; Beschl. v. 16.3.1971, BVerfGE 30, 292, 316; Beschl. v. 6.10.1987, BVerfGE 77, 84, 111 f.; Beschl. v. 26.4.1995, BVerfGE 92, 262, 274; Sachs-*Sachs*, GG, Art. 20 Rn. 154.

603 Siehe oben Seite 27 f.

604 *BVerfG*, Urt. v. 11.6.1958, BVerfGE 7, 377, 406.

605 *BVerfG*, Beschl. v. 17.7.1961, BVerfGE 13, 97, 107.

606 Bspw. ist es erforderlich, daß auf jedem Briefkopf der Gesellschaft auch der Geschäftsführer namentlich genannt ist, § 35a GmbHG.

Damit noch nicht beantwortet und entscheidend ist aber die Frage, ob § 6 Abs. 2 Satz 3 GmbHG in dieser wegen der langen Ausschlußdauer scharfen Form im angemessenen Verhältnis zu den mit ihm verbundenen Nachteilen steht. Stellt man den Zweck und das gesetzgeberische Mittel gegenüber, so ergibt sich zumindest im Fall der Verurteilung wegen eines geringfügigen Bankrottdelikts eine Schieflage. Die Gefahr, unter dem Deckmantel einer anonymen Kapitalgesellschaft erneut straffällig zu werden, darf bei einem Täter, der fahrlässig seiner Buchführungspflicht nicht nachgekommen ist und deswegen zu einer Geldbuße verurteilt wurde, wohl als gering, jedenfalls aber nicht überbewertet werden. In Übereinkunft mit *Stein* ist einem solchen Täter zwar die kaufmännische Qualifikation abzusprechen.[607] Jedoch spricht aus dieser Verurteilung nicht zwingend die konkrete Vermutung mangelnder Eignung zum Geschäftsführer und weiteren andauernden wirtschaftskriminellen Verhaltens mit hohem Gefährdungspotential für die Gemeinschaft in den nächsten fünf Jahren. Insoweit ist schon das Schutzgut bei diesem Täter nicht wirklich nachhaltig gefährdet. Ganz generell läßt sich feststellen, daß eine Vermutung in dem genannten Sinne dann keine Geltung beanspruchen kann, wenn der Täter die Tatbestände der §§ 283 bis 283d StGB nicht vorsätzlich begangen hat. Zwar widerspricht auch die fahrlässige Insolvenzstrafbarkeit ordnungsgemäßem kaufmännischen Verhalten. Doch ist die kriminelle Energie als weitaus geringer als beim vorsätzlich handelnden Täter einzustufen. Entsprechend liegt bei geringfügigen und fahrlässig verwirklichten Straftaten die Gefährlichkeit des Täters nicht auf der Hand, so daß jedenfalls insoweit die Regelung des § 6 Abs. 2 Satz 3 GmbHG zum Schutz tatsächlicher oder potentieller Gesellschaftsgläubiger nicht angemessen ist. Vielmehr werden durch die Norm weniger gefährliche Täter mit den sehr gefährlichen in „einen Topf geworfen" und sie für die lange Dauer von fünf Jahren vom Amt des Geschäftsführers ferngehalten.[608] Milderungen sind nicht möglich, da der gesellschaftsrechtliche Ausschluß in § 6 Abs. 2 Satz 3 GmbHG - anders als im Strafrecht - keine weiteren Indizien außer der Verurteilung wegen §§ 283 bis 283d StGB berücksichtigt. Er erfordert lediglich eine formelle Prüfung durch das Registergericht. In diesem Zusammenhang ist vor allem auch bemerkenswert, daß der gesellschaftsrechtliche Ausschluß in seiner Dauer die Höchstgrenze des flexiblen strafgerichtlichen Berufsverbots nach § 70 StGB erreicht. Aufgrund seiner automatischen Ausschlußwirkung stellt sich § 6 Abs. 2 Satz 3 GmbHG sogar als eigenständige „Strafe" auf der Ebene des Gesellschaftsrechts

---

607 *Stein*, § 6 Abs. 2 Satz 2 GmbHG, § 76 Abs. 3 Satz 2 AktG: Verfassungswidrige Berufsverbote? AG 1987, 165, 173.

608 Sogar ungefährliche Täter werden für die Dauer von fünf Jahren vom Geschäftsführeramt ausgeschlossen, denn die Verurteilung kann als Tatsache der Vergangenheit immer nur ein Indiz für die Gefährlichkeit sein. Trifft dieser Schluß von der Vergangenheit auf das zukünftige Verhalten nicht zu, so wird selbst ein ungefährlicher Täter dennoch jahrelang ausgeschlossen.

dar,[609] die ein Strafrichter bei einer Verurteilung nach §§ 283 bis 283d StGB „mitverhängt“, jedoch ohne konkreten Einfluß auf die Ausgestaltung zu haben.[610]

Diese Kritikpunkte lassen die vom Gesetzgeber gewählte unflexible Maßnahme zur Verbesserung des Schutzes gegen Wirtschaftskriminalität als mit ihr unangemessen erscheinen. Die Intensität des Eingriffs in die Berufsfreiheit steht zu der Schwere der Verurteilung jedenfalls bei geringfügigen Delikten nicht in einem angemessenen Verhältnis.[611] Insofern ist die Regelung des § 6 Abs. 2 Satz 3 GmbHG nicht verhältnismäßig und der Eingriff in das Grundrecht der Berufsfreiheit nicht gerechtfertigt. Die Regelung des § 6 Abs. 2 Satz 3 GmbHG verstößt gegen Art. 12 Abs. 1 GG und ist somit verfassungswidrig.[612]

d. Kein Verstoß gegen die Selbstregelungsfreiheit aus Art. 9 Abs. 1 GG

Da nicht nur der Geschäftsführer vom Amtsausschluß betroffen ist, sondern auch die Gesellschaft, die ihn bestellen bzw. nicht verlieren will, greift die Regelung des § 6 Abs. 2 Satz 3 GmbHG insofern auch in die Selbstregelungsfreiheit der GmbH aus Art. 9 Abs. 1 GG ein.[613]

Eine Verletzung derselben ist jedoch nicht festzustellen. Die Regelung stellt einen angemessenen Ausgleich zwischen Verbandsautonomie und Gläubigerschutz bzw. Bekämpfung der Wirtschaftskriminalität dar. Im Gegensatz zur Einschränkung der Berufsfreiheit des betroffenen Geschäftsführers ist nämlich folgendes zu bedenken: Die Beschränkung bedeutet für die Gesellschaft - anders als für die betroffene Person - nicht die Absage, überhaupt ein Organ zu bestellen und durch diese Bestellung ihre Handlungsfähigkeit herzustellen oder zu erhalten. Vielmehr schränkt die Amtsausschlußregelung lediglich den Kreis der wählbaren Personen ein. Sie verhindert somit nicht die Wahlfreiheit, sondern begrenzt nur die Auswahlmöglichkeiten. Daher hat der Eingriff in Art. 9 Abs. 1 GG ein geringeres Gewicht als der in

---

609 Die Ausschlußwirkung des § 6 Abs. 2 Satz 3 GmbHG ist unabhängig von der Verhängung eines strafgerichtlichen Berufsverbots nach §70 StGB, siehe dazu oben Seite 134.

610 Nach *Stein*, § 6 Abs. 2 Satz 2 GmbHG, § 76 Abs. 3 Satz 2 AktG: Verfassungswidrige Berufsverbote? AG 1987, 165 führt dieser Aspekt in der Praxis oft dazu, daß sich Angeklagte auf einen Handel mit der Staatsanwaltschaft einlassen und eine oft nur schwer nachweisbare Insolvenzverschleppung in Kauf nehmen werden, um nicht nach §§ 283 bis 283d StGB verurteilt zu werden und § 6 Abs. 2 Satz 3 GmbHG zu fürchten. Zur Praxis der Absprachen im Wirtschaftsstrafrecht vgl. Erster Periodischer Sicherheitsbericht 2000, Seite 153.

611 Auf die Frage, welche mildere Alternativlösung die sinnvollste ist, kommt es bei der Frage der Verfassungsgemäßheit der geltenden Regelung nicht an, vgl. *Stern*, Das Staatsrecht der Bundesrepublik Deutschland, Band I, § 20 IV 7 e). Ausführlich zu alternativen Regelungen aber unten Seite 152 ff.

612 Anderer Ansicht *OLG Naumburg*, Beschl. v. 10.11.1999, FGPrax 2000, 121.

613 Vgl. dazu allgemein schon oben Seite 28.

Art. 12 Abs. 1 GG. Konsequenz ist, daß an dessen verfassungsrechtliche Rechtfertigung weniger hohe Anforderungen zu stellen sind. Es ist erforderlich und zugleich ausreichend, daß der Ausschluß der von § 6 Abs. 2 Satz 3 GmbHG erfaßten Personen dem Schutz der Allgemeinheit vor weiteren wirtschaftskriminellen Verhaltensweisen eines Gesellschaftsorgans zu dienen bestimmt ist. Die in diesem Sinne geringe Beschränkung der Auswahlmöglichkeiten einer Gesellschaft ist im Hinblick auf die trotz allem weiterhin bestehende Wahlmöglichkeit zum Schutz vor Wirtschaftskriminalität angemessen. Infolgedessen liegt ein Verstoß gegen die Selbstregelungsfreiheit aus Art. 9 Abs. 1 GG nicht vor.

e. Zwischenergebnis

Die vorstehenden Ausführungen haben gezeigt, daß die geltende Vorschrift des § 6 Abs. 2 Satz 3 GmbHG zwar nicht gegen Art. 9 Abs. 1 GG, aber ansonsten in dreifacher Hinsicht gegen die Verfassung verstößt: Tatbestandlich verletzt die Nichteinbeziehung des Insolvenzantragsdeliktes gemäß § 84 Abs. 1 Nr. 2 GmbHG das Gleichbehandlungsgebot aus Art. 3 Abs. 1 GG. Auch die Gleichbehandlung aller Tatbestände der §§ 283 bis 283d StGB führt zu einem Verstoß gegen Art. 3 Abs. 1 GG. Schließlich verletzt die starre Rechtsfolge die durch Art. 12 Abs. 1 GG geschützte Berufsfreiheit. Diese verfassungsrechtlichen Defizite können auch nicht gänzlich durch die Änderungen im Rahmen des FoSiG ausgemerzt werden: Zwar kann eine Erweiterung des Ausschlusses auch auf Verurteilungen wegen § 84 GmbHG und § 401 AktG die unbegründete Ungleichbehandlung der wegen Insolvenzstraftatbeständen des StGB verurteilten Personen im Vergleich zu den wegen Insolvenzsverschleppung aus Spezialgesetzen Verurteilten weitgehend aufheben. Allerdings ist kein Grund ersichtlich, warum es auch weiterhin bei der starren fünfjährigen Rechtsfolge bleiben soll.

5. Vorschlag einer (sachnäheren) Neukonzeption des Ausschlusses von Wirtschaftsstraftätern

Vor dem Hintergrund wachsender Wirtschaftskriminalität einhergehend mit der andauernden Gefahr, daß entsprechende Straftäter unter dem Deckmantel von Kapitalgesellschaften versuchen, neue kriminelle Schritte ins Wirtschaftsleben zu starten, bleibt die Frage nach einer sachnäheren Neukonzeption zur Unterbindung dieser Gefahr. Es ist zu überlegen, in welcher Weise die verfassungswidrige Regelung ersetzt bzw. die geplante Erweiterung durch das FoSiG umgestaltet werden kann.

a. Ausschluß in registergerichtlichem Ermessen?

Keine praktikable Lösung wäre es, dem Registergericht ein Ermessen hinsichtlich des „Ob" und der Dauer des Ausschlusses vom Geschäftsführeramt bei einschlägiger Verurteilung zu gewähren. Zwar hätte dies den Vorteil, daß nicht zwangsläufig aus jeder Verurteilung nach den genannten Straftatbeständen auch ein gesellschaftsrechtlicher Ausschluß folgen würde, sondern dieser nur dann einträte, wenn die Gefährlichkeit des Täters dies im Einzelfall notwendig macht. Ferner wäre die Dauer des Ausschlusses individuell an die festgestellte Gefährlichkeit geknüpft. Da jedoch die Verurteilung in diesem Falle lediglich ein Indiz für die Ungeeignetheit darstellen würde, müßte das Gericht weitere Tatsachen hinzuziehen, aufgrund derer es auf die Gefährlichkeit der Person schließen könnte. Es wäre durch § 12 FGG von Amts wegen verpflichtet, dabei sowohl nach negativen als auch nach positiven Aspekten zu suchen. Dabei läßt jedoch neben der Frage, welche Kriterien dabei mit welchem Gewicht Berücksichtigung finden können,[614] allein die Dauer dieser registergerichtlichen Prüfung den Lösungsvorschlag ungeeignet erscheinen.[615] Der Verantwortungsbereich und auch die reale Belastbarkeit des Registergerichts würden extrem ausgedehnt,[616] was dem Ziel eines schnellen und effizienten Registergerichtsverfahrens zuwiderliefe.[617] Mithin liegt in einem in der Dauer flexiblen Ausschluß, der in das Ermessen des Registergerichts gestellt ist, keine praktikable Alternative zur geltenden Regelung bzw. zu deren Erweiterungsplänen.

b. Entlastungsbeweis gegen gesetzliche Vermutung?

Um die Nachteile der vorgenannten Problemlösung auszugleichen, bietet es sich auch nicht an, § 6 Abs. 2 Satz 3 GmbHG als gesetzliche Vermutung in der Form zu formulieren, daß ein nach §§ 283 bis 283d StGB, § 84 Abs. 1 Nr. 2 GmbHG oder § 401 Abs. 1 Nr. 2 AktG etc. Verurteilter nicht geeignet ist, das Amt eines GmbH-Geschäftsführers zu bekleiden und daran seinen grundsätzlichen Amtsausschluß zu knüpfen, wovon aufgrund eines dem Betroffenen obliegenden Entlastungsbeweises abgesehen werden kann. Zwar hätte eine solche Konstruktion den Vorteil, daß das Registergericht jedenfalls nicht sofort ermittelnd tätig werden müßte, sondern sich auf die gesetzliche Vermutung der Ungeeignetheit stützen dürfte, denn durch diese bliebe es grundsätzlich beim Ausschluß des Betroffenen vom Amt des GmbH-Geschäftsführers. Macht der Betroffene sodann nicht vom Entlastungsbeweis Gebrauch, so veränderte dieser Ansatz somit nicht die Schnelligkeit des registergerichtlichen Verfahrens. Doch scheint dieser Lösungsansatz nur vordergründig praktikabel. Denn jeder betroffene Verurteilte, der als Geschäftsführer einer GmbH eingetragen werden möchte, wird versuchen, diesen Entlastungsbeweis zu führen, den das Registergericht sodann wiederum umfassend zu prüfen hätte. Deshalb ver-

---

614 Vgl. Bundesregierung BT-Drucks. 8/1347 Seite 73.

615 Eine solche Ermessensregelung stelle eine übermäßige Belastung für die Registergerichte dar, so der Bundesrat (bei der Frage, ob ein Eintrag ins Insolvenzregister zum Ausschluß führen solle), BT-Drucks. 8/1347 Seite 65. Keine Gesellschaft wird in der Praxis ein u. U. mehrinstanzliches Prüfungsverfahrenheit der Geeignetheit des Geschäftsführers abwarten; vgl. Bundesregierung BT-Drucks. 8/1347 Seite 72.

616 So auch schon *Odersky*, Tagungsberichte der Sachverständigenkommission zur Bekämpfung der Wirtschaftskriminalität, Band II, 1973, Anlage 5, Seite 33.

617 Siehe dazu noch unten Seite 243.

lagert dieser Lösungsansatz im Vergleich zum ersten Vorschlag in der Praxis lediglich den Prüfungszeitpunkt des Registergerichts, ändert jedoch nichts an der unter Umständen erheblichen zeitlichen Verzögerung des Verfahrens und ist deshalb im Ergebnis ebenfalls abzulehnen.

c. Aussetzungsmöglichkeit in Anlehnung an § 70a StGB?

In Ansehung der vorgenannten Schwierigkeiten erwägt *Stein* die Möglichkeit, an der geltenden gesetzlichen Regelung in § 6 Abs. 2 Satz 3 GmbHG festzuhalten und den von einer entsprechenden Verurteilung Betroffenen vom Amt des GmbH-Geschäftsführers generell auszuschließen.[618] Hinzukommen soll nach ihrer Auffassung aber eine Aussetzungsmöglichkeit in Anlehnung an § 70a StGB.[619] Dies böte den Vorteil, daß die Schnelligkeit der registergerichtlichen Eintragung nicht unter der Flexibilität der Regelung zu leiden hätte, da der Ausschluß zunächst generell und ohne langwierige Ermessensausübung erfolgte. Bestehe später Grund zur Annahme, daß vom Täter die Gefahr, der das Berufsverbot wehren soll, nicht mehr ausgehe, dann komme jedoch die Aussetzung des Verbots in Betracht. Damit könne die generelle Prognose der Ungeeignetheit zum GmbH-Geschäftsführer im nachhinein korrigiert werden, soweit er sich bereits für eine gewisse Zeit als zuverlässig erwiesen habe. Aufgrund der Sachnähe soll diese nachträgliche Korrektur nach ihrer Ansicht aber von dem Strafgericht vorgenommen werden, das auch die Verurteilung der Insolvenzstraftat ausgesprochen hat.[620]

Zuzugeben ist diesem Vorschlag *Steins*, daß er im Vergleich zu den beiden vorherigen Regelungsvorschlägen die Dauer und Effizienz des registergerichtlichen Verfahrens am wenigsten beeinträchtigt. Denn wenn dem Richter in keiner Weise Ermessen zukommt, verzögert sich das registergerichtliche Eintragungsverfahren nicht. Die Tatsache, daß ihr Vorschlag hinsichtlich der Dauer des Verbots nach wie vor generell an die strafrichterliche Höchstgrenze greift, soll dadurch abgemildert werden, daß nach einem Jahr eine richterliche Überprüfung stattfinden soll, die über die Aussetzung des Verbots entscheidet. Durch diese Konstruktion bietet *Stein* zwar eine mildere als die geltende Regelung an. Doch muß ihre Lösung sich vorwerfen lassen, daß sie nicht alle aufgeworfenen verfassungsrechtlichen Kritikpunkte berücksichtigt. Denn auch eine solche Neuregelung würde denjenigen, der fahrlässig seiner Buchführungspflicht nicht ordnungsgemäß nachgekommen und deshalb zu einer geringen Geldstrafe verurteilt worden ist, nach wie vor ebenfalls vom Geschäftsführeramt ausschließen. Wenn *Stein* sich an anderer Stelle ihrer Abhandlung

618 *Stein*, § 6 Abs. 2 Satz 2 GmbHG, § 76 Abs. 3 Satz 2 AktG: Verfassungswidrige Berufsverbote? AG 1987, 165, 174.

619 Zum Inhalt dieser Regelung vgl. unten Seite 176.

620 *Stein*, § 6 Abs. 2 Satz 2 GmbHG, § 76 Abs. 3 Satz 2 AktG: Verfassungswidrige Berufsverbote? AG 1987, 165, 174.

fragt, ob nicht mit der geltenden Regelung des § 6 Abs. 2 Satz 3 GmbHG mit „Kanonen auf Spatzen" geschossen wird,[621] muß sich auch ihr eigener Ansatz diesen Vorwurf gefallen lassen. Denn auch wenn die Fünfjahresfrist nach ihrer Lösung nicht für den gesamten Zeitraum aufrechterhalten bleiben muß, so bleibt aber auch hier zumindest ein einjähriger Ausschluß. Doch schon diese Frist scheint bei geringfügigen Delikten unangemessen. Dies gilt insbesondere vor dem Hintergrund, daß der einmal vom Geschäftsführeramt ausgeschlossene Geschäftsführer - soweit er nicht in entsprechender Höhe an ihr beteiligt ist - in den seltensten Fällen die Gelegenheit erhält, nach Ablauf der Ausschlußfrist die Geschäfte für dieselbe Gesellschaft wieder aufzunehmen.[622] Hinzu kommt, daß auch die rechtstechnische Ausgestaltung des Vorschlags kritikwürdig ist. Die Tatsache, daß *Stein* die Aussetzung des gesellschaftsrechtlichen Verbots dem Strafgericht, das die Verurteilung ausgesprochen hat, zuweisen will, zeigt, daß sie diesem die größere Sachnähe zuspricht. Da dieses sich während des Strafverfahrens ein persönliches Bild vom Verurteilten gemacht hat, mag dies durchaus richtig sein. Doch neben dem Problem, wie allein die Zuständigkeit des Strafgerichts in dieser gesellschaftsrechtlichen Frage begründet werden kann, würde das Gericht jedenfalls in einem fremden Rechtsweg tätig. Hat das Strafgericht den Täter nicht für so gefährlich gehalten, daß es ihn mit einem strafgerichtlichen Berufsverbot als Nebenstrafe belegt hat, so erscheint es zudem fragwürdig, ob das Strafgericht einen entsprechenden „Bewährungsantrag" - auch wenn er gesellschaftsrechtlicher Art wäre - selbst nach sachlicher Prüfung jemals ablehnen würde. Denn ihn nicht abzulehnen, bedeutet, die eigene Entscheidung von damals, ein strafgerichtliches Berufsverbot mangels Gefährlichkeit nicht verhängen zu müssen, in Zweifel zu ziehen. Schließlich läßt *Stein* offen, wie ein Aussetzen des Verbots auf „Bewährung" auf gesellschaftsrechtlicher Ebene aussehen soll. Aufgrund dieser Defizite ist auch der Vorschlag *Steins* abzulehnen.

d. Eigener Ansatz: Erweiterung des strafgerichtlichen Berufsverbots

Die Beschäftigung mit den bisher vorgetragenen Lösungsansätzen zeigt den Zwiespalt auf, an dem schließlich alle Vorschläge scheitern: Auf der einen Seite ist eine flexible Regelung wünschenswert, die den Ausschluß an die tatsächliche Gefährlichkeit des Betroffenen im Einzelfall anpassen kann; auf der anderen Seite stellt sich das Registergericht nicht als zweckmäßige Prüfungsinstanz dar. Daher drängt sich die Frage auf, ob nicht ganz auf eine Neuregelung des § 6 Abs. 2 Satz 3 GmbHG verzichtet, die verfassungswidrige Regelung also einfach gestrichen und

---

621 *Stein*, § 6 Abs. 2 Satz 2 GmbHG, § 76 Abs. 3 Satz 2 AktG: Verfassungswidrige Berufsverbote? AG 1987, 165, 175.

622 Nach Ablauf der Ausschlußfrist steht zwar § 6 Abs. 2 Satz 3 GmbHG einer wirksamen Bestellung nicht mehr entgegen, doch „lebt" das Geschäftsführeramt nach einem Ausschluß nicht automatisch wieder auf. Vielmehr bedarf es der erneuten Bestellung durch die Gesellschafterversammlung, vgl. unten Seite 207.

eine Lösung auf strafgerichtlicher Ebene gesucht werden sollte, die dann über den bereits existenten § 6 Abs. 2 *Satz 4* GmbHG Bedeutung erlangen könnte:

Würde man den Strafgerichten in § 70 StGB die Möglichkeit eröffnen, bei Verurteilungen von Straftaten mit wirtschaftskrimineller Bedeutung ein Berufsverbot allein für die Tätigkeit als Geschäftsführer oder Vorstand bei Kapitalgesellschaften zu verhängen, wenn die Gefahr erkennbar ist, daß der Täter in Zukunft versuchen wird, unter dem Deckmantel von Kapitalgesellschaften erneut kriminell tätig zu werden, so hätte dies den entscheidenden Vorteil, daß das sachnächste Gericht über die vom Täter ausgehende Gefahr entscheidet. Das Strafgericht hat naturgemäß detaillierte Kenntnis von der vom Verurteilten begangenen Straftat. Daher kann es sich „aus erster Hand" und darüber hinaus entsprechend zeitnah ein Bild über die potentielle weitere Gefährlichkeit des Täters machen. Das Registergericht könnte dies lediglich zeitlich verzögert - unter Umständen sogar erst Jahre später - durch Einsichtnahme in die Strafakten oder durch Befragung des zuständigen Gerichts leisten.

Dieser Forderung nach einer strafgerichtlichen Lösung kann auch nicht entgegengehalten werden, daß es auch derzeit bereits möglich ist, die Tätigkeit als Geschäftsführer einer GmbH durch § 70 Abs. 1 StGB zu verbieten.[623] Denn ein Verbot ist nur in dem Bereich möglich, in dem der Täter den Beruf mißbraucht hat, um rechtswidrige Taten zu begehen. Die neue Regelung könnte aber gerade so offen gestaltet werden, daß sie bei allen rechtswidrigen Taten Anwendung findet, die der Täter begangen hat und die die Gefahr erkennen lassen, daß er unter dem Deckmantel einer Kapitalgesellschaft sich erneut rechtswidrig verhalten wird. Ferner kann auch nicht eingewendet werden, daß die Praxis der Strafgerichte ein Berufsverbot nach § 70 StGB nur sehr selten verhängt.[624] Denn die vorgeschlagene strafrechtliche Neuregelung ermöglicht es dem Richter ja gerade, weniger umfassend in die Berufs- und Gewerbefreiheit des Betroffenen einzugreifen. Die Beschränkung des Verbots allein auf die geschäftsführende Tätigkeit bei Kapitalgesellschaften erlaubt es ihm weiterhin, als Einzelkaufmann in diesem Bereich tätig zu werden. Diese wesentlich weniger einschneidende Neuregelung wird somit zwangsläufig auch die Akzeptanz eines differenzierteren Berufsverbotes bei den Strafgerichten erhöhen. Dies nicht zuletzt auch deshalb, weil das strafrechtliche Berufsverbot in erster Linie dem Schutz der Gläubiger bzw. der Allgemeinheit gegen die spezifischen Gefahren dient, die mit der Ausübung des verbotenen Berufs oder

---

623 Vgl. *Odersky*, Tagungsbericht der Sachverständigenkommission zur Bekämpfung der Wirtschaftskriminalität - Reform des Wirtschaftsstrafrechts - III. Band, 1973, Anlage 5 Seite 28.

624 Von der Maßregel des Berufsverbots nach § 70 StGB haben die Strafgerichte bspw. im Jahre 1998 nur ca. 200 mal Gebrauch gemacht, Erster Periodischer Sicherheitsbericht, Seite 156.

Gewerbes verbunden sind.[625] Soweit das Verbot weniger stark in die Berufsfreiheit des Betroffenen eingreift, werden die Belange der Allgemeinheit schneller ein solches rechtfertigen können.

Dabei soll nicht verkannt werden, daß ein so ausgestaltetes strafgerichtliches Berufsverbot natürlich grundsätzlich zunächst nur Wirkungen auf strafrechtlicher Ebene zeitigt.[626] Doch hilft zur Übertragung des Verbots auf die gesellschaftsrechtliche Ebene die Vorschrift des § 6 Abs. 2 Satz 4 GmbHG[627] weiter, denn sie stellt unter anderem die gesellschaftsrechtliche „Umsetzung" von strafgerichtlichen Berufsverboten im Sinne des § 70 StGB dar.[628] Entsprechend würde auch das hier vorgeschlagene strafgerichtliche Berufsverbot auf gesellschaftsrechtlicher Ebene durch § 6 Abs. 2 Satz 4 GmbHG seine Wirkung entfalten können. Bei dieser Lösung liegen zudem auch die für das Registergericht zu Tage tretenden Vorteile auf der Hand: Ihm obliegt nicht wie in den anderen Regelungsvorschlägen die Beurteilung der Gefährlichkeit des einschlägig verurteilten Straftäters. Durch die sich nunmehr ergebende Einschlägigkeit des § 6 Abs. 2 Satz 4 GmbHG entfaltet vielmehr die strafrichterliche Entscheidung auf der Ebene des Gesellschaftsrechts automatisch Wirkung. Durch diese Bindung des Registergerichts hat es die Sicherheit, in der Frage des Ausschlusses mit dem sachnächsten Gericht übereinzustimmen. In formeller Hinsicht zieht dies den Vorteil der Erhaltung der Schnelligkeit des registergerichtlichen Verfahrens nach sich.

Ein weiterer Vorzug dieses Lösungsansatzes ist, daß das ein solches auf Kapitalgesellschaften beschränkbare Berufsverbot weder auf Insolvenzstraftäter, die wegen nach §§ 283 bis 283d StGB verurteilt wurden, noch auf die Straftäter begrenzt bleiben muß, die die Erweiterung durch das FoSiG für § 6 Abs. 2 Satz 3 GmbHG vorschlägt.[629] Es können die wegen Insolvenzverschleppung gemäß § 84 Abs. 1 Nr. 2 GmbHG Verurteilten ebenso von diesem eingeschränkten strafgerichtlichen Berufsverbot betroffen und durch § 6 Abs. 2 Satz 4 GmbHG auch gesellschaftsrechtlich sanktioniert werden wie Betrüger, die eine besondere wirtschaftskriminelle Gefährlichkeit erkennen lassen. Das strafgerichtliche eingeschränkte Berufsverbot soll und kann somit immer dann verhängt werden, wenn das Strafgericht dies aufgrund der besonderen Gefährlichkeit des Täters für notwendig erachtet. Ein solch spezielles Berufsverbot bezüglich geschäftsführender Tätigkeiten bei Kapitalgesellschaften kann somit Anwendung auf alle Wirtschaftsdelikte finden, die Aussagekraft hinsichtlich der zukünftigen Gefährlichkeit des Täters als Geschäftsführer einer Kapi-

---

625 Leipziger Kommentar-*Hanack*, StGB, § 70 Rn. 1.

626 Ein Verstoß gegen das strafrechtliche Berufsverbot wird durch § 145c StGB sanktioniert.

627 Näher dazu siehe unten Seite 159 ff.

628 Siehe unten Seite 161 f.

629 Zum Wortlaut der geplanten Änderung siehe oben Fn. 82.

talgesellschaft haben. So könnte das Strafgericht auch in den Fällen der Wirtschaftskriminalität im Zusammenhang mit Arbeitsverhältnissen das genannte beschränkte Berufsverbot verhängen.[630] Unter diesem Stichwort werden der Arbeitsvermittlungsbetrug, Betrug zum Nachteil von Sozialversicherungen und Sozialversicherungsträgern (alles § 263 StGB), Vorenthalten und Veruntreuen von Arbeitsentgelt (§ 266a StGB) sowie Delikte in Verbindung mit illegaler Arbeitnehmerüberlassung (§§ 15, 15a AÜG) zusammengefaßt. Soweit sich im Rahmen des Strafverfahrens ergibt, daß der Täter auch in Zukunft unter dem Deckmantel einer Kapitalgesellschaft erneut solche rechtswidrige Taten begeht und der Täter somit eine Gefahr für die Gläubiger der Gesellschaft darstellt, kann die vorgeschlagene Neuregelung dem Strafgericht die Möglichkeit geben, im Einzelfall das beschränkte Berufsverbot zu verhängen. Denn auch die Arbeitnehmer einer Gesellschaft sind als Gläubiger ihres Arbeitslohnes Gläubiger der Gesellschaft und bedürfen des gleichen Schutzes wie gesellschaftsfremde Gläubiger.

Schließlich enthält dieser Lösungsansatz sogar auch die von *Stein* geforderte Aussetzungsmöglichkeit.[631] Denn § 70a StGB ist im strafgerichtlichen Verfahren natürlich sogar direkt anwendbar. Setzt der Strafrichter das Verbot mangels Gefährlichkeit des Verurteilten auf strafrechtlicher Ebene aus, so fällt damit auch die Voraussetzung des § 6 Abs. 2 Satz 4 GmbHG weg, so daß auf gesellschaftsrechtlicher Ebene der Ausschlußgrund nicht mehr gegeben ist.

6. Zwischenergebnis

§ 6 Abs. 2 Satz 3 GmbHG ist in seiner derzeitigen Ausgestaltung verfassungswidrig; daran wird auch die derzeit diskutierte Erweiterung durch das FoSiG nichts ändern. Um wirtschaftskriminelles Verhalten durch einschlägig verurteilte Straftäter wirksam unterbinden zu können, muß § 70 StGB in seinem Anwendungsbereich erweitert werden und die Strafgerichte in die Pflicht nehmen, bei jeder Verurteilung mit wirtschaftlichem Bezug zu prüfen, ob die Tat und der Täter die Gefahr erkennen lassen, daß der Verurteilte in Zukunft unter dem Deckmantel von Kapitalgesellschaften erneut entsprechend straffällig werden. In diesen Fällen muß er ein strafgerichtliches Berufsverbot verhängen können, das in seiner Dauer flexibel an die Gefährlichkeit anzupassen ist. Durch § 6 Abs. 2 Satz 4 GmbHG würde ein solches Verbot gesellschaftsrechtliche Wirkung entfalten und zu Amtsausschlüssen führen, deren Dauer von der vom Strafgericht vorgenommenen Prognose abhängig ist.

---

[630] Der Anteil der Wirtschaftskriminalität im Zusammenhang mit Arbeitsverhältnissen beläuft sich in den letzten fünf Jahren auf ca. 7% gemessen an der Gesamtwirtschaftskriminalität, vgl. Erster Periodischer Sicherheitsbericht 2000, Seite 140.

[631] Siehe dazu oben Seite 154 ff.

II. Berufs- und Gewerbeverbote (§ 6 Abs. 2 Satz 4 GmbHG)

Das zweite und gleichzeitig letzte gesetzliche verhaltensbezogene Eignungskriterium normiert § 6 Abs. 2 Satz 4 GmbH. Danach kann derjenige, dem durch gerichtliches Urteil oder durch vollziehbare Entscheidung einer Verwaltungsbehörde die Ausübung eines Berufs, Berufszweiges, Gewerbes oder Gewerbezweiges untersagt worden ist, für die Zeit, für welche das Verbot wirksam ist, bei einer Gesellschaft, deren Unternehmensgegenstand ganz oder teilweise mit dem Gegenstand des Verbots übereinstimmt, nicht Geschäftsführer einer GmbH sein. In rechtstatsächlicher Hinsicht kommt diesem Amtsausschluß im Vergleich zur Ausschlußregelung nach Satz 3 etwas größere Bedeutung zu.[632] So wurde bspw. im Jahre 1998 gegenüber 5.940 natürlichen Personen eine Gewerbeuntersagung ausgesprochen,[633] 2.139 Personen die Gewerbeerlaubnis entzogen[634] und gegenüber etwa 200 Personen ein strafgerichtliches Berufsverbot nach § 70 StGB verhängt.[635]

1. Sinn und Zweck der Regelung

Ebenso wie der Ausschluß der Insolvenzstraftäter nach § 6 Abs. 2 Satz 3 GmbH beruht auch dieser Ausschluß auf einer Empfehlung der im Jahre 1972 vom Bundesministerium der Justiz eingesetzten Sachverständigenkommission zur Bekämpfung der Wirtschaftskriminalität.[636] Nach deren Ansicht prägen Berufs- und Gewerbeverbote die Persönlichkeit in solch eindeutiger Weise, daß damit schon die Ungeeignetheit als Geschäftsführer einer Kapitalgesellschaft nachgewiesen sei.[637] Mit Verweis auf diesen Vorschlag und mit der weiteren knappen Begründung, daß auch von Personen, gegen die ein Berufsverbot verhängt worden ist, die Gefahr für Dritte ausgehe, daß sie „alsbald ihre Geschäfte unter dem Deckmantel einer anonymen Kapitalgesellschaft wieder aufnehmen,“[638] hat der Gesetzgeber die Regelung des § 6 Abs. 2 Satz 4 GmbHG im Jahre 1980 verabschiedet. Wie bei Satz 3 hatte der Gesetzgeber auch hier die tatsächlichen und potentiellen Gläubiger der Gesellschaft als Wirtschaftskriminalitätsopfer vor Augen.

Dabei darf die tatsächliche Bedeutung des § 6 Abs. 2 Satz 4 GmbHG für die Bekämpfung der Wirtschaftskriminalität allerdings nicht überbewertet werden: Denn

---

632 Vgl. zu den Fallzahlen der Insolvenzstraftäter oben Seite 14 und Fn. 60.

633 Landmann/Rohmer-*Marcks*, GewO (I), § 35 Rn. 17.

634 Landmann/Rohmer-*Marcks*, GewO (I), § 35 Rn. 17.

635 Erster Periodischer Sicherheitsbericht, Seite 156.

636 Zur geschichtlichen Entwicklung des § 6 Abs. 2 GmbHG allgemein siehe oben Seite 13 ff., zu § 6 Abs. 2 Satz 3 siehe oben Seite 133 ff.

637 Tagungsbericht der Sachverständigenkommission zur Bekämpfung der Wirtschaftskriminalität - Reform des Wirtschaftsstrafrechts - III. Band, 1973, Seite 28.

638 BT-Drucks. 8/1347 Seite 31. Siehe schon oben Seiten 14 und 146.

zumeist sorgen schon die jeweiligen Rechtsgebiete, aus denen die Berufsverbote resultieren, dafür, daß sich das Berufs- bzw. Gewerbeverbot auch auf vertretende Tätigkeiten für einen anderen - also auch Geschäftsführertätigkeiten bei GmbHs - erstreckt, und begegnen damit schon selbst der Gefahr, daß Wirtschaftskriminelle unter dem Deckmantel von Kapitalgesellschaften erneut Gläubiger und die Allgemeinheit gefährden. So erstreckt sich bspw. das strafgerichtliche Berufsverbot über § 70 Abs. 3 StGB generell auch auf die Berufs- und Gewerbeausübung „für einen anderen" und damit auch auf geschäftsführende Tätigkeiten für eine GmbH. Unterläuft der Betroffene dies und gründet trotz seines Berufsverbots eine GmbH mit gleichem Unternehmensgegenstand und tritt als deren Geschäftsführer auf, macht er sich nach § 145c StGB strafbar. Demgegenüber erstreckt sich die gewerberechtliche Untersagungsverfügung nach § 35 GewO zwar anders als die strafgerichtliche nicht generell auch auf geschäftsführende Tätigkeiten bei Kapitalgesellschaften, doch ermöglicht § 35 Abs. 1 Satz 2 GewO diese Ausdehnung zumindest im Einzelfall. Derjenige, der dieser Anordnung zuwiderhandelt, begeht sodann zwar keine Straftat, aber zumindest eine Ordnungswidrigkeit gemäß § 146 Abs. 1 Nr. 1a) GewO. Demzufolge sorgen schon die jeweiligen Rechtsgebiete, aus denen das Berufs- und Gewerbeverbot resultiert, mit ihren Sanktionen für ein solides Schutzniveau vor Wirtschaftskriminalität. § 6 Abs. 2 Satz 4 GmbHG bewirkt darüber hinaus zur Vereinheitlichung der Rechtsordnung, daß entsprechende Geschäftsführerbestellungen auch gesellschaftsrechtlich nichtig sind. Damit stellt sich die Regelung lediglich als konsequente Umsetzung der Verbote dar, denn aufgrund der Unabhängigkeit des Zivilrechts von öffentlich-rechtlichen Individualverboten hätten die Berufsverbote ohne § 6 Abs. 2 Satz 4 GmbHG keinen Einfluß auf die gesellschaftsrechtliche Wirksamkeit der Geschäftsführerbestellung.

2. Voraussetzungen und Dauer des Ausschlusses

In seinen Voraussetzungen knüpft § 6 Abs. 2 Satz 4 GmbHG sowohl an die Untersagung eines Berufs einerseits als auch an die eines Gewerbes andererseits an. Dieser Unterscheidung kommt aber nicht mehr als historische Bedeutung zu, denn die Erstreckung des Anwendungsbereichs auch auf die jeweiligen Berufs- bzw. Gewerbezweige zeigt, daß sich § 6 Abs. 2 Satz 4 GmbHG unterschiedslos auf die Untersagung jeglicher beruflicher Tätigkeit abstellt und daran den Geschäftsführeramtsausschluß bindet. Keinen Unterschied macht die Vorschrift weiterhin dahingehend, ob die Untersagung judikativer oder exekutiver Art ist, denn beide Untersagungsarten führen gleichermaßen zum gesellschaftsrechtlichen Ausschluß für die Dauer des Verbots.

a. Gerichtliches Urteil

Im Mittelpunkt der judikativen Berufs- und Gewerbeverbote steht das strafgerichtliche Berufs- und Gewerbeverbot nach § 70 StGB. Daneben können aber auch Berufsgerichte Berufsverbote im Sinne des § 6 Abs. 2 Satz 4 GmbHG aussprechen.

aa. Strafgerichtliches Berufsverbot

Strafgerichtliche Berufsverbote nach § 70 StGB für die Dauer von einem bis zu fünf Jahren werden ausgesprochen, wenn der Angeklagte im Zusammenhang mit mißbräuchlicher Ausübung seines Berufs eine Straftat begangen hat. Dabei handelt es sich um eine reine Maßnahme der Sicherung zum Schutz der Allgemeinheit vor Gefahren, die aus dem Mißbrauch der Berufs- oder Gewerbeausübung resultieren und nicht um eine zusätzliche Bestrafung des Täters.[639]

Entscheidende Voraussetzung für die Verhängung ist, daß der Täter den Beruf, bei dem ihm ein Mißbrauch oder eine grobe Pflichtverletzung vorgeworfen wird, bei Begehung der Straftat tatsächlich ausgeübt hat; es genügt nicht, daß die Straftat nur im Zusammenhang mit einer vorgetäuschten Berufstätigkeit steht.[640] Allerdings kommt es bei einer Verurteilung wegen dieser Tat nicht darauf an, welche Strafe verhängt wird, denn nicht die Schwere der Tat und des Schuldvorwurfs ist für die Verhängung eines Berufsverbots maßgeblich, sondern die künftige Gefährlichkeit des Täters.[641] Aus den zuletzt genannten Gründen kann ein Berufsverbot daher sogar auch ohne Verurteilung ergehen, etwa wenn der Täter schuldunfähig war. Ausreichend ist, daß die Gesamtwürdigung des Täters und der Tat lediglich die Gefahr erkennen läßt, daß bei weiterer Ausübung des Berufs, Berufszweiges, Gewerbes oder Gewerbezweiges erhebliche rechtswidrige Taten von ihm ausgehen.

Die Anordnung eines Berufsverbots steht in richterlichem Ermessen.[642] Dabei ist der Maßregelzweck der Besserung und Sicherung (§ 61 Nr. 6 StGB) für die pflichtgemäße Ermessensausübung ausschlaggebend. Wenngleich nicht verkannt werden soll, daß die strafrichterliche Praxis Berufsverbote nur sehr zögerlich verhängt,[643] so sind die Gerichte verpflichtet, die Anordnung zu treffen, wenn der Schutz der Allgemeinheit dies dringend erforderlich macht.[644] Der Ermessensspielraum des Richters reduziert sich dann insoweit auf Null. Andererseits ist ein Verbot dann verfehlt, wenn weniger einschneidende Maßnahmen vollauf dem Sicherungsbedürfnis der Allgemeinheit Rechnung tragen können.[645] Soweit jedoch sogar zu erwarten ist, daß die gesetzliche Höchstfrist des strafgerichtlichen Berufsverbots von fünf Jah-

---

639 Vgl. Schönke/Schröder-*Stree*, StGB, § 70 Rn. 1. Dies belegt die Tatsache, daß das Verbot auch bei fehlender Verurteilung aufgrund von erwiesener oder nicht auszuschließender Schuldunfähigkeit des Täters verhängt werden kann, vgl. § 70 Abs. 1 StGB.

640 *BGH*, Beschl. v. 23.11.2000, wistra 2001, 105; Urt. v. 19.7.2001, wistra 2001, 386, 387.

641 Schönke/Schröder-*Stree*, StGB, § 70 Rn. 8.

642 *BGH*, Urt. v. 22.10.1981, wistra 1982, 66, 67 f.

643 Vgl. dazu schon oben Fn. 624.

644 Das Berufsverbot nach § 70 StGB ist reine Sicherungs- und keine Besserungsvorschrift, vgl. LK-*Hanack*, StGB, § 70 Rn. 1.

645 Schönke/Schröder-*Stree*, StGB, § 70 Rn. 14.

ren nicht zur Abwehr der vom Täter drohenden Gefahr ausreicht, so kommt ausnahmsweise auch das lebenslange Verbot in Betracht, § 70 Abs. 1 Satz 2 StGB.

Bedeutung für § 6 Abs. 2 Satz 4 GmbHG erlangt das strafgerichtliche Verbot jedoch erst ab seiner Wirksamkeit mit Rechtskraft des Urteils, vgl. § 70 Abs. 4 Satz 1 StGB. Die Bestellung eines potentiellen Amtsträgers während der Dauer des Verbots ist nichtig und ein bereits bestellter Geschäftsführer verliert ab diesem Zeitpunkt automatisch sein Amt.[646] Auch wenn § 70a StGB dem Strafgericht die Möglichkeit gewährt, das Berufsverbot nach einem Jahr zur Bewährung auszusetzen, wenn Grund zur Annahme besteht, daß die Gefahr, der Täter werde erhebliche rechtswidrige Taten begehen, nicht mehr besteht, so ist ab diesem Zeitpunkt zwar die Amtsfähigkeit wiederhergestellt, es bedarf jedoch einer erneuten Bestellung, da das einmal verlorene Amt nicht wieder auflebt.

bb. Berufsgerichtliche Berufsverbote

Den Angehörigen freier Berufe[647] kann nicht nur ein strafrechtliches, sondern auch ein disziplinargerichtliches Berufsverbot erteilt werden. Voraussetzung ist, daß das jeweilige Berufsrecht eine solche besondere staatliche Gerichtsbarkeit,[648] die Berufs- oder auch Ehrengerichtsbarkeit genannt wird, für ihre Berufsträger zur Reinhaltung des Berufsstandes zum Schutze der Allgemeinheit durch Ahndung von Verhalten, das mit einer ordnungsgemäßen Berufsgesinnung nicht zu vereinbaren ist, vorsieht.[649] Für diese Beurteilung schöpft das Gericht seine besondere fachliche Kompetenz insbesondere daraus, daß die berufenen Richter selber dem Berufsstand angehören und Berufsrichter zumeist erst in höheren Instanzen und dann auch lediglich in der Funktion von Beisitzern an der Urteilsfindung mitwirken. Berufsgerichte knüpfen ihre Berufsverbote im Unterschied zu Strafgerichten dabei

---

646 Vgl. ausführlich zu den gesellschaftsrechtlichen Rechtsfolgen bei Fehlen und Wegfall gesetzlicher Eignungsvoraussetzungen unten Seite 205 ff. Übt er über diesen Zeitpunkt hinaus sein Amt aus, so macht er sich darüber hinaus gemäß § 145c StGB strafbar.

647 Für Gewerbe existiert eine solche besondere Gerichtsbarkeit nicht. Dort sind allein die Verwaltungsbehörden für die Gewerbeuntersagung, Rücknahme und Widerruf der Gewerbeerlaubnis zuständig, vgl. unten Seite 166.

648 Berufsgerichte existieren insbesondere für Rechtsanwälte, Patentanwälte, Wirtschaftsprüfer, Steuerberater, Architekten, Ärzte, Zahnärzte und Apotheker. Existenz, Verfahren und Maßnahmenkataloge sind dabei teilweise bundesgesetzlich, teilweise auch landesgesetzlich geregelt. Meistens ist die Berufsgerichtsbarkeit bei den ordentlichen Gerichten angesiedelt, vgl. § 95 StBerG, § 72 WPO. Bei der Anwaltsgerichtsbarkeit besteht die Besonderheit, daß sie - mit Ausnahme des Senats für Anwaltssachen beim *BGH* - als eigenständige Gerichtsbarkeit eingerichtet ist, vgl. Henssler/Prütting-*Dittmann*, BRAO, Vorb § 92 Rn. 4.

649 In den berufsgerichtlichen Verfahren der Rechtsanwälte, Steuerberater und Wirtschaftsprüfer hat das Gericht bspw. nur einen einzigen Tatbestand zu prüfen, nämlich ob ein schuldhafter Pflichtverstoß gegen das jeweilige Berufsrecht vorliegt, vgl. § 113 Abs. 1 BRAO, § 89 Abs. 1 StBerG, § 67 Abs. 1 WPO.

nicht nur an das Vorliegen von Straftatbeständen an. Vielmehr wird hier auch auf berufliche Pflichtverletzungen abgestellt, die erkennen lassen, daß der Berufsträger in Zukunft nicht die Gewähr dafür bietet, daß er seinen Beruf ordnungsgemäß ausüben wird.[650] Die insoweit verhängten Sanktionen werden nicht anstelle von Strafgerichten ausgesprochen, sondern treten, soweit strafgerichtliche Vorschriften verletzt sind, neben sie.[651] Allerdings wird, solange gegen den Betroffenen ein Strafverfahren schwebt, das berufsgerichtliche Verfahren in der Regel bis zur strafgerichtlichen Entscheidung ausgesetzt.[652]

Unproblematisch unterfallen dem Anwendungsbereich des § 6 Abs. 2 Satz 4 GmbHG jedoch nur solche berufsgerichtliche Maßnahmen, die als Berufs- und Gewerbeverbot deklariert und zeitlich begrenzt sind, wie bspw. ein solches nach § 68 Abs. 1 Nr. 5 WPO. Demgegenüber ist im Hinblick auf den Wortlaut der Vorschrift fraglich, wie zum einen Berufsausschlüsse und zum anderen bereichsbezogene Tätigkeitsverbote zu bewerten sind, die die Ausübung des Berufs nicht generell, sondern nur in bestimmten Bereichen untersagen.

aaa. Berufsausschlüsse

Die schärfste Sanktion, die ein Berufsgericht verhängen kann, ist der Berufsausschluß, vgl. § 90 Nr. 4 StBerG, § 68 Nr. 6 WPO, § 114 Abs. 1 Nr. 5 BRAO. Er kann nur verhängt werden, wenn der Berufsträger seine Pflichten so gröblich verletzt hat, daß er für die Ausübung des Berufs zum Schutze der Allgemeinheit nicht weiter tragbar ist.[653] Nach anwaltsgerichtlicher Rechtsprechung kann sich diese Annahme bspw. aus der Verwirklichung von Untreue gegenüber der Mandantschaft, Parteiverrat, Begünstigung oder Betrug ergeben.[654]

Da der Ausschluß anders als bspw. das strafgerichtliche Berufsverbot grundsätzlich unbefristet erteilt wird,[655] schwerer wiegt und höhere Voraussetzungen hat, läßt

---

650 Vgl. insoweit § 113 Abs. 1 BRAO, § 67 Abs. 1 WPO und § 89 Abs. 1 StBerG. Doch stellt das Berufsverbot zumeist die letzte Stufe der Sanktionsmöglichkeiten dar. Zur Wahrung der Verhältnismäßigkeit ist immer vorrangig zu prüfen, ob nicht mildere Sanktionen zur Ahndung der Pflichtverletzung und zum Schutz der Allgemeinheit ausreichen.

651 *BGH*, Urt. v. 30.10.1990, NJW 1991, 1069; Henssler/Prütting-*Dittmann*, BRAO, § 114 Rn. 14.

652 Vgl. insoweit für das anwaltsgerichtliche Verfahren § 118 BRAO, für das berufsgerichtliche Verfahren gegenüber Steuerberatern § 109 StBerG.

653 Für die Ausschließung von Rechtsanwälten vgl. Henssler/Prütting-*Dittmann*, BRAO, § 114 Rn. 14. Zur Verfassungskonformität von Berufsausschlüssen vgl. *BVerfG*, Beschl. v. 4.4.1984, BVerfGE 66, 337, 353 ff.

654 *BGH*, Urt. v. 30.6.1986, BRAK-Mitt. 1986, 232; Henssler/Prütting-*Dittmann*, BRAO, § 114 Rn. 16.

655 Eine erneute Zulassung zur Anwaltschaft kann nach § 7 Abs. 1 Nr. 3 BRAO grundsätzlich

sich leicht begründen, daß der Ausgeschlossene zum Schutz des Rechtsverkehrs erst recht der Regelung des § 6 Abs. 2 Satz 4 GmbHG unterfallen und ab Rechtskraft des entsprechenden berufsgerichtlichen Urteils auch automatisch gesellschaftsrechtlich seine entsprechende Geschäftsführerposition verlieren muß. Dem steht auch nicht der Wortlaut des § 6 Abs. 2 Satz 4 GmbHG entgegen, denn der Ausschluß ist die stärkste Form der Untersagung. Ferner hätte auch das Argument, daß sich § 6 Abs. 2 Satz 4 GmbHG auf zeitlich begrenzte Verbote bezieht, wenig Wert, denn dies wird auch beim ausnahmsweise nach § 70 Abs. 1 Satz 2 StGB zeitlich unbegrenzten strafgerichtlichen Berufsverboten nicht gegen die Erfassung vom Geschäftsführerausschluß in die Waagschale geworfen.

bbb. Bereichsbezogene Tätigkeitsverbote

Während alle berufsgerichtlichen Verfahren die Möglichkeit des Berufsausschlusses vorsehen, ist die Verhängung eines zeitlich begrenzten und auf einen bestimmten Bereich bezogenen Tätigkeitsverbots nur in einigen Berufsgesetzen als Sanktion vorgesehen.[656] Es nimmt den Rang unterhalb der Ausschließung ein, wenn diese als Sanktion zur Abwendung der Gefahr für die Allgemeinheit (noch) nicht erforderlich, der Verweis mit Geldbuße als Maßnahme zur Ahndung des Pflichtverstoßes aber nicht mehr ausreichend erscheint.[657] So kann bspw. nach § 114 Abs. 1 Nr. 4 BRAO die Tätigkeit als Rechtsanwalt für den Bereich der Strafsachen verboten werden, seine weitere Betätigung in Zivilsachen jedoch erlaubt bleiben.

Auch diese Tätigkeitsverbote unterfallen dem Anwendungsbereich des § 6 Abs. 2 Satz 4 GmbHG und ziehen demnach einen GmbH-Geschäftsführerausschluß nach sich, da nach dem Wortlaut dieser Vorschrift nicht nur Berufsverbote erfaßt werden, sondern auch Verbote bestimmter Teilbereiche, sog. Berufs*zweig*verbote.[658] Dies entspricht dem umfassenden Sicherungsbedürfnis, dem § 6 Abs. 2 Satz 4 GmbHG Sorge tragen will. Denn wenn das Berufsgericht die betroffene Person in einem bestimmten Tätigkeitsbereich als so gefährlich einstuft, daß sie dieser Person dort die Berufsausübung versagt, so besteht kein Grund, sie anders als den Adressaten eines ganzheitlichen Berufsverbots zu behandeln, da die Gefahr für die All-

---

erst nach acht Jahren beantragt werden. Wiegt das Verhalten in der Vergangenheit, das zum Ausschluß geführt hat, aber besonders schwer, so kann die § 7 Abs. 1 Nr. 5 BRAO die Versagung auch lebenslang tragen.

656 So bspw. in § 68 Abs. 1 Nr. 4 WPO und § 114 Abs. 1 Nr. 4 BRAO (hier wird vom sog. Vertretungsverbot gesprochen).

657 Vgl. insoweit § 114 BRAO. § 68 Abs. 1 WPO kennt zwischen Tätigkeitsverbot und Ausschließung noch das zeitlich begrenzte Berufsverbot.

658 Der Wortlaut des § 6 Abs. 2 Satz 4 GmbHG ist an den des § 70 StGB angelehnt, vgl. zum gleichen Verständnis der Begriffe des Berufs- und Gewerbezweiges in § 70 StGB *Tröndle/Fischer*, StGB, § 70 Rn. 10.

gemeinheit die gleiche ist, wenn sich der Unternehmensgegenstand zumindest teilweise auf das Verbot bezieht.

cc. Vorläufige Berufsverbote nicht ausreichend

Sind dringende Gründe für die Annahme vorhanden, daß ein Berufsverbot angeordnet wird, so können sowohl Straf- als auch Berufsgerichte ein vorläufiges Berufsverbot verhängen, vgl. bspw. § 132a StPO und § 150 Abs. 1 BRAO. Da diese vorläufigen Verbote aber in Form eines Beschlusses ergehen, unterfallen sie schon durch die Beschränkung des § 6 Abs. 2 Satz 4 GmbHG auf gerichtliche Urteile nicht seinem Anwendungsbereich.[659] Außerdem würde eine andere Sichtweise zu früh in die Integrität der Gesellschaft und in die Rechte des Betroffenen eingreifen, da § 6 Abs. 2 Satz 4 GmbHG im Hinblick auf den automatischen Verlust der Geschäftsführerposition endgültige Wirkung entfalten würde, so daß bei Aufhebung des vorläufigen Verbots die Geschäftsführerposition nicht wieder auflebt.

dd. Zivilgerichtliches Tätigkeitsverbot nicht ausreichend

Ebenfalls nicht zu der Kategorie der Berufs- und Gewerbeverbote, die zu einem Geschäftsführerausschluß nach § 6 Abs. 2 Satz 4 GmbHG führen, gehört schließlich auch das zivilgerichtliche Tätigkeitsverbot.[660] Ein solches kann im Rahmen eines einstweiligen Verfügungsverfahren nach § 940 ZPO erlassen werden, wenn in einem zivilgerichtlichen Hauptverfahren Streit darüber besteht, ob der Geschäftsführer wirksam bestellt bzw. abgewählt worden ist und diese Regelung bspw. wegen drohender Gefahr für die Gesellschaft und deren Gläubiger notwendig erscheint.[661] Grund für die Nichterfassung eines solchen Verbots von § 6 Abs. 2 Satz 4 GmbHG ist, daß das zivilgerichtliche Tätigkeitsverbot seinem Wesen und Regelungsgehalt nach nur die Ausübung der Geschäftsführertätigkeit für eine ganz bestimmte Gesellschaft betrifft,[662] jedoch nicht generell die Ausübung des Berufs verbietet.[663] Damit genügt es nicht dem von § 6 Abs. 2 Satz 4 GmbHG geforderten Berufsverbot. Da die von einem solchen Tätigkeitsverbot im Rahmen eines einstweiligen Verfügungsverfahrens betroffene Person somit nicht grundsätzlich ihre

---

659 Hachenburg-*Ulmer*, GmbHG, § 6 Rn. 13; Scholz-*Schneider*, GmbHG, § 6 Rn. 22; Baumbach/Hueck-*Hueck/Fastrich*, GmbHG, § 6 Rn. 11; Meyer-Landrut/Miller/Niehus-*Meyer-Landrut*, GmbHG, § 6 Rn. 8; Michalski-*Heyder*, GmbHG, § 6 Rn. 23; Oppenländer/Trölitzsch-*Trölitzsch*, GmbH-Geschäftsführung, § 11 Rn. 30; für die AG: MüKo AktG-Hefermehl/Spindler, § 76 Rn. 93.

660 Insofern ist der Hinweis auf *BayObLG*, Beschl. v. 23.3.1989, GmbHR 1989, 370, 371 bei Scholz-*Schneider*, GmbHG, § 6 Rn. 23 irreführend.

661 So im Fall *BayObLG*, Beschl. v. 23.3.1989, GmbHR 1989, 370.

662 *BayObLG*, Beschl. v. 23.3.1989, GmbHR 1989, 370, 371.

663 *BayObLG*, Beschl. v. 23.3.1989, GmbHR 1989, 370, 371.

Eignung verliert, Geschäftsführer einer GmbH zu sein, ist § 6 Abs. 2 Satz 4 GmbHG nicht einschlägig.

ee. Zwischenergebnis

Gerichtliche Verbote im Sinne des § 6 Abs. 2 Satz 4 GmbHG sind dementsprechend nur strafgerichtliche Berufs- und Gewerbeverbote nach § 70 StGB und berufsgerichtliche Verbote freier Berufe, soweit sie mindestens die Qualität eines Tätigkeitsverbots haben.

b. Verwaltungsbehördliche Entscheidung

Den gerichtlichen Berufs- und Gewerbeverboten stellt § 6 Abs. 2 Satz 4 GmbHG die Berufs- und Gewerbeverbote gleich, die von Verwaltungsbehörden erlassen worden sind. Dabei sind die verwaltungsbehördlichen Verbote nicht allein dem Gewerberecht vorbehalten, denn obgleich für den freiberuflichen Bereich teilweise besondere Berufsgerichte existieren,[664] können daneben auch von Verwaltungsbehörden Berufsverbote ausgesprochen werden.[665]

aa. Gewerbeverbote

Im gewerblichen Bereich ist zwischen zwei Arten verwaltungsbehördlicher Gewerbeverbote zu unterscheiden: zum einen die Untersagungen erlaubnisfreier Gewerbe nach § 35 GewO und den jeweiligen Spezialgesetzen und zum anderen die Gewerbeverbote, die aus Rücknahme und Widerruf von Genehmigungen für erlaubnispflichtiges Gewerbe resultieren. Im ersteren Fall führt die Untersagung dazu, daß dem Betroffenen nunmehr ein bestimmtes Gewerbe verboten ist, das eigentlich von jedermann genehmigungsfrei ausgeübt werden kann. Demgegenüber hat die Rücknahme bzw. der Widerruf einer Gewerbeerlaubnis zwar auch die Wirkung, daß der Betroffene nicht mehr in diesem Gewerbe tätig sein darf, allerdings stellen diese Maßnahmen ihn nur mit jedermann gleich, der ebenfalls nicht im Besitz einer Genehmigung ist.

aaa. Gewerbeuntersagung

Verwaltungsbehördliche Gewerbeuntersagungen genehmigungsfreier Gewerbe[666] beruhen in erster Linie auf der Generalklausel § 35 GewO, die auf alle Gewerbetreibende Anwendung findet, soweit dies nicht durch Spezialregelung ausgeschlos-

---

664 Siehe oben Seite 162 ff.

665 So für das StBerG: Kuhls-*Willerscheid*, StBerG, § 46 Rn. 4.

666 Zu Rücknahme und Widerruf der Genehmigung bei erlaubnispflichtigem Gewerbe siehe unten Seite 168 ff.

sen ist.[667] Danach kann die zuständige Behörde die Ausübung eines erlaubnisfreien Gewerbes ganz oder teilweise untersagen, wenn Tatsachen vorliegen, welche die Unzuverlässigkeit des Gewerbetreibenden dartun und die Untersagung zum Schutz der Allgemeinheit oder der im Betrieb Beschäftigten erforderlich ist. Damit knüpft die Vorschrift an das zentrale Eignungskriterium des Gewerberechts an: die persönliche Zuverlässigkeit bzw. negativ formuliert die persönliche Unzuverlässigkeit. Dieses Merkmal persönlicher Eignung bezieht sich auf das Verhalten des Betroffenen in der Vergangenheit und GegenwArt. Wenn sich aus diesem ergibt, daß der Gewerbetreibende keine Gewähr dafür bietet, sein Gewerbe in Zukunft ordnungsgemäß auszuüben, ist er unzuverlässig.[668] Allerdings führt die Unzuverlässigkeit eines Gewerbetreibenden nicht im jedem Falle zur Gewerbeuntersagung, sondern nur dann, wenn besonders wichtige Rechtsgüter gefährdet sind, die die Untersagung erforderlich machen.[669] Denn die Untersagung stellt einen gewichtigen Eingriff in das Grundrecht der Berufsfreiheit aus Art. 12 Abs. 1 GG dar, der nur unter Beachtung des Verhältnismäßigkeitsgrundsatzes gerechtfertigt sein kann.[670] Dabei kann eine solche verwaltungsbehördliche Gewerbeuntersagung ergehen, obgleich der Sachverhalt, aus dem sich die Unzuverlässigkeit ergibt, bereits Gegenstand eines Strafverfahrens war.[671] Um lediglich eine unterschiedliche Beurteilung des unzuverlässigen Verhaltens des Betroffenen im Gewerberecht einerseits und im Strafrecht andererseits zu verhindern,[672] unterliegt die Verwaltungsbehörde beim Erlaß eines Gewerbeverbots jedoch bestimmten Bindungen: Sie darf insoweit nicht nachteilig vom strafgerichtlichen Urteil abweichen, als die Feststellung des Sachverhalts, die Beurteilung der Schuldfrage oder die Beurteilung der Frage betroffen ist, ob der Gewerbetreibende bei weiterer Ausübung des Gewerbes erhebliche rechtswidrige Taten im Sinne des § 70 StGB begehen wird und ob zur Abwehr dieser Gefahren die Untersagung des Gewerbes geboten ist.[673]

---

667 Eine spezielle Untersagungsvorschrift ist bspw. § 19 HeimG.

668 Zu den einzelnen Kriterien, aus denen sich die Unzuverlässigkeit ergeben kann, vgl. unten Seite 182.

669 Landmann/Rohmer-*Marcks*, GewO (I), § 35 Rn. 76. In Betracht kommen hier Leben, Gesundheit, Freiheit, Sittlichkeit, Eigentum, Vermögen, Staatsschutz, Umweltschutz etc.

670 Landmann/Rohmer-*Marcks*, GewO (I), § 35 Rn. 76. Die Gewerbeuntersagung beschränkt die subjektive Berufswahl des Betroffenen und ist daher nur gerechtfertigt, wenn der Schutz eines besonders wichtigen Gemeinschaftsgutes dies erfordert, vgl. oben Seite 25 ff.

671 Auch ergeht die verwaltungsbehördliche Entscheidung unabhängig davon, ob das Strafgericht ein Berufsverbot nach § 70 StGB erlassen hat, siehe dazu oben Seite 161 f.

672 Friauf-*Heß*, GewO, § 35 Rn. 115. Die Widersprüchlichkeit bei Unabhängigkeit von straf- und verwaltungsbehördlichen Entscheidungen veranlasste den Gesetzgeber zur Einführung des Abs. 3 durch GewO ÄndG vom 5.2.1960 (BGBl. I Seite 61).

673 Umgekehrt sind Strafgerichte ihrerseits nicht an vorhergehende Entscheidungen einer Verwaltungsbehörde gebunden, vgl. Friauf-*Heß*, GewO, § 35 Rn. 115.

bbb. Rücknahme und Widerruf einer Gewerbeerlaubnis

Neben der Gewerbeuntersagung im Bereich der erlaubnisfreien Gewerbe führt nach § 6 Abs. 2 Satz 4 GmbHG auch die Rücknahme oder der Widerruf einer Erlaubnis im Bereich der erlaubnispflichtigen Gewerbe zur Amtsunfähigkeit des Adressaten als GmbH-Geschäftsführer. Ihre Grundlage haben beide verwaltungsbehördlichen Maßnahmen in den §§ 48, 49 VwVfG, soweit nicht Spezialregelungen ihre Anwendung ausschließen, so bspw. § 15 GastG, § 25 PBefG, § 35 KWG, § 34 SprenG, § 47 WaffG, § 14 Abs. 8 MilchG und § 20 BImSchG.[674]

Dabei steht der Anwendbarkeit des § 6 Abs. 2 Satz 4 GmbHG auf diese Rücknahme- und Widerufsverfügungen nicht entgegen, daß der Wortlaut der Vorschrift nur von der „Untersagung" eines Gewerbes spricht: Zwar zieht eine Gewerbeuntersagung nach § 35 GewO andere rechtliche Folgen nach sich als die Rücknahme oder der Widerruf, denn diese entfalten anders als die Gewerbeuntersagung keine Sperrwirkung für die Zukunft.[675] Allerdings verspricht ein sofortiger erneuter Antrag auf Wiedererteilung der Erlaubnis auch nur dann Aussicht auf Erfolg, wenn die dem Widerruf zugrunde liegenden Tatsachen sich geändert haben. Insofern sind die Verbote hier wie da in ihrer tatsächlichen Wirkungsweise insoweit vergleichbar, als sie dem Betroffenen grundsätzlich für die Zukunft die Möglichkeit der Fortführung des Gewerbes nehmen. Darüber hinaus ergäbe sich ein Wertungswiderspruch, wenn man Widerrufs- und Rücknahmeverfügungen aus dem Anwendungsbereich des § 6 Abs. 2 Satz 4 GmbHG ausnehmen wollte, da die Ausgestaltung als genehmigungspflichtiges Gewerbe gerade zeigt, daß von dem Gewerbe Gefahren für besonders wichtige Gemeinschaftsgüter ausgehen können. § 6 Abs. 2 Satz 4 GmbHG nicht anzuwenden würde somit bedeuten, diesen besonders wichtigen Gemeinschaftsgütern gerade dann den Schutz zu versagen, wenn sie durch den Betroffenen gefährdet sind. Diese Gefährdungslage ist insgesamt keine andere als die im Falle der Gewerbeuntersagung, die ebenfalls nur bei Gefährdung besonders wichtiger Gemeinschaftsgüter ausgesprochen werden darf.[676] Dementsprechend ist § 6 Abs. 2 Satz 4 GmbHG seinem Sinn und Zweck nach auch auf Gewerbeverbote anwendbar, die sich aus der Rücknahme oder dem Widerruf einer gewerberechtlichen Genehmigung ergeben.

---

674 Tettinger/Wank-*Tettinger* GewO § 35 Rn. 246; Hachenburg-*Ulmer*, GmbHG, § 6 Rn. 14; Meyer-Landrut/Miller/Niehus-*Meyer-Landrut*, GmbHG, § 6 Rn. 8 die in diesem Zusammenhang noch auf § 4 ApothG verweisen, dem jedoch im Zusammenhang mit § 6 Abs. 2 Satz 4 GmbH keine Bedeutung zukommt, da eine Apotheke nicht in der Rechtsform einer GmbH betrieben werden kann, vgl. § 8 ApothG.

675 Nach § 35 Abs. 6 GewO darf das Gewerbe jedoch grundsätzlich erst frühestens ein Jahr nach Durchführung des Untersagungsverbots wieder aufgenommen werden.

676 Landmann/Rohmer-*Marcks*, GewO (I), § 35 Rn. 76.

Interessant ist, daß die Rücknahme und der Widerruf anders als die Gewerbeuntersagung nach § 35 GewO vielfach nicht lediglich an die persönliche Unzuverlässigkeit anknüpfen. Vielmehr können Grundlage der Rücknahme oder des Widerrufs einer Gewerbeerlaubnis auch fehlende fachliche Kenntnisse sein.[677] Nicht weiter problematisch ist, daß die einschlägigen Vorschriften darüber hinaus teilweise auch anlagenbezogene Widerrufs- bzw. Rücknahmegründe enthalten. So ist bspw. eine Gaststättenerlaubnis zu widerrufen, wenn die zum Betrieb der Gaststätte bestimmten Räume durch Umbaumaßnahmen nicht mehr den notwendigen Anforderungen zum Schutz der Gäste genügen, vgl. § 15 Abs. 2 in Verbindung mit § 4 Abs. 1 Nr. 2 GastG. Zwar liegt in diesen Fällen der Grund des Widerrufs nicht in der Person des Gewerbetreibenden, so daß insofern die Anwendbarkeit des § 6 Abs. 2 Satz 4 GmbHG auf Personen, deren Gewerbeverbot auf nicht unmittelbar in ihrer Person liegenden Gründe zurückzuführen ist, auf den ersten Blick weniger zwingend erscheint. Jedoch muß Beachtung finden, daß der Gewerbetreibende insoweit für das anlagenbezogene Defizit verantwortlich ist, als er nicht für die Einhaltung der gesetzlichen Vorschriften ausreichend Sorge getragen hat. Insofern besteht kein Grund, solche Gewerbeverbote vom Anwendungsbereich des § 6 Abs. 2 Satz 4 GmbHG auszunehmen.

ccc. Handwerksuntersagung kein Fall des § 6 Abs. 2 Satz 4 GmbHG

Eine Handwerksuntersagung gemäß § 16 Abs. 3 HandwO stellt indes keine Sondervorschrift im Sinne des § 35 Abs. 8 GewO dar[678] und führt auch nicht zum Geschäftsführerausschlußgrund nach § 6 Abs. 2 Satz 4 GmbHG,[679] da das handwerksrechtliche Betriebsverbot allein auf formellen Gründen basiert: Voraussetzung für die Handwerksuntersagung ist, daß der Betroffene den Nachweis der Eintragung in die Handwerksrolle nicht führen kann. Zwar hängt diese Eintragung auch von Faktoren persönlicher Eignung ab, doch liegt der Schwerpunkt für das konkrete Betriebsverbot allein im fehlenden formellen Nachweis. Ferner verbietet die Handwerksuntersagung dem Betroffenen nur die Weiterführung des konkreten Betriebes und gibt die Möglichkeit, durch Sperrung und Versiegelung der Räume, Wegnahme von Betriebsgegenständen etc. eine weitere Tätigkeit in *diesem* Betrieb zu verhindern. Auf § 16 Abs. 3 HandwO allein läßt sich jedoch nicht die Untersagung der Neueröffnung eines gleichen Betriebes an anderer Stelle stützen. Insofern ergibt sich aus dieser Untersagungsverfügung kein generelles Berufs- oder Gewerbeverbot

---

677 Vgl. bspw. § 15 Abs. 2 in Verbindung mit § 4 Abs. 1 GastG.

678 Friauf-*Heß*, GewO, § 35 Rn. 12.

679 *BayObLG*, Beschl. v. 11.6.1986, GmbHR 1987, 20, 21; zustimmend: Hachenburg-*Ulmer*, GmbHG, § 6 Rn. 14; HK-*Bartl*, GmbHG, § 6 Rn. 9; Meyer-Landrut/Miller/Niehus-*Meyer-Landrut*, GmbHG, § 6 Rn. 8; Scholz-*Schneider*, GmbHG, § 6 Rn. 22; Baumbach/Hueck-*Hueck/Fastrich*, GmbHG, § 6 Rn. 11; Oppenländer/Trölitzsch-*Trölitzsch*, GmbH-Geschäftsführung, § 11 Rn. 30.

und auch kein Verbot der weiteren Betätigung in diesem Handwerk, was aber für den Ausschluß vom Geschäftsführeramt nach § 6 Abs. 2 Satz 4 GmbH erforderlich ist.

ddd. Zwischenergebnis

Demzufolge stellt zwar eine Handwerksuntersagung nach § 16 Abs. 3 HandwO kein Gewerbeverbot im Sinne des § 6 Abs. 2 Satz 4 GmbHG dar. Etwas anderes gilt jedoch für Untersagungen erlaubnisfreier Gewerbe, die sich im wesentlichen auf § 35 GewO stützen, sowie für Genehmigungsrücknahmen und -widerrufe nach §§ 48, 49 VwVfG bzw. den gewerberechtlichen Spezialregelungen, soweit es sich um Gewerbeverbote im erlaubnispflichtigen Bereich handelt.

bb. Verbote freier Berufe

Bei freien Berufen existieren anders als im gewerblichen Bereich teilweise Berufsgerichte, die Berufsverbote aussprechen können.[680] Aber auch hier ist diesbezüglich zwischen freien Berufe zu unterscheiden, für deren Wahl und Ausübung eine Genehmigung erforderlich ist, und denjenigen, die erlaubnisfrei ausgeübt werden können.

aaa. Rücknahme und Widerruf genehmigungsbedürftiger freier Berufe

Erfordert die Berufswahl und -ausübung für den Freiberufler aufgrund des besonderen Gefahrenpotentials der ausgeübten Tätigkeit für seine Mandanten, Kunden, Patienten etc. eine staatliche Genehmigung - teilweise Zulassung oder Bestellung etc. genannt - so ist es wie im Bereich des genehmigungsbedürftigen Gewerbes nur konsequent, daß diese dann zurückgenommen bzw. widerrufen werden kann, wenn Gründe vorliegen, die den Berufsträger als ungeeignet und gefährlich erscheinen lassen. Wie die gewerberechtlichen Rücknahme- und Widerrufsverfahren enthalten auch die Rücknahme und Widerrufsvorschriften des Rechts der freien Berufe jeweils abschließende Kataloge von Gründen, die an das konkrete Verhalten des Berufsträgers anknüpfen.[681]

Wenngleich die Rücknahme- und Widerrufsvorschriften der freien Berufe aufgrund ihres abschließenden Charakters und teilweise auch wegen ihres Inhaltes somit Parallelen zum Gewerberecht aufweisen, ergibt sich hinsichtlich der Zuständigkeiten

680 Siehe oben Seite 162 ff.

681 Vgl. zu den Rücknahme- und Widerrufsgründen für Wirtschaftsprüfer, Steuerberater und Rechtsanwälte unten Seite 192 ff. Für gerichtliche Berufsverbote ist dies anders. Hier haben Berufs- bzw. Strafgerichte einen Anknüpfungspunkt allgemein in einer berufsrechtlichen Pflichtverletzung bzw. in der Begehung einer Straftat unter Missbrauch des Berufs, vgl. oben Seite 160 ff.

für diese Entscheidungen aber eine Besonderheit: Die Entscheidungsgewalt über die Maßnahmen ist vielfach nicht staatlichen Behörden (unmittelbar), sondern den berufsständischen Kammern übertragen. So ist bspw. nach § 46 Abs. 4 StBerG die Steuerberater- bzw. gemäß § 21 WPO die Wirtschaftsprüferkammer für die Rücknahme und den Widerruf der Zulassung zuständig. Für die Rücknahme bzw. den Widerruf der Rechtsanwaltszulassung gemäß § 14 BRAO ist demgegenüber zwar grundsätzlich die Landesjustizverwaltung zuständig. Da jedoch alle Länder von der Möglichkeit der Übertragung dieser Entscheidung auf die jeweiligen Rechtsanwaltskammern (§ 224a BRAO) Gebrauch gemacht haben, liegt auch hier die Entscheidungsgewalt bei der Kammer.

bbb. Berufsverbote durch ordnungsbehördliche Generalklauseln

Unterliegt der Freiberufler keiner speziellen Zulassungspflicht und existieren für ihn keine speziellen berufsregelnden Vorschriften, so z. B. bei Künstlern und Schriftstellern, so bedeutet dies nicht, daß seine Betätigungsfreiheit grenzenlos und er ordnungsrechtlicher Kontrolle gänzlich entzogen ist. Vielmehr kann im Falle fehlender berufsrechtlicher Spezialregelungen auch die ordnungsbehördliche Generalklausel einschlägig sein, die es der zuständigen Ordnungsbehörde ermöglicht, einem Freiberufler berufliche Tätigkeiten zu untersagen. Dabei wird eine Untersagung allerdings nur äußerst selten die Qualität eines Berufsverbots im Sinne des § 6 Abs. 2 Satz 4 GmbHG aufweisen, da sie sich im Hinblick auf die Weite des Berufsfelds etwa eines Künstlers weniger gegen dessen berufliche Betätigung als Künstler an sich, als vielmehr gegen eine spezifische Erscheinungs- bzw. Ausgestaltungsform seiner künstlerischen Tätigkeit richten wird und diese zu unterbinden versucht. Regelmäßig nicht abgesprochen wird derartigen Freiberuflern somit die Befugnis, ihren Beruf durch die Verwirklichung anderer Projekte auszuüben. Insgesamt wird es den Ordnungsbehörden daher - insbesondere mit Blick auf den grundrechtlichen Stellenwert der Tätigkeit - kaum möglich sein, einem Künstler gegenüber ein umfassendes Berufsverbot im Sinne des § 6 Abs. 2 Satz 4 GmbHG auszusprechen.

ccc. Zwischenergebnis

Dementsprechend kann als Zwischenergebnis der Betrachtung verwaltungsbehördlicher Verbote freier Berufe, die dem Anwendungsbereich des § 6 Abs. 2 Satz 4 GmbHG unterfallen, festgehalten werden, daß diese zumeist aus Rücknahmen und Widerrufen entsprechender Berufszulassungen resultieren. Demgegenüber wird Verboten, die aus den ordnungsbehördlichen Generalklauseln resultieren, weit weniger Gewicht zukommen, da sie aufgrund der Vielgestaltigkeit freier Berufe wohl nur höchst selten die Qualität eines Berufsverbots aufweisen.

cc. Adressat des verwaltungsbehördlichen Gewerbeverbots

Zu beachten ist, daß nur ein solches verwaltungsbehördliches Berufsverbot zu einem Ausschluß vom Geschäftsführeramt nach § 6 Abs. 2 Satz 4 GmbHG führt, das sich gegen die zu bestellende bzw. bestellte natürliche Person selbst richtet. Ein Verbot gegen eine juristische Person als Gewerbetreibenden, bei dem die natürliche Person nur als Organ tätig war, reicht für den Ausschluß dieser natürlichen Person nicht aus.[682] Dies ergibt sich zum einen aus dem Wortlaut des § 6 Abs. 2 Satz 4 GmbHG, der lautet: „derjenige, [...] dem durch vollziehbare Entscheidung einer Verwaltungsbehörde die Ausübung eines Berufs oder Berufszweiges, Gewerbe oder Gewerbezweiges untersagt worden ist [...]". Zum anderen stellt bspw. auch § 35 Abs. 7a GewO klar, daß nicht zwangsläufig aus einem Gewerbeverbot gegenüber einer juristischen Person auch ein persönliches Gewerbeverbot gegenüber ihren Handlungsorganen folgt.

dd. Vollziehbarkeit des verwaltungsbehördlichen Verbots

Der Wortlaut der Vorschrift des § 6 Abs. 2 Satz 4 GmbHG verlangt für den Ausschluß vom Geschäftsführeramt nicht, daß die verwaltungsbehördliche Entscheidung unanfechtbar ist.[683] Vielmehr ist ausreichend, daß diese vollziehbar ist. Dies gilt auch, wenn der sofortige Vollzug verwaltungsbehördlich angeordnet worden ist.[684] Ist das Verbot jedoch aufgrund eingelegten Widerspruchs oder Anfechtungsklage nicht vollziehbar (§ 80 VwGO), so folgt so lange aus ihm kein Tätigkeitsverbot als Geschäftsführer.

c. Ausländische Berufs- oder Gewerbeverbote

Fraglich ist, wie Berufs- oder Gewerbeverbote zu behandeln sind, die von einem ausländischen Gericht oder einer ausländischen Behörde ausgesprochen wurden. Anders als der Ausschlußtatbestand des § 6 Abs. 2 Satz 3 GmbHG, der sich nach überwiegender Auffassung allein auf Verurteilungen wegen spezieller Straftaten nach deutschem Recht bezieht,[685] scheint der Wortlaut des Ausschlußtatbestandes in § 6 Abs. 2 Satz 4 GmbHG hinsichtlich ausländischer Berufs- oder Gewerbeverbote offen gefaßt zu sein. Weder begrenzt er den Amtsausschluß auf die Adressa-

---

[682] *BayObLG*, Beschl. v. 11.6.1986, GmbHR 1987, 20, 21; MünchHdb GesR III-*Marsch-Barner/Diekmann*, § 42 Rn. 8; Hachenburg-*Ulmer*, GmbHG, § 6 Rn. 14; HK-*Bartl*, GmbHG, § 6 Rn. 9; Baumbach/Hueck-*Hueck/Fastrich*, GmbHG, § 6 Rn. 11; Lutter/Hommelhoff-*Hommelhoff/Kleindiek*, GmbHG, § 6 Rn. 19; Scholz-*Schneider*, GmbHG, § 6 Rn. 22; *Dempewolf*, Kurzkommentar zu BayObLG Beschl. v. 11.6.1986, EWiR § 6 GmbHG 1/86, 801.

[683] Lutter/Hommelhoff-*Hommelhoff/Kleindiek*, GmbHG, § 6 Rn. 19; Baumbach/Hueck-*Hueck/Fastrich*, GmbHG, § 6 Rn. 11; Hachenburg-*Ulmer*, GmbHG, § 6 Rn. 14.

[684] MünchHdb GesR III-*Marsch-Barner/Diekmann*, § 42 Rn. 8.

[685] Siehe dazu oben Fn. 543.

ten eines deutschen Berufs- und Gewerbeverbots, noch bezieht er allerdings ausdrücklich auch ausländische Verbote mit in den Anwendungsbereich ein.

Allein sprachliche Hürden bei der Prüfung eines ausländischen Berufs- und Gewerbeverbots stellen jedenfalls keinen Grund für eine Sonderbehandlung desselben im Rahmen des § 6 Abs. 2 Satz 4 GmbHG dar. Entscheidend gegen eine Privilegierung von Adressaten ausländischer Berufs- und Gewerbeverbote spricht der Sinn und Zweck der Vorschrift, der die Bekämpfung der Wirtschaftskriminalität zur Erreichung eines umfassenden Schutzes der Gesellschaftsgläubiger und Allgemeinheit im Auge hat. Um ein insoweit optimales Schutzniveau zu gewährleisten, spricht viel dafür, den Anwendungsbereich von § 6 Abs. 2 Satz 4 GmbHG auch auf ausländische Verbote zu erstrecken.[686] Allerdings bestehen auch Bedenken hinsichtlich einer pauschalen Einbeziehung derartiger Verbote ohne Prüfung des Einzelfalles, da ausländische Berufs- und Gewerbeverbote nicht zwingend in einem dem deutschen System vergleichbaren rechtsstaatlichen Verfahren erlassen worden sind.[687] So ist nicht auszuschließen, daß dem Betroffenen im Ausland keine dem deutschen Recht vergleichbaren Beteiligungsrechte gewährt wurden. Auch können bspw. insbesondere strafrechtliche Verbote anders als in Deutschland in Abwesenheit des Betroffenen erlassen werden.[688] Daher können nur solche ausländische Berufs- und Gewerbeverbote in den Anwendungsbereich des § 6 Abs. 2 Satz 4 GmbHG fallen, die den deutschen Maßstäben vergleichbar unter Wahrung rechtsstaatlicher Prinzipien gegenüber dem Betroffenen erlassen worden sind. Davon ist jedenfalls ohne begründete Anhaltspunkte für ernsthafte Zweifel bei solchen aus EU-Mitgliedstaaten auszugehen. Bestehen trotz der Herkunft eines strafrechtlichen Berufsverbots diesbezüglich Bedenken, etwa weil der Betroffene in seiner Abwesenheit mit ihm belastet worden ist, greift die Ausschlußwirkung des § 6 Abs. 2 Satz 4 GmbHG hingegen nicht ein.

d. Übereinstimmung mit dem Unternehmensgegenstand

Nur die Berufs- oder Gewerbeverbote schließen eine Tätigkeit als GmbH-Geschäftsführer aus, die den Unternehmensgegenstand der Gesellschaft ganz oder zumindest teilweise betreffen, § 6 Abs. 2 Satz 4 GmbHG. Unter Unternehmensgegenstand in diesem Sinne ist der Tätigkeitsbereich der Gesellschaft zu verstehen, der gemäß § 3 Abs. 1 Nr. 2 GmbHG in das Handelsregister einzutragen ist.[689] Er ist

---

686 *OLG Naumburg*, Beschl. v. 10.11.1999, GmbHR 2000, 379.

687 ähnlich HK-*Bartels*, GmbHG, § 6 Rn 14.

688 Vgl. dazu *OLG Naumburg*, Beschl. v. 10.11.1999, GmbHR 2000, 379. In dem der Entscheidung zugrundeliegenden Sachverhalt war der Geschäftsführer in Italien in seiner Abwesenheit mit einem Berufsverbot belastet worden. Gegen dieses hatte der Geschäftsführer sodann Beschwerde beim Europäischen Gerichtshof für Menschenrechte eingelegt.

689 Rowedder/Schmidt-Leithoff-*Schmidt-Leithoff*, GmbHG, § 3 Rn. 8.

vom Gesellschaftszweck zu unterscheiden und muß nicht notwendigerweise wirtschaftlicher Natur sein.[690] Er begrenzt intern die Aktivitäten der Geschäftsführer und gibt die Möglichkeit, von außen die Geschäftstätigkeit für die beteiligten Wirtschaftskreise einzuordnen.[691] Dabei macht das GmbHG anders als das Aktiengesetz über § 23 Abs. 3 Nr. 2 AktG[692] jedoch keine Vorgaben, wie genau der Unternehmensgegenstand im Handelsregister anzugeben ist.[693] Während früher noch eher allgemeine Angaben wie „Betrieb von Handelsgeschäften jeder Art" zugelassen wurden,[694] stellt die registergerichtliche Praxis heute detailliertere Anforderungen an einen eintragungsfähigen Unternehmensgegenstand.[695] Diesen wird jedoch schon durch die Bezeichnung des Geschäftszweiges genüge getan,[696] so daß bspw. die Angaben „Handel mit Webwaren" oder „Betrieb von Gaststätten" ausreichend sind.[697] Diese Entwicklung der Rechtsprechung ist vorliegend insofern von Interesse, als sie Auswirkung auch auf den Anwendungsbereich des § 6 Abs. 2 Satz 4 GmbHG hat: So begrenzt ein eng gefaßter Unternehmensgegenstand den Anwendungsbereich des Geschäftsführer-Ausschlußtatbestandes. Soweit das ausgesprochene Berufs- oder Gewerbeverbot jedenfalls nur einen Randbereich des Unternehmensgegenstandes betrifft, ist dies für den Ausschluß nach § 6 Abs. 2 Satz 4 GmbH („oder teilweise betrifft") ausreichend.[698] Der Schwerpunkt der Tätigkeit der Gesellschaft muß nicht betroffen sein.[699] Dies stellt einen wesentlichen Schutzmechanismus zur Vermeidung von Umgehungsgeschäften dar. Schließlich bleibt zu erwähnen, daß es für den Ausschluß nach § 6 Abs. 2 Satz 4 GmbHG nicht erforderlich ist, daß sich das Verbot gerade auf die Tätigkeit als Geschäftsführer be-

---

690 Hachenburg-*Ulmer*, GmbHG, § 3 Rn. 19; Rowedder/Schmidt-Leithoff-*Schmidt-Leithoff*, GmbHG, § 3 Rn. 8; Baumbach/Hueck-*Hueck/Fastrich*, GmbHG, § 3 Rn. 9.

691 *BGH*, Urt. v. 3.11.1980, WM 1981, 163, 164; *OLG Köln*, Beschl. v. 12.5.1981, WM 1981, 805, 806; Rowedder/Schmidt-Leithoff-*Schmidt-Leithoff*, GmbHG, § 3 Rn. 9; Baumbach/Hueck-*Hueck/Fastrich*, GmbHG, § 3 Rn. 9.

692 Nach § 23 Abs. 2 Nr. 2 Hs. 2 AktG ist bei Industrie- und Handelsunternehmen namentlich die Art der Erzeugnisse und Waren, die hergestellt und gehandelt werden sollen, näher anzugeben.

693 Dies wird im Schrifttum teilweise gefordert: Scholz-*Emmerich*, GmbHG, § 3 Rn. 13. Zurückhaltender Rowedder/Schmidt-Leithoff-*Schmidt-Leithoff*, GmbHG, § 3 Rn. 10.

694 Rowedder/Schmidt-Leithoff-*Schmidt-Leithoff*, GmbHG, § 3 Rn. 10.

695 Vgl. *OLG Köln*, Beschl. v. 12.5.1981, WM 1981, 805, 806; *OLG Stuttgart*, Beschl. v. 10.12.1979, GewA 1980, 232. Die „Produktion und Vertrieb von Waren aller Art" ist nach *BayObLG*, Beschl. v. 1.8.1994, GmbHR 1994, 705 unzureichend. Gleiches gilt für das „Betreiben von Handelsgeschäften", vgl. *BayObLG*, Beschl. v. 22.6.1995, NJW-RR 1996, 413 f.

696 Baumbach/Hueck-*Hueck/Fastrich*, GmbHG, § 3 Rn. 10.

697 *OLG Frankfurt*, Beschl. v. 30.8.1979, DB 1980, 75; Beschl. v. 12.11.1986, DB 1987, 38.

698 MünchHdb GesR III-*Marsch-Barner/Diekmann*, § 42 Rn. 8.

699 MünchHdb GesR III-*Marsch-Barner/Diekmann*, § 42 Rn. 8.

zieht.[700] Vielmehr will § 6 Abs. 2 Satz 4 GmbHG ja gerade die Fälle erfassen, in denen sich das Verbot auf einen bestimmten Beruf bezieht, um dem Betroffenen die Möglichkeit zu nehmen, unter dem Deckmantel der Geschäftsführertätigkeit inhaltlich denselben Beruf für eine ggf. von ihm allein gegründete GmbH, bspw. eine Metzgerei-GmbH, auszuüben.

Die Eintragungspflicht, der der Unternehmensgegenstand durch § 3 Abs. 1 Nr. 2 GmbHG unterliegt, bringt es in der Praxis mit sich, daß der tatsächlich verfolgte mit dem gesellschaftsvertraglich eingetragenen Unternehmensgegenstand in Einzelfällen nicht identisch ist. Dies kann zum einen darauf zurückzuführen sein, daß der tatsächlich gewollte Gegenstand verschleiert werden soll, oder aber, daß die Geschäftstätigkeit der Gesellschaft sich im Laufe der Zeit gewandelt hat und nicht mehr mit dem vormals festgelegten Unternehmensgegenstand übereinstimmt. Hinsichtlich des Geschäftsführerausschlusses nach § 6 Abs. 2 Satz 4 GmbHG wirft dieser Zwiespalt die Frage auf, ob der tatsächlich verfolgte[701] oder aber der gesellschaftsvertragliche[702] Unternehmensgegenstand für den Geschäftsführerausschluß ausschlaggebend sein soll: Gegen die Maßgeblichkeit des gesellschaftsvertraglichen Unternehmensgegenstands spricht jedenfalls, daß sich der Geschäftsbetrieb in tatsächlicher Hinsicht nicht auf diesen Gewerbezweig erstreckt. Der mit einem auf den gesellschaftsvertraglichen Unternehmensgegenstand bezogenen Berufsverbot belastete Geschäftsführer wird in diesem Falle überhaupt nicht auf dem Gebiet, für das er sich als unzuverlässig und gefährlich erwiesen hat, tätig. Insofern ist es allein sinnvoll, bei Abweichungen des tatsächlichen von dem eingetragenen Unternehmensgegenstand allein auf den erstgenannten Unternehmensgegenstand abzustellen. Dies hat insbesondere vor dem Hintergrund Bedeutung, daß einschlägig Sanktionierte in der Praxis gerade den Weg der Verschleierung des tatsächlichen Unternehmensgegenstands wählen und einen falschen angeben.[703]

---

700 *OLG Frankfurt*, Beschl. v. 4.3.1994, GmbHR 1994, 802, 803; Roth/Altmeppen-*Altmeppen*, GmbHG, § 6 Rn. 9; Lutter/Hommelhoff-*Hommelhoff/Kleindiek*, GmbHG, § 6 Rn. 19; Baumbach/Hueck-*Hueck/Fastrich*, GmbHG, § 6 Rn. 11.

701 Ohne nähere Begründung: Roth/Altmeppen-*Altmeppen*, GmbHG, § 6 Rn. 9.

702 Ebenfalls ohne nähere Begründung: Lutter/Hommelhoff-*Hommelhoff/Kleindiek*, GmbHG, § 6 Rn. 18.

703 In der Praxis kann diese Detailfrage insofern von untergeordneter Bedeutung sein, als die Gesellschaft im Falle des Auseinanderfallens von gesellschaftsvertraglichem und tatsächlichem Unternehmensgegenstand grundlegenderen Problemen als dem Ausschluß ihres Geschäftsführers gegenübersteht, da aus diesem Zwiespalt sich die Nichtigkeit der Gesellschaft ergeben kann. Ist der satzungsmäßige Unternehmensgegenstand nur zum Schein festgelegt worden und stimmt er mit dem tatsächlich verfolgten nicht überein und soll diesen nur verdecken, dann folgt aus § 117 BGB die Nichtigkeit dieser Regelung, und aus § 139 BGB kann sich die Gesamtnichtigkeit des Gesellschaftsvertrags ergeben (*BGH*, Beschl. v. 9.11.1987, BGHZ 102, 209, 217; Hachenburg-*Ulmer*, GmbHG, § 3 Rn. 20). Auch in dem Fall, daß die Gesellschaft sich unternehmerisch neu orientiert und am ursprünglich

e. Dauer des Ausschlusses

Anders als § 6 Abs. 2 Satz 3 GmbH, der die Ausübung der Geschäftsführertätigkeit aufgrund rechtskräftiger Verurteilung wegen einer Insolvenzstraftat für die Dauer von genau fünf Jahren ausschließt, ist die Dauer des Ausschlusses nach Satz 4 flexibel. Sie paßt sich an die Dauer des gerichtlichen bzw. verwaltungsbehördlichen Verbots an. Entsprechend kann der Ausschluß hier sogar zeitlich unbefristet sein.[704] Der mit einem gerichtlichen bzw. verwaltungsbehördlichen Berufsverbot Belastete kann damit nicht wirksam zum Geschäftsführer einer GmbH bestellt werden, solange das Verbot Bestand hat. Der Ausschluß beginnt mit Eintritt der Rechtskraft des Urteils bzw. mit Vollziehbarkeit der verwaltungsbehördlichen Entscheidung. Hinsichtlich der Beendigung des Ausschlusses muß jedoch differenziert werden: Ist das Verbot auf eine bestimmte Zeit befristet, so endet auch der gesellschaftsrechtliche Ausschluß mit Ablauf des gleichen Tages. Ist das Verbot unbefristet ausgesprochen, so endet der gesellschaftsrechtliche Ausschluß nur dann, wenn das Verbot aufgehoben wird, mit Ablauf des Tages der Aufhebung.
Im Bereich der strafrechtlichen Berufsverbote besteht indes noch die Möglichkeit der Aussetzung des Verbots auf Bewährung nach Ablauf eines Jahres, § 70a StGB. Diese Anordnung trifft das Gericht, wenn die Gefahr, der Täter werde erhebliche rechtswidrige Taten im Rahmen seiner Berufs- bzw. Gewerbeausübung begehen, nicht mehr besteht. Im Hinblick auf den Geschäftsführerausschluß ist anerkannt, daß ein zur Bewährung ausgesetztes Berufs- oder Gewerbeverbot nicht den Voraussetzungen des § 6 Abs. 2 Satz 4 GmbHG genügt.[705] Entsprechend kann eine Person, gegenüber der zwar ein strafgerichtliches Berufsverbot verhängt worden ist, das aber auf Bewährung aufgehoben wurde, zum Geschäftsführer einer GmbH bestellt werden. Wird die Bewährung allerdings vom Strafgericht nach § 70b StGB widerrufen, so lebt das Berufsverbot in seiner vollen Wirkung wieder auf, was zu einem erneuten Vorliegen der Voraussetzungen des § 6 Abs. 2 Satz 4 GmbHG, mithin zum automatischen Ausschluß vom Geschäftsführeramt, führt.

3. Verfassungskonformität der Regelung

Anders als die Vorschrift des § 6 Abs. 2 Satz 3 GmbHG ist Satz 4 verfassungsrechtlich unbedenklich. So ist die Regelung insbesondere sowohl tatbestandlich als auch in der Rechtsfolge flexibel. Auch umfaßt ihr Tatbestand alle gerichtlich oder

---

gewollten, festgesetzten und eingetragenen Unternehmensgegenstand ohne Satzungsänderung nicht mehr festhält und tatsächlich nunmehr einen anderen Unternehmensgegenstand vor Augen hat, liegt nach herrschender Meinung die Nichtigkeit der Satzung vor, vgl. Hachenburg-*Ulmer*, GmbHG, § 3 Rn. 26.

704 MünchHdb GesR III-*Marsch-Barner/Diekmann*, § 42 Rn. 8; Baumbach/Hueck-*Hueck/Fastrich*, GmbHG, § 6 Rn. 11; *Lutter*, Die GmbH-Novelle und ihre Bedeutung für die GmbH, die GmbH & Co. KG und die Aktiengesellschaft, DB 1980, 1317, 1320.

705 Scholz-*Schneider*, GmbHG, § 6 Rn. 22; Hachenburg-*Ulmer*, GmbHG, § 6 Rn. 13.

verwaltungsbehördlich verhängten Berufs- und Gewerbeverbote gleichermaßen.[706] Dabei wirken sich nur solche auf das Amt des Geschäftsführers einer GmbH aus, deren Unternehmensgegenstand ganz oder teilweise mit dem Gegenstand des Verbots übereinstimmt. Insofern wird eine unbillige Härte und Willkür für die Fälle vermieden, in denen sich der vom Berufsverbot Betroffene nunmehr einem anderen Tätigkeitsfeld widmen will, um dort seine Zuverlässigkeit zu beweisen und seinen Lebensunterhalt zu sichern. Die gleiche Flexibilität und Paßgenauigkeit der Vorschrift drücken sich auch durch die direkte Verknüpfung des Amtsausschlusses mit der Dauer des öffentlich-rechtlichen Verbots aus. Aufgrund der Bindung der Dauer obliegt dem Registergericht - anders als bei § 6 Abs. 2 Satz 3 GmbHG - auch keine eigene Wertungs- und Entscheidungsmöglichkeit. Es muß nur umsetzen, was das sachnähere Strafgericht bzw. die sachnähere Verwaltungsbehörde jeweils angeordnet hat. Allein die Beurteilung der Übereinstimmung des Verbotsgegenstands mit dem Unternehmensgegenstand liegt in der Hand des Registergerichts, das insofern aufgrund § 12 FGG lediglich verpflichtet ist, in Zweifelsfällen das Gericht bzw. die Behörde, die das Verbot verhängt hat, hinsichtlich der Identität des Unternehmensgegenstandes zu befragen. Zusammenfassend bleibt also kein Zweifel an der Verfassungskonformität des § 6 Abs. 2 Satz 4 GmbHG.

4. Zwischenergebnis

§ 6 Abs. 2 Satz 4 GmbHG bietet ein weites Feld, Personen vom Geschäftsführeramt fernzuhalten, bei denen aufgrund ihres früheren Verhaltens berechtigte Sorge um die Ordnungsgemäßheit ihrer Aufgabenerfüllung besteht. So greift § 6 Abs. 2 Satz 4 GmbHG sowohl straf- als auch berufsgerichtliche Verbote ebenso auf wie verwaltungsbehördliche Berufs- und Gewerbeverbote. Dabei ist der Ausschluß - anders als § 6 Abs. 2 Satz 3 GmbHG - insoweit flexibel und verfassungskonform, als er sich an die Dauer des jeweiligen Verbots und an den dazu korrespondierenden Unternehmensgegenstand anpaßt.

III. Gesellschaftsvertragliche Regelungsmöglichkeiten

Gesellschaftsvertragliche Regelungsmöglichkeiten im Bereich verhaltensbezogener Eignungskriterien sind in der Praxis eher untypisch, obgleich die Privatautonomie der Gesellschaft die Freiheit läßt, an das Verhalten des Geschäftsführers bestimmte statutarisch festzuhaltende Ausschlußtatbestände zu knüpfen. Allerdings ist mit der Festschreibung solcher statutarischer verhaltensbezogener Ausschlußkriterien der große Nachteil verbunden, daß sich die Gesellschafterversammlung damit selbst der Prüfungsmöglichkeit des Einzelfalles enthebt. Typischer sind in diesem Zusammenhang daher statutarische Regelungen, die umgekehrt die freie Abberufbar-

---

[706] Anders § 6 Abs. 2 Satz 3 GmbHG, der den Amtsausschluß nur an bestimmte strafrechtliche Verurteilungen anknüpft, vgl. dazu oben Seite 138 ff.

keit des Geschäftsführers lediglich darauf beschränken, daß wichtige Gründe dies notwendig machen, vgl. § 38 Abs. 2 GmbHG. Diese wichtigen Gründe können beliebigen Inhalts sein,[707] können also auch an verhaltensbezogene Kriterien anknüpfen, wobei die Gesellschafter schon aus Interesse an eigener Entscheidungsfreiheit und Flexibilität auch insoweit keine abschließende Aufzählung vornehmen sollten.[708] Dabei können sie auch an sich unwichtige Gründe zu wichtigen erheben, denn wenn man der Gesellschaft schon die Möglichkeit gewährt, die eigene Abberufungsfreiheit einzuschränken, dann muß man ihr zumindest auch die Gewichtung überlassen.[709]

F. Zusammenfassung

Im Hinblick auf die gesellschaftsrechtliche Eignung des GmbH-Geschäftsführers kann nunmehr folgendes festgehalten werden:

1. Die personenbezogenen Merkmale persönlicher Eignung des Geschäftsführers sind wesentlich geprägt durch die ersten drei Regelungen des § 6 Abs. 2 GmbHG:

a. Durch die Regelung des § 6 Abs. 2 Satz 1, 1. Hs. GmbHG ist das Geschäftsführeramt ausschließlich natürlichen Personen zugänglich. Das Amt auch für juristische Personen zu öffnen, mag zwar insbesondere aus europäischer Sicht und aufgrund der vielfältigen Einsatz- und Konstruktionsmöglichkeiten nahe liegen. Jedoch würde eine Öffnung nicht nur zahlreiche Folgeprobleme innerhalb der verschachtelten Gesellschaften, sondern auch im gesamten Gesellschaftsrecht aufwerfen. Nicht zuletzt aufgrund unüberschaubarer Haftungsrisiken und schwindenden persönlichen Einflusses ist daher an § 6 Abs. 2 Satz 1, 1. Hs. GmbHG festzuhalten.

b. Der Regelungsgehalt des § 6 Abs. 2 Satz 1, 2. Hs. GmbHG ist enger als auf den ersten Blick ersichtlich. Zwar schließt er alle nicht voll Geschäftsfähigen zur Absicherung der Handlungsfähigkeit der Gesellschaft vom Geschäftsführeramt aus. Da partiell geschäftsfähige Minderjährige, denen eine entsprechende vormundschaftsgerichtliche Genehmigung gemäß § 112 BGB zur Aufnahme des Geschäftsführeramtes erteilt wurde, aber insoweit kein Defizit aufweisen, bezieht sich der Amtsausschluß nicht auch auf sie. Sie sind amtsfähig im Rahmen des § 6 Abs. 2 Satz 1, 2. Hs. GmbHG.

---

707 Lutter/Hommelhoff-*Lutter/Hommelhoff*, GmbHG, § 38 Rn. 7.

708 Lutter/Hommelhoff-*Lutter/Hommelhoff*, GmbHG, § 38 Rn. 7 halten eine abschließende Aufzählung für unzulässig.

709 Lutter/Hommelhoff-*Lutter/Hommelhoff*, GmbHG, § 38 Rn. 7.

c. § 6 Abs. 2 Satz 2 GmbHG dient ebenfalls dem Schutz der Handlungsfähigkeit der GmbH und ist durch Neuordnung des Betreuungsrechts im Jahre 1990 erforderlich geworden. Dabei ist jedoch die Betreuung ohne Einwilligungsvorbehalt nach § 1903 BGB insofern nicht unproblematisch, als durch sie ein nicht von der Gesellschafterversammlung legitimierter Betreuer als „mittelbarer" Geschäftsführer Einfluß auf die Geschicke der Gesellschaft nehmen kann. Einem solchen Eingreifen Dritter kann statutarisch durch Bevollmächtigung von Mitgeschäftsführern entgegengewirkt werden, soweit die Gesellschaft nicht lediglich von ihrem Recht auf Abberufung oder von dem nur geringen Einfluß im vormundschaftsgerichtlichen Bestellungsverfahren Gebrauch machen will.

d. Geschlechtsspezifische und familienbezogene Merkmale als Kriterien personenbezogener Eignung können lediglich auf gesellschaftsvertraglicher Ebene Bedeutung erlangen. Erstere müssen jedoch aufgrund verfassungs- und europarechtlicher Diskriminierungsverbote sachbezogen sein, um wirksam zu sein. Gegen die Zulässigkeit von familienzugehörigkeitsbezogenen Eignungsvorgaben für den Geschäftsführer bestehen grundsätzlich keine Bedenken. Bei mitbestimmten GmbHs stellen sie jedoch wohl nie ein sachbezogenes und somit zulässiges Auswahlkriterium dar.

e. Dem letzten personenbezogenen Merkmal der Staatsangehörigkeit wird von Rechtsprechung und Literatur mehr Bedeutung beigemessen als vom Gesetzgeber. Nach wie vor existiert zu Recht grundsätzlich keine Rechtsgrundlage, die die Wirksamkeit der Bestellung eines Ausländers an das Vorliegen ausländerrechtlicher Genehmigungstatbestände bindet. Um Mißbrauch Einhalt zu gebieten, kann in extremen Ausnahmefällen auf § 138 BGB zurückgegriffen werden. Daneben macht das GmbHG zu Recht auch keine Vorgaben hinsichtlich der Bestellung von Ausländern, die vom Ausland aus als Geschäftsführer für die Gesellschaft tätig werden, ohne die Möglichkeit jederzeitiger Einreise nachweisen zu können.

2. Obgleich demgegenüber fachliche Kriterien für die Wahl eines Geschäftsführers in der Praxis wohl zumeist entscheidend sind, spielen sie auf gesetzlicher Ebene keine Rolle. Um den individuellen Bedürfnissen der einzelnen Gesellschaften Rechnung zu tragen, können sie lediglich Einzug in das jeweilige Gesellschaftsstatut halten.

3. Territoriale Merkmale wie der Wohn- oder Aufenthaltsort des Geschäftsführers sind ebenso wenig gesetzlich festgelegt wie Anforderungen an seine Sprache, seine Religion oder seine politischen Anschauungen. Sie stellen typische gesellschaftsvertragliche Eignungsvorgaben dar, die die Gesellschaft individuell ihren Bedürfnissen entsprechend ausgestalten kann, wenngleich sie auch hier insbesondere verfassungs- und europarechtliche Diskriminierungsverbote zu beachten hat. Jene nehmen über § 138 BGB Einfluß auf die statutarischen Gestaltungen.

4. Die Ausschlußgründe in § 6 Abs. 2 Satz 3 und 4 GmbHG repräsentieren schließlich die letzte gesellschaftsvertragliche Eignungskategorie, die verhaltensbezogene Kriteriengruppe. Dabei dienen sie zwar dem legitimen Ziel der Bekämpfung von Wirtschaftskriminalität und sind gerade in wirtschaftlichen schwierigen Zeiten aktueller denn je. Dennoch ist § 6 Abs. 2 Satz 3 GmbHG gleich in dreifacher Hinsicht verfassungswidrig und sollte durch eine Erweiterung des strafgerichtlichen Maßnahmenkatalogs ersetzt werden. Ausreichender gesellschaftsrechtlicher Schutz kann de lege lata allein durch § 6 Abs. 2 Satz 4 GmbHG erreicht werden, der Adressaten öffentlich-rechtlicher Berufs- und Gewerbeverbote die Amtsfähigkeit im jeweiligen Tätigkeitsfeld versagt.

3. Kapitel Gewerbe- und berufsrechtliche Eignungsvoraussetzungen

Zwar fand die gewerbe- bzw. berufsrechtliche Eignung des Geschäftsführers bereits mittelbar dadurch Erwähnung, daß ihr Fehlen bzw. ihr Wegfall Grundlage eines Berufs- oder Gewerbeverbots sein kann, welches über § 6 Abs. 2 Satz 4 GmbHG Bedeutung für die gesellschaftsrechtliche Eignung des Geschäftsführers erlangt.[710] Da sich das Profil eines Geschäftsführers aber nicht allein über § 6 Abs. 2 GmbHG bestimmt, soll den gewerbe- bzw. berufsrechtlichen Eignungsvoraussetzungen hier ein eigenes Kapitel gewidmet sein.[711]

Die Geeignetheit des Geschäftsführers hat mit den gewerbe- bzw. berufsrechtlichen Eignungsvoraussetzungen eine zweite, am Unternehmensgegenstand der Gesellschaft orientierte öffentlich-rechtliche, genauer: eine gewerbe- bzw. berufsrechtliche Komponente, die der Abwehr von solchen Gefahren für die öffentliche Sicherheit und Ordnung dient, die der jeweilige Unternehmensgegenstand der Gesellschaft mit sich bringt. Dabei beruht die Unterscheidung zwischen Berufs- und Gewerberecht auf der historischen Vorstellung, daß eine den Trägern bestimmter Berufe, der sog. „freien Berufe", zukommende ideelle Motivation und der Charakter der Dienstleistung nicht mit dem für den Gewerbebegriff[712] erforderlichen Gewinnstreben vereinbar sind bzw. dieses überlagern.[713] Bei der Bezeichnung „freier Beruf" handelt es sich insofern weniger um einen Rechtsbegriff als um eine soziologisch bedingte Kennzeichnung für Angehörige bestimmter Berufe, die auf gesellschaftliche Strukturen des 19. Jahrhunderts zurückgeht.[714]

A. Gewerberechtliche Eignungsvoraussetzungen

Dabei ist für den Bereich der gewerberechtlichen Eignungsvoraussetzungen zu beachten, daß sich die normierten Vorgaben immer allgemein an den Gewerbetrei-

---

710 Siehe dazu oben Seite 159 ff.

711 Zur Abgrenzung und Unterscheidung von gesellschaftsrechtlicher Eignung einerseits und gewerbe- bzw. berufsrechtlicher Eignung andererseits siehe oben Seite 23 f.

712 Unter einem Gewerbe wird eine selbständige, erlaubte und auf Gewinnerzielung gerichtete, auf gewisse Dauer ausgeübte Tätigkeit im wirtschaftlichen Bereich verstanden, vgl. Landmann/Rohmer-*Kahl*, GewO (I), Einl Rn. 32.

713 Vgl. Landmann/Rohmer-*Kahl*, GewO, Einl. Rn. 65. Darüber hinaus sind bestimmte Berufe weder dem Gewerbe, noch den freien Berufen zuzuordnen, so bspw. die Viehzucht, die Fischerei und Urproduktion.

714 Landmann/Rohmer-*Kahl*, GewO (I), Einl Rn. 65; ausführlich R. Schmidt-*Pitschas*, Öffentliches Wirtschaftsrecht BT2, § 9 I Rn. 5 ff. Wenngleich heute niemand mehr den Trägern freier Berufe ein Gewinnstreben absprechen mag, setzt sich die Trennung von Berufs- und Gewerberecht weiterhin fort, vgl. § 6 GewO.

benden selber richten und der Gesetzgeber keine besonderen Anforderungen für den Fall bereithält, daß der Gewerbetreibende eine juristische Person ist.[715] Es ist jedoch anerkannt, daß sich die persönlichen Anforderungen bei juristischen Personen als Gewerbetreibende an deren Handlungsorgan richten.[716] Im Falle der GmbH ist also der Geschäftsführer Adressat der gewerberechtlichen Eignungsvoraussetzungen.

I. Zuverlässigkeit als zentrales Eignungskriterium

Unabhängig von dieser Ausgestaltung des Adressatenkreises der Vorschriften, bildet im Bereich des Gewerberechts ein verhaltensbezogenes Kriterium den Schwerpunkt, da jede gewerbliche Tätigkeit einer GmbH in persönlicher Hinsicht von ihrem Geschäftsführer dessen Zuverlässigkeit verlangt.[717] Als verhaltensbedingtes Kriterium ist diese Eignungsvoraussetzung jedoch auch im Gewerberecht grundsätzlich nicht positiv, sondern zumeist negativ in Form der Unzuverlässigkeit als Ausschlußkriterium formuliert.[718] Das bedeutet, daß das Gewerberecht grundsätzlich davon ausgeht, daß die bestellten Personen zuverlässig sind. Erst wenn sich Tatsachen ergeben, die das Gegenteil beweisen, wird sie als unzuverlässig angesehen.

Unter welchen Voraussetzungen diese Unzuverlässigkeit gegeben ist, ist trotz der zentralen Bedeutung des Kriteriums gesetzlich nicht definiert.[719] Nach allgemeiner Ansicht liegt sie vor, wenn der Gewerbetreibende[720] keine Gewähr dafür bietet, daß er in Zukunft sein Gewerbe ordnungsgemäß ausüben wird.[721] Bei der Unzuverlässigkeit handelt es sich um eine an bestimmte Tatsachen gebundene, nach gegenwärtigem Erkenntnisstand behördlicherseits festzustellende Eigenschaft des Gewerbetreibenden und damit trotz prognostischer Entscheidungselemente um einen gerichtlich voll überprüfbaren unbestimmten Rechtsbegriff ohne Beurteilungsspiel-

---

715 Anders grundsätzlich das Berufsrecht, vgl. unten Seite 190.

716 *BVerwG*, Urt. v. 9.2.1967, GewA 1967, 166; *OVG Hamburg*, Urt. v. 19.8.1982, GewA 1983, 96; Friauf-*Heß*, GewO, § 35 Rn. 30; Tettinger/Wank-*Tettinger*, GewO, § 35 Rn. 91; differenzierend Landmann/Rohmer-*Kahl*, GewO (I), § 35 Rn. 65.

717 Vgl. zur Verknüpfung dieser gewerberechtlichen Vorgabe mit dem Gesellschaftsrecht in § 6 Abs. 2 Satz 4 GmbHG oben Seite 159 ff, insbesondere 166 ff.

718 Eine Ausnahme stellt insoweit bspw. § 11 Abs. 2 Nr. 1 HeimG dar. Vgl. aber zu den ebenfalls negativ formulierten gesellschaftsrechtlichen verhaltensbezogenen Eignungsvoraussetzungen oben Seite 132 ff.

719 Landmann/Rohmer-*Marcks*, GewO (I), § 35 Rn. 28.

720 Ist der Gewerbetreibende eine GmbH, so wird auf deren Geschäftsführer abgestellt, siehe oben Seite 182.

721 Landmann/Rohmer-*Marcks*, GewO (I), § 35 Rn. 29 mwN; Friauf-*Heß*, GewO, § 35 Rn. 48.

raum.[722] Dabei sind die Tatsachen, die die Annahme der Unzuverlässigkeit stützen können, vielfältig. So stellen bspw. das Verhalten des Gewerbetreibenden, das den Tatbestand einer Straftat oder Ordnungswidrigkeit erfüllt,[723] seine mangelnde wirtschaftliche Leistungsfähigkeit,[724] Steuerschulden[725] oder die Nichtabführung von Sozialversicherungsbeiträgen[726] Kriterien zur Bestimmung der Unzuverlässigkeit dar.[727] Um den Begriff der Unzuverlässigkeit den besonderen Gefahren der einzelnen Gewerbearten anzupassen, hält das Gesetz teilweise auch Regelbeispiele für das Vorliegen der Unzuverlässigkeit bereit.[728]

II. Weitere Eignungskriterien

Gegenüber diesem verhaltensbezogenen Eignungskriterium der Zuverlässigkeit kommt der Gruppe der fachlichen Eignungskriterien im Gewerberecht weit weniger Bedeutung zu, als man zunächst annehmen könnte. Denn fachliche Kriterien zur Grundlage der Aufnahme der Gewerbetätigkeit zu machen, bedeutet, subjektive Zulassungsvoraussetzungen zu normieren, die vor der verfassungsrechtlichen Bedeutung der Gewerbefreiheit besonders gewichtiger Rechtfertigung bedürfen.[729] Dies erklärt, warum der Gesetzgeber - teilweise trotz heftiger Kritik - die fachliche Eignungsvoraussetzung bspw. auf das Vorhandensein eines Unterrichtungsnachweises reduziert, bzw. qualifiziertere Eignungsvoraussetzungen oft nur dann verlangt, wenn der Gewerbetreibende bzw. sein Geschäftsführer sich tatsächlich mit der Leitung und Ausführung des das Gefahrenpotential enthaltenden Gewerbes beschäftigt und sein Aufgabenbereich sich nicht allein auf Verwaltungsaufgaben erstreckt.[730]

---

722 Landmann/Rohmer-*Marcks*, GewO (I), § 35 Rn. 29; Friauf-*Heß*, GewO, § 35 Rn. 49; Tettinger/Wank-*Tettinger*, GewO, § 35 Rn. 26.

723 Vgl. dazu ausführlich Landmann/Rohmer-*Marcks*, GewO (I), § 35 Rn. 37 ff.; Friauf-*Heß*, GewO, § 35 Rn. 55 ff.

724 Vgl. dazu ausführlich Landmann/Rohmer-*Marcks*, GewO (I), § 35 Rn. 45 ff.; Friauf-*Heß*, GewO, § 35 Rn. 61 f.

725 Vgl. dazu ausführlich Landmann/Rohmer-*Marcks*, GewO (I), § 35 Rn. 49 ff.; Friauf-*Heß*, GewO, § 35 Rn. 63 ff.

726 Vgl. dazu ausführlich Landmann/Rohmer-*Marcks*, GewO (I), § 35 Rn. 55 ff.; Friauf-*Heß*, GewO, § 35 Rn. 68 ff.

727 Teilweise wird auch mangelnde Sachkunde als Faktor der Unzuverlässigkeit gewertet, vgl. dazu ausführlich Landmann/Rohmer-*Marcks*, GewO (I), § 35 Rn. 74 ff.; Friauf-*Heß*, GewO, § 35 Rn. 58 ff.

728 Siehe unten Seite 185.

729 Siehe oben Seite 27.

730 Vgl. insoweit zum Konfliktpotential fachkundlicher Eignungsvorgaben Landmann/Rohmer-*Marcks*, GewO (I), § 33c Rn. 26 ff. und § 34a Rn. 26 ff.

Auch spielen personenbezogene Eignungskriterien, die das Schwergewicht gesellschaftsrechtlicher Eignungsvorgaben in § 6 Abs. 2 GmbHG bilden,[731] im Gewerberecht selten eine Rolle. So ist die Gewerbefreiheit weder auf natürliche Personen beschränkt, noch verlangt sie deren unbeschränkte Geschäftsfähigkeit. Denn zum einen werden die Bestimmungen der §§ 104 bis 115 BGB über die Rechtsgeschäfte der Geschäftsunfähigen und der beschränkt Geschäftsfähigen durch die Gewerbeordnung nicht berührt.[732] Zum anderen ist anerkannt, daß auch Personenvereinigungen und -gesellschaften ein Gewerbe betreiben können.[733] Für juristische Personen setzt die Gewerbeordnung in § 15a Abs. 3 Satz 2 GewO dies selbstverständlich voraus.[734] Darüber hinaus wurde insbesondere bei der Schaffung der GmbH an deren breite Einsatzmöglichkeiten im gewerblichen Bereich nachgedacht. Daneben sind dem Gewerberecht geschlechtsspezifische Eignungskriterien im Hinblick auf Art. 3 Abs. 2 und 3 GG spätestens seit Aufhebung des Monopols von Frauen im Hebammenberuf im Jahre 1985[735] fremd.[736] Keinerlei persönliche Eignungsanforderungen ergeben sich schließlich aus Abstammung, Rasse, Heimat, Herkunft, Glaube und politischen oder religiösen Anschauungen.[737] Demgegenüber können allerdings Eignungsvoraussetzungen hinsichtlich Sprache[738] und Staatsangehörigkeit[739] gerechtfertigt sein.

III. Zu den Eignungsvoraussetzungen einzelner Gewerbearten

Da jedes einzelne gewerberechtliche Eignungskriterium immer in Abhängigkeit von der jeweiligen Gewerbeart steht und an deren Maßstäben zu messen ist, soll die

---

731 Siehe oben Seite 43.

732 Landmann/Rohmer-*Kahl*, GewO (I), § 1 Rn. 26. Um keine Verwirrung zu erzeugen, wurde im Jahre 1869 von entsprechenden Regelungen hinsichtlich der Geschäftsfähigkeit in der GewO verzichtet, vgl. RGBl. StB I Seite 250 und II 106 Seite 253.

733 Landmann/Rohmer-*Kahl*, GewO (I), § 1 Rn. 34.

734 Zahlreiche Spezialgesetze enthalten darüber hinaus neben der Zulassung juristischer Personen auch ausdrücklich die von Personengesellschaften und nicht rechtsfähigen Vereinen, vgl. § 1 Abs. 1, 4 HandwO, § 4 Abs. 2 Milch- und MargarineG. Beachte hinsichtlich der Ausübung des Gewerbes in der Rechtsform der GmbH aber die Ausnahmen bspw. im Bereich des Apothekenwesens, vgl. § 8 Abs. 1 ApothG und des Versicherungswesens, § 7 Abs. 1 VAG.

735 Gesetz über den Beruf der Hebamme und des Entbindungspflegers vom 4.6.1985 BGBl. I S. 902.

736 Das *BVerwG*, Urt. v. 21.3.1972, BVerwGE 40, 17 ff. trat noch für die Verfassungskonformität dieser Regelung ein. Durch das HebammenG sind weibliche Hebammen und männliche Entbindungspfleger nunmehr gleichberechtigt.

737 Landmann/Rohmer-*Kahl*, GewO (I), § 1 Rn. 27.

738 Landmann/Rohmer-*Kahl*, GewO (I), § 1 Rn. 27, vgl. aber unten Seite 186.

739 Ausführlich hierzu Landmann/Rohmer-*Kahl*, GewO (I), § 1 Rn. 28 ff.

Darstellung der gewerblichen Eignungsvoraussetzungen anhand einzelner insoweit besonders prägnanter Gewerbearten erfolgen:

1. Pfandleiher, Spielhallenbetreiber, Versteigerer, Makler

Viele Gewerbearten setzen in persönlicher Hinsicht allein die Zuverlässigkeit des Gewerbetreibenden voraus. Dies gilt bspw. für die gewerbliche Schaustellung von Personen (§ 33a Abs. 2 Nr. 1 GewO) ebenso wie für den Pfandleiher (§ 34 Abs. 1 Satz 2 Nr. 1 GewO), den privaten gewerblichen Versteigerer (§ 34b Abs. 4 Nr. 1 GewO) und für Makler (§ 34c Abs. 2 Nr. 1 GewO). Für die beiden letztgenannten Gewerbearten hält das Gesetz diesbezüglich jeweils auch Regelbeispiele für das Vorliegen der Unzuverlässigkeit bereit. So gilt der Gewerbetreibende dort in der Regel dann als unzuverlässig, wenn er in den letzten fünf Jahren vor Stellung des Antrags auf Erteilung der Gewerbeerlaubnis wegen eines Verbrechens oder wegen Diebstahls, Unterschlagung, Erpressung, Betrugs, Untreue, Urkundenfälschung, Hehlerei, Wuchers zu einer Freiheitsstrafe rechtskräftig verurteilt worden ist. Für den privaten gewerblichen Versteigerer stellt das Gesetz darüber hinaus auch auf Freiheitsstrafen wegen eines Vergehens gegen das Gesetz gegen den unlauteren Wettbewerb, für den Makler auch noch auf Verurteilungen wegen einer Insolvenzstraftat ab.

2. Hotel- und Gaststättengewerbe, Bewachungsgewerbe

Ist die GmbH im Bereich des Hotel- und Gaststättengewerbe tätig, so verlangt das Gesetz von ihrem Geschäftsführer demgegenüber nicht lediglich seine persönliche Zuverlässigkeit[740], sondern darüber hinaus in fachlicher Hinsicht Kenntnisse über die Grundzüge des Lebensmittelrechts, das für den in Aussicht genommenen Betrieb notwendigen ist, vgl. § 4 Abs. 1 Nr. 4 GastG. Diese müssen in Form einer Bescheinigung über die entsprechende Unterrichtung durch eine Industrie- und Handelskammer nachgewiesen werden.[741] Nach den allgemeinen Verwaltungsvorschriften des Bundes über diesen Nachweis[742] erfolgt die der Bescheinigung zugrunde liegende Unterrichtung mündlich und soll die Dauer von acht Stunden nicht überschreiten. Verfügt die im Gaststätten- und Hotelgewerbe tätige GmbH

---

740 § 4 Abs. 1 Nr. 1 GastG. Auch hier gibt der Gesetzgeber besondere Regelbeispiele für das Vorliegen der Unzuverlässigkeit: Er besitzt insbesondere dann nicht die erforderliche Zuverlässigkeit, wenn er dem Trunke ergeben ist oder befürchten läßt, daß er Unerfahrene, Leichtsinnige oder Willensschwache ausbeuten wird oder dem Alkoholmißbrauch, verbotenem Glückspiel, der Hehlerei oder der Unsittlichkeit Vorschub leisten wird oder die Vorschriften des Gesundheits- oder Lebensmittelrechts, des Arbeits- oder Jugendschutzes nicht einhalten wird.

741 Personen mit entsprechenden Berufsausbildungen oder Weiterbildungen können von der Unterrichtung befreit werden.

742 Abgedruckt bei Landmann/Rohmer-*Schönleiter*, GewO (II), Rn. 525.

allerdings über mehrere Geschäftsführer, so muß der Nachweis nur von denjenigen Geschäftsführern geführt werden, denen die Leitung des Betriebes in bezug auf den Umgang mit Lebensmitteln obliegt.[743]

Auch das Bewachungsgewerbe setzt neben der Zuverlässigkeit in fachlicher Hinsicht einen Unterrichtungsnachweis der Industrie- und Handelskammer für den Geschäftsführer voraus, vgl. § 34a Abs. 1 Satz 3 Nr. 1 und 3 GewO.[744] Allerdings verlangt die Ausstellung dieser Bescheinigung aufgrund des hohen Gefahrenpotentials dieses Gewerbes viel größeren Aufwand als die Ausstellung der Bescheinigung des Gaststättenrechts: So dauert die Unterrichtung mindestens 80 Unterrichtsstunden und umfaßt die fachspezifischen Pflichten und Befugnisse insbesondere aus dem Recht der öffentlichen Sicherheit und Ordnung einschließlich Gewerberecht und Datenschutzrecht, die Pflichten und Befugnisse aus dem BGB, dem Straf- und Strafverfahrensrecht sowie Pflichten und Befugnisse im Umgang mit Menschen, Deeskalationstechniken etc.[745] Allerdings muß dieser Nachweis wie im Gaststättengewerbe nur dann geführt werden, wenn der Geschäftsführer unmittelbar mit den Gefahren des Gewerbes in Kontakt gerät, hier also mit der Durchführung des Bewachungsgewerbes direkt befaßt ist, vgl. § 1 Abs. 2 Nr. 2 BewachVO. Im Zusammenhang mit dem Unterrichtungsnachweis kommt hinsichtlich persönlicher Eignungsvoraussetzungen des Gewerberechts schließlich noch § 3 Abs. 1 BewachungsVO eine besondere Bedeutung zu, da die Vorschrift - anders als im Gewerberecht üblich -, deutsche Sprachkenntnisse als unverzichtbar für das Verständnis des Unterrichtungsverfahrens voraussetzt.[746] Ihren Grund hat diese Vorgabe in der Gefahr, daß der Unterrichtete den komplizierten Unterrichtsstoff aufgrund sprachlicher Verständnisfehler in der Praxis bei Durchführung der Bewachungsaufgaben falsch umsetzt. Dies kann aber etwa bei mißverstandenen Befehlen bei der Durchführung von Überwachungsaufgaben zu schwerwiegenden Konsequenzen für Leib, Leben und Eigentum der zu bewachenden Person und Dritter führen.[747] Die Hin-

---

743 Vgl. auch Nr. 1.6.1.1.2 der Allg. Verwaltungsvorschriften über den Unterrichtungsnachweis im Gaststättengewerbe.

744 Vgl. ausführlich hierzu Landmann/Rohmer-*Marcks*, GewO (I), § 34a Rn. 26-29. Ein Sachkundenachweis nach § 34a Abs. 1 Satz 5 GewO ist indes keine Zulassungsvoraussetzung für die Aufnahme des Gewerbebetriebes. Er handelt sich nur um eine Berufsausübungsvorschrift und gilt nur für das Bewachungspersonal. Nimmt der Geschäftsführer allerdings selbst auch solche Aufgaben wahr, dann muß er auch selbst diesen Nachweis führen.

745 Vgl. §§ 3, 4 BewachVO, abgedruckt bei Landmann/Rohmer-*Marcks*, GewO (II), unter Nr. 240.

746 Auch im Bereich gesellschaftsrechtlicher Eignung existieren insoweit keine Vorgaben, vgl. oben Seite 129.

747 Ein Verstoß gegen Art. 3 Abs. 3 GG ist dadurch gerechtfertigt, vgl. insoweit oben Seite 29 f.

zuziehung eines Dolmetschers[748] ist aufgrund der besonders gelagerten Situation des Bewachungsgewerbes wenig hilfreich.

3. Güterkraftverkehr

Neben der persönlichen Zuverlässigkeit[749] verlangt § 3 Abs. 2 Nr. 3 GüKG[750] vom Geschäftsführer einer im Bereich des Güterkraftverkehrs tätigen GmbH, daß dieser für diese Tätigkeit auch fachlich geeignet ist. Diese fachliche Eignung ist nach § 3 Abs. 3 Nr. 3 GüKG dann gegeben, wenn die Person über die zur Führung des Unternehmens erforderlichen Fachkenntnisse verfügt, die durch Ablegung einer Prüfung nachgewiesen werden müssen (§ 4 BerufszugangsVO für den Güterverkehr[751]).[752] Prüfungsgegenstand sind dabei die einschlägigen Rechtsgebiete des Berufs-, Güterkraftverkehrs-, Gewerbe- und Straßenrechts ebenso wie die Grundzüge des berufsbezogenen Rechts auf den Gebieten des BGB, des Handels- und Steuerrechts.[753] Darüber hinaus sind kaufmännische Kenntnisse ebenso erforderlich wie die der einschlägigen technischen Normen und des technischen Betriebs. Kenntnisse über die Straßenverkehrssicherheit und den grenzüberschreitenden Güterkraftverkehr gehören schließlich ebenfalls zum Prüfungsprogramm. Allerdings wird die fachliche Eignung auch hier nur dann vom Geschäftsführer verlangt, wenn ihm alleine die Führung des Unternehmens obliegt. Sind mehrere Geschäftsführer vorhanden, so wird die Prüfung nur von demjenigen verlangt, der mit der Durchführung des Güterkraftverkehrs direkt betraut ist, vgl. § 3 Abs. 3 Nr. 3 GüKG.

---

748 Dies ist bei der Unterrichtung im Gaststättengewerbe zulässig, vgl. Nr. 3.3.2 GastUVwV.

749 Nach § 3 Abs. 2 Nr. 1, Abs. 3 Nr. 1 GüKG ist diese gegeben, wenn die Person die Gewähr dafür bietet, daß das Unternehmen den gesetzlichen Bestimmungen entsprechend geführt wird und die Allgemeinheit bei dem Betrieb des Unternehmens vor Gefahren bewahrt bleibt.

750 Güterkraftverkehrsgesetz (GüKG) vom 22.6.1998 (BGBl. 1485).

751 BerufszugangsVO für den Güterkraftverkehr vom 22.12.1998 (BGBl. I S. 3963).

752 Zu den Befreiungsmöglichkeiten aufgrund gleichwertiger Abschlußprüfungen oder leitender Tätigkeit vgl. §§ 6 und 7 BerufszugangsVO.

753 Dies ergibt sich aus § 3 in Verbindung mit Anlage 3 der BerufszugangsVO für den Güterkraftverkehr.

4. Handwerksbetriebe

Auch in den als GmbH ausgestalteten Handwerksbetrieben[754] spielt neben der Zuverlässigkeit die fachliche Eignung ihres Geschäftsführers nicht immer zwingend eine Rolle. Handelt es sich um einen Handwerksbetrieb, der nicht der Zulassungspflicht unterliegt,[755] so bedarf es für die Aufnahme des Betriebs lediglich einer entsprechenden Anzeige bei der Handwerkskammer. Dabei ist im Falle der Ausgestaltung des Betriebs in der Rechtsform der GmbH im Hinblick auf die Geschäftsführung nur die Namensnennung der Geschäftsführer, vgl. § 18 Abs. 1 HandwO, aber kein Nachweis persönlicher Eignung, insbesondere auch kein Nachweis fachlicher Art erforderlich.

Zulassungspflichtige Handwerksbetriebe[756] zeichnen sich demgegenüber durch ihre Eintragung in die sog. Handwerksrolle aus. Voraussetzung dafür ist die fachliche Eignung, die durch den Nachweis der Meisterprüfung[757] geführt wird. Allerdings muß nicht zwingend der Geschäftsführer einer als Handwerksbetrieb ausgestalteten GmbH diesen Nachweis führen.[758] Vielmehr beruht der große Erfolg der GmbH im Bereich des Handwerks[759] darauf, daß ein angestellter „Betriebsleiter", der für den Handwerksbetrieb in seiner fachlichen Ausgestaltung und im technischen Ablauf verantwortlich ist,[760] die fachlichen Voraussetzungen erfüllt.[761] Dabei können GmbH-Geschäftsführer diese Position selber wahrnehmen, müssen es aber nicht.[762] Damit muß er also selbst im Bereich der zulassungspflichtigen Hand-

754 Zur Abgrenzung und zum Verhältnis Handwerk und GewO siehe Landmann/Rohmer-*Kahl*, GewO (I), § 1 Rn. 4.

755 Die Novellierung des Handwerksrechts im Jahre 2003 (Gesetz zur Änderung der Handwerksordnung und Förderung von Kleinunternehmen vom 24.12.2003 (BGBl. I S. 2934)) brachte wesentliche Lockerungen für den Bereich der Zulassungspflicht mit sich. So unterlagen früher 94 Handwerksbetriebe der Zulassungspflicht, jetzt sind es nur noch 41. Ein Verzeichnis der Gewerbe, die nunmehr als zulassungsfreie Handwerke oder handwerksähnliche Gewerbe betrieben werden können (§ 18 Abs. 2 HandwO), ist unter Anlage B der HandwO niedergelegt. Darin enthalten sind bspw. Fliesenleger, Uhrmacher, Parkettleger, Schuhmacher, Müller, Fotograf, Geigenbauer.

756 Ein Verzeichnis der nunmehr noch zulassungspflichtigen Handwerke (§ 1 Abs. 1 HandwO) findet sich unter Anlage A der HandwO. Darunter fallen bspw. Maurer, Zimmerer, Dachdecker, Metallbauer, Kempner, Bäcker, Fleischer, Augenoptiker, Zahntechniker.

757 Gleichwertige Prüfungen können ebenfalls anerkannt werden, vgl. § 7 Abs. 2 HandwO.

758 *Ammon*, Nochmals: Handelsregistereintragung einer Handwerks-GmbH, GmbHR 2004, 1578, 1579.

759 Kritisch für die Zukunft *Honig*, HandwO, § 7 Rn. 7.

760 Zu seinen Aufgaben und seiner Stellung im einzelnen vgl. *Honig*, HandwO, § 7 Rn. 28.

761 Unter Aufgabe des sog. „Inhaberprinzips" ist es nunmehr auch natürlichen Personen gestattet, nicht selber die Eintragungsvoraussetzungen zu erfüllen, sondern einen entsprechend qualifizierten Betriebsleiter einzustellen, vgl. § 7 Abs. 1 HandwO.

762 *VG Saarland*, Urt. v. 24.9.1965, GewA 1966, 108 f.; *Honig*, HandwO, § 7 Rn. 28.

werksbetriebe neben der Zuverlässigkeit nur dann weitere persönliche Eignungsvoraussetzungen fachlicher Art erfüllen, wenn er gleichzeitig Betriebsleiter ist. Dann allerdings muß er - wie gesagt - grundsätzlich die Meisterprüfung des entsprechenden Handwerks abgelegt haben.

5. Sprengstoff- und Waffenhandelsgewerbe

Daß das Sprengstoffgesetz beim Geschäftsführer einer GmbH, die gewerbsmäßig mit explosionsgefährlichen Stoffen umgeht bzw. mit diesen Stoffen Verkehr betreibt (vgl. § 7 Abs. 1 SprengG), einen strengen Maßstab an seine Zuverlässigkeit[763] legt, erklärt sich im Hinblick auf das Gefahrenpotential des Unternehmensgegenstands von selbst. In persönlicher Hinsicht setzt § 8 Abs. 1 Satz 1 Nr. 2 SprengG darüber hinaus jedoch auch den Nachweis der Fachkunde[764], der körperlichen Eignung und der Vollendung des 21. Lebensjahres voraus. Dabei beschränkt § 8 Abs. 1 Satz 2 SprengG das Erfordernis des Vorliegens dieser persönlichen Voraussetzungen jedoch auch in diesem Gewerbe auf Personen, die den Umgang und den Verkehr mit explosionsgefährlichen Stoffen selbst leiten. Ein lediglich mit Verwaltungsaufgaben betrauter Geschäftsführer ist damit von über die Zuverlässigkeit hinausgehenden persönlichen Eignungsvoraussetzungen ebenfalls entbunden.

Das gleiche Bild zeichnet das Gesetz im Bereich des Waffenhandels. Vom Erfordernis der Zuverlässigkeit, § 8 Abs. 1 WaffG[765], wird kein Dispens erteilt, anders jedoch im Bereich der Fachkunde, deren Nachweis grundsätzlich nach § 8 Abs. 2 Satz 1 WaffG in Verbindung mit § 9 WaffG erforderlich ist: Auch hier muß ihn nur derjenige Geschäftsführer führen, der auch selbst die persönliche Leitung des Betriebes übernimmt, vgl. § 8 Abs. 2 Satz 2 WaffG.

6. Betrieb eines Heims

Keine Beschränkung der fachlichen Eignung auf die tatsächlich ausgeübte Tätigkeit nimmt demgegenüber das HeimG für den Betrieb eines Heims vor. Neben der auch hier stets erforderlichen und mit besonders strengen Maßstäben zu bemessenden persönlichen Zuverlässigkeit[766] verlangt § 11 Abs. 2 Nr. 2 HeimG vom Ge-

---

763 § 8 Abs. 1 Nr. 1, Abs. 3 SprengG, abgedruckt bei Landmann/Rohmer-*Schönleiter*, GewO (II), Nr. 470.

764 Nach § 9 Abs. 1 und 2 SprengG hat den Nachweis der Fachkunde erbracht, wer die erfolgreiche Teilnahme an einem staatlichen oder staatlich anerkannten Lehrgang für die beabsichtigte Tätigkeit durch Zeugnis nachweist, wer eine Prüfung vor der zuständigen Behörde bestanden hat, wer eine mindestens dreijährige praktische Tätigkeit ausgeübt oder eine Ausbildung an der Hochschule, Fachhochschule oder einer Technikerschule abgeschlossen und eine mindestens einjährige praktische Tätigkeit ausgeübt hat.

765 Abgedruckt bei Landmann/Rohmer-*Schönleiter*, GewO (II), Nr. 475.

766 § 11 Abs. 2 Nr. 1 HeimG. Regelbeispiele, wann die Zuverlässigkeit vorliegt, enthält die

schäftsführer einer auf dem Gebiet der Pflege älterer Menschen tätigen GmbH generell dessen fachliche Eignung. Demnach ist nur derjenige als Heimleiter geeignet, der eine Ausbildung zu einer Fachkraft im Gesundheits- oder Sozialwesen oder in einem kaufmännischen Beruf oder in der öffentlichen Verwaltung mit staatlich anerkanntem Abschluß nachweisen kann (§ 2 Abs. 3 Nr. 1 HeimpersonalVO[767]) und durch eine mindestens zweijährige hauptberufliche Tätigkeit in einem Heim oder in einer vergleichbaren Einrichtung die weiteren für die Leitung des Heims erforderlichen Kenntnisse und Fähigkeiten erworben hat (§ 2 Abs. 3 Nr. 2 HeimpersonalVO). Davon läßt das Gesetz selbst dann keine Ausnahme zu, wenn das Heim von mehreren Personen geleitet wird. Denn den Maßstab der persönlichen und fachlichen Eignung des Geschäftsführers bildet im HeimG - anders als bspw. im Gaststätten- bzw. Bewachungsgewerbe oder gar im Strengstoff- und Waffenhandelsgewerbe - nicht die tatsächlich ausgeübte, sondern die zu leistende Tätigkeit.[768] Seine Rechtfertigung findet das Erfordernis der grundsätzlichen Eignung ausnahmsweise sicherlich in der Gefahr, daß es in Pflegeheimen aufgrund der enormen physischen und psychischen Belastung der dort Beschäftigten - also auch des Geschäftsführers - gefördert durch häufige finanzielle und personelle Engpässe zu erheblichen Grundrechtsbeeinträchtigungen der Heimbewohner kommen kann.[769]

B. Eignungsvoraussetzungen freier Berufe

Ist der Unternehmensgegenstand der GmbH demgegenüber nicht auf die Ausübung eines Gewerbes, sondern auf die einer freiberuflichen Tätigkeit gerichtet, so tritt für den Geschäftsführer neben seine gesellschaftsrechtliche seine berufsrechtliche Eignung.[770] Zwar lassen sich auch in diesem Bereich die entsprechenden Vorgaben in die fünf Kategorien[771] einteilen, doch ist ein zusammenfassender Überblick über die Eignungsvoraussetzungen freier Berufe noch schwerer möglich als im Gewerberecht, da es weder *den* freien Beruf an sich noch - insoweit konsequent

Vorschrift nicht, vielmehr muß auf die allgemeine Definition zurückgegriffen werden.

767 Abgedruckt bei Landmann/Rohmer-*Fuchs*, GewO (II), Nr. 344.

768 Dieser abweichende Maßstab existiert auch im HeimG erst seit der Novelle 2001, durch die das HeimG in wesentlichen Punkten geändert wurde, vgl. insoweit Landmann/Rohmer-*Fuchs*, GewO (II), Vor § 1 HeimG.

769 Zwar kann man aufgrund des hier ausnahmsweise zwingenden Charakters der fachlichen Anforderungen darüber nachdenken, ob insoweit eine ungerechtfertigte Ungleichbehandlung im Vergleich zu anderen Geschäftsführern anderer Gewerbearten mit hohem Gefährdungspotential - bspw. Waffen- oder Sprengstoffgewerbe - vorliegt. Doch sind andere Gewerbearten - auch wenn sie ähnlich hohes Gefährdungspotential aufweisen - nicht so wesentlich gleich, daß sich aus der Ungleichbehandlung ein Verfassungsverstoß gegen Art. 3 Abs. 1 GG ergibt.

770 Dies gilt natürlich nur für solche freien Berufe, für die die Berufsausübung in der Rechtsform der GmbH Anerkennung findet.

771 Siehe oben Seite 181.

- ein allgemeines Recht der freien Berufe gibt. Vielmehr gibt es sogar freie Berufe, für die ein besonderes Berufsrecht, das berufsrechtliche Eignungsvoraussetzungen für den Geschäftsführer einer in diesem Bereich tätigen GmbH bereithält, nicht einmal existiert.

I. Ausnahme: keine Eignungsvoraussetzungen

Erfordert die freiberufliche Tätigkeit nicht zwingend eine höhere fachliche Ausbildung, etwa weil die Tätigkeit insbesondere auch von nicht erlernbaren Faktoren wie Begabung, künstlerischer Neigung und Kreativität abhängig ist, und stehen Berufe wie die des Musikers, Künstlers und Schriftstellers darüber hinaus unter dem besonderen verfassungsrechtlichen Schutz der Kunst- und Meinungsfreiheit, so existieren weder berufsregelnde Vorschriften, die den Zugang und die Ausübung des Berufs selbst regeln, noch existieren Vorschriften, die Einfluß auf die Berufsausübung in Form einer GmbH nehmen und so Anforderungen an die Person des Geschäftsführers stellen. Bei einer im künstlerischen und schriftstellerischen Bereich tätigen Freiberufler-GmbH sind demnach keine besonderen Eignungsvoraussetzungen zu beachten, die ihr GmbH-Geschäftsführer erfüllen muß.[772]

II. Berufsträgerschaft

Dem steht jedoch die Mehrzahl der freien Berufe gegenüber, für die spezielle Berufsgesetze existieren. Diese machen die Gründung einer im jeweiligen Bereich tätigen GmbH[773] zum einen von einem Genehmigungsverfahren abhängig und stellen zum anderen bisweilen hohe Anforderungen an Gesellschafter und Geschäftsführer. Hintergrund dieser strengen rechtlichen Ausgestaltung ist grundsätzlich die Vorstellung, daß die Ausübung eines freien Berufs in Form einer GmbH im Grunde dem höchstpersönlichen Charakter des freien Berufs widerspricht.[774] Der Zusammenschluß mehrerer Berufsträger zu einer Freiberuflergesellschaft wird demnach vielfach nur als Möglichkeit einer anderen Form der Ausübung des freien Berufs und gerade nicht als Mittel angesehen, den Beruf durch die eigenständige Rechtsperson ausüben zu lassen.[775] Dementsprechend ordnen die Berufsgesetze an, daß Gesellschafter einer Freiberufler-GmbH nur die jeweiligen Berufsträger sein können. Um fachfremden Einflüssen auch im Hinblick auf die Geschäftsführung zu entgegnen, sind dort vielfach ebenfalls ausschließlich oder zumindest nur mehrheitlich Berufsträger als Geschäftsführer zugelassen. Dabei muß der Geschäftsfüh-

---

772 Es ist nur § 6 Abs. 2 GmbHG zu beachten.

773 Zur wachsenden Bedeutung der Freiberufler-GmbH Scholz-*Westermann*, GmbHG, Einl. Rn. 31.

774 So für die Steuerberatungsgesellschaft *BFH*, Urt. v. 26.3.1981, BFHE 133, 322, 328.

775 So für die Steuerberatungsgesellschaft *BFH*, Urt. v. 26.3.1981, BFHE 133, 322, 328; *BVerfG*, Beschl. v. 15.3.1967, BVerfGE 21, 227, 232 f.

rer Berufsträger unabhängig davon sein, ob er tatsächlich mit Aufgaben betraut ist, die den Unternehmensgegenstand und aus ihm folgende Gefahren betreffen. Dies gilt selbst dann, wenn er lediglich verwaltende Aufgaben für die Gesellschaft ausübt.

Von einem Geschäftsführer die Zugehörigkeit zu einem bestimmten Berufsstand zu verlangen, bedeutet im allgemeinen zweierlei: zum einen, daß der Geschäftsführer die hohen fachlichen Anforderungen des jeweiligen Berufsstands erfüllen und zum anderen, daß er sich dem Berufsstand und dessen Regelungen entsprechend angemessen und ordnungsgemäß verhalten muß. Er muß also als Geschäftsführer einer Freiberufler-GmbH in gleicher Weise qualifiziert sein wie als selbständiger Freiberufler. Damit bindet die Forderung nach berufsständischen Geschäftsführern gleichzeitig immer sowohl fachliche als auch verhaltensbezogene Eignungsfaktoren.[776] Dadurch, daß die Verleihung der Berufsträgerschaft nicht lediglich die Verleihung einer Auszeichnung ist, die einmal erlangt, nie wieder in Frage gestellt wird, sondern die ebenso wie andere Verwaltungsakte zurückgenommen oder widerrufen werden kann, sichert die Forderung nach der Berufsträgerschaft der Geschäftsführer dabei auch ab, daß der Geschäftsführer nicht nur fachlich, sondern insbesondere im Hinblick auf sein Verhalten berufsrechtlich nicht ungeeignet ist. Denn das Vorliegen von verhaltensbezogenen Ausschlußgründen während seiner Amtszeit kann zum Widerruf der Zulassung führen, was dann seinerseits den Fortfall der berufsrechtlichen Amtsfähigkeit als Geschäftsführer der Freiberufler-GmbH nach sich zieht. Dementsprechend fehlen in den Berufsordnungen naturgemäß verhaltensbezogene Anforderungen und Ausschlußgründe, die über die berufsständischen Anforderungen hinausgehen.

III. Zu den Eignungsvoraussetzungen einzelner Freiberufler-GmbHs

1. Die Wirtschaftsprüfungs-GmbH

Die Berufsausübung einer im Bereich der Wirtschaftsprüfung tätigen GmbH ist nicht ohne Anerkennung der Gesellschaft durch die Wirtschaftsprüferkammer möglich, vgl. § 27 Abs. 1 in Verbindung mit § 29 Abs. 1 WPO. Diese Anerkennung setzt voraus, daß die Geschäftsführung entsprechend § 28 WPO ausgestaltet ist. Das bedeutet, daß als Geschäftsführer einer Wirtschaftsprüfungs-GmbH nur bestellt werden kann, wer selber Wirtschaftsprüfer, vereidigter Buchprüfer, Steuerbe-

[776] Dabei ergeben sich die verhaltensbezogenen Eignungskriterien vielfach aus der Normierung einzelner Gründe, die zur Versagung bzw. zur Rücknahme und zum Widerruf der Berufszulassung führen. Wenngleich diese auch häufig geeignet sind, den Begriff der Unzuverlässigkeit auszufüllen, so ist dieser dem Recht der freien Berufe fremd und dem Gewerberecht vorbehalten. Im Recht der freien Berufe existiert kein vergleichbarer Sammelbegriff.

rater, Rechtsanwalt oder anderweitig besonders befähigt ist und einen mit dem Beruf des Wirtschaftsprüfer vereinbaren Beruf ausübt, vgl. § 28 Abs. 2 Satz 1 WPO.[777] Dabei muß allerdings sichergestellt werden, daß die Wirtschaftsprüfer die Mehrheit der Geschäftsführer bilden.[778] Die Forderung, daß alle Geschäftsführer einer Wirtschaftsprüfungs-GmbH den Beruf des Wirtschaftsprüfers oder einen vergleichbaren Beruf ausüben müssen, zeigt die hohen fachlichen Eignungsanforderungen, die die WPO an die Mitglieder der Geschäftsführung stellt. Setzt doch bspw. die Bestellung als Wirtschaftsprüfer ihrerseits die Ablegung einer besonderen Prüfung gemäß §§ 5 ff. WPO voraus, die nur mit großer fachlicher Vorbildung (§ 8 WPO), die grundsätzlich aus einem abgeschlossenen Hochschulstudium besteht,[779] und genügender praktischer Tätigkeit - dabei wird auf mindestens drei Jahre abgestellt[780] - abgelegt werden kann.

Eine solche zulassungspflichtige freie Berufsträgerschaft vom Geschäftsführer zu verlangen, bedeutet aber nicht nur, hohe fachliche Eignungskriterien aufzustellen. Die Zulassung und ihr Bestand sind nämlich immer auch von weiteren Faktoren der persönlichen Eignung abhängig. So verlangt bspw. die WPO von einem Wirtschaftsprüfer,

- daß er nicht infolge strafgerichtlicher Verurteilung die Fähigkeit zur Bekleidung öffentlicher Ämter verliert,[781]
- daß er nicht aus gesundheitlichen Gründen nicht nur vorübergehend unfähig ist, den Beruf des Wirtschaftsprüfers ordnungsgemäß auszuüben,[782]
- daß er keine Tätigkeit ausübt, die mit dem Beruf nach § 43 Abs. 2 und § 43a Abs. 3 WPO unvereinbar ist,[783]

---

777 Für die Amtsfähigkeit von Personen, die im Ausland als Wirtschaftsprüfer etc. bestellt waren, gilt § 28 Abs. 8 WPO.

778 Nur im Falle der zweiköpfigen Geschäftsführung reicht Parität aus, vgl. § 28 Abs. 2 Satz 3 WPO.

779 Zu den Anforderungen an dieses Studium und zu Befreiungsmöglichkeiten vgl. § 8a und 8 Abs. 2 WPO.

780 Vgl. § 9 Abs. 1 WPO.

781 Andernfalls folgt die Versagung der Bestellung (§ 16 Abs. 1 Nr. 1 in Verbindung mit § 10 Abs. 1 Nr. 1 WPO) bzw. über § 20 Abs. 1 WPO auch die Rücknahme. Bei Verurteilung nach Bestellung führt § 20 Abs. 2 Nr. 2 WPO zum Widerruf.

782 Andernfalls folgt aus § 16 Abs. 1 Nr. 1 in Verbindung mit § 10 Abs. 1 Nr. 3 WPO die Versagung der Bestellung bzw. über § 20 Abs. 1 WPO die Rücknahme der Bestellung. Bei nachträglicher Berufsunfähigkeit führt § 20 Abs. 2 Nr. 3 WPO zum Widerruf.

783 Andernfalls folgt aus § 16 Abs. 1 Nr. 3 WPO die Versagung der Bestellung bzw. über § 20 Abs. 1 WPO ihre Rücknahme. Bei nachträglicher Aufnahme einer Tätigkeit folgt aus § 20 Abs. 2 Nr. 1, 2. Alt. WPO der Widerruf (beachte aber § 20 Abs. 4 WPO).

- daß er sich in geordneten wirtschaftlichen Verhältnissen befindet, bzw. andernfalls nicht die Interessen der Auftraggeber oder anderer Personen gefährdet[784]
- daß er die vorgeschriebene Berufshaftpflichtversicherung (§§ 44b Abs. 4, 54 WPO) abschließt und unterhält[785]
- daß er unmittelbar nach Bestellung seine berufliche Niederlassung zum Berufsregister angibt[786] und weiter unterhält[787]
- daß er sich keines Verhaltens schuldig macht, das die Ausschließung aus dem Beruf rechtfertigen würde,[788]
- daß er eigenverantwortlich tätig ist[789] und schließlich
- daß er sich nicht so verhält, daß die Besorgnis begründet ist, er werde den Berufspflichten nicht genügen[790]

All diese Kriterien knüpfen dabei an das Verhalten des Wirtschaftsprüfers vor seiner Bestellung bzw. auch danach an, da diese Kriterien nicht nur zur Versagung, sondern auch zur späteren Rücknahme und zum Widerruf der Bestellung führen können. Diese verhaltensbedingten Eignungsvoraussetzungen bzw. Ausschlußgründe gewährleisten, daß der Wirtschaftsprüfer zeit seiner Bestellung seine Tätigkeit unabhängig und ordnungsgemäß ausübt. Insofern enthält auch das Berufsrecht der Wirtschaftsprüfer „Zuverlässigkeitskriterien", wenngleich nicht verkannt werden soll, daß es sich bei ihnen - anders als im Gewerberecht - um einen abschließenden Katalog handelt und der verhaltensbezogene Sammelbegriff „Zuverlässigkeit" grundsätzlich dem Gewerberecht vorbehalten ist.

---

784 Andernfalls folgt aus § 16 Abs. 1 Nr. 1 in Verbindung mit § 10 Abs. 1 Nr. 4 WPO die Versagung der Bestellung bzw. über § 20 Abs. 1 WPO ihre Rücknahme. Dabei wird jeweils allein auf ungeordnete wirtschaftliche Verhältnisse abgestellt. Für einen Widerruf müssen demgegenüber auch Interessen der Auftraggeber oder anderer Personen konkret gefährdet sein, vgl. § 20 Abs. 2 Nr. 5 WPO.

785 Dies ist nicht für ausschließlich angestellte Wirtschaftsprüfer erforderlich. Für die Versagung- bzw. den Widerruf reicht es schon aus, wenn die Person nicht die Deckungszusage auf den Antrag auf Abschluß einer entsprechenden Versicherung nachweist, vgl. §§ 16 Abs. 1 Nr. 2, 20 Abs. 1 WPO. Demgegenüber fordert ein Widerruf mangelnde Unterhaltung der Versicherung, vgl. § 20 Abs. 2 Nr. 4 WPO (beachte aber § 20 Abs. 4 WPO).

786 § 16 Abs. 1 Nr. 4 WPO (Versagungs-, bzw. über § 20 Abs. 1 WPO Rücknahmegrund).

787 § 20 Abs. 2 Nr. 6 WPO (Widerrufsgrund).

788 § 16 Abs. 1 Nr. 1 in Verbindung mit § 10 Abs. 1 Nr. 2 WPO. Auf diesen Grund kann nur eine Versagung der Bestellung bzw. deren Widerruf gestützt werden. Nachfolgendes Verhalten nach Bestellung, das eine Ausschließung rechtfertigt, unterliegt der berufsgerichtlichen Überprüfung (siehe oben Seite 162 ff.) und ist der Zuständigkeit der Kammer in einem Rücknahmeverfahren entzogen.

789 Andernfalls kann sich naturgemäß nur ein Rücknahme- (§ 20 Abs. 1 Nr. 1, 1. Alt. WPO) und kein Versagungs- bzw. Widerrufsgrund ergeben, da sich der Berufsträger erst nach Bestellung eigenverantwortlich oder nicht tätig sein kann.

790 § 16 Abs. 2 WPO.

Über die genannten Eignungskriterien hinaus hält die WPO in § 28 WPO schließlich eine Besonderheit persönlicher Eignungsvoraussetzungen für den Geschäftsführer einer Wirtschaftsprüfungsgesellschaft bereit: Um den Grundsatz der Eigenverantwortlichkeit und Höchstpersönlichkeit zum Ausdruck zu bringen, verlangt sie in territorialer Hinsicht von mindestens einem Geschäftsführer, der Wirtschaftsprüfer ist, daß er seine berufliche Niederlassung am Sitz der Gesellschaft oder in dessen Nahbereich hat.[791]

2. Die Steuerberatungs-GmbH

Wie bei der Wirtschaftsprüfungs-GmbH ist auch die Gründung einer Steuerberatungs-GmbH nur mit diesbezüglicher Anerkennung als Steuerberatungsgesellschaft durch die Steuerberaterkammer möglich, § 49 Abs. 1 in Verbindung mit Abs. 3 StBerG. Voraussetzung für diese Anerkennung ist auch hier unter anderem, daß alle Mitglieder der Geschäftsführung Steuerberater sind, § 50 Abs. 1 StBerG. Daneben können aber auch Rechtsanwälte, Wirtschaftsprüfer, vereidigte Buchprüfer, Steuerbevollmächtigte und sogar Personen mit anderer Ausbildung, aber mit besonderer Befähigung als Geschäftsführer bestellt werden, § 50 Abs. 2 und Abs. 3 StBerG. In diesen Fällen müssen allerdings Steuerberater in der Geschäftsführung mindestens mit gleicher Anzahl vertreten sein, § 50 Abs. 4 StBerG.[792] Die Bestellung als Steuerberater setzt ihrerseits gemäß § 40 StBerG zum einen in fachlicher Hinsicht voraus, daß der Bewerber die Steuerberaterprüfung erfolgreich abgelegt hat.[793] Zulassungsvoraussetzung für diese Prüfung ist eine einschlägige Ausbildung oder ein entsprechendes Hochschulstudium und eine langjährige praktische Tätigkeit, die im Falle des Studiums mindestens zwei Jahre, im Falle der Ausbildung mindestens sieben Jahre beträgt.[794] Zum anderen verlangt die Bestellung als Steuerberater aber auch, daß er im Hinblick auf sein Verhalten persönlich geeignet ist.[795] Im wesentlichen stellt das StBerG insoweit auf die verhaltensbezogenen Maßgaben der WPO ab,[796] deren Nichteinhaltung auch bei Steuerberatern zu Versagung der Bestellung,[797] bzw. zu deren Rücknahme[798] und Widerruf[799] führen kann. Dabei ist

---

791 Vgl. zur gleichlautenden Regelung für die Steuerberatungs-GmbH unten Fn. 802.

792 Vgl. *BFH*, Urt. v. 26.3.1981, BFHE 133, 322, 327 f.

793 § 40 Abs. 1 Satz 1 StBerG. Zu den Befreiungsmöglichkeiten für diese Prüfung vgl. § 38 StBerG.

794 Vgl. § 36 StBerG.

795 § 40 Abs. 2 Satz 1 StBerG .

796 Siehe oben Seite 193 f.

797 Zu den einzelnen Versagungsgründen vgl. § 40 Abs. 2 und 3 StBerG.

798 Die Rücknahme richtet sich nach § 46 Abs. 1 StBerG, wonach die Bestellung zurückzunehmen ist, wenn der Steuerberater die Bestellung durch arglistige Täuschung, Drohung oder Bestechung oder durch Angaben erwirkt hat, die in wesentlicher Beziehung unrichtig oder unvollständig waren. Anders als die Rücknahmevorschriften der § 20 WPO und § 14

jedoch zu beachten, daß das StBerG bspw. hinsichtlich der Niederlassung anders gewichtet: Eine Eintragung der Niederlassung in ein Register ist zwar nicht erforderlich. Allerdings muß der Steuerberater innerhalb von sechs Monaten seit seiner Bestellung seine berufliche Niederlassung begründen. Erfolgt dies nicht, so ist die Bestellung zu widerrufen, § 40 Abs. 2 Nr. 6 StBerG.[800] Darüber hinaus verwehrt das StBerG es ihm aber nicht, seine Niederlassung ins Ausland zu verlegen. Für diesen Fall verlangt es jedoch von ihm, in Deutschland einen Zustellungsbevollmächtigten mit Wohnsitz im Inland zu benennen. Kommt er dieser Pflicht nicht nach, so ist seine Bestellung als Steuerberater zu widerrufen.[801]

Da auch die zusätzlichen Vorgaben des StBerG verhaltensbezogene Eignungskriterien sind, die in die Entscheidung über die Bestellung als Steuerberater und deren Fortbestand einfließen, macht § 50 StBerG sich dies insoweit zu eigen, als daß der Geschäftsführer einer Steuerberatungs-GmbH nicht nur fachlich, sondern auch im Hinblick auf sein Verhalten persönlich geeignet sein muß. Um schließlich wie bei der Wirtschaftsprüfungs-GmbH den Grundsatz der Eigenverantwortlichkeit und Höchstpersönlichkeit ebenfalls zum Ausdruck zu bringen,[802] verlangt die Steuerberatungs-GmbH in territorialer Hinsicht von mindestens einem Geschäftsführer, der Steuerberater ist, daß er seine berufliche Niederlassung am Sitz der Gesellschaft oder in dessen Nahbereich hat.[803]

3. Die Rechtsanwalts-GmbH

Dritter im Bunde der rechts- und wirtschaftsberatenden freien Berufe in der Rechtsform der GmbH ist schließlich die Rechtsanwalts-GmbH, die der Gesetzgeber seit 1999 durch Schaffung der §§ 59c ff. BRAO ausdrücklich zugelassen und

---

BRAO enthält § 46 Abs. 1 StBerG keine Angaben darüber, ob die Rücknahme für die Zukunft oder die Vergangenheit erfolgt. Der gemäß § 164a Abs. 1 StBerG ergänzend anzuwendende § 130 Abs. 1 AO sieht insoweit eine Ermessensentscheidung vor. Da die zur Rücknahme führenden Gründe hauptsächlich im Verantwortungsbereich des Begünstigten liegen, wird in der Regel eine Rücknahme mit Wirkung für die Vergangenheit in Betracht kommen, denn der Begünstigte ist insoweit nicht schutzwürdig, vgl. auch Kuhls-*Willerscheid*, StBerG, § 46 Rn. 10.

799 Diese folgt den Regeln des § 46 Abs. 2 bis 4 StBerG.

800 Wird die Niederlassung zwar begründet, aber später aufgegeben, kann indes kein Widerruf erfolgen, denn es fehlt an der gesetzlichen Grundlage, vgl. Kuhls-*Willerscheid*, StBerG, § 46 Rn. 34.

801 § 46 Abs. 2 Nr. 5 StBerG.

802 Vgl. *BFH*, Urt. v. 31.8.1995, DStR 1996, 604.

803 Bis zum 5. StBerÄndG vom 13.12.1990 (BGBl I 2756) enthielt § 50 StBerG darüber hinaus auch Anforderungen hinsichtlich des Wohnortes der Geschäftsführers.

damit den Streit über die Gründung von Rechtsanwaltsgesellschaften mit beschränkter Haftung beigelegt hat.[804]

Auch ihre Gründung ist von einer öffentlich-rechtlichen Genehmigung abhängig, die die BRAO in abweichender Terminologie von StBerG und WPO als „Zulassung“ bezeichnet.[805] Geschäftsführer der Gesellschaft können nach § 59f BRAO nur Angehörige sozietätsfähiger Berufe im Sinne von § 59a Abs. 1 Satz 1, Abs. 3 BRAO sein, also Rechtsanwälte, Steuerberater, Wirtschaftsprüfer und vereidigte Buchprüfer.[806] Rechtsanwälte müssen allerdings nach § 59f Abs. 1 BRAO die Mehrheit der Geschäftsführer stellen.[807] Grundvoraussetzung für die Zulassung zur Rechtsanwaltschaft ist in fachlicher Hinsicht die Befähigung zum Richteramt nach dem Deutschen Richtergesetz.[808] Diese wiederum liegt bei erfolgreicher Ablegung der beiden Juristischen Staatsprüfungen (§ 5 Abs. 1 DRiG) oder bei Ernennung als ordentlicher Professor der Rechte (§ 7 DRiG) vor. Darüber hinaus erfordert die Zulassung zur Rechtsanwaltschaft aber auch - wie die Bestellung als Steuerberater oder Wirtschaftsprüfer - die persönliche verhaltensbezogene Eignung des Geschäftsführers. Auch die BRAO knüpft nämlich insofern für die Zulassung an das Nichtvorliegen bestimmter, abschließend geregelter[809] verhaltensbedingter Eignungsvoraussetzungen an: Wie auch schon das StBerG, greift auch die BRAO die Regelungen der WPO auf. Allerdings beschränkt sie sich insoweit nur auf die bereits bei Wirtschaftsprüfern genannten Punkte 1 bis 4[810] und knüpft daran die Ver-

---

804 Vgl. zur geschichtlichen Entwicklung und zur Rechtslage vorher *Kirchesch*, Die Berufsfähigkeit der Handelsgesellschaft im Gewerberecht und im Recht der Freien Berufe, Seite 299 ff.; Henssler/Prütting-*Henssler*, BRAO, Vor § 59c Rn. 2 ff. Andere Gesellschaftsformen sieht § 59c BRAO anders als § StBerG und § WPO nicht vor.

805 Damit macht die BRAO keinen sprachlichen Unterschied zwischen natürlichen und juristischen Personen.

806 Gesellschafter der GmbH müssen sie jedoch nicht zugleich sein, Rowedder-*Schmidt-Leithoff*, GmbHG, § 1 Rn. 34; *Zuck*, Anwalts-GmbH, § 59f Rn. 17. Auch ausländische Rechtsanwälte und sonstige in § 59a Abs. 3 Nr. 2 genannten Träger einer ausländischen Berufsbezeichnung kommen als Geschäftsführer in Betracht, vgl. Henssler/Prütting-*Henssler*, BRAO, § 59f Rn. 21; einschränkend *Zuck*, Anwalts-GmbH, § 59f Rn. 10 in Verbindung mit § 59e Rn. 33.

807 kritisch dazu Henssler/Prütting-*Henssler*, BRAO, § 59f Rn. 1.

808 Dem steht die Erfüllung der Voraussetzungen der Eingliederungsvoraussetzungen nach dem Gesetz über die Tätigkeit europäischer Rechtsanwälte in Deutschland vom 9.3.2000 (BGBl. I S. 182) oder die erfolgreiche Eignungsprüfung nach der BRAO gleich, vgl. § 4 BRAO.

809 § 6 Abs. 2 BRAO (vgl. auch die Amtliche Begründung in BT-Drucks. 3/120 S. 56). Frühere Rechtsanwaltsordnungen kannten diese Beschränkung allerdings nicht. Die RAO stellte bspw. die Ablehnung eines Bewerbers in das Ermessen der Justizverwaltung und enthielt zwingende und fakultative Versagungsgründe, vgl. §§ 5, 6 RAO.

810 Vgl. zum Katalog der Versagungs-, Widerrufs- und Rücknahmegründe oben Seite 193 f.

sagung und die Rücknahme bzw. den Widerruf der Anwaltszulassung.[811] Darüber hinaus führt auch die mangelnde Unterhaltung der Berufshaftpflichtversicherung zum Widerruf der Zulassung.[812] Um die Niederlassung des Rechtsanwalts sicherzustellen, hängt seine Zulassung ferner davon ab, daß er ordnungsgemäß bei einem Gericht zugelassen ist.[813] Schließlich versagt die BRAO demjenigen die Zulassung als Rechtsanwalt, der nach der Entscheidung des *BVerfG* ein Grundrecht verwirkt hat,[814] der durch rechtskräftiges Urteil aus der Rechtsanwaltschaft ausgeschlossen wurde,[815] und der die freiheitliche demokratische Grundordnung in strafbarer Weise bekämpft.[816]

4. Die Architekten-GmbH

Nur in den Berufsordnungen der Länder Baden-Württemberg (§ 2b ArchG), Bayern (Art. 3 ff. ArchG), Berlin (§ 7 ABKG), Brandenburg (§ 3 BbgArchG), Mecklenburg-Vorpommern (§ 6 ArchG M-V), Rheinland-Pfalz (§§ 8a ff. ArchG), Sachsen-Anhalt (§ 7 ArchtG-LSA) und Thüringen (§ 10 ThürArchG) ist die Gesellschaftsform der GmbH überhaupt für die Berufsausübung von Architekten zugelassen. Eine Architekten-GmbH darf stets nur geführt werden, wenn sie in ein besonders geführtes Verzeichnis bei der Architektenkammer (Gesellschaftsverzeichnis) oder ein Register (so z. B. in Berlin) eingetragen ist. Diese Registrierung bzw. Eintragung setzt zum Teil voraus, daß alle Geschäftsführer (§ 10 Abs. 2 ThürArchG und § 7 ABKG Berlin) oder die überwiegende Anzahl (§ 6 Abs. 2 Nr. 3 ArchG M-V) bzw. 75% der Geschäftsführer (§ 7 Abs. 1 Nr. 3 ArchtG LSA) Architekten sind.

---

811 Vgl. § 7 Nr. 2, 7, 8 und 9 BRAO, § 14 Abs. 1 BRAO und § 14 Abs. 2 Nr. 2, 3, 7 und 8 BRAO. Dabei ergänzt § 7 Nr. 10 BRAO, daß die Tätigkeit als Rechtsanwalt auch mit dem Amt als Richter, Beamter, Berufssoldat oder Soldat inkompatibel ist, es sei denn, daß er die ihm übertragenen Aufgaben ehrenamtlich wahrnimmt oder daß seine Rechte und Pflichten aus diesen Verhältnissen ruhen.

812 § 14 Abs. 2 Nr. 9 BRAO. Anders als im Recht der Wirtschaftsprüfer und Steuerberater führt der fehlende Nachweis der Deckungszusage für den Abschluß einer Berufshaftpflichtversicherung nicht zur Versagung der Zulassung, lediglich die Zulassungsurkunde wird nicht ausgehändigt, § 12 Abs. 2 Satz 2 BRAO.

813 Andernfalls ist seine Zulassung als Rechtsanwalt nach § 14 Abs. 2 Nr. 6 BRAO zu widerrufen, wenn seine Zulassung bei einem Gericht nach § 35 BRAO widerrufen wird.

814 Die Versagung wird auf § 7 Abs. 2 Nr. 1 BRAO, die Rücknahme auf § 14 Abs. 1 BRAO und der Widerruf auf § 14 Abs. 2 Nr. 1 BRAO gestützt.

815 Erst acht Jahre nach Rechtskraft kann ein Antrag auf Wiederzulassung gestellt werden, vgl. § 7 Nr. 3 BRAO.

816 § 7 Nr. 6 BRAO.

5. Die Heilberufs-GmbH

Während bis vor wenigen Jahren hinsichtlich des Arztberufs die Meinung überwog, daß dieser Beruf höchstpersönlich ausgeübt werden müsse,[817] ist die Diskussion über die „Arzt-GmbH" durch eine Entscheidung des *BGH* aus dem Jahre 1994 in Fluß geraten, in der er feststellte, daß auch ambulante Zahnbehandlungen von einer GmbH erbracht werden können. Allerdings ist diese Entscheidung nur von Bedeutung, soweit die Rechtsform der GmbH für den Arztberuf landesrechtlich nicht verboten ist. Diese Voraussetzung ist in den Bundesländern nicht erfüllt, in denen - teilweise in Reaktion auf das Urteil des *BGH* - die Berufsordnungen die Führung ärztlicher Praxen in der Form einer juristischen Person verbieten, vgl. Art. 18 Abs. 1 Satz 2 BayHKaG, § 31 Abs. 2 BrandbHeilBerG, § 4a Abs. 4 BerlKammerG, § 32 Abs. 1 NdsHKG, § 29 Abs. 3 NWHeilBerG, § 16 Abs. 4 SächsHKaG.[818] Schon im Dezember 1991 hatte der *BGH* zudem die Zulässigkeit der Ausübung der Heilpraktikerkunde in Form der GmbH bestätigt. Gleichzeitig - und das nunmehr ist für die Eignung des Geschäftsführers einer Heilberufs-GmbH entscheidend - hat er auch klargestellt, daß ein Geschäftsführer keine Erlaubnis nach § 1 Abs. 1 HeilpraktikerG benötige, wenn er nicht selbst unmittelbar fachbezogene Handlungen vornimmt. Insoweit scheint die Situation bei der Heilberufs-GmbH hinsichtlich der Eignung des Geschäftsführers zunächst mit der gewerblich tätigen GmbH vergleichbar. Allerdings ist es nicht überzeugend, generell auf die Zugehörigkeit des Geschäftsführers einer Heilberufs-GmbH zu der freien Berufsgruppe, auf deren Gebiet die GmbH tätig ist, zu verzichten. Zwar mag die Gefährlichkeit der Berufsausübung und das grundsätzliche Tätigkeitsfeld einer Heilberufs-GmbH die Forderung nach besonderen berufsspezifischen Kenntnissen vom Geschäftsführer zunächst nur dann gerechtfertigt erscheinen lassen, wenn er überhaupt berufsspezifisch tätig wird und sich seine Tätigkeit nicht lediglich etwa auf verwaltende Aufgaben beschränkt. Allerdings hätte diese Sichtweise der Eignung des Geschäftsführers einen allein tätigkeitsbezogenen Betrachtungswinkel. Letzterer ist jedoch nicht weit genug, da bei den hier in Frage stehenden GmbHs entscheidend zu berücksichtigen ist, daß die Skepsis vor der Anerkennung der Rechtsform der GmbH gerade mit dem drohenden Wertungswiderspruch zu dem freiberuflichen Selbstverständnis der Berufsstände begründet wird. Im Mittelpunkt steht insoweit die Befürchtung, daß die in einer juristischen Person bestehenden Abhängigkeiten und die Weisungsbefugnisse der Gesellschaftsorgane der frei verantwortlichen und persönlichen Leis-

---

817 *AG Saarbrücken*, Beschl. v. 19.2.1988, GmbHR 1989, 297 und *AG Hannover*, Beschl. v. 5.3.1992, GmbHR 1994, 120.

818 Zu diesen Normen *Meyer/Kreft*, Die Arzt-GmbH auf dem Prüfstand. Vor- und Nachteile beim Einsatz einer GmbH für eine Arztpraxis, GmbHR 1997, 193, 194. Gegen diese Normen bestehen verfassungsrechtliche Bedenken, vgl. Rowedder/Schmidt-Leithoff-*Schmidt-Leithoff*, GmbHG, § 1 Rn. 13; *Taupitz*, Zur Verfassungswidrigkeit des Verbots, ärztliche Praxen in Form einer juristischen Person des Privatrechts zu führen, NJW 1996, 3033, 3033 ff.; anderer Ansicht: *BayVerfGH*, Entsch. v. 13.12.1999, NJW 2000, 3418 ff.

tungserbringung durch den Arzt als Freiberufler entgegenstehen. Um zu gewährleisten, daß die Heilberufs-GmbH den insoweit auch im Hinblick auf die Erfüllung berufsständischer Vorgaben gestellten Erwartungen gerecht wird, ist von den Geschäftsführern somit die Zugehörigkeit zu der jeweiligen Berufsgruppe zu verlangen. Dabei fügt sich diese Forderung - wie zuvor dargelegt - zudem harmonisch in die Rechtslage bei anderen Freiberufler-GmbHs ein. Allerdings ist der Gesetzgeber im Hinblick auf die grundrechtliche Relevanz einer solchen Begrenzung des amtsfähigen Personenkreises berufen, eine diesbezügliche gesetzliche Regelung vergleichbar etwa § 59f BRAO zu treffen.

C. Zusammenfassung

Für die gewerbe- und berufsrechtliche Eignung des GmbH-Geschäftsführers kann dementsprechend folgendes festgehalten werden:

1. Ein Blick in die persönlichen Eignungsvoraussetzungen der unterschiedlichen Gewerbearten zeigt zweierlei: Unabhängig davon, in welcher Gewerbeart die Gesellschaft tätig ist, immer hängt der Betrieb des Unternehmens von der persönlichen Zuverlässigkeit des Geschäftsführers ab. Darüber hinaus normierte fachliche Anforderungen treffen ihn grundsätzlich - Ausnahme bildet hier die ein Heim betreibende GmbH - nur dann, wenn er selbst unmittelbar mit den Gefahren des Unternehmensgegenstands in Kontakt steht und den Betrieb selbst leitet.

2. Soweit die Rechtsform der GmbH für die freien Berufe zugelassen bzw. gesetzlich nicht verboten ist und es sich nicht um die Ausübung eines künstlerischen freien Berufs handelt, haben die Berufsordnungen im wesentlichen die Berufsträgerschaft der Geschäftsführer im Blick. So müssen die Geschäftsführer der sog. Freiberufler-GmbHs bisweilen alle oder zumindest in der Mehrzahl Berufsträger sein, damit sich die Ausübung des Berufs in der Rechtsform der GmbH nicht zu sehr vom freiberuflichen Bild des Berufsstands loslöst. Zwar haben Freiberufler-GmbHs damit eine wesentlich stärkere fachlichen Prägung des Geschäftsführeramtes als dies im gewerberechtlichen Bereich der Fall ist. Ein gänzlicher Verzicht auf das das Gewerberecht prägende verhaltensbezogene Eignungskriterium der Unzuverlässigkeit bedeutet dies dennoch nicht. Denn die Zugehörigkeit zur Berufsträgerschaft hängt generell auch von verhaltensbezogenen Kriterien ab, die denen der Unzuverlässigkeit vielfach entsprechen.

4. Kapitel Amtsausschlüsse wegen Inkompatibilität

Nicht zur Gruppe der persönlichen Eignungsvoraussetzungen und Ausschlußgründe zählen die Amtsausschlüsse wegen Inkompatibilität des Geschäftsführeramtes mit anderen Ämtern oder Positionen des Betroffenen. Diese Untersagungen, die sowohl im GmbHG selber als auch in zahlreichen anderen Gesetzen zu finden sind, haben ihren Grund anders als die bisher diskutierten Ausschlußgründe des GmbH-Geschäftsführers nicht in der persönlichen Ungeeignetheit des Betroffenen, sondern in der funktionalen Inkompatibilität seiner Ämter. Da sie aber die gleiche Wirkung zur Folge haben, nämlich die Nichtigkeit der Bestellung,[819] sollen sie zur Abrundung des GmbH-Geschäftsführerprofils Erwähnung finden.

A. Aufsichtsratsmitglieder

Während die Gesellschafterstellung kein Hindernis für die Amtsfähigkeit als Geschäftsführer der GmbH darstellt, gilt etwas anderes grundsätzlich für Aufsichtsratsmitglieder, soweit ein Aufsichtsrat in der GmbH eingerichtet ist. § 52 Abs. 1 GmbHG in Verbindung mit § 105 Abs. 1 AktG versagt Aufsichtsratsmitgliedern grundsätzlich die Amtsfähigkeit.[820] Ziel der Regelung ist es, die Funktionstrennung von Geschäftsführung und Aufsichtsrat zu erreichen und so die objektive Kontrolle der Geschäftsführung als Hauptaufgabe des Aufsichtsrates zu gewährleisten.[821] Dabei ist jedoch zu beachten, daß der Ausschluß ausnahmsweise nicht greift, wenn das Aufsichtsratsmitglied nur vorübergehend - längstens für 1 Jahr - stellvertretend das Geschäftsführeramt im Falle fehlender oder behinderter Geschäftsführer übernimmt, vgl. § 52 GmbHG in Verbindung mit § 105 Abs. 2 AktG. Zur Gewährleistung der Kontrollfunktion des Aufsichtsrates ist dies dann allerdings an das Ruhen der Tätigkeit als Aufsichtsratsmitglied gebunden, vgl. § 105 Abs. 2 Satz 3 AktG.

B. Ausschluß von Doppelmandaten bei freien Berufen

Neben diesem Amtsausschluß wegen Inkompatibilität mit einem innergesellschaftlichen Amt folgen aus anderen Gesetzen weitere spezielle Ausschlüsse wegen Un-

---

819 Für die Nichtigkeit der Bestellung eines Aufsichtsratsmitglieds zum Geschäftsführer: *OLG Frankfurt*, Beschl. v. 21.11.1986, BB 1987, 22; Rowedder/Schmidt-Leithoff-*Koppensteiner*, GmbHG, § 52 Rn. 9; anderer Ansicht: Scholz-*Schneider*, GmbHG, § 52 Rn. 160.

820 Lutter/Hommelhoff-*Lutter/Hommelhoff*, GmbHG, § 52 Rn. 8; zum ganzen ausführlich MünchHdb GesR III-*Marsch-Barner/Diekmann*, § 42 Rn. 3 ff. Keine Restriktionen treten allerdings im Konzern auf. Die Geschäftsführer einer Tochter-GmbH können unproblematisch bei der Muttergesellschaft sowohl Aufsichtsratsmitglied als auch Gesellschafter sein, vgl. *Lühn*, Rechtsformwahl im nationalen und transnationalen Konzern, Seite 97; *Hoffmann-Becking*, Vorstands-Doppelmandate im Konzern, ZHR 150 (1986), 571, 574.

821 MüKo-*Semler*, AktG, § 105 Rn. 2.

vereinbarkeit mit gesellschaftsexternen Ämtern und Positionen. Zu nennen ist insoweit der Ausschluß von Doppelmandaten bei Rechtsanwalts-GmbHs. Der Geschäftsführer einer Rechtsanwalts-GmbH kann nicht Geschäftsführer einer weiteren Rechtsanwalts-GmbH sein, § 59f Abs. 2 Satz 2 BRAO in Verbindung mit § 59e Abs. 2 BRAO (sog. „Verbot der Sternsozietät"). Dies soll der Wahrung der Unabhängigkeit der rechtsanwaltlichen Berufsausübung dienen und Unklarheiten darüber vermeiden, wo und in welchem Zusammenschluß der Rechtsanwalt tätig ist.[822] Bei diesem Tätigkeitsverbot kommt es nicht auf die konkret im jeweiligen Zusammenschluß ausgeübte Tätigkeit, sondern allein darauf auf, daß ein Berufsträger der in § 59a Abs. 1 BRAO genannten Berufe, also Rechtsanwalt, Steuerberater oder Wirtschaftsprüfer etc. in einem anderen Zusammenschluß tätig werden. Das kann dazu führen, daß selbst der lediglich mit Verwaltungsaufgaben beschäftigte Geschäftsführer einer Rechtsanwalts-GmbH allein wegen seiner beruflichen Qualifikation als Rechtsanwalt[823] - über das Verbot als Geschäftsführer einer anderen Rechtsanwalts-GmbH tätig zu werden hinaus - auch nicht als Rechtsanwalt in einem anderen Zusammenschluß arbeiten kann.[824] Nicht verboten ist es ihm indes, sich neben seiner Tätigkeit in einer Anwaltssozietät als Gesellschafter und Alleingeschäftsführer einer gewerblichen Gesellschaft zu betätigen, da der Wortlaut des § 59f Abs. 2 Satz 2 BRAO in Verbindung mit § 59e Abs. 2 BRAO das anderweitige Tätigkeitsverbot nur auf den bereits ausgeübten Beruf beschränkt.[825]

Für Steuerberater ergibt sich ein anderes Bild: Ein Verbot einer Sternsozietät wie im anwaltlichen Bereich ist dem Berufsrecht der Steuerberater fremd,[826] hier gilt lediglich der Grundsatz der Unvereinbarkeit des Berufs des Steuerberaters mit gewerblichen Tätigkeiten, wodurch geschäftsführende Nebentätigkeiten bei gewerblichen GmbHs ausgeschlossen werden.[827] Denn nach § 57 Abs. 2 StBerG haben sich Steuerberater[828] jeder Tätigkeit zu enthalten, die mit ihrem Beruf oder mit dem An-

---

822 Ohne nähere Begründung BT-Drucks. 13/9820 Seite 15. Zur verfassungsrechtlichen Bedenklichkeit vgl. *Henssler*/Prütting, BRAO, § 59 f. Rn. 21 und § 59e Rn. 4.

823 Vgl. zu den besonderen Eignungsvoraussetzungen für Geschäftsführer von Rechtsanwalts-, Wirtschaftsprüfer- und Steuerberater-GmbHs oben Seite 192 ff.

824 Nicht vom Wortlaut erfaßt und damit nicht verboten ist die Tätigkeit als Einzelanwalt, vgl. *Henssler*/Prütting, BRAO, § 59e Rn. 17; anders aber die amtliche Begründung BT-Drucks. 13/9820 Seite 15.

825 Vgl. BT-Drucks. 13/9820, Seite 14, 15; kritisch zur Ungleichbehandlung von gewerblicher und anwaltlicher Nebentätigkeit in einer anderen Gesellschaft, *Henssler*, Das Verbot der Sternsozietät gemäß § 31 Berufsordnung der Rechtsanwälte - eine reformbedürftige Norm, ZIP 1998, 2121, 2122; so auch *Brandmüller*, Der GmbH-Geschäftsführer, Rn. 33.

826 Vgl. dazu *Henssler*, Das Verbot der Sternsozietät gemäß § 31 Berufsordnung der Rechtsanwälte - eine reformbedürftige Norm, ZIP 1998, 2121, 2125.

827 *Gehre*, StbG, § 57 Rn. 89; für die Vorstandsmitgliedschaft: MüKo AktG-*Hefermehl*/*Spindler*, § 76 Rn. 93; *BGH*, Urt. v. 4.3.1996, AG 1996, 366 f.

828 Über § 72 Abs. 1 StBerG gilt dieses Verbot auch für Geschäftsführer von Steuerberatungs-

sehen ihres Berufes nicht vereinbar ist, wobei darunter nach § 57 Abs. 4 Nr. 1 StBerG insbesondere gewerbliche Tätigkeiten fallen. Obgleich der Begriff der gewerblichen Tätigkeit nicht abschließend geklärt ist, ist nach der Rechtsprechung jedenfalls organschaftliches Handeln, also Geschäftsführertätigkeit, für eine gewerblich tätige Gesellschaft von diesem Verbot umfaßt, da der gewerbliche Charakter der Unternehmenstätigkeit auch das Handeln des Organs präge.[829]

C. Verfassungsrechtliche Ausschlüsse

Darüber hinaus finden sich Ausschlußgründe wegen Unvereinbarkeit der Position oder des Amtes mit dem Geschäftsführeramt sogar auch auf dem Gebiet des Verfassungsrechts. Weder der Bundespräsident noch der Bundeskanzler und die Bundesminister dürfen während ihrer Amtszeit dem Vorstand eines auf Erwerb ausgerichteten Unternehmens angehören und damit also auch nicht die Geschäftsführung einer GmbH übernehmen, vgl. Art. 55 Abs. 2, 66 Abs. 1 GG, § 5 Abs. 1 BMinG. Gleiches gilt für die Mitglieder der meisten Landesregierungen, vgl. bspw. Art. 53 Abs. 2 LVerf BW, Art. 62 LVerfSachsen oder Art. 40 LVerfHamburg. Teilweise enthalten die Verfassungen aber nur eingeschränkte Geschäftsführerverbote. So dürfen bspw. nach Art. 57 BayLVerf der bayrische Ministerpräsident, die bayrischen Staatsminister und Staatssekretäre ausnahmsweise Geschäftsführer einer privaten Erwerbsgesellschaft sein, wenn der überwiegende Einfluß des Staates auf die Gesellschaft gesichert ist. Art. 113 LVerfBremen etwa verbietet die Wahl zum Geschäftsführer eines den Gelderwerb bezweckenden Unternehmens hingegen nicht generell, sondern macht sie lediglich von der Genehmigung des Senats abhängig.

D. Beamte, Richter und Notare

Von einer Genehmigung sind auch Beamte abhängig. Nur mit beamtenrechtlicher Genehmigung können sie sich zum Geschäftsführer bestellen lassen.[830] Für Staatsbeamte ergibt sich dies aus § 65 Abs. 1 BBG; für Landesbeamte aus den jeweiligen Landesbeamtengesetzen, bspw. aus § 83 Abs. 1 Baden-Württemberg, § 31 Brandenburg, Art. 74 Abs. 1 Nr. 3 Bayern, § 79 Abs. 1 Nr. 4 Hessen, § 73 Abs. 1 Nr. 4 Niedersachsen, § 76 Abs. 1 Nr. 3 Nordrhein-Westfalen, § 73 Abs. 1 Nr. 3 Rheinland-Pfalz, § 81 Abs. 1 Nr. 3 Schleswig-Holstein.

Ähnliches gilt für Richter. Nach § 46 DRiG in Verbindung mit § 65 BBG dürfen Bundesrichter nur solche Nebentätigkeiten übernehmen, deren gleichzeitige Aus-

---

gesellschaften, die nicht zwingend Steuerberater sein müssen, vgl. oben Seite 195.

829 *BGH*, Urt. v. 4.3.1996, AG 1996, 366 mit Verweis auf *BGH*, Urt. v. 29.2.1988, BGHSt 35, 232, 236.

830 Hachenburg-*Mertens*, GmbHG, § 35 Rn. 14.

übung neben der richterlichen Tätigkeit gemäß § 4 DRiG zulässig ist. Dabei sind auch sie gemäß § 65 Abs. 5 DRiG von der Genehmigung des Dienstherren abhängig, bei deren Erteilung strenge Maßstäbe mit Rücksicht auf ihre besondere Stellung anzulegen sind.[831] Der Eintritt in die Geschäftsführung einer GmbH beeinträchtigt in der Regel die dienstlichen Interessen und kann häufig aufgrund der Weisungsgebundenheit des Amtes auch die Unparteilichkeit und Unbefangenheit des Richters beeinflussen, was einen Versagungsgrund der Genehmigung nach § 65 Abs. 2 Nr. 4 BBG darstellen kann.[832]

Ebenfalls nicht unproblematisch ist die Bestellung eines Notars als unabhängiger Träger eines öffentlichen Amtes (vgl. § 1 BNotO) zum GmbH-Geschäftsführer. Auch hier kollidiert seine Pflicht zur Wahrung seiner Unabhängigkeit mit der Weisungsgebundenheit des Geschäftsführeramtes.[833] Obgleich § 8 Abs. 3 BNotO Notaren nicht grundsätzlich den Zugang zu Gesellschaftsorgantätigkeiten versagt, ist eine Tätigkeit als Fremdgeschäftsführer einer GmbH regelmäßig aufgrund dieser Weisungsgebundenheit nicht durch die Aufsichtsbehörde (vgl. § 8 Abs.3 in Verbindung mit § 92 BNotO) genehmigungsfähig. Dies gilt auch dann, wenn er unentgeltlich tätig wird, da er der Gesellschafterversammlung natürlich dennoch weisungsgebunden bleibt und ferner die Gefahr besteht, daß er die Tätigkeit zur mittelbaren Gewinnerzielung oder zur unzulässigen Werbung nutzt.[834] Etwas anderes kann sich nur ergeben, wenn er als Geschäftsführer mit eigener, hoher Beteiligung tätig werden will, und die Weisungsgebundenheit nur noch faktisch existiert. Aber auch in diesem Fall muß seine Beteiligung nach § 14 Abs. 5 BNotO zulässig sein und die nach § 8 Abs. 3 BNotO erforderliche Genehmigung vorliegen.

E. Zusammenfassung

Bei der Wahl des Geschäftsführers reicht es nicht aus, allein in seiner Person begründete Voraussetzungen und Beschränkungen auszuloten. Vielmehr entscheiden häufig persönliche Verflechtungen in anderen Gesellschaften oder andere inkompatible berufliche Ämter über den Geschäftsführerausschluß. Dabei sind die Amtsausschlußgründe wegen Inkompatibilität sowohl in der Verfassung als auch im Berufsrecht normiert.

---

831 *Schmidt-Räntsch*, DRiG, § 46 Rn. 38.

832 *Schmidt-Räntsch*, DRiG, § 46 Rn. 38.

833 Zur Weisungsgebundenheit des Geschäftsführeramtes vgl. § 37 Abs. 1 GmbHG.

834 *Arndt/Lerch/Sandkühler*, BNotO, § 14 Rn. 232.

5. Kapitel Fehlen und Wegfall der Eignungsvoraussetzungen

Erfüllt der Geschäftsführer alle gesetzlichen und gesellschaftsvertraglichen Eignungsvoraussetzungen und liegen keine Ausschlußgründe in seiner Person vor, so ist seine Bestellung wirksam und alle diesbezüglichen Erklärungen und Versicherungen gegenüber dem Registergericht sind reine Formalität. Probleme bereiten aber die Fälle, in denen seine Eignung bereits bei der Bestellung nicht gegeben ist und ungeachtet dessen seine Eintragung im Handelsregister erfolgt oder in denen die Eignung während der Amtszeit wegfällt und der Registereintrag bestehen bleibt.

A. Nichtvorliegen gesellschaftsrechtlicher Eignungsvoraussetzungen

Hinsichtlich der gesellschaftsrechtlichen Eignungsvoraussetzungen und Ausschlußgründe ist zwischen Nichtvorliegen gesetzlicher Vorgaben und Nichtvorliegen statutarischer Vorgaben zu differenzieren:

I. Gesetzliche Eignungsvoraussetzungen

Soweit eine der gesetzlichen Eignungsvoraussetzungen des § 6 Abs. 2 GmbHG nicht vorliegt bzw. einer seiner Ausschlußgründe gegeben ist, ist die Bestellung nichtig.[835] Dies ergibt sich bereits aus dem Wortlaut der Vorschrift („kann nur" bzw. „kann nicht"), ohne daß es dort noch einer ausdrücklichen diesbezüglichen Regelung bedurfte.[836]

Besondere Tragweite hat die Nichtigkeit der Bestellung, wenn die Bestellung nicht lediglich durch Beschluß des zuständigen Gesellschaftsorgans, sondern in der Sat-

---

835 BT-Drucks. 8/1347 Seite 31; *BayObLG*, Beschl. v. 16.7.1982, BB 1982, 1508; *BayObLG*, Beschl. v. 4.2.1993, GmbHR 1993, 223, 224; *OLG München*, Urt. v. 6.7.1990, JZ 1990, 1029; Baumbach/Hueck-*Hueck/Fastrich*, GmbHG, § 6 Rn. 12; Scholz-*Schneider*, GmbHG, § 6 Rn. 12; Lutter/Hommelhoff-*Hommelhoff/Kleindiek*, GmbHG, § 6 Rn. 12; Roth/Altmeppen-*Altmeppen*, GmbHG, § 6 Rn. 12; HK-*Bartl*, GmbHG, § 6 Rn. 11; Rowedder/Schmidt-Leithoff-*Schmidt-Leithoff*, GmbHG, § 6 Rn. 19; Hachenburg-*Mertens*, GmbHG, § 35 Rn. 17; Hachenburg-*Ulmer*, GmbHG, § 6 Rn. 8; *Ossola-Haring-Wissmann/Haring*, Seite 70; *Dreher*, Schutz Dritter nach § 15 HGB bei Geschäftsunfähigkeit eines Geschäftsführers oder Vorstandsmitglieds? DB 1991, 533; *Brandmüller*, Der GmbH-Geschäftsführer, Rn. 45; für die AG: MüKo AktG-*Hefermehl/Spindler*, § 84 Rn. 22.

836 BT-Drucks. 8/1347, Seite 31 f.; Meyer-Landrut/Miller/Niehus-*Meyer-Landrut*, GmbHG, § 6 Rn. 11. Es bedarf keines Rückgriffs auf § 134 BGB. So aber ohne nähre Begründung *OLG Naumburg*, Beschl. v. 10.11.1999, FGPrax 2000, 121; Lutter/Hommelhoff-*Hommelhoff/Kleindiek*, GmbHG, § 6 Rn. 12; Meyer-Landrut/Miller/Niehus-*Meyer-Landrut*, GmbHG, § 6 Rn. 11; HK-*Bartl*, GmbHG, § 6 Rn. 11; Hachenburg-*Ulmer*, GmbHG, § 6 Rn. 12.

zung vorgenommen wird.[837] Dann nämlich stellt sich die Frage, ob die Auslegung ergibt, daß aus der Nichtigkeit dieser Satzungsbestimmung nach § 139 BGB auch die Gesamtnichtigkeit der Satzung folgt. Dafür könnte jedenfalls sprechen, daß dann, wenn die Person des Geschäftsführers für die Gesellschafter von besonderer Bedeutung ist und die Bestellung daher unter dem besonderen Schutz der Satzung erfolgt, auch gewollt sein kann, daß die Gründung der Gesellschaft mit ihr steht und fällt.[838]

Unabhängig von diesem Sonderproblem ist logische Konsequenz der Nichtigkeit der Bestellung, daß der Geschäftsführer nicht in das Handelsregister eingetragen werden kann. Befindet sich die Gesellschaft im Gründungsstadium, kann sie sogar selbst nach § 7 GmbHG nicht wirksam zum Handelsregister angemeldet werden und damit zur Entstehung gelangen, wenn der einzige Geschäftsführer dem Verbot aus § 6 Abs. 2 GmbHG unterliegt. Denn ohne Geschäftsführer ist sie handlungsunfähig und die durch ihn anzumeldende Eintragung der Gesellschaft in das Handelsregister ist für ihre Entstehung konstitutiv, vgl. § 11 Abs. 1 GmbHG.[839]

Tritt der Eignungsmangel erst nach Bestellung und Eintragung ins Handelsregister ein, so endet das Amt ex nunc in diesem Zeitpunkt.[840] Der Geschäftsführer verliert

---

837 Zu den verschiedenen Bestellungsmöglichkeiten siehe oben Seite 7 und dort Fn. 15.

838 Allerdings wird dies wohl eher die Ausnahme sein. Schon *BGH*, Urt. v. 29.9.1955, BGHZ 18, 205, 207 f. stellt klar, daß es sich bei einer Bestellung einer bestimmten Person zum Geschäftsführer innerhalb der Satzungsurkunde lediglich um eine tatsächliche, nicht aber um eine Satzungsbestimmung im rechtlichen Sinne handelt, denn sie betrifft weder das Verhältnis der Gesellschafter zur Gesellschaft noch fordert das GmbHG die Bestellung innerhalb der Satzung.

839 Sofern die GmbH allerdings trotz eines Verstoßes gegen § 6 Abs. 2 GmbHG - etwa durch Täuschung oder infolge eines Versehens des Registergerichts - im Handelsregister eingetragen wird, gelangt die Gesellschaft zur Entstehung. Allerdings heilt diese Eintragung nicht die Nichtigkeit der Geschäftsführerbestellung. Das Registergericht ist nach § 142 FGG verpflichtet, die Geschäftsführerbestellung zu löschen. Vgl. Meyer-Landrut/Miller/Niehus-*Meyer-Landrut*, GmbHG, § 6 Rn. 12.

840 *BGH*, Urt. v. 1.7.1990, JZ 1992, 152, 153 mit Anm. *Lutter/Gehling*; *OLG Frankfurt*, Beschl. v. 4.3.1994, GmbHR 1994, 802, 803; *BayObLG*, Beschl. v. 23.3.1989, GmbHR 1989, 370, 371; *BayObLG*, Beschl. v. 16.7.1982, BB 1982, 1508; *OLG Düsseldorf*, Beschl. v. 2.6.1993, GmbHR 1994, 114; *OLG München*, Urt. v. 6.7.1990, JZ 1990, 1029; Scholz-*Schneider*, GmbHG, § 6 Rn. 12; Lutter/Hommelhoff-*Hommelhoff/Kleindiek*, GmbHG, § 6 Rn. 12; Roth/Altmeppen-*Altmeppen*, GmbHG, § 6 Rn. 7; Rowedder/Schmidt-Leithoff-*Schmidt-Leithoff*, GmbHG, § 6 Rn. 19; Hachenburg-*Ulmer*, GmbHG, § 6 Rn. 12; Meyer-Landrut/Miller/Niehus-*Meyer-Landrut*, GmbHG, § 6 Rn. 13; *Dreher*, Schutz Dritter nach § 15 HGB bei Geschäftsunfähigkeit eines Geschäftsführers oder Vorstandsmitglieds? DB 1991, 533, 535; *Goette*, Das Organverhältnis des GmbH-Geschäftsführers in der Rechtsprechung des Bundesgerichtshofs, DStR 1998, 938, 939. Das gleiche gilt bei Ablauf einer statutarischen Eignungsfrist, vgl. *BGH*, Urt. v. 7.6.1993, BGHZ 123, 15, 18; Lut-

ipso iure seine Stellung,[841] so daß es einer besonderen Abberufung durch das zuständige Gesellschaftsorgan nicht bedarf.[842] Allerdings ist die Beendigung der Organstellung ins Handelsregister einzutragen, § 39 Abs. 1 GmbHG.[843] Demgegenüber ist jedoch zu beachten, daß der Verlust der Amtsfähigkeit regelmäßig keinen Einfluß auf den Bestand des Anstellungsverhältnisses hat,[844] es sei denn, daß beide Rechtsverhältnisse durch entsprechende Vertragsgestaltung miteinander verkoppelt sind.[845] Für den Fall, daß die betroffene Person die Eignung zurückerlangt, etwa weil sie ihre unbeschränkte Geschäftsfähigkeit zurückgewinnt, lebt ihre Organstellung aber nicht automatisch wieder auf.[846] Vielmehr bedarf es einer erneuten Bestellung durch das zuständige Gesellschaftsorgan und einer erneuten Anmeldung zum Handelsregister.

II. Statutarische Eignungsvoraussetzungen

Im Bereich statutarischer Eignungsvoraussetzungen sind nur die Fälle rechtlich unproblematisch, in denen die Vorgaben entweder als Sollvorschriften ausgestaltet sind oder die Eignungsvorgaben eine sog. Öffnungsklausel[847] enthalten, die der Ge-

---

ter/Hommelhoff-*Lutter/Hommelhoff*, GmbHG, § 38 Rn. 40.

841 Unberührt vom Eignungsmangel bleibt sein Anstellungsvertrag zur Gesellschaft bestehen, kann aber in der Regel aus wichtigem Grund gekündigt werden.

842 *OLG Frankfurt*, Beschl. v. 4.3.1994, GmbHR 1994, 802, 803; *OLG Düsseldorf*, Beschl. v. 2.6.1993, GmbHR 1994, 114; Scholz-*Schneider*, GmbHG, § 6 Rn. 12; Hachenburg-*Ulmer*, GmbHG, § 6 Rn. 12; Rowedder/Schmidt-Leithoff-*Schmidt-Leithoff*, GmbHG, § 6 Rn. 19.

843 Solange der Geschäftsführer noch im Handelsregister eingetragen ist, greift zum Schutz Dritter § 15 HGB. Dazu sogleich unten Seite 226 ff.

844 Zur Abgrenzung siehe oben Seite 6, vgl. *Kothe-Heggemann/Dahlbender*, Ist der GmbH-Geschäftsführer nach Abberufung weiterhin zur Arbeitsleistung verpflichtet? GmbHR 1996, 650, 652 und zu den unterschiedlichen Interessenlagen *BGH*, Urt. v. 9.2.1978, BB 1978, 520; *BGH*, Urt. v. 27.3.1995, GmbHR 1995, 373, 375.

845 Zu den unterschiedlichen Gestaltungsmöglichkeiten vgl. *Bauer/Diller*, Koppelung von Abberufung und Kündigung bei Organmitgliedern - Zulässige Gestaltung oder sittenwidrige Falle?, GmbHR 1998, 809 ff.

846 *BayObLG*, Beschl. v. 4.2.1993, GmbHR 1993, 223, 224; Scholz-*Schneider*, GmbHG, § 6 Rn. 13; Lutter/Hommelhoff-*Hommelhoff/Kleindiek*, GmbHG, § 6 Rn. 12; Roth/Altmeppen-*Altmeppen*, GmbHG, § 6 Rn. 12; Rowedder/Schmidt-Leithoff-*Schmidt-Leithoff*, GmbHG, § 6 Rn. 19; Hachenburg-*Ulmer*, GmbHG, § 6 Rn. 13; *Brandmüller*, Der GmbH-Geschäftsführer, Rn. 31; für die AG: MüKo AktG-*Hefermehl/Spindler*, § 84 Rn. 22. Etwas anderes soll nach *BayObLG*, Beschl. v. 23.3.1989, GmbHR 1989, 370, 371 und Beschl. v. 4.2.1993, GmbHR 1993, 223, 224 im Falle eines zivilgerichtlichen Tätigkeitsverbots gelten. Allerdings fällt dieses Verbot nicht unter § 6 Abs. 2 GmbHG (siehe bereits oben Seite 165 f.).

847 Darunter ist der ausdrückliche Vorbehalt im Satzungstext zu verstehen, der es der Gesellschafterversammlung erlaubt, durch Mehrheitsbeschluß von einer konkret bezeichneten Satzungsregel abzuweichen, vgl. insoweit Lutter/Hommelhoff-*Lutter/Hommelhoff*, GmbHG, § 53 Rn. 28a.

sellschafterversammlung Abweichungen von den Vorgaben der Satzung erlauben. Schließlich bereiten auch die Regelungen keine Probleme, bei denen es sich nur um „unechte" Satzungsbestimmungen handelt.[848] Letztere sind dadurch gekennzeichnet, daß sie lediglich bei Gelegenheit des Gesellschaftsvertragsschlusses mit bloßer Wirkung untereinander und ohne automatische Verbindlichkeit gegenüber etwaigen Rechtsnachfolgern in den Vertragstext aufgenommen werden.[849] Ob dies im Falle gesellschaftsvertraglicher Eignungsvoraussetzungen gewollt ist, muß im Streitfalle durch objektive Satzungsauslegung ermittelt werden.[850] Im Regelfall wird diese jedoch zu dem Ergebnis führen, daß die Gesellschafter gerade nicht nur sich selbst auf schuldrechtliche Art und Weise verpflichten, sondern die Gesellschafterversammlung unabhängig von ihrer Zusammensetzung auf Dauer an die gesellschaftsvertraglichen Eignungsvorgaben binden wollen. Nur wenn dies nicht der Fall ist, handelt es sich also um einen der Sollvorschrift bzw. der Öffnungsklausel vergleichbaren Fall, in dem sich die Gesellschaft mittels einfachem Mehrheitsbeschluß über gesellschaftsvertragliche Eignungsvorgaben hinwegsetzen kann. Lediglich in diesen drei Fällen liegt bei Bestellung des Kandidaten trotz fehlender Eignung kein Verstoß gegen die Satzung vor, so daß die entsprechenden Bestellungsbeschlüsse von Anfang an wirksam sind.

In allen anderen Konstellationen, in denen die statutarischen Eignungsvorgaben „echte" Satzungsbestimmungen sind, die der Gesellschafterversammlung keinen Raum für Abweichungen lassen und als Mußvorschriften gefaßt sind, gilt etwas anderes. Allerdings kann die Frage nach den Konsequenzen des Fehlens und Wegfalls der Eignungsvorgaben hier nicht einfach nur mit dem Hinweis auf die Anfechtbarkeit des Bestellungsbeschlusses beantwortet werden.[851] Vielmehr erfordert deren

---

848 Teilweise wird auch von nichtkorporativen oder formellen Satzungsbestandteilen gesprochen, vgl. Scholz-*Priester*, GmbHG, § 53 Rn. 6.

849 *BGH*, Urt. v. 29.9.1955, BGHZ 18, 205, 208; Urt. v. 25.10.1962, BGHZ 38, 155, 161; Hachenburg-*Ulmer*, GmbHG, § 53 Rn. 9; Scholz-*Emmerich*, GmbHG, § 3 Rn. 61; Scholz-*Priester*, GmbHG, § 53 Rn. 6; *Grunewald*, Die Auslegung von Gesellschaftsverträgen und Satzungen, ZGR 1995, 68, 71 bzw. 85. Darunter fallen bspw. grundsätzlich die Bestellung und das Gehalt des Geschäftsführers, vgl. *BGH*, Urt. v. 29.9.1955, BGHZ 18, 205, 208; anderer Ansicht: *Müller*, Die Bestellung des Geschäftsführers im Gesellschaftsvertrag der GmbH als materieller Satzungsbestandteil, Seite 78. Etwas anderes kann sich dann ergeben, wenn durch die gesellschaftsvertragliche Bestellung ein Sonderrecht des Bestellten begründet werden soll, was ihm nur unter den erschwerten Satzungsänderungsvorschriften entzogen werden kann. Maßgebend für die Art der Regelung ist der Parteiwille, der ggf. durch Auslegung zu ermitteln ist.

850 Scholz-*Priester*, GmbHG, § 53 Rn. 15; ausführlich zur Auslegung von GmbH-Satzungsbestimmungen *Grunewald*, Die Auslegung von Gesellschaftsverträgen und Satzungen, ZGR 1995, 68, 85 ff.

851 So aber bspw. Scholz-*Schneider*, GmbHG, § 6 Rn. 24 und 26; Lutter/Hommelhoff-*Hommelhoff/Kleindiek*, GmbHG, § 6 Rn. 20; Baumbach/Hueck-*Zöllner*, GmbHG, § 35 Rn.

Beantwortung eine differenziertere Betrachtung. Dabei soll zunächst der Frage nachgegangen werden, ob und wie die Gesellschaft sich von den selbst auferlegten strengen Eignungsvorgaben noch vor der Bestellung lösen und ob sie sich sogar darüber hinwegsetzen kann, denn die diesbezüglichen Ausführungen und Ergebnisse werden Bedeutung für die Rechtsfolgen bei einem Satzungsverstoß haben.

1. Satzungsänderung als Präventivmaßnahme

Anders als gesetzliche Eignungsvoraussetzungen und Ausschlußgründe sind gesellschaftsvertragliche nicht unumstößlich. Soweit es sich dabei allerdings - und dies wird der Regelfall sein - um echte Satzungsbestimmungen mit Regelungscharakter handelt,[852] kann sich die Gesellschaft von ihnen grundsätzlich nur im Wege der formellen Satzungsänderung gemäß den Vorschriften §§ 53, 54 GmbHG lossagen: Erforderlich sind zum einen ein qualifizierter Mehrheitsbeschluß und zum anderen die notarielle Beurkundung der Änderung sowie deren Eintragung im Handelsregister als Wirksamkeitsvoraussetzungen. Soweit die Gesellschaft also einen Satzungsverstoß bei der Bestellung eines nach der derzeitigen Satzung ungeeigneten Geschäftsführers vermeiden will, muß sie vor seiner Bestellung eine entsprechende Satzungsänderung vornehmen und die Vorgabe entweder gänzlich streichen oder sie an das Profil des Kandidaten anpassen. Erst nach dieser Satzungsänderung kann eine wirksame Bestellung des nunmehr nach den neuen Vorgaben geeigneten Kandidaten erfolgen.

2. Ausnahmsweise Wirksamkeit der Bestellung im Falle formwirksamer Satzungsdurchbrechung?

Die formelle Satzungsänderung hat jedoch den Nachteil, daß die Gesellschaft sich damit von den abgeänderten Eignungsvorgaben natürlich generell auch für die Zukunft lossagt. Dies kann aber nicht immer die tatsächlich gewollte Konsequenz sein. Vielmehr ist es denkbar, daß sie sich nur im Einzelfall von den Vorgaben lösen, generell aber in Zukunft in anderen Fällen trotzdem an ihnen festhalten will. So kann sie bspw. von den unternehmerischen Fähigkeiten einer Person derart überzeugt sein, daß sie das gesellschaftsvertraglich vereinbarte Mindestalter ausnahmsweise unbeachtet lassen will.[853] Es bleibt daher die Frage, ob und unter welchen Voraussetzungen die Gesellschaft sich im Einzelfall wirksam über die Vorgaben der eigenen Satzung hinwegsetzen kann, ohne dieselbe im Wege eines formellen Satzungsänderungsbeschlusses zu ändern.

13; Rowedder/Schmidt-Leithoff-*Koppensteiner*, GmbHG, § 35 Rn. 75.

852 Zu dem Gegenbegriff siehe oben Seite 208.

853 Zur Aussagekraft dieses gesellschaftsvertraglichen Kriteriums siehe schon oben Seite 126.

Diese Frage wird unter dem Stichwort „Satzungsdurchbrechung“[854] in Rechtsprechung und Literatur kontrovers diskutiert. Dabei ist im Falle der Geschäftsführerbestellung, die naturgemäß auf eine dauerhafte Wirkung gerichtet ist, der besonders problematische Fall der dauerhaften bzw. „zustandsbegründenden Satzungsdurchbrechung“ angesprochen, da durch sie ggf. ein langjähriger satzungswidriger Zustand herbeigeführt wird. Infolgedessen ist umstritten, ob Satzungsdurchbrechungen überhaupt zulässig sind und wenn ja, unter welchen Voraussetzungen sie wirksam sind.

a. Generelle Unzulässigkeit zustandsbegründender Durchbrechung

Nach *Priester*[855] und ihm folgend der Rechtsprechung[856] sind nur solche Beschlüsse, deren Wirksamkeit sich punktuell in der betreffenden Maßnahme erschöpfen, als wirksame Satzungsdurchbrechung zulässig.[857] Das Gegenteil gelte für sog. „zustandsbegründende Satzungsdurchbrechungen“, die dauerhaft einen satzungswidrigen Zustand herbeiführen.[858] Denn eine dauerhafte Abweichung vom Satzungstext habe nicht lediglich gesellschaftsinterne Bedeutung, sondern berühre auch den Rechtsverkehr einschließlich später eintretender Gesellschafter. Die Registerpublizität diene seiner Orientierung und seinem Schutz auch über die Frage der Vertretungsverhältnisse der Gesellschaft hinaus.[859] Gebe die zum Handelsregister eingereichte Satzungsurkunde den materiellen Satzungsinhalt nicht richtig und vollständig wieder, dann werde der Rechtsverkehr entgegen dem mit der Registerpublizität verfolgten Zweck unzutreffend informiert.[860] Aus dem Gedanken des § 54 Abs. 1 Satz 2 GmbHG ergebe sich, daß die geltende Satzung stets aus einem Schriftstück ersichtlich sein müsse.[861] Dementsprechend sei eine Textänderung der Satzung erforderlich, soweit dauerhaft von ihr abgewichen werden soll. Für eine Satzungsdurchbrechung, die dauerhaft wirksam sein soll, sei kein Raum. Da ein Geschäftsführerbestellungsbeschluß, der gegen statutarische Eignungsvorgaben verstößt, ge-

---

854 *Priester*, Satzungsänderung und Satzungsdurchbrechung ZHR 151 (1987), 40 ff.; Lutter/Hommelhoff-*Lutter/Hommelhoff*, GmbHG, § 53 Rn. 23. Teilweise wird diese Bezeichnung nicht verwendet und nur vom abweichenden Beschluß gesprochen, der die Geltung der Satzungsbestimmung für die Zukunft aber nicht aufheben will: Baumbach/Hueck-*Zöllner*, GmbHG, § 53 Rn. 23; ähnlich auch *BGH*, Urt. v. 11.5.1981, ZIP 1981, 1205, 1206.

855 *Priester*, Satzungsänderung und Satzungsdurchbrechung ZHR 151 (1987), 40, 55 ff.

856 *BGH*, Urt. v. 7.6.1993, GmbHR 1993, 497; vorher schon *OLG Hamm*, Urt. v. 3.6.1992, GmbHR 1992, 807; ebenso *OLG Köln*, Urt. v. 11.10.1995, DB 1996, 466, 467.

857 Beispiel: Anstelle des gesellschaftsvertraglich zuständigen Aufsichtsrates genehmigt die Gesellschafterversammlung eine Anteilsübertragung.

858 *BGH*, Urt. v. 7.6.1993, BGHZ 123, 15, 19 f. (Der *BGH* spricht teilweise auch von der Unwirksamkeit dieser Beschlüsse).

859 *BGH*, Urt. v. 7.6.1993, BGHZ 123, 15, 19.

860 Vgl. *BGH*, Urt. v. 7.6.1993, BGHZ 123, 15, 19.

861 *Priester*, Satzungsänderung und Satzungsdurchbrechung, ZHR 151 (1987) 40, 55 f.

radezu ein Paradebeispiel für die Begründung eines dauerhaften satzungswidrigen Zustands ist,[862] ist er nach dieser Auffassung in jedem Falle unwirksam und zwar unabhängig von den ihm zugrunde liegenden Mehrheitsverhältnissen sowie seiner Form. Eine wirksame Geschäftsführerbestellung kann nach dieser Meinung daher nur nach vorheriger Satzungsänderung erfolgen.

b. Zulässigkeit zustandsbegründender Satzungsdurchbrechung bei Wahrung strenger Form

Dieser Auffassung wird insbesondere von *Zöllner* vorgeworfen, daß eine generelle Ablehnung dauerhafter Satzungsdurchbrechungen zur Wirkungslosigkeit der meisten satzungswidrigen Beschlüsse führe.[863] Satzungsdurchbrechende Beschlüsse[864] seien dann zulässig, wenn sie mit satzungsändernder, qualifizierter Mehrheit gefaßt, notariell beurkundet und im Handelsregister eingetragen seien,[865] wobei folgender Eintrag ausreiche:[866]

> „§ ____ des Gesellschaftsvertrages ist durch Beschluß der Gesellschafterversammlung vom ____ durchbrochen worden. Eingetragen unter Bezugnahme auf das Protokoll der Gesellschafterversammlung vom ____."

Einer Änderung des Satzungstextes, die mit der Satzungsdurchbrechung ja gerade vermieden werden soll, bedürfe es nicht,[867] denn dem Rechtsverkehr und eventuell später eintretenden Gesellschaftern genüge der Schutz durch Beurkundung und insbesondere durch Eintragung. Danach sind also Beschlüsse, die eine Geschäftsführerbestellung zum Gegenstand haben und die sich über Eignungsvorgaben des Gesellschaftsvertrages hinwegsetzen, zulässig und wirksam, soweit sie die formellen

---

862 Nach *Tieves*, Satzungsverletzende und satzungsdurchbrechende Gesellschafterbeschlüsse ZIP 1994, 1341, 1343 unter Fn. 19 mit Verweis auf *Priester*, Satzungsänderung und Satzungsdurchbrechung ZHR 151 (1987), 53 bildet dieser Fall „gewissermaßen das Paradigma der zustandsbegründenden Satzungsdurchbrechung", vgl. auch Baumbach/Hueck-*Zöllner*, GmbHG, § 53 Rn. 23a; Lutter/Hommelhoff-*Lutter/Hommelhoff*, GmbHG, § 53 Rn. 25.

863 Baumbach/Hueck-*Zöllner*, GmbHG, § 53 Rn. 23a und 23c.

864 Eine Differenzierung zwischen punktueller und zustandsbegründender Satzungsänderung lehnt Zöllner ab, vgl. Baumbach/Hueck-*Zöllner*, GmbHG, § 53 Rn. 23c.

865 Baumbach/Hueck-*Zöllner*, GmbHG, § 53 Rn. 23b; *Habersack*, Unwirksamkeit „zustandsbegründender" Satzungsdurchbrechungen der GmbH-Satzung sowie darauf gerichteter schuldrechtlicher Nebenabreden, ZGR 1994, 354, 365; *Tieves*, Satzungsverletzende und satzungsdurchbrechende Gesellschafterbeschlüsse ZIP 1994, 1341, 1346.

866 Baumbach/Hueck-*Zöllner*, GmbHG, § 53 Rn. 23d; Lutter/Hommelhoff-*Lutter/Hommelhoff*, GmbHG, § 53 Rn. 25 und 27.

867 Baumbach/Hueck-*Zöllner*, GmbHG, § 53 Rn. 23 f.

Auflagen der notariellen Beurkundung und der Eintragung des Durchbrechungsbeschlusses im Handelsregister erfüllen.

c. Stellungnahme

Zwar ist *Zöllner* entgegenzuhalten, daß quantitative Erwägungen kein Argument für oder gegen die Wirksamkeit von Beschlüssen darstellen können; allein die Tatsache, daß Gesellschafterbeschlüsse oft satzungswidrig sind, kann nicht als überzeugendes Argument für deren Wirksamkeit dienen. Doch ist ihm im Ergebnis zu folgen, denn die Argumentation von *Priester* und der sich ihm anschließenden Rechtsprechung überzeugt nicht. Auch ohne Veränderung des Satzungstextes bleibt nämlich der Schutz des Rechtsverkehrs durch die Eintragung der Durchbrechung, wie *Zöllner* sie vorschlägt, gewahrt: Es macht nämlich keinen Unterschied, ob derjenige, der Einsicht in das Handelsregister nimmt, die Kenntnis von der Abänderung durch den neuen Satzungstext oder durch das Protokoll des Durchbrechungsbeschlusses erhält. Denn weder im einen noch im anderen Falle erlangt er die Information direkt aus jeweiligen Handelsregisterblatt der einzelnen GmbH selber,[868] da statutarische Eignungsvoraussetzungen nicht zu dem nach § 10 GmbHG abschließenden[869] Katalog der eintragungspflichtigen Tatsachen gehören. Nur die dort aufgeführten einzelnen Satzungsbestandteile bzw. der oben genannte[870] und ebenfalls dort einzutragende Verweis auf den Durchbrechungsbeschluß, nicht aber der Satzungstext im ganzen bzw. der materielle Inhalt des Durchbrechungsbeschlusses sind unmittelbarer Bestandteil des jeweiligen Handelsregisterblatts. Die Satzungsurkunde befindet sich lediglich im sog. Sonderband der betreffenden Handelsregisterakte (§ 8 Abs. 2 HRV), in den Einsicht genommen werden kann, § 9 Abs. 1 HGB. Darin würde auch das Protokoll der Gesellschafterversammlung, das einen satzungsdurchbrechenden Beschluß enthält, verwahrt werden müssen. Da der Einsehende also in keinem Falle gesellschaftsvertragliche Eignungsvoraussetzungen direkt aus dem Handelsregister, sondern immer - und das aber in jedem Falle - nur dem Sonderband entnehmen kann, macht es keinen Unterschied, ob er die benötigte Information der einen oder der anderen Urkunde entnehmen kann bzw. muß. Daß er jedenfalls auch in das Protokoll Einsicht nehmen muß, ergibt sich aus dem von *Zöllner* geforderten Durchbrechungseintrag im Handelsregister, von dem aus Gründen des Schutzes der Vollständigkeit der Informationen nicht abgesehen werden kann.

---

868 Zum Inhalt eines Handelsregisterblatts siehe unten Seite 231 f.

869 Darüber hinausgehende Tatsachen hat das Registergericht nicht einzutragen bzw. zu entfernen, vgl. HK-Bartels, GmbHG, § 10 Rn. 3; Keidel/Kuntze/Winkler-*Winkler*, FGG, § 127 Rn. 14.

870 Siehe oben Seite 211.

d. Zwischenergebnis

Im Ergebnis bestehen keine Bedenken, zustandsbegründende Satzungsdurchbrechungen entgegen der herrschenden Meinung auch im Falle gesellschaftsvertraglicher Eignungsvoraussetzungen zuzulassen, da keine nach § 10 GmbHG eintragungspflichtige Tatsache betroffen ist. Für einen Beschluß über die Bestellung eines Geschäftsführers, durch den von statutarischen Eignungsvorgaben abgewichen wird, bedeutet dies also dreierlei: Er muß mit qualifizierter Mehrheit gefaßt sowie notariell beurkundet sein und zudem muß die Durchbrechung der Satzung im Hinblick auf die Eignungsvorgaben unter Verweis auf ein beizufügendes Protokoll der Gesellschafterversammlung im Handelsregister eingetragen werden. Nur wenn diese strengen Formerfordernisse erfüllt sind, ist es ausnahmsweise zulässig, daß sich die Gesellschafterversammlung dauerhaft über gesellschaftsvertragliche Eignungsvorgaben hinwegsetzt.

3. Nichtigkeit als letzte Konsequenz

Wenn die Gesellschaft diesen aufgezeichneten Weg der formellen Satzungsdurchbrechung oder aber den der Satzungsänderung nicht beschreitet, so stellt sich die Frage nach den Rechtsfolgen, die den gegen die Satzung verstoßenden Bestellungsbeschluß treffen.

Da das GmbH-Recht ein eigenes Beschlußmängelrecht nicht kennt,[871] hat die Rechtsentwicklung zu einer starken Annäherung an die aktienrechtlichen Grundregeln in den §§ 241 ff. AktG geführt.[872] Dies hat zur Konsequenz, daß Geschäftsführerbestellungsbeschlüsse, die nicht ausnahmsweise der Form wirksamer Satzungsdurchbrechungen genügen, nach § 241 Nr. 2 AktG in Verbindung mit § 130 Abs. 1, 2 und 4 AktG[873] analog als nichtig angesehen werden.[874] Die genannten

---

871 Die in den §§ 191 ff. RegE 1971 insoweit vorgeschlagenen Regelungen wurden im Rahmen der GmbH-Novelle nicht übernommen.

872 St. Rspr., vgl. *BGH*, Urt. v. 21.3.1988, BGHZ 104, 66, 69 f.; Scholz-*K. Schmidt*, GmbHG, § 45 Rn. 36. Allerdings kann die analoge Anwendung nur soweit gehen, wie den Besonderheiten der GmbH Rechnung getragen werden kann, vgl. Scholz-*K. Schmidt*, GmbHG, § 45 Rn. 36; *Grunewald*, Gesellschaftsrecht, 2.F Rn. 93; Lutter/Hommelhoff-*Lutter/Hommelhoff*, GmbHG, Anh § 47 Rn. 1. Teilweise wird die Anwendung des Aktienrechts auch kritisch betrachtet, vgl. *Zöllner/Noack*, Die Geltendmachung von Beschlußmängeln im GmbH-Recht, ZGR 1989, 525, 532 ff.

873 § 241 Nr. 2 AktG sieht für Beschlüsse der aktienrechtlichen Hauptversammlung Nichtigkeit vor, wenn sie nicht nach den Vorschriften des § 130 Abs. 1, 2 und 4 AktG beurkundet sind.

874 Besonders deutlich *OLG Köln*, Urt. v. 11.10.1995, DB 1996, 466, 467; auch GroßkommAktG-*K. Schmidt*, § 241 Rn. 111. Allerdings lehnen beide die Zulässigkeit zustandsändernder Satzungsdurchbrechungen grundsätzlich ab, so daß nach ihrer Auffassung auch im Falle eines eingetragenen Durchbrechungsbeschlusses Nichtigkeit anzunehmen ist.

Vorschriften ordnen nämlich die Nichtigkeit von Beschlüssen der Hauptversammlung der AG an, wenn sie nicht notariell beurkundet worden sind. Zwar sind Beschlüsse der Gesellschafterversammlung der GmbH anders als die der aktienrechtlichen Hauptversammlung, vgl. § 130 Abs. 1 AktG, grundsätzlich nicht notariell beurkundungspflichtig, doch gilt diese GmbH-rechtliche Formerleichterung gerade nicht für satzungsändernde und - wie soeben dargelegt - auch nicht für zustandsbegründende Satzungsdurchbrechungen,[875] da diese gemäß § 53 Abs. 2 GmbHG in direkter bzw. analoger Anwendung der notariellen Beurkundung bedürfen. Da für beide Beschlußarten also gleiches wie für Beschlüsse der Hauptversammlung gefordert wird, ist kein Grund ersichtlich, warum sich der Schutz, den die strengen Formvorgaben im Auge haben, nicht auch über § 241 Nr. 2 AktG analog fortsetzen soll. Denn etwas anderes als die Nichtigkeit eines gegen statutarische Eignungsvorgaben verstoßenden Bestellungsbeschlusses zu fordern, würde zu höchst unbilligen Konsequenzen führen und stünde zu der Forderung nach strengen Formerfordernissen für Satzungsdurchbrechungen zum Schutze des Rechtsverkehrs und später eintretender Gesellschafter in einem deutlichen Widerspruch.[876] Sich nur für die Anfechtbarkeit eines satzungswidrigen Bestellungsbeschlusses auszusprechen[877] bedeutet, daß die Gesellschafter sich mit Einstimmigkeit über die oben aufgestellten Regeln der Satzungsdurchbrechung hinwegsetzen können.[878] Ein einstimmiger Bestellungsbeschluß, der weder beurkundet noch eingetragen ist, könnte so dauerhaft zwingende Satzungsbestimmungen unterlaufen, ohne daß dies aus dem Handelsregister ersichtlich wäre. Es würde nicht bekannt gemacht, daß der Geschäftsführer nicht die nach der Satzung erforderliche Eignung besitzt. Auf die Eintragung des formgültigen Durchbrechungsbeschlusses käme es dann nicht mehr an.[879]

---

875 Siehe oben Seite 210 ff.

876 Vgl. dazu oben Seite 210 ff.

877 So vielfach die Kommentarliteratur, vgl. Baumbach/Hueck-*Hueck/Fastrich*, GmbHG, § 6 Rn. 8 und 20; Hachenburg-*Mertens*, GmbHG, § 35 Rn. 21; Roth/Altmeppen-*Altmeppen*, GmbHG, § 6 Rn. 17; Scholz-*Schneider*, GmbHG, § 6 Rn. 24 und 26; Meyer-Landrut/Miller/Niehus-*Meyer-Landrut*, GmbHG, § 6 Rn. 14.

878 Denn dann fehlt es am Anfechtungsberechtigten. Dies sind grundsätzlich nur überstimmte Gesellschafter, vgl. Lutter/Hommelhoff-*Lutter/Hommelhoff*, GmbHG, Anh § 47 Rn. 62; Baumbach/Hueck-*Zöllner*, GmbHG, Anh § 47 Rn. 76. Dritten steht ein Anfechtungsrecht nicht zu, vgl. Scholz-*K. Schmidt*, GmbHG, § 45 Rn. 135; Hachenburg-*Raiser*, Anh § 47 Rn. 165.

879 Insofern verwundert die Sichtweise der Kommentarliteratur in dieser Frage, denn entgegen der hier vertretenen Auffassung, sind zustandsbegründende Satzungsdurchbrechungen grundsätzlich unzulässig, vgl. *BGH*, Urt. v. 7.6.1993, BGHZ 123, 15, 19 f.; *OLG Köln*, Urt. v. 11.10.1995, DB 1996, 466, 467.

4. Zwischenergebnis

Das Nichtvorliegen gesetzlicher Eignungsvoraussetzungen aus § 6 Abs. 2 GmbHG führt zur Nichtigkeit der Bestellung und ex nunc zum Amtsverlust, sollte der Nichtigkeitsgrund später eintreten. Bei Nichtvorliegen statutarischer Eignungsvoraussetzungen ist die Bestellung ebenfalls nichtig, es sei denn, daß es sich bei der gesellschaftsvertraglichen Vorgabe lediglich um eine Sollvorschrift handelt oder aber ein formwirksamer Durchbrechungsbeschluß über die Vorgaben der Satzung hinweghilft.

B. Nichtvorliegen gewerbe- und berufsrechtlicher Eignungsvoraussetzungen

Fehlen dem Geschäftsführer gewerbe- oder berufsrechtliche Eignungsvorgaben oder fallen diese später weg, so zieht dies zunächst auf der gewerbe- bzw. berufsrechtlichen Ebene, ggf. aber auch auf der gesellschaftsrechtlichen Ebene Konsequenzen nach sich.

I. Gewerberechtliche Eignungsvoraussetzungen

Dabei ist im Falle der gewerblich tätigen GmbH danach zu unterscheiden, ob die persönlichen Eignungsvoraussetzungen im Rahmen eines Erlaubnisverfahrens vor Aufnahme des Gewerbes geprüft werden, also Gegenstand oder zumindest Teil eines staatlichen Genehmigungsverfahrens sind, oder ob das Gewerbe ohne staatliche Genehmigungen aufgenommen werden kann.

1. Erlaubnisfreies Gewerbe

a. Gewerberechtliche Konsequenzen

Soweit eine solche staatliche Genehmigung nicht erforderlich ist, die GmbHG also ein erlaubnisfreies Gewerbe betreibt, hindert die persönliche Ungeeignetheit des Geschäftsführers nicht die Aufnahme der gewerblichen Tätigkeit, da eine vorherige behördliche Überprüfung des Gewerbetreibenden einschließlich seiner Geschäftsführer oder eine Überprüfung des geplanten Gewerbebetriebes gerade grundsätzlich nicht stattfindet.[880] Erlangt die zuständige Verwaltungsbehörde jedoch nach Gründung und Betriebsaufnahme Kenntnis von Tatsachen, die die Unzuverlässigkeit des Geschäftsführers begründen, oder bestellt die Gesellschaft nach Gründung eine solch unzuverlässige Person zum Geschäftsführer, so ist die Verwaltungsbe-

---

880 Der Gewerbetreibende ist nur verpflichtet, die Aufnahme eines stehenden Gewerbes nach § 14 GewO anzuzeigen. Vgl. auch R. Schmidt-*Frotscher*, Öffentliches Wirtschaftsrecht BT1, § 1 III Rn. 113.

hörde verpflichtet, ein Gewerbeuntersagungsverfahren nach § 35 GewO (bzw. nach den jeweils einschlägigen Spezialgesetzen) einzuleiten. Dieses ist grundsätzlich gegen den Gewerbetreibenden, also die GmbH selber gerichtet, auch wenn das Verfahren nur aus Gründen betrieben wird, die auf der persönlichen Unzuverlässigkeit ihres Geschäftsführers beruhen. Denn die GmbH muß sich als juristische Person die Ungeeignetheit ihres Handlungsorgans zurechnen lassen und dafür einstehen.[881] Das hat zur Konsequenz, daß sie im Falle einer gegen sie erlassenen vollziehbaren Untersagungsverfügung nach § 35 GewO,[882] ihren Geschäftsbetrieb sofort einzustellen hat und nach § 146 Abs. 1 Nr. 1 GewO ordnungswidrig handelt, wenn sie diese Verfügung unterläuft.[883] Diese Ordnungswidrigkeit kann mit einer Geldbuße bis zu 5.000 EUR geahndet werden, § 146 Abs. 3 GewO.

Demgegenüber kann der Geschäftsführer selber nur dann persönlich von einer Untersagung betroffen werden, wenn sich das Verfahren gemäß § 35 Abs. 7a GewO auch gegen ihn persönlich richtet.[884] Dabei beinhaltet das an ihn gerichtete Verbot die Untersagung, die bisher für die GmbH ausgeübte unselbständige Tätigkeit künftig selbständig gewerblich auszuüben, vgl. § 35 Abs. 7a Satz 1 GewO. Darüber hinaus kann die Untersagung gegenüber dem Geschäftsführer auch auf eine der bisherigen Tätigkeit entsprechende geschäftsführende Tätigkeit erstreckt werden, vgl. § 35 Abs. 7a Satz 2 GewO. Bei Zuwiderhandlung gegen dieses den Geschäftsführer persönlich treffende Verbot greift auch hier die Ordnungswidrigkeitssanktion des § 146 Abs. 1 Nr. 1 GewO.

b. Gesellschaftsrechtliche Konsequenzen

Nur in den Fällen, in denen die Gewerbeuntersagung gemäß § 35 Abs. 7a GewO (oder den entsprechenden Spezialgesetzen) den Geschäftsführer persönlich trifft,[885]

---

881 R. Schmidt-*Frotscher*, Öffentliches Wirtschaftsrecht BT1, § 1 III Rn. 78; Landmann/Rohmer-*Marcks*, GewO (I), § 35 Rn. 65. Allerdings rechtfertigt die Unzuverlässigkeit des Geschäftsführers alleine noch nicht die Erteilung einer Gewerbeuntersagung. Vielmehr muß die Untersagung zum Schutz der Allgemeinheit oder der im Betrieb Beschäftigten auch erforderlich sein, vgl. § 35 Abs. 1 GewO.

882 Bzw. nach entsprechenden Spezialvorschriften genehmigungsfreier Gewerbe.

883 Dabei kann sich die Untersagungsverfügung gemäß § 35 Abs. 1 Satz 2 GewO auch andere Gewerbearten beziehen, damit diese nicht dadurch unterlaufen wird, daß der Gewerbetreibende auf ein anderes Gewerbe ausweicht und sich dort weiter zum Schaden der Allgemeinheit betätigt, vgl. dazu Landmann/Rohmer-*Marcks*, GewO (I), § 35 Rn. 85.

884 Dabei ist die Anwendung dieser Vorschrift in das Ermessen der Behörde gestellt („kann"), vgl. *BVerwG*, Urt. v. 19.12.1995, GewA 1996, 241.

885 Zwar kann ein Gewerbeuntersagungsverfahren gegen einen Geschäftsführer persönlich nur dann gemäß § 35 Abs. 7a GewO betrieben werden, wenn gleichzeitig ein Verfahren gemäß § 35 Abs. 1 GewO gegen die GmbH geführt wird. Jedoch beschränkt sich diese Akzessorietät lediglich auf einen gemeinsamen Beginn; ihr Ausgang kann sich unabhängig vonein-

liegt gesellschaftsrechtlich ein verwaltungsbehördliches Gewerbeverbot im Sinne des § 6 Abs. 2 Satz 4 GmbHG vor, das die Bestellung als Geschäftsführer ab dem Zeitpunkt der Vollziehbarkeit des Verbots nichtig werden läßt.[886] Der Geschäftsführer verliert dann automatisch sein Amt. Auf den Bestand der gesamten Gesellschaft hat dieser Amtsverlust aber keine Auswirkung, denn hat die Gesellschaft mehrere Geschäftsführer, können die übrigen die Geschäfte der Gesellschaft ohne den ausgeschlossenen Geschäftsführer fortführen. Hat sie nur einen, so ist die unverzügliche Bestellung eines neuen Geschäftsführers, notfalls im Wege gerichtlicher Notgeschäftsführerbestellung erforderlich.[887]

Wurde demgegenüber das Gewerbeverbot wegen fehlender gewerberechtlicher Eignungsvoraussetzungen des Geschäftsführers „nur" gegenüber der GmbH ausgesprochen[888] und ist der Geschäftsführer entsprechend selber nicht Adressat der Untersagungsverfügung, so greift ihm gegenüber auch nicht § 6 Abs. 2 Satz 4 GmbHG, so daß seine Bestellung in diesem Falle nicht nichtig wird und er auch sein Amt nicht automatisch verliert.[889] Darüber hinaus berührt eine derartige Gewerbeuntersagung - obgleich sie die GmbH selber trifft - grundsätzlich auch nicht automatisch deren Bestand,[890] da schon die Gründung und Entstehung einer auf den Betrieb eines erlaubnisfreien Gewerbes gerichteten GmbH gerade nicht von einer staatlichen Genehmigung abhängig war.[891] Vielmehr bleibt es den Gesellschaftern der GmbH überlassen, ob sie an der Gesellschaft festhalten und sich nunmehr unter Änderung des Unternehmensgegenstands außerhalb des ihnen verbotenen Gewerbes betätigen wollen,[892] oder ob sie gemäß § 60 Abs. 1 Nr. 2 GmbHG die Auflösung der Gesellschaft herbeiführen wollen. Findet sich nicht die

---

ander entwickeln und dazu führen, daß nur der Geschäftsführer von einer Untersagung betroffen ist, vgl. dazu Landmann/Rohmer-Marcks, GewO (I), § 35 Rn. 192.

886 § 6 Abs. 2 Satz 4 GmbHG betrifft nur die unmittelbaren Adressaten des Gewerbeverbots, siehe oben Seite 172.

887 Mangels einer dem § 85 AktG entsprechenden Norm im GmbHG, erfolgt die gerichtliche Notgeschäftsführerbestellung analog § 29 BGB, vgl. dazu *Hohlfeld*, Der Notgeschäftsführer der GmbH, GmbHR 1986, 181, 182.

888 Gegenüber der GmbH besteht bei Vorliegen der Voraussetzungen kein Ermessen der Behörde, vgl. § 35 Abs. 1 GmbHG; anders liegt der Fall bei § 35 Abs. 7a GmbHG.

889 Den Gesellschaftern bleibt es natürlich unbenommen, den gewerberechtlich ungeeigneten Geschäftsführer abzuberufen.

890 *OLG Frankfurt*, Beschl. v. 15.8.1983, WM 1983, 1247; Scholz-*K. Schmidt*, GmbHG, § 62 Rn. 18; Baumbach/Hueck-*Schulze-Osterloh*, GmbHG, § 62 Rn. 5; Hachenburg-*Ulmer*, GmbHG, § 62 Rn. 11.

891 Dies betrifft den Fall des erlaubnispflichtigen Gewerbes, vgl. § 8 Abs. 1 Nr. 6 GmbHG. Näher dazu unten Seite 218 f.

892 Die Änderung des Unternehmensgegenstands bedarf der Satzungsänderung unter Beachtung der hierfür nach §§ 53, 54 GmbHG geltenden Grundsätze, vgl. Hachenburg-*Ulmer*, GmbHG, § 3 Rn. 25.

dafür erforderliche Dreiviertelmehrheit,[893] so kann eine Minderheit[894] in Ausnahmefällen[895] auch die Auflösung gemäß § 61 GmbHG durch gerichtliches Urteil erreichen, soweit in der Gewerbeuntersagung ein wichtiger Grund für die Auflösung gesehen werden kann.[896] Die darüber hinaus schließlich nach § 62 GmbHG grundsätzlich mögliche verwaltungsbehördliche Auflösung der Gesellschaft[897] stellt ebenfalls die absolute Ausnahme dar, da sie von der Verwaltungsbehörde nur ergriffen werden darf, wenn spezialgesetzliche aufsichtsrechtliche Maßnahmen aussichtslos sind.[898]

2. Erlaubnisbedürftiges Gewerbe

Ist der Unternehmensgegenstand der GmbH demgegenüber auf den Betrieb eines erlaubnisbedürftigen Gewerbes gerichtet und verlangt die staatliche Genehmigung das Vorliegen persönlicher Eignungsvoraussetzungen vom Geschäftsführer, so sind die rechtlichen Konsequenzen bei deren Fehlen oder bei deren Wegfall sowohl im Gewerberecht als auch ihr Einfluß auf das Gesellschaftsrecht ein wenig einschneidender:

a. Gewerberechtliche Konsequenzen

In gewerberechtlicher Hinsicht hindert das anfängliche Fehlen der persönlichen Eignung des Geschäftsführers bereits die Erteilung der gewerberechtlichen Genehmigung. Ist sie demgegenüber aber einmal erteilt, die GmbH als juristische Person im Handelsregister eingetragen und fallen die gewerberechtlichen persönlichen Eignungsvoraussetzungen dann nachträglich weg, weil der Geschäftsführer bspw. gewerberechtlich unzuverlässig geworden ist oder wird ein unzuverlässiger Geschäftsführer neu bestellt, kann die Gewerbeerlaubnis aus diesem Grund widerrufen werden.[899] Adressat des Widerrufs ist allerdings auch hier die GmbH als Gewerbetreibende, da ihr selber die Genehmigung erteilt wurde und sie daher auch ihr

---

893 § 60 Abs. 1 Nr. 2 GmbHG.

894 Das Minderheitsrecht steht nicht jedem Gesellschafter zu, wohl aber einem oder mehren Gesellschaftern, soweit deren Geschäftsanteile zusammen mindestens 10% des Stammkapitals entsprechen, vgl. § 61 Abs. 2 GmbHG.

895 Grundsätzlich ist die gerichtliche Auflösung als äußerstes Mittel subsidiär gegenüber dem außerordentlichen Austrittsrecht, das die Gesellschafter ausüben können, wenn ihnen ein Verbleib in der Gesellschaft nicht zugemutet werden kann, vgl. dazu Scholz-*K. Schmidt*, GmbHG, § 61 Rn. 3.

896 Scholz-*K. Schmidt*, GmbHG, § 61 Rn. 19.

897 Die Gewerbeuntersagung selber stellt keine gesellschaftsrechtliche Auflösungsverfügung dar, vgl. oben Seite 217 und Fn. 890.

898 Dies dürfte wohl kaum vorkommen, vgl. Scholz-*K. Schmidt*, GmbHG, § 62 Rn. 7; Rowedder/Schmidt-Leithoff-*Rasner*, GmbHG, § 62 Rn. 3.

899 Zu den Voraussetzungen des Widerrufs siehe oben Seite 168.

wieder entzogen werden muß. Dabei muß sie sich die persönlichen Defizite ihres Handlungsorgans als eigene zurechnen lassen.[900] Wie die vollziehbare Gewerbeuntersagung im Bereich des erlaubnisfreien Gewerbes, so führt der Widerruf einer Gewerbeerlaubnis im Bereich des erlaubnispflichtigen Gewerbes zum gewerberechtlichen Verbot der Fortführung des Betriebs. Auch hier sieht das Ordnungswidrigkeitenrecht die Verhängung von Geldbußen bis zu 5.000 EUR bei Zuwiderhandlungen vor, vgl. § 144 GewO.

Ein eigenständiges gewerberechtliches Verbot, wie es § 35 Abs. 7a GewO für das erlaubnisfreie Gewerbe kennt, ist indes gegenüber dem GmbH-Geschäftsführer persönlich nicht vorgesehen.[901] Es ist aber auch gewerberechtlich nicht erforderlich, da die Ausübung eines erlaubnispflichtigen Gewerbes ohne Erlaubnis generell verboten und nur ausnahmsweise - nämlich bei entsprechender Genehmigung - erlaubt (sog. „Verbot mit Erlaubnisvorbehalt“) ist. Schon § 151 GewO verhindert aber dann eine weitere Betätigung des Geschäftsführers in diesem Bereich. Nach dieser Vorschrift ist die ungeeignete Person bezüglich des bestimmten Gewerbes in das Gewerbezentralregister mit der Wirkung einzutragen, daß zukünftigen Genehmigungsanträgen - seien sie auf seine selbständige Tätigkeit oder seien sie auf eine vertretende Tätigkeit bei einem Dritten gerichtet - die sich aus dem Gewerbezentralregister ergebende Ungeeignetheit entgegensteht. Dies bewirkt, daß er sich weder als Geschäftsführer einer anderen, im gleichen Gewerbe tätigen GmbH betätigen, noch im gleichen Gewerbe selbständig machen kann.

b. Gesellschaftsrechtliche Konsequenzen

Fehlt einer GmbH aufgrund mangelnder Eignung ihres Geschäftsführers die für den Unternehmensgegenstand erforderliche staatliche Genehmigung, so stellt dies gesellschaftsrechtlich ein Entstehungshindernis für die Gesellschaft dar, da sie - die Genehmigung - für die Eintragung der GmbH erforderlich ist, vgl. § 8 Abs. 1 Nr. 6 GmbHG.[902] Infolgedessen steht die fehlende persönliche Eignung sogar der gesellschaftsrechtlichen Entstehung der GmbH als juristischer Person entgegen.[903] Da

---

900 Vgl. zu der ähnlichen Lage bei der Gewerbeuntersagung oben Seite 216.

901 Ein solches Untersagungsverfahren gegenüber einem Geschäftsführer gemäß § 35 Abs. 7a GewO kann im erlaubnisbedürftigen Gewerbe nicht angestrengt werden, da § 35 Abs. 7a GewO nur angewendet werden kann, wenn für die GmbH selber § 35 Abs. 1 GewO einschlägig wäre. Dies stellt § 35 Abs. 8 GewO klar, vgl. Tettinger/Wank-*Tettinger*, GewO § 35 Rn. 229.

902 § 8 Abs. 1 Nr. 6 GmbHG findet nach herrschender Meinung analoge Anwendung auf Handwerksbetriebe, die der Eintragung in die Handwerksrolle bedürfen (siehe oben Seite 188), vgl. insoweit *Ammon*, Nochmals: Handelsregistereintragung einer Handwerks-GmbH, GmbHR 2004, 1578 f.

903 Das Gesetz will die Entstehung von juristischen Personen mit einem mangels der notwendigen staatlichen Genehmigung unerlaubtem Unternehmensgegenstand verhindern, vgl.

die Wirksamkeit der Bestellung als Geschäftsführer aber unabhängig von ihrer Eintragung ins Handelsregister ist, stellt sich die Frage, ob diese zumindest vorher im Stadium der Vor-GmbH[904] wirksam war.[905] § 6 Abs. 2 GmbHG steht dem nicht entgegen, denn der an gewerberechtliche Tatbestände anknüpfende Satz 4 knüpft seine Nichtigkeitsfolge nur an die Fälle, in denen der betroffenen Person gegenüber ein persönliches Gewerbeverbot ausgesprochen wurde.[906] Ein solches ist jedoch im Bereich des erlaubnispflichtigen Gewerbes nicht vorgesehen,[907] so daß die Bestellung eines gewerberechtlich ungeeigneten Geschäftsführers im Bereich des erlaubnispflichtigen Gewerbes während des Stadiums der Vor-GmbH grundsätzlich wirksam ist. Etwas anderes ergibt sich nur dann, wenn der jeweilige Geschäftsführer gegen gewerberechtliche Eignungsvoraussetzungen und Ausschlußgründe verstößt, die die Qualität eines gesetzlichen Verbots im Sinne des § 134 BGB haben und die damit Einfluß auf die Wirksamkeit der Bestellung nehmen. Dies ist bspw. der Fall, wenn die zu gründende GmbH ein Altenpflegeheim betreiben will und ihr Geschäftsführer entgegen § 11 Abs. 2 Nr. 2 HeimG in Verbindung § 2 Abs. 3 Nr. 1 HeimpersonalVO[908] nicht über eine entsprechende fachliche Ausbildung verfügt.

Ähnliche Rechtsfolgen ergeben sich für die Wirksamkeit der Bestellung als Geschäftsführer, wenn er seine Eignung nach ordnungsgemäßer Gründung der Gesellschaft verliert und gegenüber der GmbH die Genehmigung widerrufen wird. Auch hier ist der Geschäftsführer nicht persönlich von dem Verbot betroffen, so daß § 6 Abs. 2 Satz 4 GmbHG nicht greift. Seine Bestellung wird auch hier nur dann nichtig, wenn seine fehlende Eignung als Verstoß gegen ein gesetzliches Ver-

---

BGH, Beschl. v. 9.11.1987, BGHZ 102, 209, 217; *BayObLG*, Beschl. v. 29.3.1990, GmbHR 1990, 454, 455; Scholz-*Winter*, GmbHG, § 8 Rn. 14. In der Praxis erfolgt die Zurückweisung der Anmeldung erst nach erfolgloser Zwischenverfügung durch das Registergericht, die eine Frist zur Nachholung unter Androhung der Zurückweisung enthält. Ist die GmbH gleichwohl ohne Genehmigung eingetragen, so berührt der Mangel nicht den Bestand der Gesellschaft, vgl. Scholz-*Winter*, GmbHG, § 8 Rn. 31; Hachenburg-*Ulmer*, GmbHG, § 8 Rn. 15. Weder die Nichtigkeitsklage noch die Amtslöschung (§§ 75 Abs. 1 GmbHG, 144 Abs. 1 Satz 2 FGG) führen insoweit zur Auflösung der Gesellschaft, da das Fehlen in der Regel nicht die Nichtigkeit der statutarischen Bestimmung über den Unternehmensgegenstand zur Folge hat, vgl. *PfälzOLG Zweibrücken*, Beschl. v. 17.7.1995, GmbHR 1995, 723, 724 f.; Scholz-*Winter*, GmbHG, § 8 Rn. 31.

904 Darunter wird die Zeit zwischen notariellem Abschluß des Gesellschaftsvertrages und Eintragung der Gesellschaft in das Handelsregister verstanden, vgl. Lutter/Hommelhoff-*Lutter/Bayer*, GmbHG, § 11 Rn. 3.

905 Auf die Vor-GmbH sind die Vorschriften des GmbHG anwendbar mit Ausnahme der Regelung, die ihre Eintragung voraussetzen, vgl. Lutter/Hommelhoff-*Lutter/Bayer*, GmbHG, § 11 Rn. 5.

906 Siehe oben Seite 172.

907 Es gibt keine § 35 Abs. 7a GewO vergleichbare Regelung im erlaubnispflichtigen Gewerbe, vgl. oben Seite 219.

908 Siehe oben Seite 189.

bot nach § 134 BGB gewertet werden kann und dieses Einfluß auf die Bestellung nimmt. Darüber hinaus ist in dieser Konstellation fraglich, ob der Widerruf der staatlichen Genehmigung ebenso wie bei der Gewerbeuntersagung im erlaubnisfreien gewerblichen Bereich gesellschaftsrechtlich keinen Einfluß auf den Bestand der Gesellschaft nimmt. Zwar legt die Tatsache, daß das Vorliegen der gewerberechtlichen Genehmigung für die Entstehung der GmbH erforderlich ist, den Schluß nahe, daß umgekehrt im Falle des Entzugs der Genehmigung auch der Bestand der Gesellschaft in Gefahr ist. Denn wenn das Gesetz schon die Entstehung von juristischen Personen mit ungenehmigtem Unternehmensgegenstand verhindern will,[909] kann es eigentlich auch kein Interesse an dem Bestand einer solchen Gesellschaft haben. Jedoch kennt das GmbHG auch im Falle des Entzugs der staatlichen Genehmigung nicht die automatische Auflösung der GmbH. Wie die von der Gewerbeuntersagung muß auch die vom Genehmigungswiderruf betroffene GmbH ihre Auflösung selbst beschließen,[910] da auch ein Genehmigungswiderruf nur gewerbe-, nicht aber gesellschaftsrechtliche Wirkung entfaltet und keine automatische Auflösung der GmbH nach sich zieht.[911] Denn insoweit gilt der Grundsatz der Erhaltung der Eintragung, daß nachträglich weggefallene öffentlichrechtliche Genehmigungen grundsätzlich keinen Einfluß auf den Bestand der Gesellschaft haben.[912]

II. Freie Berufe

Existiert für bestimmte freie Berufe kein besonderes Berufsrecht, so existieren auch keine besonderen Eignungsvoraussetzungen für in diesem Bereich tätige GmbH-Geschäftsführer, deren Nichtvorliegen oder späterer Wegfall Probleme bereiten könnten. Dementsprechend müssen hier nur die freien Berufe Beachtung finden, deren Berufsausübung in der Rechtsform der GmbH von öffentlich-rechtlichen Genehmigungen abhängig ist.

---

909 Siehe oben Fn. 903.

910 Zu den auch hier geltenden Auflösungsmöglichkeiten siehe schon oben Seite 217.

911 *OLG Frankfurt*, Beschl. v. 15.8.1983, WM 1983, 1247; Scholz-*K. Schmidt*, GmbHG, § 62 Rn. 18; Baumbach/Hueck-*Schulze-Osterloh*, GmbHG, § 62 Rn. 5; Hachenburg-*Ulmer*, GmbHG, § 62 Rn. 11.

912 Vgl. *OLG Zweibrücken*, Beschl. v. 17.7.1995, GmbHR 1995, 723, 724 f. Etwas anderes gilt nur dann, wenn sich der Unternehmensgegenstand als nichtig erweist. In diesen Fällen kommt eine Löschung gemäß § 144 Abs. 1 Satz 2 FGG in Verbindung mit § 75 Abs. 1 GmbHG in Betracht. Jedoch liegt dies bspw. noch nicht bei fehlender Eintragung in die Handwerksrolle vor, da § 1 HandwO lediglich eine öffentlich-rechtliche Ordnungsvorschrift, nicht aber ein Verbot im Sinne des § 134 BGB beinhaltet. Der Durchsetzung dieser öffentlich-rechtlichen Ordnung genügen aber gewerberechtliche Maßnahmen und öffentlich-rechtliche Sanktionen, vgl. *OLG Zweibrücken*, Beschl. v. 17.7.1995, GmbHR 1995, 723, 724 f.

1. Berufsrechtliche Konsequenzen

Fehlt dem potentiellen Geschäftsführer in diesen Fällen schon bei Gründung der GmbH die nach dem jeweiligen Berufsrecht erforderliche persönliche Eignung, ist er insbesondere - wie viele Berufsordnungen dies verlangen - nicht Berufsträger, so erhält die zu gründende Gesellschaft nicht die berufsrechtlich erforderliche Genehmigung zur Gründung der GmbH.

Wurde demgegenüber die Freiberufler-GmbH ordnungsgemäß gegründet und wird ihrem Geschäftsführer später die Zulassung als Berufsträger entzogen, so liegen die Voraussetzungen für die berufsrechtliche Genehmigungserteilung nicht mehr vor, was zum Widerruf derselben führen kann.[913] Wird ein solcher ausgesprochen, ist es der Gesellschaft ab diesem Zeitpunkt dann berufsrechtlich untersagt, die freiberufliche Tätigkeit weiterhin in der Rechtsform der GmbH auszuüben.[914] Handelt sie diesem Verbot zuwider, so sehen auch die Berufsordnungen ähnlich wie die Gewerbeordnung Bußgeldsanktionen vor.

2. Gesellschaftsrechtliche Konsequenzen

Ebenso wie im Bereich des erlaubnispflichtigen Gewerbes führt auch bei Freiberufler-GmbHs das Nichtvorliegen der berufsrechtlichen Genehmigung gesellschaftsrechtlich dazu, daß schon wegen § 8 Abs. 1 Nr. 6 GmbHG die Eintragung und damit die Entstehung der GmbH scheitert. Für das Stadium der Vor-GmbH gilt hinsichtlich der Wirksamkeit der Bestellung eines ungeeigneten Geschäftsführer folgendes: Die Bestellung verstößt nur dann gegen § 6 Abs. 2 Satz 4 GmbHG, wenn der Geschäftsführer Adressat eines entsprechenden Berufsverbots aus früherer Tätigkeit ist. Liegt ein solches gerichtliches oder verwaltungsbehördliches Verbot nicht vor, sondern fehlen ihm lediglich die Eignungsvoraussetzungen, so kommt es auch hier für die Wirksamkeit der Bestellung darauf an, ob in der Bestellung ein Verstoß gegen ein gesetzliches Verbot im Sinne des § 134 BGB zu sehen ist. Plant etwa eine Rechtsanwalts-GmbH eine Person zu ihrem Geschäftsführer zu bestellen, die weder Rechtsanwalt noch Berufsträger eines anderen sozietätsfähigen Berufes ist, so wäre seine Bestellung wegen § 59f GmbHG in Verbindung mit § 134 BGB nichtig.

Wurde die GmbH demgegenüber ordnungsgemäß gegründet, so hat dies gesellschaftsrechtlich zwar - wie im Falle des erlaubnisbedürftigen Gewerbes - zur Konsequenz, daß eine später wieder entzogene berufsrechtliche Genehmigung nicht zur

---

913 Vgl. bspw. § 34 Abs. 1 WPO, § 59h Abs. 2 BRAO.

914 Sieht das Berufsrecht für die Eintragung der Gesellschaften ein bestimmtes Register vor, so folgt aus dem Genehmigungswiderruf ferner die Löschung der Eintragung, vgl. bspw. § 39 Abs. 1 Nr. 2 WPO.

automatischen Liquidation der Gesellschaft führt.[915] Allerdings kann ein nachträglicher Wegfall persönlicher berufsrechtlicher Eignungsvoraussetzungen gleichwohl Einfluß auf die Wirksamkeit der Bestellung als Geschäftsführer nehmen. Dies kann einerseits durch § 6 Abs. 2 Satz 4 GmbHG geschehen, wenn der Verlust der Eignung mit einem berufsgerichtlichen oder verwaltungsbehördlichen Berufsverbot gegenüber dem Geschäftsführer einhergeht.[916] Ansonsten wird die Bestellung jedoch nur nichtig, wenn im Verlust der Amtsfähigkeit gleichzeitig ein Verstoß gegen § 134 BGB gesehen werden kann.

III. Zwischenergebnis

Als Zwischenergebnis kann damit für den Bereich gewerbe- und berufsrechtlicher Eignungsvorgaben festgehalten werden, daß deren Nichtvorliegen nur dann zur Nichtigkeit der gesellschaftsrechtlichen Bestellung führt, wenn sich dies aus dem Gesellschaftsrecht über die Schnittstelle § 6 Abs. 2 Satz 4 GmbHG oder aber aus § 134 BGB ergibt. Andernfalls bleibt die Bestellung als Geschäftsführer trotz des Fehlens persönlicher Eignungsvoraussetzungen wirksam. Ist die Eignung des Geschäftsführers Teil eines gewerbe- bzw. berufsrechtlichen Genehmigungsverfahrens zur Gründung der Gesellschaft, so kann die fehlende Eignung jedoch zur Versagung der Genehmigung mit der Konsequenz führen, daß die GmbH nicht zur Entstehung gelangt.

Ist die GmbH demgegenüber ordnungsgemäß gegründet worden und fallen die gewerbe- bzw. berufsrechtlichen Eignungsvoraussetzungen nachträglich weg, so greift dies jedoch nicht automatisch den Bestand der Gesellschaft an. Vielmehr ist es Aufgabe der Gesellschafter, die GmbH aufzulösen oder ggf. mit einem anderem, nicht untersagtem Unternehmensgegenstand weiterzuführen.

C. Weitere gesellschaftsrechtliche Konsequenzen: Haftungsfragen

I. Fehlerhaft bestellter Geschäftsführer

Ist die Bestellung des Geschäftsführers durch Fehlen oder Wegfall einer gesetzlichen Eignungsvoraussetzung nichtig, so ist gleichwohl denkbar, daß der Geschäftsführer ungeachtet dessen sein Amt antritt bzw. weiterführt und für die Gesellschaft handelt. Vielleicht konsequent, aber schon auf den ersten Blick unbillig wäre es, ihn grundsätzlich ab dem Verlust seiner Organstellung von jeglicher Verantwortlichkeit und von allen Pflichten zu entbinden, da § 6 Abs. 2 GmbHG dann hauptsächlich seinem eigenen Schutz dienen würde. Um auch den Belangen der GmbH und des

---

[915] Siehe oben Seite 221.

[916] Zu den verschiedenen berufsrechtlichen Möglichkeiten siehe oben Seite 162 ff. bzw. 170 ff.

Rechtsverkehrs Rechnung zu tragen, ist es deshalb grundsätzlich sachgerecht, denjenigen, der trotz fehlerhafter Bestellung das Amt tatsächlich antritt oder fortführt, für die Zeit seiner Tätigkeit in den Pflichtenkreis der GmbH einzubeziehen. Demgemäß stellt der *BGH* die Rechts- und Pflichtenstellung des fehlerhaft bestellten[917] der eines wirksam bestellten Geschäftsführers grundsätzlich gleich und beschränkt lediglich die Rechte - nicht die Pflichten! - bei einseitiger Kenntnis.[918] Dies muß besonders dann gelten, wenn der Geschäftsführer Kenntnis vom Nichtigkeitsgrund hat und ihn der Gesellschaft arglistig verschweigt, um an seinem Amt festhalten zu können.[919] Die Gleichstellung kann dabei nicht als unzulässige Bindung an eine unwirksame Rechtsbeziehung angesehen werden, da es den Beteiligten freisteht, das mit der Organtätigkeit auf mangelhafter Rechtsgrundlage verbundene Risiko jederzeit einseitig zu beenden. Darüber hinaus bleibt es bei der Verpflichtung des zuständigen Bestellungsorgans, unverzüglich für eine ordnungsgemäße Geschäftsführerbestellung zu sorgen.[920] Bis zum Zeitpunkt der tatsächlichen Beendigung der fehlerhaften Organstellung bleibt es also bei der Geschäftsführerhaftung für nicht ordnungsgemäße Geschäftsführung nach § 43 Abs. 2 GmbHG. Führt er die Geschäfte, so haftet er bspw. für nicht ordnungsgemäße Buchführung ebenso wie für fehlende Stellung eines erforderlichen Insolvenzantrages. Da die Erfüllung dieser Aufgaben nicht allein im Interesse der Gesellschaft, sondern auch im öffentlichen

---

917 Teilweise wird auch allgemein vom „faktischen" Geschäftsführer gesprochen. Dieser Begriff umfaßt aber (auch) diejenigen „Geschäftsführer", die ohne jeglichen Bestellungsakt tätig werden. Vgl. zum terminologischen Konflikt *Weimar*, Grundprobleme und offene Fragen um den faktischen GmbH-Geschäftsführer (I), GmbHR 1997, 473, 474 f. und Baumbach/Hueck-*Zöllner*, GmbHG, § 35 Rn. 6a.

918 *BGH*, Urt. v. 6.4.1964, BGHZ 41, 282, 287 (für Vorstand einer Aktiengesellschaft); *Stein*, Das faktische Organ, Seite 128 f. Teilweise wird einschränkend darauf hingewiesen, daß die Position des fehlerhaften bzw. des faktischen Geschäftsführers nicht einfach aus der Position des wirksam bestellten übernommen werden kann. Vielmehr müsse die Anwendbarkeit jeder einzelnen Norm im Einzelfall positiv festgestellt werden. Im Kern sei die Behandlung des faktischen Geschäftsführers ein Normanwendungsproblem. Ausführlich dazu *Weimar*, *Robert* Grundprobleme und offene Fragen um den faktischen GmbH-Geschäftsführer (I) GmbHR 1997, 473, 477; ebenso *K. Schmidt*, Gesellschaftsrecht, § 14 III 4a; Scholz-*Schneider*, GmbHG, § 6 Rn. 49; MüHdb GesR III-*Marsch-Barner/Diekmann*, § 42 Rn. 41.

919 Dies wird wohl die Hauptkonstellation des wegen § 6 Abs.2 GmbHG fehlerhaft bestellten Geschäftsführers sein. Die einzige Ausnahme, bei der beiderseitige Unkenntnis vom Nichtigkeitsgrund denkbar ist, ist der Fall des unerkannten Verlusts der Geschäftsfähigkeit. Doch bedarf dieser Fall gesonderter Behandlung, vgl. Seite 225. Weiß auch die Gesellschaft vom Vorliegen eines Nichtigkeitsgrundes, so ist sie selbst nicht mehr schutzwürdig. Dann muß der Rechts- und Pflichtenkreis des Geschäftsführers allein auf die Pflichten beschränkt sein, die im öffentlichen Interesse liegen (z. B. Insolvenzantragspflicht).

920 *Stein*, Das faktische Organ, Seite 125; Scholz-*Schneider*, GmbHG, § 6 Rn. 27.

Interesse liegt und dem Schutz des Rechtsverkehrs dient, kann ein Verstoß auch bei fehlerhafter Organstellung strafrechtliche Konsequenzen nach sich ziehen.[921]

Allerdings muß die Gleichstellung von fehlerhaft und wirksam bestelltem Geschäftsführer auf die Fälle beschränkt sein, in denen schützenswerte Interessen dies überhaupt fordern. Denn die gewohnheits- und richterrechtliche Rechtsfortbildung kann nur soweit gehen, wie gesetzliche Wertungen nicht unterlaufen werden. So verbietet sich die Anwendung der Grundsätze fehlerhafter Organstellung bei Verlust der unbeschränkten Geschäftsfähigkeit des Geschäftsführers. Eine Gleichstellung mit einem wirksam bestellten Organ bei Weiterführung des Amtes trotz dieses Mangels würde den im BGB sehr umfassend angelegten Schutz nicht voll Geschäftsfähiger unterlaufen. Insofern bleibt es also bei einem Verstoß der Bestellung gegen § 6 Abs. 2 Satz 1 GmbHG uneingeschränkt bei der Nichtigkeitsfolge. Im Zeitpunkt des Verlustes der unbeschränkten Geschäftsfähigkeit verliert der Geschäftsführer zu seinem eigenen Schutz die mit seinem Amt verbundene Verantwortung gegenüber der Gesellschaft ebenso wie die Pflichten, die dem Geschäftsführer auch im Interesse der Allgemeinheit obliegen, bspw. seine Insolvenzantrags- und seine Buchführungspflicht. Gleiches muß auch im Falle des § 6 Abs. 2 Satz 2 GmbHG gelten, da der unter Einwilligungsvorbehalt stehende Betreute ebenso schutzbedürftig ist wie der beschränkt Geschäftsfähige.[922]

Damit reduziert sich der Anwendungsbereich der Grundsätze fehlerhafter Organstellung bei Fehlen oder Wegfall persönlicher Eignungsvoraussetzungen praktisch auf das Vorliegen eines Ausschlußgrundes nach § 6 Abs. 2 Satz 4 GmbHG.[923] So sind Fälle denkbar, in denen gegenüber dem Geschäftsführer ein Gewerbeverbot besteht, von dem er die Gesellschaft nicht in Kenntnis setzt und sein Amt einfach weiterführt. Daneben ist es möglich, daß sich Geschäftsführer und Gesellschaft über das Verbot zumindest für die Zeit hinwegsetzen, bis ein neuer Geschäftsführer gefunden ist. Schließlich kommt auch dann die Anwendung der Grundsätze fehlerhafter Organstellung in Betracht, wenn die Gesellschaft den Geschäftsführer bei Vorliegen eines Ausschlußgrundes nach § 6 Abs. 2 GmbHG nur offiziell des Amtes enthebt und den Ersatz lediglich formell zum Geschäftsführer bestellt (sog. Strohmann-Geschäftsführer). Leitet der abgesetzte Hintermann gleichwohl die Geschäfte, muß es bei seiner Haftung bleiben. Die Vorschrift des § 6 Abs. 2 Satz 4

[921] Dies ist im Hinblick auf Art. 103 Abs. 1 GG umstritten, da sich Pflichten des fehlerhaften Geschäftsführers nur aus einer entsprechenden Anwendung des GmbHG ergeben.

[922] Dieser Fall ist allerdings wohl nur theoretischer Natur. Denn anders als im Falle unerkannter Geschäftsunfähigkeit bleibt die Anordnung der Betreuung unter Einwilligungsvorbehalt wohl weder dem Betroffenen noch der Gesellschaft verborgen.

[923] Nach der hier vertretenen Ansicht kann aus einem Verstoß gegen die Vorschrift des § 6 Abs. 2 Satz 3 GmbHG aufgrund deren Verfassungswidrigkeit (siehe ausführlich dazu oben Seite 138 ff.) keine fehlerhafte Organstellung resultieren.

GmbHG dient weniger dem eigenen Schutz der betroffenen Personen vor der Verantwortung des Geschäftsführeramtes, sondern vielmehr dem Schutz des Rechtsverkehrs und auch dem Schutz der Gesellschaft. Die Anwendung der fehlerhaften Organstellung in diesen Fällen zu versagen, würde bedeuten, den betroffenen Geschäftsführer ab Vorliegen des Eignungsmangels von seinen Amtspflichten zu entbinden. Aber gerade der Schutz des Rechtsverkehrs vor wirtschaftsschädigendem Verhalten ungeeigneter Personen verlangt seine Verantwortlichkeit.

II. Schutz gesellschaftsfremder Dritter

Handelt der Geschäftsführer Dritten gegenüber, obwohl er sein Amt wegen § 6 Abs. 2 GmbHG nicht antreten bzw. nicht weiterführen kann bzw. darf, so sind Dritte über § 15 HGB oder nach allgemeinen Rechtsscheingrundsätzen geschützt.[924] Die Gesellschaft muß sich so lange so behandeln lassen als sei die Bestellung wirksam und muß entsprechend für sein Handeln einstehen, wie dieser im Handelsregister als ihr Geschäftsführer eingetragen ist.

Liegt bereits bei Bestellung des Geschäftsführers ein Eignungsmangel nach § 6 Abs. 2 GmbHG vor und wird seine Bestellung ungeachtet dessen im Handelsregister eingetragen, so greift § 15 Abs. 3 HGB ein. § 15 Abs. 3 HGB schützt das Vertrauen in eine falsche Bekanntmachung des Handelsregisters - sog. positive Publizität - bei Eintragung eines Geschäftsführers, dessen Bestellung wegen Verstoßes gegen § 6 Abs. 2 GmbHG nichtig ist. Denn die Geschäftsführerbestellung ist eine nach § 10 Abs. 1 GmbHG eintragungspflichtige Tatsache in Angelegenheiten der Gesellschaft. Wird diese trotz Verstoßes gegen § 6 Abs. 2 GmbHG in das Handelsregister eingetragen, so liegt zwar nicht lediglich eine Diskrepanz von Eintragung und Bekanntmachung - so der enge Wortlaut des § 15 Abs. 3 HGB -, sondern sogar eine solche von Bekanntmachung und wahrer Rechtslage vor. Allerdings findet auch in diesem Fall die genannte Vorschrift mit der Maßgabe Anwendung, daß der durch die unrichtige Eintragung und Bekanntmachung erzeugte Rechtsschein dem Betroffenen zurechenbar sein muß („Veranlassungsprinzip").[925] Entsprechend wirkt § 15 Abs. 3 HGB dann zu Lasten der Gesellschaft und zum Schutze gesellschaftsfremder Dritter, wenn die Gesellschaft die Bestellung des ungeeigneten Geschäftsführers veranlaßt hat. Damit scheidet nur dann eine der GmbH zurechenbare Vertretung durch den Geschäftsführer aus, wenn ihr seine Anmeldung beim Handelsregister nicht zugerechnet werden kann, etwa weil der potentielle Geschäftsführer eigenmächtig seine Eintragung beantragt und das Gericht versehentlich dem Antrag entsprochen hat.

---

924 BegrRegE BT-Drucks 8/1347, Seite 32.

925 Str., vgl. *Canaris*, Handelsrecht, Seite 82 Rn. 51; *K. Schmidt*, Handelsrecht, § 14 III 2c) Seite 408.

Tritt während der Amtszeit des Geschäftsführers das Ereignis ein, das dessen Eignung nach § 6 Abs. 2 GmbHG entfallen und damit auch dessen Organstellung automatisch enden läßt, dann ist ab diesem Zeitpunkt das Handelsregister solange unrichtig, bis die nach § 39 Abs. 1 GmbHG erforderliche Eintragung der Beendigung erfolgt ist. In diesem Fall ist § 15 Abs. 1 HGB für den Schutz Dritter einschlägig. Denn § 15 Abs. 1 HGB schützt das Vertrauen in das Schweigen des Handelsregisters - sog. negative Publizität - bei fehlender Eintragung und Bekanntmachung des Fortfalls der Vertretungsmacht.[926] Entsprechend kann die Gesellschaft Dritten nicht die Beendigung der Organstellung eines Geschäftsführers entgegenhalten, solange sich dies nicht aus dem Handelsregister ergibt und der Dritte diesbezüglich in Unkenntnis ist. Anders als bei § 15 Abs. 3 HGB ist ohne Bedeutung, warum die Tatsache nicht eingetragen oder bekannt gemacht ist.[927]

Allerdings helfen § 15 Abs. 1 oder Abs. 3 HGB nur in den Fällen des Verlusts der Eignung nach § 6 Abs. 2 Sätze 2 bis 4 GmbHG. Verliert der Geschäftsführer indes seine unbeschränkte Geschäftsfähigkeit, so läuft § 15 HGB leer, da die Vorschrift nur über fehlende Vertretungsmacht, nicht jedoch über die Nichtigkeit von Willenserklärungen Geschäftsunfähiger hinweghelfen kann. § 15 HGB schützt nämlich lediglich das Vertrauen auf die Stellung als vertretungsberechtigter Geschäftsführer, nicht jedoch das Vertrauen auf das Vorliegen einzelner Eignungsvoraussetzungen.[928] Denn eintragungspflichtige Tatsachen sind in diesem Zusammenhang lediglich die Bestellung, § 10 Abs. 1 GmbHG und die Beendigung des Geschäftsführeramtes, § 39 Abs. 1 GmbHG, wohingegen in das Handelsregister nicht die einzelnen Voraussetzungen der Bestellung, wie bspw. die unbeschränkte Geschäftsfähigkeit des Geschäftsführers, einzutragen sind. Entsprechend kann sich der Vertrauensschutz des Handelsregisters auch nicht auf diese Tatsachen erstrecken. Damit kann sich die GmbH zwar wegen § 15 HGB nicht darauf berufen, daß dem Geschäftsführer keine Vertretungsmacht wegen Amtsverlust zusteht.[929] Doch bleibt es

---

926 Es kann nicht auf § 15 Abs. 3 HGB abgestellt werden, denn im Zeitpunkt der Eintragung und der Bekanntmachung der Bestellung lag die Eignung des Geschäftsführers vor.

927 *BGH*, Urt. v. 1.7.1991, JZ 1992, 152, 153; anderer Ansicht: *Dreher*, Schutz Dritter nach § 15 HGB bei Geschäftsunfähigkeit eines Geschäftsführers oder Vorstandsmitglieds? DB 1991, 533, 536 f.

928 *BGH*, Urt. v. 1.7.1991, JZ 1992, 152, 153; Urt. v. 9.2.1970, BGHZ 53, 210, 215; Baumbach/Hueck-*Hueck/Fastrich*, GmbHG, § 6 Rn. 12; Roth/Altmeppen-*Altmeppen*, GmbHG, § 6 Rn. 13; HK-*Bartels*, GmbHG, § 6 Rn. 11; Rowedder/Schmidt-Leithoff-*Schmidt-Leithoff*, GmbHG, § 6 Rn. 19; *Dreher*, Schutz Dritter nach § 15 HGB bei Geschäftsunfähigkeit eines Geschäftsführers oder Vorstandsmitglieds? DB 1991, 533, 534; anderer Ansicht ist *OLG München*, Urt. v. 6.7.1990, JZ 1990, 1029, das die Geschäftsunfähigkeit als eintragungsfähige Tatsache im Sinne des § 15 HGB ansieht (aufgehoben durch *BGH*, Urt. v. 1.7.1991, JZ 1992, 152), ebenso *K. Schmidt*, Grenzen des Minderjährigenschutzes im Handels- und Gesellschaftsrecht, Jus 1990, 517, 519.

929 Da es sich um eine Anwendung von § 15 Abs. 1 HGB zu Lasten der Gesellschaft handelt,

ungeachtet dessen bei der Grundwertung des BGB, wonach Willenserklärungen des Geschäftsunfähigen nichtig sind und auch bei entsprechender (fingierter) Vertretungsmacht keine wirksame Stellvertretung möglich ist, § 165 BGB.[930] Über mangelnde Geschäftsfähigkeit kann § 15 HGB nicht hinweghelfen, da diese Tatsache nicht eintragungspflichtig ist.

Um Unbilligkeiten zu vermeiden, kommt jedoch im besonderen Fall der Geschäftsunfähigkeit des Geschäftsführers eine Haftung nach allgemeinen Grundsätzen der Rechtsscheinhaftung in Betracht. Zwar handelt es sich bei der Geschäftsfähigkeit des Geschäftsführers nicht um eine eintragungspflichtige Tatsache. Indes erweckt die Eintragung als Geschäftsführer als solche den Rechtsschein, daß auch die für das Amt erforderlichen persönlichen Voraussetzungen vorliegen.[931] Der Rechtsverkehr kann daher erwarten, daß die Gesellschafter einen erkennbar Geschäftsunfähigen nicht bestellen oder sofort durch einen geschäftsfähigen Geschäftsführer ersetzten, falls die Geschäftsfähigkeit später wegfällt.[932] Allerdings wirkt der Rechtsschein wiederum aber nur dann zu Lasten der Gesellschaft, wenn er ihr zurechenbar ist. Haben die übrigen Geschäftsführer oder Gesellschafter bei Einhaltung der im Handelsverkehr erforderlichen Sorgfalt erkennen können, daß der Geschäftsführer geschäftsunfähig geworden ist, und haben sie gleichwohl nicht eingegriffen, dann ist die Zurechenbarkeit gegeben.[933] Sie scheitert jedenfalls nicht an mangelnder Geschäftsfähigkeit des Geschäftsführers, da die Rechtsscheinhaftung nicht zu seinen Lasten als Geschäftsunfähigen eintritt. Nach zutreffender Ansicht des *BGH* liegt darin kein Widerspruch zur Wertung des § 165 BGB, denn das Interesse des Rechtsverkehrs an der generellen Nichtigkeit der Willenserklärungen Geschäftsunfähiger muß in diesem Falle hinter dem handelsrechtlichen Schutz des Vertrauens auf einen zurechenbar veranlaßten Rechtsschein zurücktreten.[934]

D. Zusammenfassung

Für das anfängliche Fehlen bzw. den späteren Wegfall von Eignungsvoraussetzungen beim GmbH-Geschäftsführer kann folgendes festgehalten werden:

---

braucht hier nicht näher auf die Streitfrage eingegangen werden, ob § 15 Abs. 1 HGB auch zu Lasten Geschäftsunfähiger wirkt.

930 *Dreher*, Schutz Dritter nach § 15 HGB bei Geschäftsunfähigkeit eines Geschäftsführers oder Vorstandsmitglieds? DB 1991, 533, 534.

931 *BGH*, Urt. v. 1.7.1991, JZ 1992, 152, 153.

932 *BGH*, Urt. v. 1.7.1991, JZ 1992, 152, 153.

933 BegrRegE BT-Drucks. 8/1347, Seite 32; *BGH*, Urt. v. 1.7.1991, JZ 1992, 152, 154; Baumbach/Hueck-*Hueck*/*Fastrich*, GmbHG, § 6 Rn. 12; *Lutter*/*Gehling*, Anmerkung zu BGH Urt. v. 1.7.1991, JZ 1992, 154; Roth/Altmeppen-*Altmeppen*, GmbHG, § 6 Rn. 13; *Roth*, Anmerkung zu OLG München, Urt. v. 6.7.1990, JZ 1990, 1030.

934 *BGH*, Urt. v. 1.7.1991, JZ 1992, 152, 153.

1. Nichtvorliegen gesetzlicher Eignungsvoraussetzungen aus § 6 Abs. 2 GmbHG führt zur Nichtigkeit der Bestellung und ex nunc zum Amtsverlust, sollte der Nichtigkeitsgrund später eintreten. Bei Nichtvorliegen statutarischer Eignungsvoraussetzungen ist die Bestellung ebenfalls nichtig, es sei denn, daß es sich bei der gesellschaftsvertraglichen Vorgabe lediglich um eine Sollvorschrift handelt oder aber ein formwirksamer Durchbrechungsbeschluß über die Vorgaben der Satzung hinweghilft.

2. Für den Bereich gewerbe- und berufsrechtlicher Eignungsvorgaben gilt, daß sich der Fortfall gewerbe- bzw. berufsrechtlicher Eignung nur dann in der Nichtigkeit der gesellschaftsrechtlichen Bestellung niederschlägt, wenn dies aus dem Gesellschaftsrecht über die Schnittstelle § 6 Abs. 2 Satz 4 GmbHG oder aber aus § 134 BGB folgt. Darüber hinaus kann die fehlende Eignung des Geschäftsführers sogar die Gründung der Gesellschaft verhindern, wenn es sich um ein genehmigungsbedürftiges Gewerbe oder um eine zulassungsbedürftige Freiberufler-GmbH handelt. Denn wird die erforderliche Genehmigung versagt, fehlt der Gesellschaft die gemäß § 8 Abs. 1 Nr. 6 GmbHG erforderliche staatliche Genehmigungsurkunde zur Eintragung. Ist die GmbH demgegenüber bereits gegründet und fallen persönliche Eignungsvoraussetzungen des Geschäftsführers nachträglich weg, so kann dies zwar ebenfalls zum Widerruf der gewerbe- bzw. berufsrechtlichen Genehmigung, nicht aber gesellschaftsrechtlich zur automatischen Auflösung der Gesellschaft führen. Fehlende persönliche Eignung des Geschäftsführers greift dementsprechend nie den Bestand einer Gesellschaft an.

3. Um dem Schutz nicht voll geschäftsfähiger Personen umfassend genüge zu tun, führt der Verlust der Amtsfähigkeit bei weiterem faktischen Tätigwerden für die Gesellschaft in den Fällen des § 6 Abs. 2 Satz 1 und 2 GmbHG zur automatischen Entbindung von den Rechten und Pflichten des Geschäftsführeramtes. Unbillig wäre dies in den Fällen des § 6 Abs. 2 Satz 4 GmbHG, in denen ein Gewerbeverbot gegenüber dem Geschäftsführer besteht, von dem er die Gesellschaft aber nicht in Kenntnis setzt und sein Amt einfach weiterführt, da § 6 Abs. 2 GmbHG dann nur dem eigenen Schutz des Amtsträgers dienen würde. Daher ist es in diesen Fällen nur gerecht, die Position des insoweit fehlerhaft bestellten der eines wirksam bestellten Geschäftsführers grundsätzlich gleichzustellen und nur die Rechte - nicht die Pflichten! - bei einseitiger Kenntnis zu beschränken.

4. Dritten gegenüber muß sich die Gesellschaft im Falle des Amtsverlusts ihres Geschäftsführers nach § 15 Abs. 1 bzw. Abs. 3 HGB soweit und solange wie der Amtsverlust nicht im Handelsregister eingetragen ist, so behandeln lassen als bestünde das Amt fort.

6. Kapitel Die handelsregisterliche Überprüfung der Eignung

Damit die GmbH als juristische Person zur Entstehung gelangt, ist ihre Eintragung im Handelsregister erforderlich, vgl. § 11 Abs. 1 GmbHG. Diese wird durch das Registergericht vorgenommen, soweit dessen Prüfung ergibt, daß die Gesellschaft ordnungsgemäß errichtet und angemeldet ist, vgl. § 9c Abs. 1 Satz 1 GmbHG. Dies setzt u.a. voraus, daß keine Bestellungshindernisse für die Geschäftsführer der Gesellschaft vorliegen.[935] Damit ergibt sich schon aus § 9c Abs. 1 Satz 1 GmbHG, daß das Registergericht zur Sicherstellung der Erfüllung der gesetzlichen Eignungsvoraussetzungen auch zu prüfen hat, ob die berufenen Personen im Hinblick auf § 6 Abs. 2 GmbHG gesellschaftsrechtlich für das Amt des Geschäftsführers geeignet sind.[936]

A. Das Handelsregister

Sinn und Zweck des Handelsregisters ist es, den Handelsverkehr zu vereinfachen und ihm verläßliche Informationen zu liefern.[937] Es soll für den Handelsverkehr wichtige tatsächliche und rechtliche, sogar auch wirtschaftliche[938] Verhältnisse kaufmännischer Unternehmen offen legen.[939] Dadurch, daß das Handelsregister in Teilbereichen öffentlichen Glauben genießt, wird der Geschäftsverkehr erheblich erleichtert.[940] Es wird bei den Amtsgerichten geführt, §§ 8 HGB, 125 FGG, und besteht aus zwei Abteilungen. Abteilung A ist den Einzelkaufleuten und Personenhandelsgesellschaften vorbehalten, Abteilung B den Kapitalgesellschaften und damit auch den GmbHs. Für jede Gesellschaft wird ein eigenes Registerblatt eingerichtet, das mit der sog. Registernummer versehen wird, die auf jedem Geschäftsbrief anzugeben ist. Das Registerblatt der Abteilung B umfaßt sieben Spalten, §§ 43, 40 HRV, die im Falle einer GmbH folgenden Inhalt haben:

1. Spalte	Laufende Nummer der die GmbH betreffenden Eintragungen
2. Spalte	Firma, Sitz der Gesellschaft und Gegenstand des Unternehmens; ggf. Zweigniederlassung
3. Spalte	Höhe des Stammkapitals

935 *OLG Hamm*, Beschl. v. 9.8.1999, GmbHR 1999, 1089, 1090.

936 *OLG Hamm*, Beschl. v. 9.8.1999, GmbHR 1999, 1089, 1090.

937 *Ulbert*, Die GmbH im Handelsregisterverfahren, Seite 1. Das Vertrauen Dritter auf die Richtigkeit der eingetragenen Tatsachen schützt § 15 Abs. 1 HGB; das der Eingetragenen schützt umgekehrt § 15 Abs. 2 HGB.

938 So ist die GmbH nach § 325 HGB die GmbH verpflichtet, ihre Jahresabschlüsse zum Handelsregister einzureichen.

939 *Ulbert*, Die GmbH im Handelsregisterverfahren, Seite 1.

940 *Ulbert*, Die GmbH im Handelsregisterverfahren, Seite 1.

4. Spalte	Mitglieder der Geschäftsführung und Stellvertreter mit Vor- und Zunahmen, Geburtsdatum und Wohnort; ggf. gleiche Angaben bzgl. Liquidatoren
5. Spalte	Soweit Prokura erteilt wurde, alle diesbezüglichen Eintragungen wie Vor- und Zuname, Geburtsdatum und Wohnort
6. Spalte	Art der Gesellschaft, Tag des Abschlusses des Gesellschaftsvertrages, ggf. besondere Bestimmungen des Gesellschaftsvertrages über die Zeitdauer der Gesellschaft, Befugnisse der Geschäftsführer und ggf. der Liquidatoren, Änderungen in den Personen der Geschäftsführer, Satzungsänderungen, insbesondere Änderungen des Stammkapitals etc.
7. Spalte	Tag der Eintragung und Unterschrift des Urkundsbeamten, Eintragung von Verweisungen auf spätere Eintragungen

Zu jedem Registerblatt existieren zwei Aktenbände: Der sog. Sonderband umfaßt alle Schriftstücke, die von Gesetzes wegen einzureichen sind, wie z.B. der Gesellschaftsvertrag der GmbH, § 8 Abs. 1 Nr.1 GmbHG. Der sog. Hauptband enthält alle weiteren Schriftstücke, wie bspw. Verfügungen des Gerichts, Schriftverkehr etc.

B. Die Versicherungen des Geschäftsführers zu seiner Person

Zur Erleichterung der Überprüfung ordnungsgemäßer Anmeldung der Gesellschaft bzw. deren Geschäftsführer wurde im Rahmen der Novelle von 1980 gleichzeitig mit § 9c GmbHG einerseits und § 6 Abs. 2 GmbHG andererseits die Versicherung des Geschäftsführers nach § 8 Abs. 3 GmbHG eingefügt. Danach hat der Geschäftsführer zu versichern, daß keine gesetzlichen Bestellungshindernisse nach § 6 Abs. 2 Satz 3 und 4 GmbHG vorliegen, und daß er über seine unbeschränkte Auskunftspflicht gegenüber dem Registergericht belehrt worden ist. Diese Versicherung soll das Fehlen gesetzlicher Bestellungshindernisse belegen und muß dem Gericht die Überzeugung vermitteln, der Versichernde kenne alle Bestellungshindernisse und habe nach sorgfältiger Prüfung eine wahrheitsgemäße Erklärung abgegeben.[941] Die Versicherung des Geschäftsführers dient zudem der Vereinfachung und Beschleunigung des registergerichtlichen Verfahrens, [942] wobei ihr Wahrheitsgehalt durch die Strafsanktion in § 82 Abs. 1 GmbHG besonders abgesichert ist. Denn würde man vom Registergericht generell verlangen, Auskunft über die zu bestellende Person beim Bundeszentralregister einzuholen, um das Nichtvorliegen der Ausschlußgründe nach § 6 Abs. 2 Satz 3 und 4 GmbHG zu prüfen, würde dies bei der Vielzahl der Geschäftsgründungen und späteren personellen Änderungen der Ge-

---

941 *LG Bremen*, Beschl. v. 19.5.1998, GmbHR 1999, 865.

942 Begründung des RegE zur Änderung des Gesetzes betreffend die Gesellschaften mit beschränkter Haftung und anderer handelsrechtlicher Vorschriften, BT-Drucks. 8/1347 S. 34; *BayObLG*, Beschl. v. 10.12.1981, DNotZ 1982, 181.

schäftsführung[943] zu einem erheblichen Verwaltungsaufwand führen, obwohl die Hindernisse wohl nur in Ausnahmefällen vorliegen würden.[944]

I. Belehrung über unbeschränkte Auskunftspflicht nach BZRG

Bevor der Geschäftsführer die Versicherung abgeben kann, verlangt § 8 Abs. 3 GmbHG eine Belehrung über seine unbeschränkte Auskunftspflicht nach § 51 Abs. 2 des Gesetzes über das Zentralregister und das Erziehungsregister (BZRG).

1. Umfang und Wirkung der Belehrung

Die Belehrung muß über die Wirkungsweise der unbeschränkten Auskunftspflicht informieren. Sie muß den Betroffenen über die im Bundeszentralregister möglicherweise enthaltenen Eintragungen ebenso informieren, wie über die Reichweite seiner Auskunftspflicht und darüber, daß er nur ein sog. eingeschränktes „Verschweigerecht" hat, vgl. § 53 Abs. 2 BZRG. Denn nur so ist sichergestellt, daß das Registergericht die notwendigen Informationen zur Überprüfung der persönlichen Eignung gleichermaßen vom Betroffenen wie im Falle des Auskunftsersuchens beim Bundeszentralregister selbst gemäß § 41 Abs. 1 Nr. 1 BZRG erhält.

Dementsprechend muß der Belehrende den Betroffenen darüber informieren, daß er nach § 3 BZRG in Verbindung mit §§ 4 bis 18 BZRG alle strafgerichtlichen Verurteilungen offenbaren muß, durch die er zu einer Strafe oder Bewährungsstrafe verurteilt oder bei der eine Maßregel der Besserung und Sicherung angeordnet worden ist. Er muß darüber belehrt werden, daß er über Verwarnungen mit Strafvorbehalt nach § 59 StGB genauso wie über die Feststellung der Schuld eines Jugendlichen oder Heranwachsenden nach § 27 JGG Auskunft schuldet. Dazu gehören auch Angaben über Verurteilungen, die nicht in ein Führungszeugnis aufgenommen werden, denn die Belehrung nimmt ihm das Recht, sich insoweit als straffrei zu bezeichnen, § 53 Abs. 2 in Verbindung mit Abs. 1 Nr. 2 BZRG. Der Belehrende muß ferner darüber aufklären, daß das Zentralregister auch vielfältige verwaltungsbehördliche Entscheidungen enthält, vgl. § 10 Abs. 2 BZRG. Insbesondere gehören dazu auch Berufs- und Gewerbeverbote, die wegen Unzuverlässigkeit, Ungeeignetheit oder Unwürdigkeit ausgesprochen wurden, soweit sie nicht in das Gewerbezentralregister eingetragen werden, § 10 Abs. 2 BZRG in Verbindung mit

---

943 Auch bei Geschäftsführerbestellungen nach Gründung der GmbH ist eine entsprechende Versicherung erforderlich, vgl. § 39 Abs. 3 GmbHG.

944 *BayObLG*, Beschl. v. 10.12.1981, DNotZ 1982, 181. Bei Zweifeln über die Richtigkeit der Angaben in der Versicherung bleibt es natürlich bei der Pflicht des Registergerichts, selbst gemäß § 41 Abs. 1 Nr. 1 BZRG Auskunft beim Bundeszentralregister einzuholen.

§ 149 Abs. 2 Nr. 1 GewO. Auch darauf richtet sich die Auskunftspflicht des Betroffenen.[945]

Allerdings muß der Belehrende ihn auch darüber informieren, daß seine Auskunftspflicht nicht die tilgungsreifen Eintragungen betrifft,[946] denn die Belehrung kann das „Verschweigerecht" nicht gänzlich beschneiden.[947] Teilweise wird dagegen eingewandt, daß diese Einschränkung im Falle der Versicherung nach § 8 Abs. 3 GmbHG jedoch im Bezug auf tilgungsreife Verurteilungen wegen einer Insolvenzstraftat keine Geltung habe.[948] Soweit es sich um Verurteilungen handele, die nach § 6 Abs. 2 Satz 3 GmbHG insoweit von Bedeutung seien, als die dort angeordnete fünfjährige Ausschlußfrist noch nicht abgelaufen sei, habe der Betroffene trotz § 53 Abs. 3 BZRG eine diesbezügliche Offenbarungspflicht.[949] Aber unabhängig davon, daß dieser Auffassung bereits der insoweit keine Ausnahmeregelungen vorsehende Wortlaut des § 53 Abs. 2 BZRG entgegengehalten werden kann, kann diese Diskussion schon aufgrund der Verfassungswidrigkeit der Regelung des § 6 Abs. 2 Satz 3 GmbHG dahinstehen,[950] die eine entsprechende Belehrung obsolet werden läßt. Dementsprechend bleibt es dabei, daß die Belehrung die Information enthalten muß, daß der Betroffene hinsichtlich tilgungsreifer Eintragungen ein Schweigerecht hat.

Die Verfassungswidrigkeit des § 6 Abs. 2 Satz 3 GmbHG bringt es schließlich weiterhin mit sich, daß sich auch der Streit, ob die Belehrungspflicht auch die Erklä-

---

[945] Vor Neuordnung des Betreuungsrecht im Jahre 1990 erstreckte sich die Belehrungs- und damit Auskunftspflicht auch Eintragungen, die eine Entmündigung des Betroffenen betrafen. Da nunmehr die Anordnung einer Betreuung keinen Einfluß mehr auf die Geschäftsfähigkeit hat, besteht insoweit kein Eintragungsbedarf mehr (§ 3 Nr. 2 BZRG wurde insoweit aufgehoben). Insoweit kann sich heute die Belehrungspflicht nach § 53 BZRG auch nicht mehr darauf erstrecken, vgl. *Hase*, BZRG, § 3 Rn. 3.

[946] Tilgungsreife tritt entweder aufgrund Fristablaufs (§§ 45 bis 47 BZRG) oder aufgrund einer Anordnung des Generalbundesanwalts (§§ 48, 49 BZRG) ein, vgl. dazu Rebmann/Uhlig, BZRG, § 45 Rn. 3.

[947] Dies ergibt sich aus § 53 Abs. 2 BZRG, der insoweit nicht auf Abs. 1 Nr. 2 verweist. Dadurch enthält der Registerrichter aber nicht weniger Informationen als im Falle eines Auskunftsersuchens, denn auch dieses erstreckt sich wegen § 45 Abs. 2 BZRG nicht auf tilgungsreife Eintragungen.

[948] Baumbach/Hueck-*Hueck/Fastrich*, GmbHG, § 8 Rn. 14; Hachenburg-*Kohlmann*, GmbHG, § 82 Rn. 95; anderer Ansicht wohl MünchHdb GesR III-*Marsch-Barner/Diekmann* § 42 Rn. 11.

[949] Baumbach/Hueck-*Hueck/Fastrich*, GmbHG, § 8 Rn. 14; Hachenburg-*Kohlmann*, GmbHG, § 82 Rn. 95; anderer Ansicht wohl MünchHdb GesR III-*Marsch-Barner/Diekmann* § 42 Rn. 11.

[950] Siehe oben Seite 138 ff.

rung der Ausschlußgründe des § 6 Abs. 2 Satz 3 und 4 GmbHG umfaßt,[951] nur auf die des Satz 4 beziehen kann. Teilweise wird insoweit vorgebracht, daß sich eine entsprechende Belehrungspflicht aus § 17 BeurkG analog und daraus ergebe, daß der Notar den Text der zu beglaubigenden Unterschrift entworfen hat. Unabhängig davon, ob dies für den Notar zutreffend ist, kann aber auf diese Argumentation nicht generell abgestellt werden. Denn dann würde hinsichtlich der Versicherung vor Gericht und der vor dem Notar mit zweierlei Maß gemessen. Gibt der Geschäftsführer die Versicherung gegenüber dem Registergericht ab, so kann sich mangels Anwendbarkeit keine Pflicht aus dem BeurkG ergeben. Es wäre jedoch unbillig, über den Gesetzeswortlaut des § 8 Abs. 3 GmbHG hinaus die Anforderungen an die Wirksamkeit der Versicherung abhängig davon zu gestalten, ob sie vor dem Notar oder vor dem Gericht abgegeben wird. Dementsprechend muß der Umfang der Belehrungspflicht allein aus dem Wortlaut des § 8 Abs. 3 GmbHG herausgelesen werden, der sich hinsichtlich des Belehrungserfordernisses lediglich auf die unbeschränkte Auskunftspflicht nach BZRG, und nicht auf die persönlichen Ausschlußgründe des § 6 Abs. 2 GmbHG bezieht.[952]

2. Form der Belehrung

Obgleich eine Belehrung praktischerweise mündlich und unmittelbar vom Belehrenden gegenüber dem Betroffenen erfolgt, weil so aufkommende Rückfragen sogleich beantwortet werden können und der Belehrende an der Reaktion seines Gegenübers erkennen kann, wenn weiterer Erklärungsbedarf besteht, bestehen dennoch grundsätzlich keine Bedenken, wenn die Belehrung in schriftlicher Form erfolgt.[953] Denn dies schließt Rückfragen ebenfalls nicht aus und bietet darüber hinaus die Möglichkeit des erneuten Nachlesens. Besondere Bedeutung erlangt die Belehrung in Schriftform zudem, wenn sich der zu bestellende Geschäftsführer im Ausland befindet, da die Amtsgewalt des deutschen Notars an den deutschen Staatsgrenzen endet.[954] Diesem Territorialitätsgrundsatz, dem der deutsche Notar unterliegt, kann daher nur dadurch entsprochen werden, daß die Belehrung in

---

951 Ablehnend: *LG Bremen*, Beschl. v. 19.5.1998, GmbHR 1999, 865; bejahend *Brambring*, Anmerkung zu *BayObLG*, Beschl. v. 10.12.1981, DNotZ 1982, 183, 184.

952 *LG Bremen*, Beschl. v. 19.5.1998, GmbHR 1998, 865.

953 *LG Bremen*, Beschl. v. 19.5.1998, GmbHR 1999, 865; Simon, Zur Praxis der Belehrung von GmbH-Geschäftsführern im Ausland, ZIP 1995, 1724; anderer Ansicht *Wolff*, Schriftliche notarielle Belehrung eines im Ausland weilenden Geschäftsführers? GmbHR, 1998, 35, 36; zögerlich *Bundesnotarkammer*, Notarielle Belehrung eines im Ausland weilenden GmbH-Geschäftsführers, DNotZ 1998, 913, 922.

954 *Bundesnotarkammer*, Notarielle Belehrung eines im Ausland weilenden GmbH-Geschäftsführers, DNotZ 1998, 913, 921; *Wolff*, Schriftliche notarielle Belehrung eines im Ausland weilenden Geschäftsführers? GmbHR 1998, 35; *Wolff*, Bestellung und Abberufung von GmbH-Geschäftsführern im Ausland, ZIP 1995, 1489, 1493.

Deutschland verfaßt und dann ins Ausland geschickt wird.[955] Dabei ist der Belehrende frei darin, die Belehrung in deutscher Sprache oder in der Sprache des Betroffenen zu verfassen.[956]

II. Die Belehrenden

Nach § 53 Abs. 2 BZRG obliegt die Belehrung über die unbeschränkte Auskunftspflicht grundsätzlich den Gerichten und Behörden.

1. Notare

Daneben läßt § 8 Abs. 3 Satz 2 GmbHG nach Wahl des Geschäftsführers aber auch die Belehrung durch einen Notar zu. Diese Erweiterung dient der Erleichterung des Verfahrens, da die Anmeldung zur Eintragung in das Handelsregister sowie die zur Aufbewahrung bei Gericht bestimmten Unterschriftszeichnungen in öffentlich beglaubigter Form einzureichen sind, § 12 Abs. 1 HGB. Deshalb müssen sich die Parteien ohnehin eines Notars bedienen.[957] Dementsprechend stellt die notarielle Belehrung in der Praxis die Regel dar.[958] Allerdings ergibt sich allein aus dem Auftrag der Beglaubigung der Registeranmeldung noch nicht die Pflicht des Notars zur Belehrung.[959] Nur dann, wenn er besonders um die Belehrung ersucht wird, ist er zu ihr verpflichtet.[960] Dabei bleibt es dem Geschäftsführer aber unbenommen, sich vom Registergericht belehren zu lassen.[961]

2. Ausländische Notare

Problematisch ist, ob in den Fällen, in denen sich der Geschäftsführer im Ausland aufhält, auch ein ausländischer Notar die Belehrung nach § 8 Abs. 3 Satz 2 GmbHG vornehmen kann. Zwar kommen im Ausland weilende Geschäftsführer in der Praxis häufig zumindest zum Gründungsakt nach Deutschland und geben

---

955 *Bundesnotarkammer*, Notarielle Belehrung eines im Ausland weilenden GmbH-Geschäftsführers, DNotZ 1998, 913, 921.

956 Vgl. *Bundesnotarkammer*, Notarielle Belehrung eines im Ausland weilenden GmbH-Geschäftsführers, DNotZ 1998, 913, 923.

957 Begr. BT-Drucks. 8/1347 Seite 34.

958 MüHdb GesR III-*Heinrich*, § 8 Rn. 13; *Wolff*, Schriftliche notarielle Belehrung eines im Ausland weilenden Geschäftsführers?, GmbHR 1998, 35.

959 Begr. BT-Drucks. 8/1347, Seite 34; *Priester*, Die GmbH-Novelle - Überblick und Schwerpunkte aus notarieller Sicht, DNotZ 1980, 515, 525 f.; Scholz-*Schneider*, GmbHG, § 8 Rn. 26; Lutter/Hommelhoff-*Lutter/Bayer*, GmbHG, § 8 Rn. 14; *Bartovics*, Nochmals: Die Belehrung des im Ausland weilenden Geschäftsführers, GmbHR 1998, 779; Meyer-Landrut/Miller/Niehus-*Meyer-Landrut*, GmbHG, § 8 Rn. 30.

960 Begr. BT-Drucks. 8/1347 Seite 34.

961 Begr. BT-Drucks. 8/1347 Seite 34.

die erforderlichen Erklärungen unmittelbar vor dem beurkundenden deutschen Notar ab, der sodann entsprechend belehren kann.[962] Allerdings erlangt die Konstellation der Belehrung im Ausland bei nachfolgender Bestellung weiterer oder neuer Geschäftsführer oft praktische Relevanz.[963] Insoweit ergibt sich zwar weder aus dem Gesetzeswortlaut noch aus der amtlichen Begründung der Ausschluß ausländischer Notare. Ferner stellt sich die Belehrung nach BZRG grundsätzlich als nicht besonders anspruchsvoll und zeitintensiv dar.[964] Doch beschränkt sich die Belehrung nach § 53 BZRG nicht auf die bloße Feststellung von Lebenstatsachen und Fakten, sondern umfaßt vielfach die Beantwortung individueller Rückfragen, die nur ein im deutschen Recht Bewanderter vornehmen kann.[965] Von ausländischen Notaren kann jedoch weder erwartet werden, daß sie mit dem deutschen Recht, insbesondere mit dem BZRG vertraut sind, noch, daß sie die deutsche Sprache beherrschen. Um generell zu gewährleisten, daß die Belehrung richtig vorgenommen wird, darf die Möglichkeit der Belehrung durch ausländische Notare nicht eröffnet werden.[966] Daher überzeugt es insbesondere auch nicht, letztere jedenfalls dann für zulässig zu erachten, wenn der ausländische dem deutschen Notar in seinen Qualifikationen und Kenntnissen gleichsteht,[967] da ansonsten im jeweiligen Einzelfall eine dem Interesse an einem zügigen Eintragungsverfahren zuwiderlaufende, unter Umständen langwierige Prüfung durch das Registergericht erforderlich wäre.

---

962 *Bartovics*, Nochmals: Die Belehrung des im Ausland weilenden Geschäftsführers, GmbHR 1998, 778. Im Ausland kann der deutsche Notar nicht tätig werden, siehe oben Seite 235, Fn. 954.

963 *Bartovics*, Nochmals: Die Belehrung des im Ausland weilenden Geschäftsführers, GmbHR 1998, 778.

964 *Bundesnotarkammer*, Notarielle Belehrung eines im Ausland weilenden GmbH-Geschäftsführers, DNotZ 1998, 913, 916. Nach *Bartovics*, Nochmals: Die Belehrung des im Ausland weilenden Geschäftsführers, GmbHR 1998, 778, 779 nimmt der noch so sorgfältig und seriös vorgenommene Hinweis auf die unbeschränkte Auskunftspflicht keine fünf Minuten in Anspruch.

965 *LG Ulm*, Beschl. v. 13.11.1987, Rpfleger 1988, 108 f.; MünchHdb GesR III-*Marsch-Barner/Dieckmann*, § 42 Rn. 11.

966 *LG Ulm*, Beschl. v. 13.11.1987, Rpfleger 1988, 108 f.; *Wolff*, Schriftliche notarielle Belehrung eines im Ausland weilenden Geschäftsführers? GmbHR 1998, 35; MünchHdb GesR III-*Heinrich*, § 8 Rn. 13; MünchHdb GesR III-*Marsch-Barner/Diekmann*, § 42 Rn. 11; anderer Ansicht: *LG Nürnberg*, Beschl. v. 16.3.1994, Rpfleger 1994, 360; Rowedder/Schmidt-Leithoff-*Schmidt-Leithoff*, GmbHG, § 8 Rn. 25; *Bartovics*, Die Bestellung eines Ausländers zum Geschäftsführer einer GmbH unter registerrechtlichen Aspekten, GmbHR 1998, 778. Demgegenüber ist allgemein anerkannt, daß ein ausländischer Notar die Beglaubigung einer Unterschrift durchführen kann, vgl. *Wachter*, Amtsniederlegung von GmbH-Geschäftsführern, GmbHR 2001, 1129, 1137.

967 So Meyer-Landrut/Miller/Niehus-*Meyer-Landrut*, GmbHG, § 8 Rn. 31.

3. Konsularbeamte

Schließlich wird darüber diskutiert, ob die Belehrung von deutschen Konsularbeamten vorgenommen werden kann. Teilweise wird eine solche Befugnis der Konsularbeamten aus Sinn und Zweck der Vorschriften der §§ 2 und 10 ff. KonsG einerseits und § 8 Abs. 3 GmbHG andererseits hergeleitet.[968] Dadurch, daß in den §§ 10 ff. KonsG Aufgaben und Befugnissen, die im innerstaatlichen Bereich Notaren zugewiesen sind, auf Konsularbeamte übertragen werden, ergebe sich auch deren Zuständigkeit für die Belehrung über die unbeschränkte Auskunftspflicht nach § 53 Abs. 2 BZRG.[969] Dieser Sichtweise steht jedoch entgegen, daß weder das KonsG noch das GmbHG eine ausdrückliche Rechtsgrundlage für diese Amtspflicht enthalten. Eben eine solche ist aber nach § 2 KonsG zumindest in Form einer Rechts- oder Verwaltungsvorschrift erforderlich. Daneben ist zu beachten, daß der Vorschrift des § 8 Abs. 3 Satz 2 GmbHG Ausnahmecharakter zukommt, was eine Analogie grundsätzlich ausschließt.[970] Insofern kann die Belehrung nach § 8 Abs. 3 GmbHG nicht von Konsularbeamten vorgenommen werden.[971]

III. Inhalt der Versicherung

Nach dem Wortlaut des § 8 Abs. 3 Satz 1 GmbHG besteht die Versicherung des Geschäftsführers aus zwei Komponenten: Zum einen hat er zu versichern, daß keine Umstände vorliegen, die seiner Bestellung nach § 6 Abs. 2 Satz 3 und 4 GmbHG entgegenstehen und zum anderen hat der Geschäftsführer zu versichern, daß er über seine unbeschränkte Auskunftspflicht gegenüber dem Gericht belehrt worden ist.

---

968 Vgl. *Simon*, Zur Praxis der Belehrung von GmbH-Geschäftsführern im Ausland, ZIP 1995, 1724; wohl auch Auffassung des Auswärtigen Amtes (in einem Schreiben vom 23.10.1997), vgl. insoweit *Wolff*, Schriftliche notarielle Belehrung eines im Ausland weilenden Geschäftsführers? GmbHR 1998, 35; auch *Bundesnotarkammer*, Notarielle Belehrung eines im Ausland weilenden GmbH-Geschäftsführers, DNotZ 1998, 913, 915.

969 *Simon*, Zur Praxis der Belehrung von GmbH-Geschäftsführern im Ausland, ZIP 1995, 1724.

970 Nach Auffassung des Auswärtigen Amtes ist eine teleologische Auslegung von § 8 Abs. 3 GmbHG „zumindest vertretbar" (in einem Schreiben vom 23.10.1997), vgl. insoweit *Wolff*, Schriftliche notarielle Belehrung eines im Ausland weilenden Geschäftsführers? GmbHR 1998, 35.

971 Dafür spricht auch, daß die Belehrung „für Konsularbeamte praktisch schwierig sein kann, weil viele von ihnen mit der Materie nur wenig vertraut sind", so das Auswärtige Amt (in einem Schreiben vom 23.10.1997), vgl. insoweit *Wolff*, Schriftliche notarielle Belehrung eines im Ausland weilenden Geschäftsführers? GmbHR 1998, 35.

1. Versicherung bzgl. § 6 Abs. 2 Satz 3 und 4 GmbHG

Hinsichtlich der ersten Komponente der Versicherung, daß keine Umstände vorliegen, die nach § 6 Abs. 2 Satz 3 und 4 GmbHG der Bestellung als Geschäftsführer entgegenstehen, verleitet der Wortlaut der Vorschrift dazu, eine Erklärung über das Nichtvorliegen der angegebenen gesetzlichen Ausschlußgründe etwa wie folgt abzugeben:[972]

> Ich versichere, daß keine Umstände vorliegen, die meiner Bestellung nach § 6 Abs. 2 Satz 3 und 4 GmbHG entgegenstehen und ich über meine unbeschränkte Auskunftspflicht gegenüber dem Gericht belehrt worden bin.

Eine derart pauschale Versicherung wird indes nicht dem Sinn und Zweck der Vorschrift gerecht, da sie zwar die Prüfungspflicht des Registergerichts erleichtern will, nicht aber durch diese Auskunft das Ergebnis der allein dem Registergericht vorbehaltenen Prüfung vorwegnehmen darf.[973] Daher entspricht es herrschender Meinung, daß im Hinblick auf § 6 Abs. 2 Satz 4 GmbHG jeder Ausschlußgrund unter Nennung des Unternehmensgegenstands einzeln aufgeführt und verneint werden muß.[974] Dazu hat der Betroffene konkret sämtliche vorhandenen Berufs- und Gewerbeverbote bekannt zu geben, um dem Registergericht selbst die Beurteilung der Frage zu ermöglichen, ob eines der Verbote ganz oder nur teilweise mit dem Unternehmensgegenstand übereinstimmt.[975] Entsprechend kann wie folgt formuliert werden:

> Ich versichere, daß ich nicht wegen einer Insolvenzstraftat (Bankrott, Verletzung der Buchführungspflicht, Gläubigerbegünstigung, Schuldnerbegünstigung - §§ 28-283d StGB) verurteilt worden bin und daß mir die Ausübung eines Berufs, Berufszweiges, Gewerbes oder Gewerbezweiges weder durch gerichtliches Urteil noch durch vollziehbare Entscheidung einer Verwaltungsbehörde untersagt ist.

---

972 Vgl. *Brambring*, Anmerkung zu *BayObLG*, Beschl. v. 10.12.1981, DNotZ 1982, 183, 184 f. Ebenfalls für eine pauschale Versicherung: *LG Kassel*, Beschl. v. 12.8.1981, Rpfleger 1982, 229; Meyer-Landrut/Miller/Niehus-*Meyer-Landrut*, GmbHG, § 8 Rn. 29; *Balser/Bokelmann/Piorrek*, Die GmbH, Rn. 168.

973 Roth/Altmeppen-*Altmeppen*, GmbHG, § 6 Rn. 9.

974 *BayObLG*, Beschl. v. 10.12.1981, DB 1982, 273; Beschl. v. 30.8.1983, DB 1983, 2408; *OLG Thüringen*, Beschl. v. 6.9.1994, GmbHR 1995, 453; *OLG Düsseldorf*, Beschl. v. 7.10.1996, GmbHR 1997, 71, 72; Scholz-*Schneider*, GmbHG, § 8 Rn. 26; MünchHdb Ges III-*Marsch-Barner/Diekmann*, § 42 Rn. 11.

975 Roth/Altmeppen-*Altmeppen*, GmbHG, § 6 Rn. 9.

Soweit im Hinblick auf die Versicherung bezüglich § 6 Abs. 2 Satz 3 GmbHG vertreten wird, diese müsse alle Vorstrafen korrekt und vollständig nennen,[976] so geht diese Auffassung schon deswegen fehl, weil nach § 6 Abs. 2 Satz 3 GmbHG nur Verurteilungen wegen Insolvenzstraftaten Einfluß auf die Eignung als Geschäftsführer haben. Eine Notwendigkeit, vom Betroffenen die Offenbarung von Verurteilungen im übrigen zu verlangen, ist nicht ersichtlich. Aber unabhängig davon, darf bei der Suche nach dem Inhalt der Versicherung nach § 8 Abs. 3 GmbHG nicht vergessen werden, daß der Ausschlußgrund des § 6 Abs. 2 Satz 3 GmbHG nach der hier vertretenen Ansicht verfassungswidrig ist,[977] und eine entsprechende Versicherung insoweit ohnehin obsolet ist.

2. Versicherung über Belehrung

Im Hinblick darauf, daß der Geschäftsführer die Gründe, die zu einem Ausschluß nach § 6 Abs. 2 Satz 3 und 4 GmbHG führen, nur dann uneingeschränkt offenbaren muß, wenn er darüber besonders belehrt worden ist,[978] vgl. § 53 Abs. 2 BZRG, ist auch die entsprechende Belehrung zu versichern. Insoweit kann die Versicherung entsprechend wie folgt formuliert werden:

> Ich versichere, daß ich über meine unbeschränkte Auskunftspflicht gegen über dem Registergericht vor Unterzeichnung der Anmeldung meiner Bestellung zum Geschäftsführer zum Handelsregister durch ____________ belehrt worden bin.

3. Weitere Versicherungen hinsichtlich seiner Person?

Fraglich ist, ob der Geschäftsführer über den Wortlaut des § 8 Abs. 3 GmbHG hinaus zu weiteren Versicherungen hinsichtlich seiner Person verpflichtet ist. Anerkannt ist insoweit lediglich, daß eine Versicherung über das Vorliegen der Voraussetzungen des § 6 Abs. 1 Satz 1 GmbHG nicht erforderlich ist.[979] Daneben kann auch keine Versicherung bezüglich individualvertraglich statuierter Ausschlußgründe verlangt werden.[980] Üblicherweise geben die Geschäftsführer aber ihr Geburts-

---

976 *Bundesnotarkammer*, Notarielle Belehrung eines im Ausland weilenden GmbH-Geschäftsführers, DNotZ, 1998, 913, 917.

977 Siehe oben Seite 138 ff.

978 Nicht entscheidend, weil nicht nachweisbar, ist die Kenntnis, also der Erfolg der Belehrung, vgl. *Bundesnotarkammer*, Notarielle Belehrung eines im Ausland weilenden GmbH-Geschäftsführers, DNotZ 1998, 913, 918.

979 *Deutler*, „Betreute" als Geschäftsführer - Versicherungen bei der Anmeldung, GmbHR 1992, 252, 253; Lutter/Hommelhoff-*Lutter/Bayer*, GmbHG, § 8 Rn. 14; Meyer-Landrut/Miller/Niehus-*Meyer-Landrut*, GmbHG, § 8 Rn. 28.

980 Meyer-Landrut/Miller/Niehus-*Meyer-Landrut*, GmbHG, § 8 Rn. 28.

datum an,[981] da es zum einen für die Eintragung im Handelsregister nach §§ 43, 40 HRV erforderlich ist[982] und da es dem Registergericht zum anderen zur Überprüfung der Geschäftsfähigkeit des Geschäftsführers dient.[983]

Teilweise wird im Schrifttum zwar die Auffassung vertreten, daß darüber hinaus aber die Versicherung des Geschäftsführers erforderlich ist, daß er kein Betreuter ist, der bei der Besorgung seiner Vermögensangelegenheiten ganz oder teilweise einem Einwilligungsvorbehalt nach § 6 Abs. 2 Satz 2 GmbHG unterliegt.[984] Doch solange keine entsprechende gesetzliche Verpflichtung existiert,[985] ist diese Auffassung unabhängig davon, daß eine solche Erweiterung der Versicherung die Prüfungspflicht des Registergerichts erleichtern würde,[986] nicht haltbar.[987] Dem kann insbesondere auch nicht entgegengehalten werden, daß sich die Versicherungspflicht aus einer Analogie zu den §§ 8 Abs. 3 und 39 GmbHG ergebe, da es bereits an der dafür erforderlichen ungewollten Gesetzeslücke fehlt. Die Vorschrift des § 8 Abs. 3 GmbHG wurde nämlich zum einen zum gleichen Zeitpunkt mit Einfügung des § 6 Abs. 2 Satz 2 GmbHG im Wortlaut angepaßt, aber gerade nicht erweitert. Zum anderen fehlt es aber auch dadurch an der erforderlichen Lücke, daß § 8 Abs. 3 GmbHG auch keine Versicherung hinsichtlich des Vorliegens der Eignungsvoraussetzungen des § 6 Abs. 2 Satz 1 GmbHG enthält.[988] Entscheidend spricht gegen eine entsprechende Pflicht zur Versicherung des Nichtvorliegens des Ausschlußgrundes aus § 6 Abs. 2 Satz 2 GmbHG zudem, daß einer solchen Versicherung ohne ausdrückliche gesetzliche Anordnung auch keine besondere Bedeutung zukommen würde, da die strafrechtliche Sanktion des § 82 Abs. 1 Nr. 5 GmbHG sich aufgrund des Analogieverbots nicht auf eine solche erstrecken könnte. Dementsprechend bleibt es bei der Feststellung, daß der Geschäftsführer nur zur Versicherung über das Nichtvorliegen der Ausschlußgründe aus § 6 Abs. 2 Satz 3 und 4 GmbHG verpflichtet ist.

---

981 Meyer-Landrut/Miller/Niehus-*Meyer-Landrut*, GmbHG, § 8 Rn. 28.

982 Sie dazu schon oben Seite 232.

983 § 6 Abs. 2 Satz 1, 2. Hs. GmbHG, siehe dazu oben Seite 60.

984 *Cypionika*, Die Auswirkungen des Betreuungsrechts auf die Praxis des Notars, DNotZ 1991, 571, 589; *Centrale für GmbH*, „Betreuter" kann nicht GmbH-Geschäftsführer sein, GmbHR 1992, R 2.

985 §§ 8 Abs. 3 und 39 Abs. 3 GmbHG beziehen sich ausdrücklich und allein auf § 6 Abs. 2 Satz 3 und 4 GmbHG.

986 Ohne Versicherung ist der Registerrichter bei Zweifeln hinsichtlich einer möglichen Betreuung von Amts wegen (§ 12 FGG) zu ermitteln.

987 Lutter/Hommelhoff-*Lutter/Bayer*, GmbHG, § 8 Rn. 14; *Deutler*, „Betreute" als Geschäftsführer - Versicherungen bei der Anmeldung, GmbHR 1992, 252, 253.

988 *Deutler*, „Betreute" als Geschäftsführer -Versicherungen bei der Anmeldung, GmbHR 1992, 252, 253.

IV. Höchstpersönlichkeit der Abgabe der Versicherung

In Rechtsprechung und Literatur besteht Einigkeit, daß bei der Versicherung nach § 8 Abs. 3 GmbHG eine rechtsgeschäftliche Stellvertretung unzulässig ist, da es sich um eine strafrechtlich sanktionierte Selbstauskunft handelt.[989] Jeder Geschäftsführer hat die Versicherung einzeln und nur für seine Person abzugeben.[990] Dies gilt auch für stellvertretende Geschäftsführer.[991] Nicht erforderlich ist es aber, daß die formgerecht und persönlich abgegebene Erklärung auch höchstpersönlich beim Registergericht zur Anmeldung eingereicht werden muß. Diese Handlung kann vielmehr auch durch Boten oder durch die Post erfolgen.[992]

V. Form der Versicherung

Die Versicherung nach § 8 Abs. 3 GmbHG bedarf der Schriftform und kann sowohl in der Anmeldung der Gesellschaft enthalten sein,[993] als auch in einer eigenen öffentlich beglaubigten Urkunde.[994] Nach § 8 FGG in Verbindung mit § 184 GVG ist diese in deutscher Sprache abzufassen,[995] das Wort „Versicherung" muß dabei allerdings nicht enthalten sein.[996]

---

989 *BayObLG*, Beschl. v. 12.6.1986, NJW 1987, 136 f.; Baumbach/Hueck-*Hueck/Fastrich*, GmbHG, § 7 Rn. 3; Baumbach/Hueck-*Hueck/Fastrich*, GmbHG, § 8 Rn. 11; Scholz-*Winter*, GmbHG, § 7 Rn. 10; Roth/Altmeppen-*Altmeppen*, GmbHG, § 7 Rn. 5; *Gustavus*, Die Vollmacht zu Handelsregisteranmeldungen bei Personengesellschaften und Gesellschaften mit beschränkter Haftung, GmbHR 1978, 219, 224 f.; MünchHdb GesR III-*Heinrich*, § 8 Rn. 4.

990 Scholz-*Schneider*, GmbHG, § 8 Rn. 26; Baumbach/Hueck-*Hueck/Fastrich*, GmbHG, § 8 Rn. 11.

991 Baumbach/Hueck-*Hueck/Fastrich*, GmbHG, § 8 Rn. 11und § 7 Rn. 2.

992 *OLG Köln*, Beschl. v. 1.10.1986, DB 1986, 2376; *BayObLG*, Beschl. v. 12.6.1986, NJW 1987, 136 f.; Baumbach/Hueck-*Hueck/Fastrich*, GmbHG, § 7 Rn. 3; jetzt auch Roth/Altmeppen-*Roth*, GmbHG, § 7 Rn. 5 und 9 f.

993 Die Anmeldung der GmbH muß öffentlich beglaubigt sein, § 12 HGB, d. h. die Unterschrift des Erklärenden ist notariell zu beglaubigen (§ 129 Abs. 1 BGB; siehe auch § 40 BeurkG).

994 Es gilt die Form des § 12 Abs. 1 HGB, vgl. Roth/Altmeppen-*Roth*, GmbHG, § 8 Rn. 17; Baumbach/Hueck-*Hueck/Fastrich*, GmbHG, § 8 Rn. 11; MünchHdb GesR III-*Marsch-Barner/Diekmann*, § 42 Rn. 11.

995 Bei fremdsprachlichen Erklärungen soll das Gericht den Einreichenden auffordern, eine Übersetzung einzureichen, vgl. Keidel/Kuntze/Winkler-*Zimmermann*, FG, § 9 Rn. 5. Dabei gibt es eine Ausnahme: Nach traditionellem Recht der Sorben, bei den Gerichten in ihrem (zweisprachigen) Heimatgebiet (Bezirke Cottbus und Dresden) dürfen schriftliche Erklärungen auch in sorbischer Sprache abgegeben werden, vgl. Keidel/Kuntze/Winkler-*Zimmermann*, FG, § 9 Rn. 3.

996 Baumbach/Hueck-*Hueck/Fastrich*, GmbHG, § 8 Rn. 11; *Bundesnotarkammer*, Notarielle Belehrung eines im Ausland weilenden GmbH-Geschäftsführers, DNotZ 1998, 913, 917 f.

C. Die Prüfungsbefugnis des Registergerichts

Liegt dem Gericht nach erfolgreicher Belehrung die Versicherung des Geschäftsführer vor, so stellt sich nunmehr die Frage, inwieweit das Gericht diese zu prüfen hat, bevor es die Eintragung des Geschäftsführers bzw. bei Gründung der Gesellschaft sogar die Eintragung derselben insgesamt veranlaßt.

I. Eingeschränkte Prüfungskompetenz

Welche Überprüfungsrechte und -pflichten das Registergericht bei der Anmeldung und Eintragung einer GmbH bzw. deren Geschäftsführer hat, ist im einzelnen umstritten. Anerkannt ist lediglich, daß das Gericht bezüglich der formellen Voraussetzungen der Eintragung ein uneingeschränktes Prüfungsrecht hat.[997] Darunter fallen bspw. die Prüfung seiner Zuständigkeit,[998] die Form der Anmeldung und die Vollständigkeit und Echtheit vorgelegter Urkunden.[999]

Problematisch ist aber, in welchem Umfang das Gericht die materielle Richtigkeit der angemeldeten Tatsachen prüfen darf. Teilweise wird zwar vertreten, daß dem Gericht insoweit eine umfassende Prüfungsbefugnis zusteht,[1000] die sich bspw. generell auch auf das ordnungsgemäße Zustandekommen des der Bestellung zugrunde liegenden Bestellungsbeschlusses und insbesondere auch darauf bezieht, ob die beschlußfassenden Personen auch dem Bestellungsorgan angehören.[1001] Doch läuft diese Auffassung einem dem Willen des Gesetzgebers entsprechenden vereinfachten und beschleunigten Eintragungsverfahren[1002] zuwider, da ein umfassendes materielles Prüfungsrecht in Streitfällen ggf. ein jahrelanges Eintragungsverfahren nach sich ziehen kann.[1003] Zwar kann es auch nicht Aufgabe des Registergerichts sein, „sehenden Auges" die Eintragung unrichtiger oder tatsächlich nicht bestehender Rechtsverhältnisse in Kauf zu nehmen,[1004] doch genügt es insoweit unter Ab-

---

997 *Ulbert*, Die GmbH im Handelsregisterverfahren, Seite 11.

998 Sachlich und örtlich zuständig für die Anmeldung zum Handelsregister ist nach § 7 Abs. 1 GmbHG in Verbindung mit § 8 HGB, § 125 Abs. 1 FGG das Amtsgericht des Gesellschaftssitzes als Registergericht.

999 *Ulbert*, Die GmbH im Handelsregisterverfahren, Seite 11; *Wachter*, Amtsniederlegung von GmbH-Geschäftsführern, GmbHR 2001, 1129, 1138; *Winkler*, Formvorschriften und Rechtssicherheit im Handelsregister, FS Wiedemann, Seite 1374.

1000 *OLG Köln*, Beschl. v. 4.5.1988, GmbHR 1989, 125; Beschl. v. 4.10.1989, GmbHR 1990, 82; *Hintzen*, Rechtsprechungsübersicht im Handels- und Registerrecht seit 2000, Rpfleger 2003, 337, 343 f.

1001 *OLG Hamm*, Beschl. v. 10.7.2001, GmbHR 2001, 920, 921.

1002 Begr. des RegE, zum HRefG vom 22.6.1998, BR-Drucks. 340/97, 77 f., abgedruckt auch in ZIP 1997, 997, 998 f.

1003 Roth/Altmeppen-*Altmeppen*, GmbHG, § 39 Rn. 14.

1004 *OLG Hamm*, Beschl. v. 10.7.2001, GmbHR 2001, 920, 921.

wägung der Interessen der Gesellschaft an einer schnellen Eintragung einerseits und dem Vertrauensinteresse des Rechtsverkehrs an der Richtigkeit der handelsregisterlichen Eintragungen andererseits, die materielle Prüfungskompetenz des Registergerichts auf die Fälle zu beschränken, in denen es begründete Zweifel an der Richtigkeit der angemeldeten Tatsachen hat.[1005] Dem steht auch nicht der im handelsregisterrichtlichen Verfahren geltende Amtsermittlungsgrundsatz aus § 12 FGG entgegen, da diese Vorschrift bzgl. der prüfungspflichtigen Merkmale keine Angaben enthält.[1006] Für eine umfassende Rechtmäßigkeitskontrolle fehlt dem Registergericht insoweit die Ermächtigungsgrundlage.[1007] Dementsprechend hat das Registergericht zwar in formeller Hinsicht eine vollumfängliche Prüfungskompetenz; in materieller Hinsicht gilt dies nur dann, wenn begründete Zweifel an der Richtigkeit der angemeldeten Tatsachen bestehen.

II. Überprüfung der Versicherung nach § 8 Abs. 3 GmbHG

Im Hinblick auf die Ausschlußgründe des § 6 Abs. 2 Satz 3 und 4 GmbHG bedeutet dies, daß der Registerrichter zunächst allein die diesbezügliche Versicherung nach § 8 Abs. 3 GmbHG auf Vollständigkeit und Widerspruchsfreiheit zu prüfen hat. Gegebenenfalls kann er auch klarstellende Ergänzungen[1008] oder Nachweise[1009] vom Geschäftsführer verlangen. Bleiben dann dennoch Zweifel an der Richtigkeit und Vollständigkeit der Versicherung, so ist das Gericht nunmehr durch seine Sachaufklärungspflicht aus § 12 FGG verpflichtet, die zur Prüfung der Ausschlußgründe notwendigen Tatsachen zu ermitteln.[1010] Dazu gehört dann insbesondere die Einholung von Auskunft über die Person aus dem Bundeszentralregister nach § 41 Abs. 1 Nr. 1 BZRG.[1011] Bleiben dem Registergericht darüber hinaus Zweifel darüber, ob ein sich daraus ergebendes Gewerbe- oder Berufsverbot des Geschäftsführers mit dem Unternehmensgegenstand der GmbH kollidiert, so kann der Registerrichter auch Einsicht in die jeweilige gerichtliche oder verwaltungsbehördliche

---

1005 *Wachter*, Amtsniederlegung von GmbH-Geschäftsführern, GmbHR 2001, 1129, 1138; *Winkler*, Formvorschriften und Rechtssicherheit im Handelsregister, FS Wiedemann, Seite 1374; Roth/Altmeppen-*Altmeppen*, GmbHG, § 39 Rn. 14; wohl auch Scholz-*Winter*, GmbHG, § 9c Rn. 13; *Melchior*, Ausländer als GmbH-Geschäftsführer, DB 1997, 413, 415.

1006 Scholz-*Winter*, GmbHG, § 9c Rn. 4.

1007 *Wachter*, Amtsniederlegung von GmbH-Geschäftsführern, GmbHR 2001, 1129, 1138; *Winkler*, Formvorschriften und Rechtssicherheit im Handelsregister, FS Wiedemann, Seite 1374.

1008 Vgl. dazu *BayObLG*, Beschl. v. 10.12.1981, BB 1982, 200.

1009 Vgl. dazu *BayObLG*, Beschl. v. 14.10.1993, DB 1993, 2524; *OLG Düsseldorf*, Beschl. v. 31.7.1996, ZIP 1996, 1705 f.; Baumbach/Hueck-*Hueck/Fastrich*, GmbHG, § 8 Rn. 11.

1010 Amtl. Begründung RegE1977 abgedruckt in BT-Drucks. 8/1347, Seite 34; *BayObLG*, Beschl. v. 10.12.1981, DB 1982, 273; MünchHdb GesR III-*Marsch-Barner/Diekmann*, § 42 Rn. 11.

1011 *BayObLG*, Beschl. v. 10.12.1981, BB 1982, 200.

Akte nehmen, die der Verhängung des Verbots zugrunde lag. Die Entscheidung, ob sich dieses Verbot mit dem Unternehmensgegenstand deckt, obliegt dann allein[1012] dem Registergericht, die dann ggf. zur Nichteintragung als Geschäftsführer führt.

III. Überprüfung der Eignung im übrigen

Im Hinblick auf die Eignung des Geschäftsführers beschränkt sich die Prüfung des Registergerichts aber nicht allein auf die Versicherung des Geschäftsführers nach § 8 Abs. 3 GmbHG, da diese nur einen Teilaspekt seiner Eignung betrifft. Vielmehr stellt sich die Frage des Prüfungsumfangs insbesondere auch im Zusammenhang mit den übrigen gesellschaftsrechtlichen Eignungsvoraussetzungen in § 6 Abs. 2 GmbHG bzw. den gewerbe- und berufsrechtlichen Eignungsvoraussetzungen.

1. Weitere Eignungsvoraussetzungen des § 6 Abs. 2 GmbHG

Die Voraussetzung, daß es sich bei der als Geschäftsführer zu bestellenden Person um eine natürliche Person handeln muß, vgl. § 6 Abs. 2 Satz 1, 1. Hs. GmbHG ist dabei allerdings grundsätzlich ebenso schnell wie die Forderung nach unbeschränkter Geschäftsfähigkeit aus § 6 Abs. 2 Satz 1, 2. Hs. GmbHG formell dadurch überprüft, daß sie sich schon aus den für die Anmeldung erforderlichen Angaben des Namens, des Geburtsdatums und der öffentlich beglaubigten Unterschrift ergeben. Zweifel im Hinblick auf die Voraussetzungen des § 6 Abs. 2 Satz 1 GmbHG können sich dann lediglich nur noch insoweit ergeben, als daß das Verhalten des Geschäftsführers beim Registergericht den Eindruck erweckt, daß er trotz Volljährigkeit nicht nur vorübergehend geschäftsunfähig ist. In diesen in der Praxis wohl höchst seltenen Fällen ist der Registerrichter im Rahmen seiner nunmehr eröffneten materiellen Prüfungskompetenz befugt, bspw. ein entsprechendes Sachverständigengutachten einzuholen.

Die formelle Überprüfung des Nichtvorliegens des Ausschlußgrundes des § 6 Abs. 2 Satz 2 GmbHG ist demgegenüber oft nur schwer möglich, da die für die Eintragung des Geschäftsführers einzureichenden Unterlagen grundsätzlich keine Angaben zu dieser Frage enthalten.[1013] Dementsprechend erfolgt die Eintragung der Bestellung des Geschäftsführers generell ohne eine Prüfung, ob er der Betreuung unterliegt. Etwas anderes gilt aufgrund der eingeschränkten materiellen Prüfungskompetenz des Registergerichts nur dann, wenn beim Registergericht während des Eintragungsverfahrens aufgrund darauf hindeutender Angaben in den Unterlagen

---

[1012] Diese Prüfung kann weder der Geschäftsführer noch der belehrende Notar vornehmen, *BayObLG*, Beschl. v. 10.12.1981, BB 1982, 200.

[1013] Insbesondere bezieht sich die Versicherungspflicht aus § 8 Abs. 3 GmbHG nicht auf diesen Punkt, vgl. oben Seite 241.

oder aufgrund des Verhaltens des Geschäftsführers diesbezügliche Zweifel aufkommen. In diesem Fall ist der Registerrichter von Amts wegen verpflichtet, entsprechende Informationen über den Geschäftsführer einzuholen. Dabei ist dies nicht einfach durch Einsichtnahme in das Bundeszentralregister zu erledigen. Denn anders als im früheren Recht der Entmündigung entspricht es dem Verständnis eines gesteigerten verfassungsrechtlichen Persönlichkeitsschutzes, keine Eintragung mehr im Bundeszentralregister vorzunehmen[1014] und die Betreuung nur in besonderen gesetzlich geregelten Fällen offenzulegen. Daher ist der Registerrichter angehalten, bei Zweifeln über das Vorliegen einer Betreuung unter Einwilligungsvorbehalt, das zuständige Vormundschaftsgericht um entsprechende Auskunft und Akteneinsicht, vgl. § 34 Abs. 1 FGG, zu ersuchen.

2. Statutarische Eignungsvoraussetzungen

Da nicht nur eine gegen die gesetzlichen Eignungsvorgaben des § 6 Abs. 2 GmbHG verstoßende Bestellung nichtig ist, sondern auch diejenige, die gegen statutarische Eignungsvorgaben verstößt,[1015] ist fraglich, ob und inwieweit sich die Prüfungskompetenz des Registergerichts auch auf das Vorliegen dieser Eignungsvoraussetzungen erstreckt. Da das GmbHG auch hier keine besondere Versicherungspflicht bezüglich des Vorliegens bzw. Nichtvorliegens statutarischer Eignungsvorgaben und Ausschlußgründe vorsieht, beschränkt sich die Prüfung des Registergerichts insoweit zunächst formell auf die Stimmigkeit der eingereichten Unterlagen. Dazu gehören nach § 8 Abs. 1 Nr. 1 und Nr. 2 GmbHG sowohl die Satzung der GmbH als auch die Legitimation der Geschäftsführer, soweit diese nicht schon im Gesellschaftsvertrag bestellt sind.[1016] Dabei werden sich aus diesen Unterlagen zwar die gegebenenfalls vorhandenen statutarischen Eignungsvoraussetzungen ergeben, selten wird sich aber ein ausdrücklicher Hinweis darauf finden, daß diese Vorgaben beim betreffenden Geschäftsführer auch eingehalten sind. Wenn sich demgemäß aus den eingereichten Unterlagen keine widersprüchlichen Angaben ergeben, die Zweifel an der Erfüllung der statutarischen Eignung aufkommen lassen, ist das Registergericht ohne weitere Prüfung zur Eintragung verpflichtet. Solche Zweifel des Registergerichts bezüglich des Nichtvorliegens statutarischer Eignungsvorgaben können sich aber insbesondere bspw. aus einem Vergleich des statutarisch vorgegebenen Mindestalters mit dem Geburtsdatum des Geschäftsführers[1017] oder auch daraus ergeben, daß der Bestellungsbeschluß angefochten worden ist[1018]

1014 Da der Betreute seine Geschäftsfähigkeit nicht mehr verliert, ist eines solche Eintragung obsolet geworden, vgl. oben Fn. 945 und *Hase*, BZRG, § 3 Rn. 3.

1015 Vgl. oben Seite 213 ff.

1016 Wird der Geschäftsführer nach Gründung der GmbH bestellt, so ordnet § 39 Abs. 2 GmbHG die Vorlage der Legitimationsurkunde an.

1017 Die Angabe des Geburtsdatums ist für die Eintragung in Spalte 4 des Handelsregisters er-

3. Berufs- und gewerberechtliche Eignungsvoraussetzungen

Darüber hinaus stellt sich die Frage, ob und inwieweit auch die gewerbe- bzw. berufsrechtliche Eignung des Geschäftsführers ebenfalls Gegenstand der registergerichtlichen Überprüfung ist. Da sich aus § 7 HGB der Grundsatz ergibt, daß öffentlich-rechtliche Genehmigungen grundsätzlich nicht Gegenstand des handelsregisterlichen Verfahrens sind und § 9c Abs. 1 GmbHG insoweit die Prüfungskompetenz im Falle der Eintragung einer GmbH lediglich auf das Vorliegen staatlicher Genehmigungen im Hinblick auf den Unternehmensgegenstand nach § 8 Abs. 1 Nr. 6 GmbHG beschränkt, fehlt dem Registergericht die Prüfungskompetenz hinsichtlich öffentlich-rechtlicher Eignungsanforderungen des GmbH-Geschäftsführers. Denn § 8 Abs. 1 Nr. 6 GmbHG findet zwar auf den Unternehmensgegenstand der Gesellschaft, nicht aber auf die Organpersonen Anwendung. Dementsprechend hat das Registergericht allein bei erlaubnisbedürftigen Gewerbe- und Berufsarten das Vorliegen einer solchen Genehmigung zu prüfen. Daß diese ihrerseits von der persönlichen gewerbe- bzw. berufsrechtlichen Eignung des Geschäftsführers abhängig ist, unterliegt nicht seiner Prüfungskompetenz. Denn das Registergericht ist in jedem Falle an die Entscheidung der Genehmigungsbehörde gebunden.[1019] Dies gilt nicht nur, weil diese öffentlich-rechtlichen Fragestellungen es sachlich überfordern.[1020] Vielmehr würde das Registergericht andernfalls in einem fremden Rechtsweg tätig, der Zivilrichter würde unzulässigerweise in die Zuständigkeit staatlicher Genehmigungsbehörden und der mit ihrer Kontrolle betrauten Verwaltungsgerichte tätig.[1021] Dementsprechend unterliegt die gewerbe- und berufsrechtliche Eignung des GmbH-Geschäftsführers nicht der Überprüfung des Registergerichts.

4. Ausländerrechtliche Erfordernisse

Wie bereits oben angedeutet,[1022] wird der Streit um die Erfordernisse ausländerrechtlicher Genehmigungen als Voraussetzung für die Wirksamkeit der Bestellung ausländischer Geschäftsführer bisweilen auch unter dem Gesichtspunkt diskutiert, ob und inwieweit das Registergericht das Vorliegen dieser Genehmigungen zu prü-

---

forderlich, vgl. oben Seite 232.

1018 So Scholz-*Winter*, GmbHG, § 9c Rn. 24. Dabei ist allerdings zu berücksichtigen, daß es bei einem satzungswidrigen Bestellungsbeschluß nicht erst der Anfechtung bedarf, da die Bestellung nichtig ist, siehe oben Seite 213 ff.

1019 *BGH*, Beschl. v. 9.11.1987, BGHZ 102, 209, 216 f.; *BayObLG*, Beschl. v. 7.6.2000, GmbHR 2000, 872, 873; Lutter/Hommelhoff-*Lutter/Bayer*, GmbHG, § 8 Rn. 7; Baumbach/Hueck-*Hueck/Fastrich*, GmbHG, § 8 Rn. 9; Hachenburg-*Ulmer*, GmbHG, § 8 Rn. 13; Scholz-*Winter*, GmbHG, § 8 Rn. 30.

1020 So ausdrücklich *BGH*, Beschl. v. 9.11.1987, BGHZ 102, 209, 216.

1021 *BGH*, Beschl. v. 8.11.1987, BGHZ 102, 209, 217.

1022 Siehe oben Seite 88, dort unter Fn. 338.

fen hat. Nach der hier vertretenen Ansicht, besteht schon insoweit kein Prüfungsbedarf des Registergerichts, als die Bestellung ohne Ansehung der Staatsangehörigkeit bei Tätigkeit im Inland weder von ausländerrechtlichen Erlaubnissen noch bei Tätigkeit vom Ausland aus von der Möglichkeit jederzeitiger Einreise in das Bundesgebiet abhängig ist.[1023]

Dem kann auch nicht entgegengehalten werden, daß das Registergericht ggf. „sehenden Auges" rechtswidrigem Verhalten Vorschub leistet.[1024] Denn der Prüfungsumfang des Registergerichts ist in materieller Hinsicht auf begründete Zweifel hinsichtlich der angemeldeten Tatsachen beschränkt.[1025] Ausländerrechtliche Genehmigungen bzw. der Nachweis jederzeitiger Einreisemöglichkeit ins Inland sind jedoch keine anmeldepflichtigen Tatsachen, auf die sich diese Prüfung erstrecken kann, da das GmbHG die Wirksamkeit der Bestellung nicht vom Vorliegen der ausländerrechtlichen Genehmigungen oder lediglich von der Möglichkeit jederzeitiger Einreise ins Inland abhängig macht. Insofern fehlt dem Registergericht eine Rechtsgrundlage für die Überprüfung dieser öffentlich-rechtlichen Tatbestände.[1026] Es gilt der allgemeine, aus § 7 HGB herauszulesende Grundsatz, daß öffentlich-rechtliche Vorschriften für das Gesellschaftsrecht ohne Bedeutung sind.[1027] Die Vorlage staatlicher Genehmigungen ist dem Registergericht lediglich im Hinblick auf einen genehmigungsbedürftigen Unternehmensgegenstand möglich, vgl. § 8 Abs. 1 Nr. 6 GmbHG; eine entsprechende Vorschrift für Organmitglieder fehlt jedoch. Insoweit ist es grundsätzlich zutreffend, wenn behauptet wird, das Registergericht sei nicht „allgemeines Hilfsorgan der Ausländerpolizei", denn es fehlt insoweit an einer Rechtsgrundlage für die Prüfungskompetenz.[1028]

Etwas anderes ergibt sich nur in den Fällen, in denen der Registerrichter begründete Zweifel dahingehend hat, daß die Bestellung des Ausländers als GmbH-Geschäftsführers und damit wohl in den meisten Fällen auch die gesamte Gründung der GmbH alleine dem Zweck dient, ausländerrechtliche Genehmigungserfordernisse zu umgehen. In diesen Fällen kann sich aus § 138 BGB die Nichtigkeit

---

1023 Siehe oben Seite 94 ff. und Seite 108 ff.

1024 So aber *LG Köln*, Beschl. v. 16.3.1981, GmbHR 1983, 48; *LG Köln*, Beschl. v. 7.10.1983, GmbHR 1984, 157; *OLG Köln*, Beschl. v. 30.9.1998, DB 1999, 38, 39; *OLG Köln*, Beschl. v. 26.10.1998, NJW-RR 1999, 1637, 1638; *Haase*, Anmerkung zu OLG Hamm, Beschl. v. 9.8.1999, GmbHR 1999, 1091, 1092.

1025 Siehe oben Seite 244.

1026 MüHdb GesR III-*Marsch-Barner/Diekmann*, § 42 Rn. 2.

1027 *Wachter*, Anmerkung zu OLG Zweibrücken, Beschl. v. 13.3.2001, RIW 2001, 784, 787.

1028 *Miller*, Eintragung ausländischer GmbH-Geschäftsführer und Gründung einer GmbH durch Ausländer, DB 1983, 977,978; *Teichmann*, Die Bestellung eines Ausländers zum Geschäftsführer einer deutschen GmbH, IPRax 2000, 110, 111; Hachenburg-*Ulmer*, GmbHG, § 6 Rn. 10.

der Bestellung als Geschäftsführer und die Nichtigkeit des gesamten Gesellschaftsvertrags ergeben.[1029] Die registergerichtliche Prüfungskompetenz ergibt sich dann insoweit aus § 9c GmbHG, der sich auch auf die Prüfung eines zulässigen Unternehmensgegenstands bezieht.

D. Zusammenfassung

Entsprechend dem Streben des Gesetzgebers nach einem vereinfachten und beschleunigten Eintragungsverfahren ist die handelsregistergerichtliche Prüfung der Eignung des Geschäftsführers allein auf die in § 6 Abs. 2 GmbHG genannten Eignungsvoraussetzungen und Ausschlußgründe beschränkt. Dabei erleichtern die Versicherungen nach § 8 Abs. 3 GmbHG die Überprüfung der verhaltensbezogenen Ausschlußgründe, deren Ermittlung andernfalls großen Zeitaufwand erfordern würde. Mangels anderweitiger Rechtswegzuständigkeit hat das Registergericht darüber hinaus keine gewerbe- und berufsrechtlichen Eignungsvoraussetzungen des GmbH-Geschäftsführers zu überprüfen. Das gleiche gilt grundsätzlich auch für ausländerrechtliche Genehmigungstatbestände, denn zu Recht existiert keine gesetzliche Grundlage, nach der ausländerbehördlichen Verboten Bedeutung auch im Gesellschaftsrecht zukommt.

1029 Siehe dazu oben 104 f.

Schlußbetrachtung

1. Das Zitat *Molières*[1030] hat auch für die gesellschaftsrechtlichen Eignungsvoraussetzungen und Ausschlußgründe, die den Geschäftsführer einer GmbH betreffen, seine Gültigkeit. Nur solche „schlechten" Eigenschaften, die seine Geeignetheit im Hinblick auf seine Position und die Erfüllung seiner Rechte und Pflichten erheblich gefährden, ziehen einen gesetzlichen Amtsausschluß nach sich. Dies ist augenscheinlich für die verhaltensbezogenen Ausschlußgründe in § 6 Abs. 2 Satz 3 und 4 GmbHG. Beide Ausschlußtatbestände zielen auf das Verhalten des Geschäftsführers in der Vergangenheit ab und knüpfen daran die Vermutung, als Geschäftsführer in einer Kapitalgesellschaft nicht geeignet zu sein. Aber obgleich die damit verbundene Bekämpfung der Wirtschaftskriminalität gerade in wirtschaftlich eher schwierigen Zeiten von besonderer Bedeutung ist, darf nicht der starke verfassungsrechtliche Bezug aus den Augen verloren werden, den die Normierung gesetzlicher Ausschlußgründe hat und insbesondere in Grundrechte der betroffenen ausgeschlossenen Personen eingreift. Insoweit muß der Gesetzgeber sich vorwerfen lassen, in § 6 Abs. 2 Satz 3 GmbHG über sein verfolgtes Ziel hinausgeschossen zu sein und zumindest insoweit „mit Kanonen auf Spatzen geschossen" zu haben, als der pauschale fünfjährige Amtsausschluß auch Personen betrifft, die „lediglich" wegen eines geringfügigen Bankrottdelikts zu einer kleinen Geldstrafe verurteilt worden sind. Die Vorschrift verstößt insofern gegen Art. 3 Abs. 1 GG und Art. 12 Abs. 1 GG ist verfassungswidrig. Zwar bedeutet nicht, daß diese Regelung ersatzlos zu streichen ist, denn nur der derzeitigen gesetzlichen Ausgestaltung des Ausschlußgrundes, nicht aber dem mit ihm verfolgte Ziel ist ein Vorwurf zu machen. Vielmehr ist in wirtschaftlich schwierigen Zeiten wie heute die Bekämpfung von Wirtschaftskriminalität von großer Bedeutung und aktueller denn je. Hinsichtlich des Ausschlusses von Wirtschaftsstraftätern vom Amt des GmbH-Geschäftsführers bietet sich insofern anstelle von § 6 Abs. 2 Satz 3 GmbHG ein Ausschluß durch Erweiterung des strafgerichtlichen Berufsverbots in § 70 StGB in Kombination mit der bereits in § 6 Abs. 2 Satz 4 GmbHG bestehenden gesellschaftsrechtlichen „Umsetzungsvorschrift" als sachnähere und insbesondere verfassungskonforme Neukonzeption an. Denn § 6 Abs. 2 Satz 4 GmbHG trifft als Ausschlußgrund für Personen, denen die weitere Berufs- bzw. Gewerbeausübung durch gerichtliches Urteil oder durch verwaltungsbehördliche Entscheidung verboten worden ist, kein Verfassungsvorwurf. Insoweit greift der Gesetzgeber lediglich verfassungskonform und zur Vereinheitlichung der Rechtsordnung auf zivilrechtlicher Ebene öffentlich-rechtliche Verbote auf, die zur Amtsunfähigkeit des Geschäftsführers führen.

[1030] Siehe oben Seite 1.

Neben diesen Regelungen dient auch der Ausschluß nicht voll Geschäftsfähiger sowie betreuter Personen, die einem Einwilligungsvorbehalt nach § 1903 BGB unterliegen, dem Ausschluß nachteiliger Eigenschaften und wirkt den daraus resultierenden Gefahren für die Handlungsfähigkeit der Gesellschaft entgegen. Ist eine solche Person schon nicht eigenständig zur Abgabe rechtswirksamer Erklärungen in der Lage, so ist sie für eine Kapitalgesellschaft wie die GmbH insoweit nicht tragbar, als damit ihre Handlungsfähigkeit, die sie erst durch einen Geschäftsführer erlangt, in Gefahr ist. Zur Absicherung dieser Handlungsfähigkeit sind damit die Ausschlußgründe in § 6 Abs. 2 Satz 1, 2. Hs. und Satz 2 GmbHG zwingend erforderlich. Entgegen der herrschenden Meinung gilt dies jedoch nicht für partiell geschäftsfähige Minderjährige, die nach § 112 BGB mit elterlicher und vormundschaftsgerichtlicher Genehmigung als GmbH-Geschäftsführer tätig werden. Ihrer Amtsfähigkeit steht weder der Wortlaut des § 6 Abs. 2 Satz 1 GmbHG entgegen, noch bestehen Bedenken hinsichtlich des Erhalts der Handlungsfähigkeit der Gesellschaft. Bei bezüglich der Geschäftsführertätigkeit partiell unbeschränkt Geschäftsfähigen bestehen keine Defizite, aus denen sich Gefahren für die Handlungsfähigkeit ergeben. Insoweit weisen partiell geschäftsfähige Minderjährige keine nachteiligen Eigenschaften auf, die den Ausschluß rechtfertigen. Daneben erscheint die Beschränkung auf natürliche Personen als Geschäftsführer in § 6 Abs. 2 Satz 1, 1. Hs. GmbHG zwar zunächst wertneutral, auf den zweiten Blick jedoch schaltet die Vorschrift auch juristische Personen vom Amt des Geschäftsführers aus, die grundsätzlich aufgrund eigenständiger Rechtspersönlichkeit und vorhandener Handlungsorgane im Hinblick auf die Handlungsfähigkeit der Gesellschaft keine Gefahr erkennen lassen. Allerdings zeigen sich bei detaillierter Betrachtung die Auswirkungen der Bestellung juristischer Personen als Organgesellschaften aufgrund der vielseitigen Verschachtelungs- und Konstruktionsmöglichkeiten Beeinträchtigungen nicht nur der innergesellschaftlichen Rechtssicherheit, sondern auch der Rechtssicherheit des gesamten Gesellschaftsrechts, so daß schließlich auch die Amtsbeschränkung auf natürliche Personen ihre Rechtfertigung findet.

Weitere persönliche Eigenschaften und Ausschlußgründe kennt das GmbHG nicht. Insbesondere stellen sich ausländerrechtliche Beschränkungen nicht als solche dar und nehmen grundsätzlich weder Einfluß auf die Wirksamkeit der Bestellung ausländischer Personen noch hindern sie die Eintragung der Bestellung ins Handelsregister. Dies gilt auch dann, wenn ausländische Geschäftsführer vom Ausland aus ihre Geschäfte wahrnehmen wollen. Aus dem Restbestand persönlicher Verantwortung, den der Geschäftsführer im Hinblick auf zwingend im Inland vorzunehmende Tätigkeiten hat, ergibt sich nicht die Forderung, daß er jederzeit ins Inland einreisen können muß, damit seine Bestellung wirksam ist.

2. Gewerbe- und berufsrechtliche Eignungsvorgaben haben ebenso wie die gesellschaftsrechtlichen Eignungsvoraussetzungen den Ausschluß von Personen mit negativen Eigenschaften im Sinn. Dabei haben sie jedoch anders als die gesellschaftsrechtlichen nicht hauptsächlich die Sicherung und den Erhalt der Hand-

lungsfähigkeit im Blick, sondern dienen der Absicherung der öffentlichen Sicherheit und Ordnung. Dabei durchzieht die Forderung nach der Zuverlässigkeit des Geschäftsführers das gesamte Gewerberecht. Fachliche Eigenschaften werden neben diesem verhaltensbezogenen Eignungskriterium im Gewerberecht grundsätzlich nur dann vom Geschäftsführer verlangt, wenn er auch als Betriebsleiter mit den konkreten Gefahren des Gewerbes in Kontakt steht. Demgegenüber legt das Recht der freien Berufe anders als das Gewerberecht - und auch anders als das Gesellschaftsrecht - vielfach den Schwerpunkt auf die fachliche Eignung des Geschäftsführers, indem es zur Absicherung der besonderen fachlichen Kompetenz und der Unabhängigkeit der Freiberufler-GmbH vom Geschäftsführer die Berufsträgerschaft fordert.

3. Schließlich dienen auch die gesellschaftsvertraglichen Eignungsvorgaben dem Ziel, ungeeignete Personen vom Amt des Geschäftsführers fernzuhalten, wobei sie die individuell auf die jeweilige GmbH zugeschnittene persönliche Eignung im Blick haben. Die Freiheit, die die Gesellschafterversammlung bei der Statuierung genießt, gilt jedoch nicht unbeschränkt. Insbesondere durch die über die Generalklausel des § 138 BGB gezogenen Grenzen, auf die die Diskriminierungsverbote des Art. 3 Abs. 3 GG und europäische Diskriminierungsverbote Einfluß nehmen, wird die Privatautonomie auch hinsichtlich persönlicher Eignungsvoraussetzungen und Ausschlußgründe stark eingeschränkt. So bedürfen bspw. geschlechtsspezifische Vorgaben zu ihrer Rechtfertigung eines sachlichen Grundes. Hinsichtlich weiterer Vorgaben ist die Gesellschaft zwar grundsätzlich frei, sollte jedoch deren Bindungswirkung bedenken, über die sie sich nicht ohne weiteres hinwegsetzen kann.

4. Wenngleich die oftmals knapp gehaltenen und bisweilen inhaltsgleichen Kommentierungen des § 6 Abs. 2 GmbHG in der Literatur nicht den Eindruck erwecken mögen, deckt die Beschäftigung mit der Norm ein hohes Konflikt- und Problempotential auf. Zwar mögen fachliche Kriterien bei Personalentscheidungen ungeachtet dessen auch in Zukunft die größte Rolle spielen, doch kann keine noch so große fachliche Qualifikation insbesondere über das Vorliegen eines Ausschlußgrunds aus § 6 Abs. 2 GmbHG hinweghelfen.

Literaturverzeichnis

Altmeppen, Holger — *Roth/Altmeppen*, Gesetz betreffend die Gesellschaften mit beschränkter Haftung, Kommentar, 4. Auflage, München, 2003

Ammon, Ludwig — Nochmals: Handelsregistereintragung einer Handwerks-GmbH, in: GmbHR 2004, 1578 ff.

Arndt, Herbert — *Arndt/Lerch/Sandkühler*, Bundesnotarordnung, Kommentar, 5. Auflage, Köln u.a., 2003

Bärwaldt, Roman — *Bärwaldt/Jedlitschka*, Ansprüche einer GmbH & Co. KG gegen ihre Geschäftsführer und deren Verjährung, in: GmbHR 2005, 509 ff.

Balser, Heinrich — *Balser/Bokelmann/Piorrek*, Die GmbH, 13. Auflage, Berlin 2005

Bamberger, Heinz Georg (Hrsg.) — *Bamberger/Roth*, Kommentar zum BGB, Band 3, München, 2003

Bartl, Harald — Heidelberger Kommentar zum GmbH-Recht, 5. Auflage, Heidelberg, 2002

ders. (Hrsg.) — Die Bestellung eines Ausländers zum Geschäftsführer einer GmbH unter registerrechtl. Aspekten, in: BB 1977, 571 ff.

Bartovics, Katharina — Nochmals: Die Belehrung des im Ausland weilenden Geschäftsführers, in: GmbHR 1998, 778 ff.

Bauer, Jobst-Hubertus — *Bauer/Göpfert/Krieger*, Diskriminierungsrisiken bei Organmitgliedern, in: DB 2005, 595 ff.

ders. — *Bauer/Thüsing/Schunder*, Entwurf eines Gesetzes zur Umsetzung europäischer Antidiskriminierungsrichtlinien, in: NZA 2005, 32 ff.

ders. — Europäische Antidiskriminierungsrichtlinien und ihr Einfluß auf das deutsche Arbeitsrecht, in: NJW 2001, 2672 ff.

ders. — *Bauer/Diller*, Koppelung von Abberufung und Kündigung bei Organmitgliedern - Zulässige Gestaltung oder sittenwidrige Falle?, in: GmbHR 1998, 809 ff.

Baumbach, Adolf (Hrsg.) — *Baumbach/Hueck*, GmbH-Gesetz, Kommentar, 17. Auflage, München, 2000

ders. (Hrsg.) — *Baumbach/Hopt*, Handelsgesetzbuch, Kommentar, 31. Auflage, München, 2003

Baur, Fritz — Der Anspruch auf rechtl. Gehör, in: AcP 153 (1954), 393 ff.

Beuthien, Volker — *Beuthien/Gätsch*, Einfluß Dritter auf die Organbesetzung und Geschäftsführung bei Vereinen, Kapitalgesellschaften und Genossenschaften, in: ZHR 157 (1993) 483 ff.

ders. — Zur Theorie der Stellvertretung im Gesellschaftsrecht, in:

Festschrift für Wolfgang Zöllner zum 70. Geburtstag, Band I, Köln u.a. 1988, Seite 87ff.

Bieneck, Klaus — *Müller-Gugenberger/Bieneck*, Handbuch des Wirtschaftsstrafrecht und Ordnungswidrigkeitenrechts, 3. Auflage, Münster u.a., 2000

Bienwald, Werner — Betreuungsrecht, Kommentar, 4. Auflage, Bielefeld, 1999

Borchardt, Klaus-Dieter — *Lenz/Borchardt*, EU- und EG-Vertrag, 3. Auflage, München, 2003

Boucourechliev, Jeanne — *Boucourechliev/Hommelhoff*, Vorschläge für eine Europäische Privatgesellschaft, Köln, 1999

Brambring, Günter — *Brambring/Jerschke*, Beck'sches Notarhandbuch, 3. Auflage, München, 2000

ders. (Hrsg.) — Anmerkung zu BayObLG Beschl. v. 10.12.1987, in: DNotZ 1982, 183 f.

Brand, Jürgen — *Niesel/Brand*, Sozialgesetzbuch, Arbeitsförderung - SGB III - Kommentar, 3. Auflage, München, 2005

Brandes, Helmut — Die Rechtsprechung des BGH zur GmbH & Co. KG und zur Publikumsgesellschaft, in: WM Sonderbeilage Nr. 1/1987, Seite 1 ff.

Brandes, Stephan M. — Europäische Aktiengesellschaft: Juristische Person als Organ?, in: NZG 2004, 642 ff.

ders. — Juristische Personen als Geschäftsführer der Europäischen Privatgesellschaft, Baden-Baden, 2003

Brandmüller, Gerhard — Der GmbH-Geschäftsführer im Gesellschafts-, Steuer- und Sozialversicherungsrecht, 15. Auflage, Bonn u. a., 2003

Braun, Eberhard — Insolvenzordnung, 2. Auflage, München, 2004

Brockhaus, Friedrich Arnold — Brockhaus Enzyklopädie in 20 Bänden, 6. Band DS-EW, 19. Auflage, Wiesbaden, 1988

Brodmann, Erich — Gesetz, betreffend die Gesellschaften mit beschränkter Haftung, Kommentar, 2. Auflage, Berlin u. a., 1930

ders. — Anmerkung zu KG, Beschl. v. 26.9.1929, in: JW 1930, 1411 f.

Bundeskriminalamt (Hrsg.) — Bundeslagebild Wirtschaftskriminalität 2000

Bundeskriminalamt (Hrsg.) — Polizeiliche Kriminalstatistik 1977

Bundesministerium der Justiz (Hrsg.) — GmbH-Referentenentwurf von 1969

Bundesministerium der Justiz (Hrsg.) — *BMI/BMJ*, Erster Periodischer Sicherheitsbericht 2000, Berlin, 2001

Bundesministerium des Inneren (Hrsg.) — *BMI/BMJ*, Erster Periodischer Sicherheitsbericht 2000, Berlin, 2001

Bundesnotarkammer — Notarielle Belehrung eines im Ausland weilenden GmbH-Geschäftsführers, Rundschreiben Nr. 39/98, in: DNotZ 1998, 913 ff.

Bydlinski, Franz Juristische Methodenlehre und Rechtsbegriff, 2. Auflage, Wien u.a., 1991

Canaris, Claus-Wilhelm Handelsrecht, 5.Auflage, München, 2000

ders. Grundrechte und Privatrecht, in: AcP 184 (1984), 201 ff.

Coester-Waltjen, Dagmar (Hrsg.) *Coester-Waltjen*, Familienrecht, 9. Auflage, München, 2004

Crecelius, Adolf *Crecelius/ Crüger*, Das Reichsgesetz, betreffend die Gesellschaften mit beschränkter Haftung, 6. Auflage, Berlin, 1922

Crüger, Hans *Crecelius/ Crüger*, Das Reichsgesetz, betreffend die Gesellschaften mit beschränkter Haftung, 6. Auflage, Berlin, 1922

Cypionika, Bertram Die Auswirkungen des Betreuungsrechts auf die Praxis des Notars, in: DNotZ 1991, 571 ff.

Dahlbender, Frank *Kothe-Heggemann/ Dahlbender*, Ist der GmbH-Geschäftsführer nach Abberufung weiterhin zur Arbeitsleistung verpflichtet? in: GmbHR 1996, 650 ff.

Dauner-Lieb, Barbara Reichweite und Grenzen der Privatautonomie im Ehevertragsrecht, in: AcP 201 (2001), 295 ff.

Demharter, Johann Kurzkommentar zu OLG Hamm Beschl. v. 13.4.1992 - 15 W 25/92, in: EWiR § 6 GmbHG 1/92, 1089 ff.

Dempewolf, Günter Kurzkommentar zu BayObLG Beschl. v. 11.6.1986 - BReg 3 Z 78/86, in: EWiR § 6 GmbHG 1/86, 801ff.

Demuth, Hennrich *Demuth/ Schneider*, Die besondere Bedeutung des Gesetzes über Ordnungswidrigkeiten für Betrieb und Unternehmen, in: BB 1970, 642 ff.

Deutler, Karl F. „Betreute" als Geschäftsführer - Versicherungen bei der Anmeldung, in: GmbHR 1992, 252 ff.

Diller, Martin *Bauer/ Diller*, Koppelung von Abberufung und Kündigung bei Organmitgliedern - Zulässige Gestaltung oder sittenwidrige Falle?, in: GmbHR 1998, 809 ff.

Dolzer, Rudolf (Hrsg.) *Dolzer/ Vogel/ Graßhof*, Bonner Kommentar zum Grundgesetz, Loseblatt

Dreher, Meinrad Schutz Dritter nach § 15 HGB bei Geschäftsunfähigkeit eines Geschäftsführers oder Vorstandsmitglieds?, in: DB 1991, 533 ff.

Dreier, Horst (Hrsg.) Grundgesetz, Kommentar, 2. Auflage, Tübingen, 2004

Drygala, Tim Zur Neuregelung der Tätigkeitsverbote für Geschäftsleiter von Kapitalgesellschaften, in: ZIP 2005, 423 ff.

Duden, Konrad Zur Mitbestimmung in Konzernverhältnissen nach dem Mitbestimmungsgesetz, in: ZHR 141 (1977), 145 ff.

Dürig, Günter *Maunz/ Dürig*, Grundgesetz, Kommentar, Loseblatt, München

Elbing, Gunther — Anmerkung zu LG München, Beschl. v. 22.6.1995, in: MedR 1996, 519 ff.

Emmerich, Volker — *Emmerich/Habersack*, Aktien- und GmbH-Konzernrecht, 3. Auflage, München, 2003

Erdmann, Ulrich — Ausländische Staatsangehörige in Geschäftsführungen und Vorständen dt. GmbHs und AGs, in: NZG 2002, 503 ff.

Erman, Walter (Hrsg.) — Bürgerliches Gesetzbuch, 2 Bände, Kommentar, 11. Auflage, Münster, 2004

Feine, Hans Erich — Die Gesellschaft mit beschränkter Haftung, Leipzig, 1929

Fleck, Hans-Joachim — Schuldrechtliche Verpflichtungen einer GmbH im Entscheidungsbereich der Gesellschafter, in: ZGR 1988, 104 ff.

ders. — Die Drittanstellung des GmbH-Geschäftsführers, in: ZHR 149 (1985), 387 ff.

Fleischer, Holger — Der Einfluß der Societas Europaea auf die Dogmatik des deutschen Gesellschaftsrechts, in AcP 204 (2004), 502 ff.

ders. — Bestellungshindernisse und Tätigkeitsverbote von Geschäftsleitern in Aktien-, Bank- und Kapitalmarktrecht, in: WM 2004, 157 ff.

ders. — Juristische Personen als Organmitglieder im Europäischen Gesellschaftsrecht, in: RIW 2004, 16 ff.

Fischer, Thomas — *Tröndle/Fischer*, Strafgesetzbuch und Nebengesetze, 52. Auflage, München 2004

Friauf, Karl Heinz — Gewerbeordnung, Kommentar, Loseblatt, Neuwied, Stand Juni 2005

Funke, Michael (Hrsg.) — Gemeinschaftskommentar zum Aufenthaltsgesetz, Band 1, Neuwied, Stand Juni 2005

Gäntsch, Andreas — *Beuthien/Gäntsch*, Einfluß Dritter auf die Organbesetzung und Geschäftsführung bei Vereinen, Kapitalgesellschaften und Genossenschaften, in: ZHR 157 (1993) 483 ff.

Gehling, Christian — *Lutter/Gehling*, Anmerkung zu BGH Urt. v. 1.7.1991, in: JZ 1992, 154 ff.

Gehre, Horst — Steuerberatungsgesetz, Kommentar, 4. Auflage, München, 1999

Geiger, Rudolf — EUV, EGV, Kommentar, 4. Auflage, München, 2004

Goette, Wulf — Das Organverhältnis des GmbH-Geschäftsführers in der Rechtspr. des Bundesgerichtshofs, in: DStR 1998, 938 ff.

ders. — Anmerkung zu BGH, Beschl. v. 24.2.1997, in: DStR 1997, 1014 f.

Graßhof, Karin (Hrsg.) — *Dolzer/Vogel/Graßhof*, Bonner Kommentar zum Grundgesetz, Loseblatt

Groschuss, Hans Reichsgesetz betreffend die Gesellschaften mit beschränkter Haftung, Berlin u. a., 1936

Grunewald, Barbara Gesellschaftsrecht, 6. Auflage, Tübingen, 2005

dies. Die Auslegung von Gesellschaftsverträgen und Satzungen, in: ZGR 1995, 68 ff.

dies. Der Ausschluß aus Gesellschaft und Verein, Köln u.a., 1987

Gustavus, Eckhart Die Vollmacht zu Handelsregisteranmeldungen bei Personengesellschaften und Gesellschaften mit beschränkter Haftung, in: GmbHR 1978, 219 ff.

Haase, Karsten Anmerkung zu OLG Hamm Beschl. v. 9.8.1999, in: GmbHR 1999, 1091 ff.

Hase, Peter Bundeszentralregistergesetz, München, 2003

Habel, Michael *Strieder/Habel*, Zur Problematik einer Genossenschaft bzw. einer Kapitalgesellschaft als einzigem persönlich haftenden Gesellschafter einer Kommanditgesellschaft auf Aktien, in: DB 1994, 1557 ff.

Habersack, Mathias Unwirksamkeit „zustandsbegründender" Durchbrechungen der GmbH-Satzung sowie darauf gerichteter schuldrechtlicher Nebenabreden, in: ZGR 1994, 354 ff.

Habscheid, Walther J. Freiwillige Gerichtsbarkeit, 7. Auflage, München, 1993

Hachenburg, Max (Hrsg.) Gesetz betreffend die Gesellschaften mit beschränkter Haftung (GmbHG),Großkommentar
1) Teil 1, Allg. Einl., §§ 1-34, 8. Auflage, Berlin, 1992
2) Teil 2, §§ 35-38, 8. Auflage, Berlin, 1997
3) Teil 3, §§ 53-85, Register, 8. Auflage, Berlin, 1997

Haegele, Karl Geschäftsunfähige und beschränkt Geschäftsfähige im GmbH-Recht, in: GmbHR 1971, 198 ff.

Hanau, Peter *Hanau/Ulmer*, Mitbestimmungsgesetz, München, 1981

Handzik, Peter *Spörlein/Tausend/Schuhmann/Handzik*, Handbuch für den Geschäftsführer der GmbH, 18. Auflage, Stuttgart u.a., 2004

Hansen, Herbert Der gestiegene wirtschaftliche Stellenwert der GmbH, in: GmbHR 2004, 39

Hase, Peter Bundeszentralregistergesetz, Kommentar, München, 2003

Heilbrunn Anmerkung zu OLG Karlsruhe, Beschl. v. 14.4.1925, in: JW 1925, 2017 ff.

Hennerkes, Brun-Hagen *Hennerkes/Lorz*, Roma locuta causa finita: Die GmbH & Co. KGaA ist zulässig, in: DB 1997, 1388 ff.

Hense, Burkhard (Hrsg.) *Müller/Welf*, Beck'sches Handbuch der GmbH, 3. Auflage, München, 2002

Henssler, Martin *Henssler/Prütting*, Bundesrechtsanwaltsordnung, 2. Auflage, München, 2004 *ders.* Die gesetzliche Regelung der Rechtsanwalts-GmbH, in: NJW 1999, 241 ff.

ders. Das Verbot der Sternsozietät gemäß § 31 Berufsordnung der Rechtsanwälte - eine reformbedürftige Norm, in: ZIP 1998, 2121 ff.

ders. Anwaltsgesellschaften, in: NJW 1993, 2137 ff.

ders. Die Rechtsanwalts-GmbH, in: JZ 1992, 697 ff.

Herberstein, Gabriele Die GmbH in Europa. 50 Länder im Vergleich, 2. Auflage, Wien, 2001

Herdegen, Matthias Europarecht, 6. Auflage, München, 2004

Hintzen, Renate Rechtsprechungsübersicht im Handels- und Registerrecht seit 2000, in: Rpfleger 2003, 337 ff.

Hoeniger, Heinrich Anmerkung zu OLG Karlsruhe, Beschl. v. 4.3.1925, in: JW 1925, 2338 f.

Hoffmann, Dietrich *Hoffmann/Liebs*, Der GmbH-Geschäftsführer. Handbuch des Unternehmers und Managers, 2. Auflage, München, 2000

Hoffmann-Becking, Michael Vorstands-Doppelmandate im Konzern, in: ZHR 150 (1986), 570 ff.

Höhn, Reinhard Die Geschäftsleitung der GmbH - Organisation, Führung und Verantwortung, Kontrolle durch Aufsichtsrat und Beirat, 2. Auflage, Köln, 1995

ders. Die Anforderungen an die Qualifikation des Geschäftsführers einer GmbH, in: GmbHR 1987, R 57 ff.

Hohlfeld, Matthias Der Notgeschäftsführer der GmbH, in: GmbHR 1986, 181 ff.

Hommelhoff, Peter *Lutter/Hommelhoff*, GmbH-Gesetz, Kommentar, 16. Auflage, Köln, 2004

ders. Einige Bemerkungen zur Organisationsverfassung der Europäischen Aktiengesellschaft, in: AG 2001, 279 ff.

ders. *Boucourechliev/Hommelhoff*, Vorschläge für eine Europäische Privatgesellschaft, Köln, 1999

ders. Die Konzernleitungspflicht - zentrale Aspekte eines Konzernverfassungsrechts, Köln u.a., 1982

ders. Satzungsmäßige Eignungsvoraussetzungen für Vorstandsmitglieder einer Aktiengesellschaft, in: BB 1977, 322 ff.

Honig, Gerhart Handwerksordnung mit Lehrlingsvertragsrecht des Berufsbildungsgesetzes (BBiG), Kommentar, 3. Auflage, München, 2004

Hopt, Klaus J. *Baumbach/Hopt*, Handelsgesetzbuch, Kommentar, 31. Auflage, München, 2003

ders. (Hrsg.) Aktiengesetz, Großkommentar, 4. Auflage, Berlin, 2004

Huber, Ulrich Betriebsführungsverträge zwischen selbständigen Unternehmen, in: ZHR 152 (1988), 1 ff.

Hübner-Weingarten, Rudolf M. Outsourcing einer Patentabteilung - selbständige Patentanwalts-GmbH als Lösung, in: DB 1998, 2049 ff.

Hueck, Alfred *Baumbach/Hueck*, GmbH-Gesetz, Kommentar, 17. Auflage, München, 2000

ders. Das Recht der offenen Handelsgesellschaften, 2. Auflage, Berlin, 1951

Hüffer, Uwe Aktiengesetz, Kommentar, 6. Auflage, München, 2004

ders. Organpflichten und Haftung in der Publikums-Personengesellschaft, in: ZGR 1981, 348 ff.

Immenga, Ulrich Zuständigkeiten des mitbestimmten Aufsichtsrates, in: ZGR 1977, 249 ff.

Jäger, Axel Der Betreuer als gesetzlicher Vertreter des Gesellschafter-Geschäftsführers u. d. Gesellschafters, in: DStR 1996, 108 ff.

Jähnke, Burkhard (Hrsg.) Leipziger Kommentar, Strafgesetzbuch, Großkommentar, 11. Auflage, Berlin, ab 2003

Janovsky, Thomas *Wabnitz/Janovsky*, Handbuch des Wirtschafts- und Steuerstrafrechts, 2. Auflage, München, 2004

Jarass, Hans D. *Jarass/Pieroth*, Grundgesetz für die Bundesrepublik Deutschland. Kommentar, 7. Auflage, München, 2004

ders. Bundesimmissionsschutzgesetz, 6. Auflage, München, 2003

Jastrow, Ignaz Freie Berufe und Gewerbesteuer, München und Leipzig, 1930

Jedlitschka, Thomas *Bärwaldt/Jedlitschka*, Ansprüche einer GmbH & Co. KG gegen ihre Geschäftsführer und deren Verjährung, in: GmbHR 2005, 509 ff.

Jerschke, Hans-Ulrich (Hrsg.) *Brambring/Jerschke*, Beck'sches Notarhandbuch, 3. Auflage, München, 2000

Jürgens, Andreas *Jürgens/Kröger/Marschner/Winterstein*, Betreuungsrecht kompakt: Systematische Darstellung des gesamten Betreuungsrechts, München, 2002

Kahl, Irmgard Beschwerdeberechtigung und Beschwer in der Freiwilligen Gerichtsbarkeit, Würzburg, 1981

Katzenmeier, Christian Kapitalgesellschaften auf dem Gebiet der Heilkunde, in: MedR 1998, 113 ff.

Keidel, Theodor *Keidel/Kuntze/Winkler*, Freiwillige Gerichtsbarkeit, Kommentar zum FGG, 15. Auflage, München, 2003

Kirchesch, Ralf Die Berufsfähigkeit der Handelsgesellschaft im Gewerberecht und im Recht der Freien Berufe, Berlin, 2003

Kolbe, Manfred Verbesserte Durchsetzung von Forderungen, in: ZRP 2002, 145 ff.

Komp, Gabriele Die juristische Person als Geschäftsführungsorgan einer Kapitalgesellschaft. Betrachtungen zu § 76 Absatz 3 Satz 1 AktG und § 6 Absatz 2 Satz 1 GmbHG, Frankfurt a.M., 2000

Kopp, Ferdinand *Kopp/Schenke*, Verwaltungsgerichtsordnung, Kommentar, 13. Auflage, München, 2003

Koppensteiner, Hans-Georg GmbH-Gesetz, 2. Auflage, Wien, 1999

Kothe-Heggemann, Claudia *Kothe-Heggemann/Dahlbender*, Ist der GmbH-Geschäftsführer nach Abberufung weiterhin zur Arbeitsleistung verpflichtet? in: GmbHR 1996, 650 ff.

Kreft, Volker *Meyer/Kreft*, Die Arzt-GmbH auf dem Prüfstand. Vor- und Nachteile beim Einsatz einer GmbH für eine Arztpraxis, in: GmbHR 1997, 193 ff.

Kremer, Arnold Freie Berufe in der Rechtsform der GmbH, in: GmbHR 1983, 259 ff.

Kröger, Detlef *Jürgens/Kröger/Marschner/Winterstein*, Betreuungsrecht kompakt: Systematische Darstellung des gesamten Betreuungsrechts, München, 2002

Kropff, Bruno (Hrsg.) *Kropff/Semler*, Münchener Kommentar, Aktiengesetz, Band 3 (§§ 76-117 AktG, MitbestG, § 76 BetrVG 1952), 2. Auflage, München, 2004

ders. (Hrsg.) Textausgabe des Aktiengesetzes vom 6.9.1965 (BGBl I 1089) und des Einführungsgesetzes zum Aktiengesetz vom 6.9.1965 (BGBl. I 1185) mit Begründung des Regierungsentwurfes, Bericht des Rechtsausschusses des Deutschen Bundestages, Verweisungen und Sachverzeichnis im Anhang: Aktiengesetz von 1937, Düsseldorf, 1965

Kübler, Friedrich Leitungsstrukturen der Aktiengesellschaft und die Umsetzung des SE-Statuts, in: ZHR 167 (2003), 222 ff.

Kuhls, Clemens Steuerberatungsgesetz. Praktikerkommentar mit Schwerpunkten zum Berufsrecht der Steuerberater, 2. Auflage, Herne u.a., 2004

Kuntze, Joachim *Keidel/Kuntze/Winkler*, Freiwillige Gerichtsbarkeit, Kommentar zum FGG, 15. Auflage, München, 2003

Kutzer, Bernhard Prozeßpfleger statt Notgeschäftsführer - Ein praktikabler Ausweg im Verfahren gegen organlose Kapitalgesellschaften?, in: ZIP 2000, 654 ff.

Landmann, Robert von *Landmann/Rohmer*, Gewerbeordnung und ergänzende Vorschriften, Kommentar, 2 Bände, Loseblatt, München

Larenz, Karl Methodenlehre der Rechtswissenschaft, 6. Auflage, Berlin u.a., 1991

Leifermann, Werner *Sieg/Leifermann/Tettinger*, Gewerbeordnung, 7. Auflage, München, 2004

Lenz, Carl Otto *Lenz/Borchardt*, EU- und EG-Vertrag, 3. Auflage, München, 2003

Lerch, Klaus *Arndt/Lerch/Sandkühler*, Bundesnotarordnung, Kommentar, 5. Auflage, Köln u. a., 2003

Liebs, Rüdiger *Hoffmann/Liebs*, Der GmbH-Geschäftsführer. Handbuch des Unternehmers und Managers, 2. Auflage, München, 2000

Lindacher, Walter F. Verfahrensgrundsätze in der Freiwilligen Gerichtsbarkeit, in: JuS 1978, 577 ff.

Lorz, Rainer *Hennerkes/Lorz*, Roma locuta causa finita: Die GmbH & Co. KGaA ist zulässig, in: DB 1997, 1388 ff.

Lühn, Andreas Rechtsformwahl im nationalen und transnationalen Konzern, Herne u. a., 2004

Lutter, Marcus *Lutter/Hommelhoff*, GmbH-Gesetz, Kommentar, 16. Auflage, Köln, 2004

ders. *Lutter/Gehling*, Anmerkung zu BGH Urt. v. 1.7.1991, in: JZ 1992, 154 ff.

ders. Die GmbH-Novelle und ihre Bedeutung für die GmbH, die GmbH & Co. KG und die Aktiengesellschaft, in: DB 1980, 1317 ff.

***M**ankowski, Peter* Organpersonen und Internationales Arbeitsrecht, in: RIW 2004, 167 ff.

ders. Kurzkommentar zu OLG Köln Beschl. v. 30.9.1998, in: EWiR § 6 GmbHG 1/99, 261 ff.

ders. Kurzkommentar zu LG Köln Beschl. v. 6.1.1995, in: EWiR § 6 GmbHG 1/95, 673 ff.

Manssen, Gerrit Privatrechtsgestaltung durch Hoheitsakt - verfassungsrechtliche und verwaltungsrechtliche Grundfragen, Tübingen, 1994

Marschner, Rolf *Jürgens/Kröger/Marschner/Winterstein*, Betreuungsrecht kompakt: Systematische Darstellung des gesamten Betreuungsrechts, München, 2002

Martens, Klaus-Peter Allgemeine Grundsätze zur Anwendbarkeit des Mitbestimmungsgesetzes, in: AG 1976, 113 ff.

Maunz, Theodor *Maunz/Dürig*, Grundgesetz, Kommentar, Loseblatt, München

Mayer, Dieter (Hrsg.) *Priester/Mayer*, Münchener Handbuch des Gesellschaftsrechts, Band 3: GmbH, 2. Auflage, München, 2003

Melchior, Robin Ausschließungsgründe für Geschäftsführer werden novelliert. Schwarze Schafe - Weiße Weste: Reloaded!, in: GmbHR 2005, R 29 ff.

ders. — Ausländer als GmbH-Geschäftsführer, in: DB 1997, 413 ff.

Meyer, Justus — *Meyer/Kreft*, Die Arzt-GmbH auf dem Prüfstand. Vor- und Nachteile beim Einsatz einer GmbH für eine Arztpraxis, in: GmbHR 1997, 193 ff.

Meyer-Landrut, Joachim — *Meyer-Landrut/Miller/Niehus*, Gesetz betreffend die Gesellschaften mit beschränkter Haftung (GmbHG) einschl. Rechnungslegung, Berlin, New York, 1987

Michalski, Lutz (Hrsg.) — Kommentar zum Gesetz betreffend die Gesellschaften mit beschränkter Haftung (GmbHG), Band 1 (§§ 1-34 GmbHG), München, 2002

Miller, Fritz Georg — *Meyer-Landrut/Miller/Niehus*, Gesetz betreffend die Gesellschaften mit beschränkter Haftung (GmbHG) einschl. Rechnungslegung, Berlin, New York, 1987

ders. — Eintragung ausländischer GmbH-Geschäftsführer und Gründung einer GmbH durch Ausländer, in: DB 1983, 977 ff.

Mohr, Randolf — *Tillmann/Mohr*, GmbH-Geschäftsführer - Rechts- und Steuerberatung, Vertragsgestaltung, 8. Auflage, Köln, 2003

Molitor, Erich — Die Bestellung zum Vorstandsmitglied einer Aktiengesellschaft, in: Festschrift der Leipziger Juristenfakultät für Victor Ehrenberg zum 30. März 1926, Leipzig, 1927, Seite 53 ff.

Müller, Karl-Dieter — Die Bestellung des Geschäftsführers im Gesellschaftsvertrag der GmbH als materieller Satzungsbestandteil, Berlin, 1999

Müller, Klaus J. — *Müller/Wolff*, Verlagerung von Zuständigkeiten auf den Beirat der GmbH, in: GmbHR 2003, 810 ff.

Müller, Welf (Hrsg.) — *Müller/Wolff*, Beck'sches Handbuch der GmbH, 3. Auflage, München, 2002

Müller-Gugenberger, Christian — *Müller-Gugenberger/Bieneck*, Handbuch des Wirtschaftsstrafrecht und Ordnungswidrigkeitenrechts, 3. Auflage, Münster u.a., 2000

Mugdan, Benno — Die gesamten Materialien zum Bürgerlichen Gesetzbuch für das Deutsche Reich, Aalen, 1979

Nickel, Rainer — Handlungsaufträge zur Bekämpfung von ethnischen Diskriminierungen in der neuen Gleichbehandlungsrichtlinie 2000/43/EG, in: NJW 2001, 2668 ff.

Niehus, Rudolf J. — *Meyer-Landrut/Miller/Niehus*, Gesetz betreffend die Gesellschaften mit beschränkter Haftung (GmbHG) einschl. Rechnungslegung, Berlin, New York, 1987

Niesel, Klaus — *Niesel/Brand*, Sozialgesetzbuch, Arbeitsförderung - SGB III - Kommentar, 3. Auflage, München, 2005

Nitschke, Manfred — Körperschaftlich strukturierte Personengesellschaften, Bielefeld, 1970

Noack, Ulrich — *Zöllner/Noack*, Geltendmachung von Beschlußmängeln im GmbH-Recht, in: ZGR 1989, 525 ff.

***O**dersky, Walter* — Tagungsberichte der Sachverständigenkommission zur Bekämpfung der Wirtschaftskriminalität, Band II, 1973, Anlage 5

Oppenländer, Frank (Hrsg.) — *Oppenländer/Trölitzsch*, Praxishandbuch der GmbH-Geschäftsführung, München, 2004

Ossola-Haring, Claudia — Das große Handbuch für den GmbH-Geschäftsführer, Landsberg/Lech, 1998

***P**alandt, Otto* — Bürgerliches Gesetzbuch, Kommentar, 64. Auflage, München, 2005

Pflug, Hans-Joachim — Der persönlich haftende Gesellschafter in der Kommanditgesellschaft auf Aktien, in: NJW 1971, 345 ff.

Pieroth, Bodo — *Jarass/Pieroth*, Grundgesetz für die Bundesrepublik Deutschland. Kommentar, 7. Auflage, München, 2004

Piorrek, Karl Friedrich — *Balser/Bokelmann/Piorrek*, Die GmbH, 13. Auflage, Berlin 2005

Priester, Hans-Joachim (Hrsg.) — *Priester/Mayer*, Münchener Handbuch des Gesellschaftsrechts, Band 3: GmbH, 2. Auflage, München, 2003

ders. — Öffnungsklauseln zur Gewinnverteilung in der GmbH-Satzung in: Hommelhoff, Peter (Hrsg.), Gesellschaftsrecht, Rechnungslegung, Steuerrecht: Festschrift für Welf Müller zum 65. Geburtstag, München 2001, Seite 113 ff.

ders. — Kommanditgesellschaft auf Aktien ohne natürlichen Komplementär, in: ZHR 160 (1996), 250 ff.

ders. — Satzungsänderung und Satzungsdurchbrechung, in: ZHR 151 (1987), 40 ff.

ders. — Die GmbH-Novelle - Überblick und Schwerpunkte aus notarieller Sicht, in: DNotZ 1980, 515 ff.

Prütting, Hanns — *Henssler/Prütting*, BRAO, 2. Auflage, München, 2004

***R**aiser, Thomas* — Mitbestimmungsgesetz, Kommentar, 4. Auflage, Berlin, 2002

Rawert, Peter — Kurzkommentar zu OLG Köln, Beschl. v. 26.10.1998, EWiR § 6 GmbHG 2/99, 461 f.

Rebmann, Kurt (Hrsg.) — Münchener Kommentar BGB, Band 1, Allgemeiner Teil §§ 1-240, AGB-Gesetz, 4. Auflage, München, 2001; Band 8 Familienrecht II §§ 1589-1921 BGB, 4. Auflage, München 2002

Reck, Reinhard Insolvenzstraftaten und deren Vermeidung, Herne u.a., 1999

Renner, Günter Ausländerrecht - Ausländergesetz und Asylverfahrensgesetz mit Art. 16a GG und materiellem Asylrecht sowie arbeits- und sozialrechtlichen Vorschriften, 7. Auflage, München, 1999

Reuter, Dieter Bestellung und Anstellung von Organmitgliedern im Körperschaftsrecht, Festschrift für Wolfgang Zöllner zum 70. Geburtstag, Band I, Köln u.a. 1988, Seite 487 ff.

ders. Privatrechtliche Schranken der Perpetuierung der Unternehmen, Frankfurt a. M. u. a., 1973

Richardi, Reinhard Münchener Handbuch Arbeitsrecht, Band 1, Individualarbeitsrecht I, 2. Auflage, München, 2000

Rohmer, Gustav *Landmann/Rohmer*, Gewerbeordnung und ergänzende Vorschriften, Kommentar, 2 Bände, Loseblatt, München

Röhricht, Volker (Hrsg.) Handelsgesetzbuch, Kommentar zu Handelsstand, Handelsgesellschaft, Handelsgeschäft und besondere Handelsverträge (ohne Bilanz-, Transport- und Seerecht), 2. Auflage, Köln, 2001

Römermann, Volker (Hrsg.) Münchener Anwalts-Handbuch GmbH-Recht, München, 2002

Roth, Günter H. *Roth/Altmeppen*, Gesetz betreffend die Gesellschaften mit beschränkter Haftung, 4. Auflage, München, 2003

Roth, Herbert (Hrsg.) *Bamberger/Roth*, Kommentar zum BGB, Band 3, München, 2003

Roth, Wulf-Henning Anmerkung zu OLG München Urt. v. 6.7.1990, in: JZ 1990, 1030 f.

Rowedder, Heinz (Hrsg.) *Rowedder/Schmidt-Leithoff*, Gesetz betreffend die Gesellschaften mit beschränkter Haftung, Kommentar, 4. Auflage, München, 2003

Sachs, Michael (Hrsg.) Grundgesetz, Kommentar, 3. Auflage, München, 2003

Säcker, Franz Jürgen Münchener Kommentar BGB, Band 1, Allgemeiner Teil §§ 1-240, AGB-Gesetz, 4.Auflage, München, 2001

ders. Die Anpassung der Satzung der Aktiengesellschaft an das Mitbestimmungsgesetz, in: DB 1977, 1791 ff.

Sandkühler, Gerd *Arndt/Lerch/Sandkühler*, Bundesnotarordnung, Kommentar, 5. Auflage, Köln u.a., 2003

Scheerer, Hans-Peter Bankgeschäfte des Minderjährigen, in: BB 1971, 981ff.

Schenke, Wolf-Rüdiger *Kopp/Schenke*, Verwaltungsgerichtsordnung, Kommentar, 13. Auflage, München, 2003

Scheuerle, Wilhelm A. Das Wesen des Wesens, in: AcP 163 (1964) 429 ff.

Schiedermair, Manfred Der ausländische Geschäftsführer einer GmbH, in: Westermann, Harm Peter/Mock, Klaus (Hrsg.), Festschrift für Gerold Bezzenberger zum 70. Geburtstag, Berlin u.a., 2000, Seite 393 ff.

Schmidt, Karsten Gesellschaftsrecht, 4. Auflage, Köln, 2002

ders. (Hrsg.) Münchener Kommentar zum Handelsgesetzbuch, Band 3 §§ 161-237 HGB, München 2002

ders. Handelsrecht, 5. Auflage, Köln, 1999

ders. Deregulierung des Aktienrechts durch Denaturierung der Kommanditgesellschaft auf Aktien?, in: ZHR 160 (1996), 265 ff.

ders. Grenzen des Minderjährigenschutzes im Handels- und Gesellschaftsrecht, in: Jus 1990, 517 ff.

ders. Grundzüge der GmbH-Novelle, in: NJW 1980, 1767 ff.

Schmidt, Reiner (Hrsg.) Öffentliches Wirtschaftsrecht, Besonderer Teil 1 und 2, Berlin, Heidelberg, New York, 1995

Schmidt-Leithoff, Christian (Hrsg.) *Rowedder/Schmidt-Leithoff*, Gesetz betreffend die Gesellschaften mit beschränkter Haftung, Kommentar, 4. Auflage, München, 2003

Schmidt-Ränsch, Jürgen *Schmidt-Räntsch/Schmidt-Ränsch*, Deutsches Richtergesetz, 5. Auflage, München, 1995

Schmidt-Ränsch, Günther *Schmidt-Räntsch/Schmidt-Ränsch*, Deutsches Richtergesetz, 5. Auflage, München, 1995

Schmitz, Peter Ausländerrecht und Handelsregister, in: Rpfleger 1983, 137 f.

Schneider, Tilmann *Demuth/Schneider*, Die besondere Bedeutung des Gesetzes über Ordnungswidrigkeiten für Betrieb und Unternehmen, in: BB 1970, 642 ff.

Schneider, Volker *von Steinau-Steinrück/Schneider/Wagner*, Der Entwurf eines Antidiskriminierungsgesetzes: Ein Beitrag zur Kultur der Antidiskriminierung?, in: NZA 2005, 28 ff.

Scholz, Franz Kommentar zum GmbH-Gesetz, Band 2: §§ 45-87 GmbHG, 9. Auflage, Köln, 2002

ders. Kommentar zum GmbH-Gesetz, Band 1: §§ 1-44 GmbHG, 9. Auflage, Köln, 2000

Schönke, Adolf *Schönke/Schröder*, Strafgesetzbuch, Kommentar, 26. Auflage, München, 2001

Schröder, Horst *Schönke/Schröder*, Strafgesetzbuch, Kommentar, 26. Auflage, München 2001

Schubert, Werner Entwurf des Reichsjustizministeriums zu einem Gesetz über die Gesellschaften mit beschränkter Haftung von 1939, Heidelberg, 1985

Schuhmann, Helmut *Spörlein/Tausend/Schuhmann/Handzik*, Handbuch für den Geschäftsführer der GmbH, 18. Auflage Stuttgart u.a., 2004

Schunder, Achim *Bauer/Thüsing/ Schunder*, Entwurf eines Gesetzes zur Umsetzung europäischer Antidiskriminierungsrichtlinien, in: NZA 2005, 32 ff.

Seibert, Ulrich Die Umsetzung der Zweigniederlassungs-Richtlinie der EG in deutsches Recht, in: GmbHR 1992, 738 ff.

Seibt, Christoph Geschäftsführerbestellung und Anstellungsvertrag, in: NJW-Spezial 2004, 123 ff.

Semler, Johannes (Hrsg.) *Kropff/Semler*, Münchener Kommentar, Aktiengesetz, Band 3 (§§ 76-117 AktG, MitbestG, § 76 BetrVG 1952), 2. Auflage, München, 2004

Sieg, Harald *Sieg/Leifermann/Tettinger*, Gewerbeordnung, 7. Auflage, München, 2004

Simon, H. Eberhard Zur Praxis der Belehrung von GmbH-Geschäftsführern im Ausland, in: ZIP 1995, 1724 ff.

Singer, Mark T. Bestellung eines Nicht-EU-Ausländers zum GmbH-Geschäftsführer, in: ZAP 2003, Fach 15, 457 f.

Soergel, Th. Kommentar BGB, Allgemeiner Teil 2, §§ 104-240, 13. Auflage, Stuttgart u.a., 1999

Spörlein, Hans *Spörlein/Tausend/Schuhmann/Handzik*, Handbuch für den Geschäftsführer der GmbH, 18. Auflage, Stuttgart u.a., 2004

Stahl, Martina Minderjährigenschutz im Gesellschaftsrecht und vormundschaftsgerichtliche Genehmigung, Frankfurt am Main, 1988

Staub, Hermann Kommentar zum Gesetz betreffend die Gesellschaften mit beschränkter Haftung, 1. Auflage, Berlin, 1903

Staudinger, J. von (Hrsg.) Kommentar zum Bürgerlichen Gesetzbuch mit Einführungsgesetz und Nebengesetzen, Buch 1, Allgemeiner Teil, §§ 1-14, §§ 134-163, Buch 2, §§ 611-615, Buch 4, §§ 1638-1683, §§ 1773-1895, 13. Auflage, Berlin, 2003

Stehle, Heinz Die „Freiberufler-GmbH" - ihre Vor- und Nachteile, in: DStR 1983, 100 ff.

Stehle, Heinz Der erfolgreiche GmbH-Geschäftsführer, 8. Auflage, Stuttgart, 2002

Stein, Ursula § 6 Abs. 2 Satz 2 GmbHG, § 76 Abs. 3 Satz 2 AktG: Verfassungswidrige Berufsverbote?, in: AG 1987, 165 ff.

dies. Das faktische Organ, Köln, 1984

Stern, Klaus Das Staatsrecht der Bundesrepublik Deutschland, Band I, 2. Auflage, 1984

Strieder, Thomas *Strieder/Habel*, Zur Problematik einer Genossenschaft bzw. einer Kapitalgesellschaft als einzigem persönlich haftenden Gesellschafter einer Kommanditgesellschaft auf Aktien, in: DB 1994, 1557 ff.

Stupp, Matthias GmbH-Recht im Nationalsozialismus: Anschauungen des Nationalsozialismus zur Haftungsbeschränkung, Juristischen Person, Kapitalgesellschaft und Treuepflicht - Untersuchungen zum Referentenentwurf 1939 zu einem neuen GmbH-Gesetz, Berlin, 2002

Sudhoff, Heinrich *Sudhoff/Sudhoff*, Rechte und Pflichten des Geschäftsführers

	einer GmbH und einer GmbH & Co. 14. Auflage, Köln, 1994
Swoboda, Michael	Ausländerrecht und Handelsregister, in: Rpfleger 1983, 138 f.
***T**aupitz, Jochen*	Zur Verfassungswidrigkeit des Verbots, ärztliche Praxen in Form einer juristischen Person des Privatrechts zu führen, in: NJW 1996, 3033 ff.
ders.	Die Standesordnungen der freien Berufe. Geschichtliche Entwicklung, Funktion und Stellung im Rechtssystem, Berlin, 1991
Tausend, Hermann	*Spörlein/Tausend/Schuhmann/Handzik*, Handbuch für den Geschäftsführer der GmbH, 18. Auflage, Stuttgart u.a., 2004
Teichmann, Christoph	Die Einführung der Europäischen Aktiengesellschaft, in: ZGR 2002, 383 ff.
ders.	Die Bestellung eines Ausländers zum Geschäftsführer einer deutschen GmbH, IPRrax 2000, 110 ff.
Tettinger, Peter J.	*Tettinger/Wank*, Gewerbeordnung, 7. Auflage, München, 2004
Thüsing, Gregor	*Bauer/Thüsing/ Schunder*, Entwurf eines Gesetzes zur Umsetzung europäischer Antidiskriminierungsrichtlinien, in: NZA 2005, 32 ff.
ders.	Das Arbeitsrecht der Zukunft? - Die deutsche Umsetzung der Anti-Diskriminierungsrichtlinien im internationalen Vergleich, in: NZA Sonderbeilage zu Heft 22/2004, 3 ff.
Tieves, Johannes	Satzungsverletzende und satzungsdurchbrechende Gesellschafterbeschlüsse, in: ZIP 1994, 1341 ff.
Tillmann, Bert	*Tillmann/Mohr*, GmbH-Geschäftsführer - Rechts- und Steuerberatung, Vertragsgestaltung, 8. Auflage, Köln, 2003
Tountopoulos, Vassilios	Ausländerrecht u. Handelsregister, in: Rpfleger 1997, 457 ff.
Trölitzsch, Thomas	*Oppenländer/Trölitzsch*, Praxishandbuch der GmbH-Geschäftsführung, München, 2004
Tröndle, Herbert	*Tröndle/Fischer*, Strafgesetzbuch und Nebengesetze, 52. Auflage, München, 2004
***U**lbert, Udo*	Die GmbH im Handelsregisterverfahren, Köln, 1997
Ulmer, Peter	Nochmals: Begründung von Rechten für Dritte in der Satzung einer GmbH?, in: Festschrift für Herbert Wiedemann zum 70. Geburtstag, hrsg. von Rolf Wank, Heribert Hirte, Kaspar Frey, Holger Fleischer, Gregor Thüsing, München, 2002, Seite 1297 ff.
ders.	Vom deutschen zum europäischen Privatrecht?, in: JZ 1992, 1 ff.

ders. *Hanau/Ulmer*, Mitbestimmungsgesetz, München, 1981

ders. Die Anpassung der Satzungen von Aktiengesellschaften an das MitbestG 1976, Heidelberg, 1980

***Van** Venrooy, Gerd J.* Anspruch der GmbH auf sachkundige Geschäftsführung, in: GmbHR 2004, 237 ff.

Voerste, Rüdiger Nochmals: § 6 Abs. 2 S. 2 GmbHG, § 76 Abs. 3 S. 2 AktG: Verfassungswidrige Berufsverbote?, in: AG 1987, 376 f.

Vogel, Hermann GmbH-Gesetz, Kommentar, 2. Auflage, Berlin u.a., 1956

Vogel, Klaus (Hrsg.) *Dolzer/Vogel/Graßhof*, Bonner Kommentar zum Grundgesetz, Loseblatt

von Gierke, Otto Die Genossenschaftstheorie und die Deutsche Rechtsprechung, Berlin, 1887

von Rohrscheidt, Kurt Vom Zunftzwang zur Gewerbefreiheit, Berlin, 1898

von Steinau-Steinrück, Robert *von Steinau-Steinrück/Schneider/Wagner*, Der Entwurf eines Antidiskriminierungsgesetzes: Ein Beitrag zur Kultur der Antidiskriminierung?, in: NZA 2005, 28 ff.

***W**abnitz, Heinz-Bernd* *Wabnitz/Janovsky*, Handbuch des Wirtschafts- und Steuerstrafrechts, 2. Auflage, München, 2004

Wachter, Thomas Anmerkung zu OLG Dresden, Urt. v. 5.11.2002, in: GmbHR 2003, 538 ff.

ders. Amtsniederlegung von GmbH-Geschäftsführern - zugleich Anmerkungen zu OLG Naumburg vom 28.2.1001, in: GmbHR 2001, 1129 ff.

ders. Anmerkung zu OLG Zweibrücken, Beschl. v. 13.3.2001, in: NZG 2001, 858 f.

ders. Kurzkommentar zu LG Gießen, Beschl. v. 5.7.2000, in: EWiR 2000, 861 f.

ders. Ausländer als GmbH-Gesellschafter und -Geschäftsführer, in: ZIP 1999, 1577 ff.

Wagner, Tobias *von Steinau-Steinrück/Schneider/Wagner*, Der Entwurf eines Antidiskriminierungsgesetzes: Ein Beitrag zur Kultur der Antidiskriminierung?, in: NZA 2005, 28

Wank, Rolf *Tettinger/Wank*, Gewerbeordnung, 7. Auflage, München, 2004

Wasmann, Dirk Juristische Personen als gekorene Mitglieder von Körperschaftsorganen, Baden-Baden, 1996

Weimar, Robert Grundprobleme und offene Fragen um den faktischen GmbH-Geschäftsführer (I), GmbHR 1997, 473 ff.

Weißler, Adolf Geschichte der Rechtsanwaltschaft, Leipzig, 1905

Weyand, Raimund Insolvenzdelikte. Unternehmenszusammenbruch und Strafrecht, 6. Auflage, Berlin, 2003

Wiedemann, Herbert Gesellschaftsrecht, Band 1, 6. Auflage, München 2002

Winkler, Karl *Keidel/Kuntze/Winkler*, Freiwillige Gerichtsbarkeit, Kommentar zum FGG, 15. Auflage, München, 2003

ders. Formvorschriften und Rechtssicherheit im Handelsregister, in: Festschrift für Herbert Wiedemann zum 70. Geburtstag, herausgegeben von Rolf Wank, Heribert Hirte, Kaspar Frey, Holger Fleischer, Gregor Thüsing, München, 2002, Seite 1369 ff.

Winter, Willi (Hrsg.) Handbuch der GmbH; Steuerrecht, Gesellschaftsrecht, Rechnungslegung, Heidelberg, Stand: 2005

Winterstein, Peter *Jürgens/Kröger/Marschner/Winterstein*, Betreuungsrecht kompakt: Systematische Darstellung des gesamten Betreuungsrechts, München, 2002

Wlotzke, Otfried Münchener Handbuch Arbeitsrecht, Band 1, Individualarbeitsrecht I, 2. Auflage, München, 2000

Wolff, Lutz-Christian Schriftliche notarielle Belehrung eines im Ausland weilenden Geschäftsführers?, in: GmbHR 1998, 35 f.

ders. Bestellung und Abberufung von GmbH-Geschäftsführern im Ausland, in: ZIP 1995, 1489, 1492 ff.

Wolff, Reinmar *Müller/Wolff*, Verlagerung von Zuständigkeiten auf den Beirat der GmbH, in: GmbHR 2003, 810 ff.

Zelz, Lothar Der Minderjährige in der GmbH, in: GmbHR 1959, 91 ff.

Zeuner, Albrecht Der Anspruch auf rechtliches Gehör, in: Dietz, Rolf (Hrsg.) Festschrift für Hans-Carl Nipperdey zum 70. Geburtstag, München, Berlin, 1965, 1013 ff.

Zöllner, Wolfgang 100 Jahre GmbH, in: JZ 1992, 381 ff.

ders. Kölner Kommentar zum Aktiengesetz, Bd. 2 (§§ 76-117 AktG), 2. Auflage, Köln u.a. 1996, Bd. 5 (§§ 179-240 AktG), 2. Auflage, Köln u.a. 1995

ders. (Hrsg.) *Zöllner/Noack*, Geltendmachung von Beschlußmängeln im GmbH-Recht, in: ZGR 1989, 525 ff.

Zuck, Rüdiger Anwalts-GmbH, Kommentar zu den §§ 59c-59m BRAO, Köln, 1999

FSC
www.fsc.org
MIX
Papier | Fördert gute Waldnutzung
FSC® C083411

Kolibri 360 GmbH
Ferdinand-Jühlke-Straße 7
99095 Erfurt, Deutschland
produktsicherheit@kolibri360.de

Druck:
CPI Druckdienstleistungen GmbH
im Auftrag der
Kolibri 360 GmbH
Ferdinand-Jühlke-Str. 7
99095 Erfurt